LES

THÉORIES

DANS

la Gendarmerie

PAR UN OFFICIER SUPÉRIEUR DE L'ARME

12ᵉ ÉDITION

IMPRIMERIE & LIBRAIRIE A. LE NORMAND

ANCIENNE MAISON LEAUTEY

24, RUE SAINT-GUILLAUME ET BOULEVARD SAINT-GERMAIN, 187

PARIS

1456

LES
THÉORIES

DANS

la Gendarmerie

PAR UN OFFICIER SUPÉRIEUR DE L'ARME

———

12° ÉDITION

———

PREMIÈRE PARTIE

RÈGLEMENTS ESSENTIELS

par Demandes et par Réponses

POUR L'USAGE DES THÉORIES DANS LES BRIGADES

DE GENDARMERIE

NOTE DE L'ÉDITEUR

L'Extrait par demandes et réponses des *Règlements intéressant le Service de la Gendarmerie* a été établi à la demande d'un certain nombre de nos correspondants.

Heureux d'avoir répondu au besoin qui nous était exprimé, nous procédons à cette nouvelle édition en écartant de cet ouvrage tout ce qui n'intéresse que MM. les Officiers ; tout en nous étendant sur les règlements ou matières englobés dans les tableaux de travail des légions, suivant les dispositions des articles 12, 25 et 26, 31, 97 et 98 du Service intérieur.

EXTRAIT

PAR DEMANDES & RÉPONSES

A l'usage de MM. les Chefs de Brigade et Gendarmes

DU

DÉCRET DU 20 MAI 1903

PORTANT RÈGLEMENT

SUR

L'ORGANISATION & LE SERVICE

DE LA

GENDARMERIE

IMPRIMERIE & LIBRAIRIE A. LE NORMAND

ANCIENNE MAISON LÉAUTEY

24, RUE SAINT-GUILLAUME ET BOULEVARD SAINT-GERMAIN, 187

PARIS

DÉCRET DU 20 MAI 1903

PAR DEMANDES ET RÉPONSES

DE L'INSTITUTION DE LA GENDARMERIE

D. — *Qu'est-ce que la gendarmerie ?*

R. — La gendarmerie est une force instituée pour veiller à la sûreté publique et pour assurer le maintien de l'ordre et l'exécution des lois.

Une surveillance continue et répressive constitue l'essence de son service.

Son action s'exerce dans toute l'étendue du territoire, quel qu'il soit, ainsi qu'aux armées.

Elle est particulièrement destinée à la sûreté des campagnes et des voies de communication. (Art. 1er.)

D. — *La gendarmerie fait-elle partie de l'armée ?*

R. — Le corps de la gendarmerie est une des parties intégrantes de l'armée ; les dispositions générales des lois militaires lui sont applicables, sauf les modifications et les exceptions que son organisation et la nature mixte de son service rendent indispensables. (Art. 2.)

D. — *Quel rang y occupe-t-elle ?*

R. — Le corps de la gendarmerie prend rang dans l'armée à la droite de toutes les troupes des diverses armes. (Art. 3.)

D. — *Les militaires de la gendarmerie sont-ils assermentés ?*

R. — Les militaires de la gendarmerie, avant d'entrer en fonctions, sont tenus de prêter serment d'après la formule suivante, qui est mentionnée en marge des commissions et lettres de service :

« Je jure d'obéir à mes chefs en tout ce qui concerne le service auquel je suis appelé, et, dans l'exercice de mes fonctions, de ne faire usage de la force qui m'est confiée que pour le maintien de l'ordre et l'exécution des lois. » (Art. 5.)

D. — *Quels sont le mode de recrutement et les conditions d'admission comme gendarme ?*

R. — Les emplois de gendarme sont donnés aux militaires en activité de service ou aux anciens militaires, remplissant les conditions générales prévues par l'article 69 de la loi sur le recrutement de l'armée, quel que soit le corps dans lequel ils ont servi : — A défaut de militaires de l'armée de terre ces emplois pourront être donnés à des marins rengagés.

Les candidats sous-officiers priment les caporaux ou brigadiers qui priment eux-mêmes les soldats. (Art. 13.)

D. — *Quelles sont les conditions spéciales requises pour l'admission ?*

R. — 1º D'être âgé de **25** ans au moins et 40 ans au plus, pourvu que les candidats puissent compléter à 55 ans le temps de service exigé pour la retraite. En principe la limite d'âge pour la retraite des chefs de brigade et gendarmes est fixée à 55 ans, sans que le maintien en activité jusqu'à cet âge puisse être invoqué comme un droit.

2º D'avoir au moins la taille de 1ᵐ 64 pour la gendarmerie à cheval, 1ᵐ 66 pour la gendarmerie à pied, et 1ᵐ 70 pour la cavalerie de la garde républicaine, et de remplir les conditions requises par l'instruction sur l'aptitude physique au service militaire.

3º d'être rentré dans ses foyers depuis moins de cinq ans ;

4º De savoir lire, écrire et compter, et posséder les qualités requises pour occuper l'emploi de gendarme ;

5º De justifier par des attestations légales d'une bonne conduite soutenue.

Des élèves peuvent également être admis dans la garde républicaine, et dans la gendarmerie départementale à raison d'un élève par brigade au maximum. Ils se recrutent parmi les mêmes éléments que les gendarmes ou gardes titulaires. Ils peuvent être admis dès l'âge de vingt-deux ans.

D. — *Comment la titularisation des élèves gendarmes s'opère-t-elle ?*

R. — Lorsque les élèves gardes ou élèves gendarmes atteignent l'âge de 25 ans, ils sont titularisés par les chefs de légion agissant par délégation du Ministre, si toutefois leur conduite et leur manière de servir ont été exemptes de reproches. Dans le cas contraire, ils sont déférés devant un conseil d'enquête qui donne son avis sur l'opportunité de les conserver dans la gendarmerie.

Les militaires ou anciens militaires originaires de la Corse ne peuvent être admis directement dans la 15e légion *ter*. (Art.14.)

D. — *Ne doit-on pas surveiller la conduite des candidats dans leurs foyers, et rendre compte aussi des modifications qui surviennent dans leur position ?*

R. — Oui, le Ministre doit être informé immédiatement par des rapports de toute modification survenant dans la position des candidats ; s'ils se marient ; si leur conduite laisse à désirer ; s'ils viennent à subir une condamnation ; s'ils renoncent à leur candidature ; enfin si un accident les rend impropres ou si, par leur âge, ils ne sont plus susceptibles d'être admis dans l'arme. (Art. 17.)

DEVOIRS ENVERS LES MINISTRES. — RAPPORTS AVEC LES AUTORITÉS.

D. — *Qu'est-ce que la police administrative ?*

R. — La police administrative a pour objet la tranquillité du pays, le maintien de l'ordre et l'exécution des lois et règlements d'administration publique ; les mesures prescrites pour l'assurer émanent du Ministre de l'intérieur. (Art. 59.)

D. — *Comment s'exerce l'action des autorités civiles, administratives et judiciaires sur la gendarmerie ?*

R. — L'action des autorités civiles, administratives et judiciaires sur la gendarmerie ne peut s'exercer que par des réquisitions, en ce qui concerne son emploi, c'est-à-dire quand il s'agit, soit d'exécuter un service déterminé ne rentrant pas expressément dans ses attributions (transport de pièces, communications urgentes, etc.), soit d'aller assurer le maintien de l'ordre sur des points où il est menacé, soit enfin de prêter main-forte aux diverses autorités. (Art. 67.)

D. — *Que doit-on faire quand une réquisition est abusive ?*

R. — Dans le cas où une réquisition paraîtrait abusive ou illégale et, soit que son exécution comporte un délai de temps, soit qu'elle puisse être différée sans inconvénient pour en référer à l'autorité militaire supérieure, le chef de brigade demande à l'autorité requérante de s'adresser à l'officier sous les ordres duquel il est placé.

Dans le cas où l'autorité compétente qui a formulé la réquisition déclare formellement, sous sa responsabilité, que son exécution est urgente, il doit être obtempéré immédiatement à cette réquisition. (Art. 69.)

D. — A quoi s'exposent les militaires de la gendarmerie qui refusent d'obtempérer à une réquisition légale ?

R. — Les militaires du corps de la gendarmerie qui refusent d'obtempérer aux réquisitions légales de l'autorité civile peuvent être réformés, d'après le compte qui en est rendu au Ministre de la guerre, sans préjudice des peines dont ils sont passibles si, par suite de leur refus, la sûreté publique a été compromise. (Art. 70.)

D. — Quels sont les cas dans lesquels la gendarmerie peut être requise ?

R. — La main-forte est accordée toutes les fois qu'elle est requise par ceux à qui la loi donne le droit de requérir. (Art. 71).

Les cas où la gendarmerie peut être requise sont tous ceux prévus par les lois et les règlements, ou spécifiés par les ordres particuliers relatifs à son service. (Art. 72.)

D. — Comment sont faites les réquisitions ?

R. — Les réquisitions doivent énoncer la loi qui les autorise, le motif, l'ordre, le jugement ou l'acte administratif en vertu duquel elles sont faites. (Art. 73.)

Les réquisitions sont faites par écrit, signées, datées, et dans la forme ci-après :

RÉPUBLIQUE FRANÇAISE

AU NOM DU PEUPLE FRANÇAIS

Conformément à la loi... en vertu de... (*loi, arrêté, règlement*), nous requérons le... (*grade et lieu de résidence*) de commander, faire... se transporter... arrêter, etc..., et qu'il nous fasse part (*si c'est un officier*) et qu'il nous rende compte (*si c'est un chef de brigade*) de l'exécution de ce qui est par nous requis au nom du Peuple français.

Dans les cas urgents, les autorités administratives et judiciaires peuvent employer exceptionnellement le télégraphe pour requérir la gendarmerie ; mais, dans ce cas, il est mentionné dans la dépêche télégraphique qu'elle va être immédiatement suivie de l'envoi d'une réquisition écrite, libellée conformément aux termes ci-dessus. (Art. 74.)

R. — Les réquisitions ne doivent contenir aucun terme impératif, tel que : « ordonnons, voulons, enjoignons, mandons », etc., ni aucune expression ou formule pouvant porter atteinte à la considération de l'arme et au rang qu'elle occupe parmi les corps de l'armée. (Art. 75.)

D. — La gendarmerie peut-elle être distraite de son service pour porter les dépêches des autorités civiles et militaires ?

R. — La gendarmerie ne peut être distraite de son service ni détournée des fonctions qui font l'objet principal de son institution pour porter les dépêches des autorités civiles ou militaires, l'administration des postes devant expédier des estafettes extraordinaires, à la réquisition des agents du gouvernement, quand le service ordinaire de la poste ne fournit pas des moyens de communication assez rapides.

Ce n'est donc que dans le cas d'extrême urgence, et quand l'emploi des moyens ordinaires aménerait des retards préjudiciables aux affaires, que les autorités peuvent recourir à la gendarmerie pour la communication d'ordres et d'instructions qu'elles ont à donner. Toutefois, lors des élections, la gendarmerie doit obtempérer aux réquisitions qui ont simplement pour but le transport du relevé sommaire du dépouillement ou des procès-verbaux eux-mêmes des opérations électorales.

Hors de ces circonstances exceptionnelles et très rares, il ne leur est point permis d'adresser des réquisitions abusives qui fatiguent inutilement les hommes et les chevaux.

Quand, dans ce cas, une réquisition est faife par écrit et si l'urgence est est indiquée, la gendarmerie est tenue d'y obtempérer ; mais la copie de cette réquisition est adressée par la voie hiérarchique au chef de légion, qui rend compte immédiatement du déplacement au Ministre de la guerre. (Art. 77.)

D. — *Quels sont les objets de communications verbales ou par écrit avec les autorités ?*

R. — La gendarmerie doit communiquer sans délai aux autorités civiles les renseignements dont la connaissance lui est parvenue et qui intéressent l'ordre public ou la sûreté générale. Les autorités civiles lui font les communications qu'elles reconnaissent utiles au bien du service et à la sûreté générale. Les renseignements fournis à l'autorité administrative, et qui ne peuvent avoir d'autre objet que la stricte exécution des lois et règlements, ne doivent être accompagnés d'aucune appréciation ni d'aucun rapport étranger aux attributions de la gendarmerie, cette arme n'ayant, en particulier, à s'immiscer, en aucune circonstance, dans les questions qui touchent à la politique.

Les communications verbales ou par écrit sont, en principe, comme les réquisitions, adressées au commandant de l'arrondissement, et ce n'est qu'en cas d'urgence, notamment en matière d'espionnage et de sûreté générale, qu'elles sont adressées directement au commandant de brigade. Les autorités ne peuvent s'adresser à l'officier supérieur en grade que dans le cas où elles auraient à se plaindre de retard ou de négligence.

Les communications écrites entre les magistrats, les administrateurs et la gendarmerie doivent toujours être signées et datées. (Art. 78.)

D. — *La gendarmerie doit-elle porter les citations aux témoins ?*

R. — La gendarmerie ne peut être employée à porter des citations aux témoins appelés devant les tribunaux civils que dans le cas d'une nécessité urgente et absolue. Il importe que les militaires de cette arme ne soient point détournés de leurs fonctions pour ce service, lorsqu'il peut être exécuté par les huissiers et autres agents. (Art. 84.)

D. — *Les commissaires de police peuvent-ils requérir la gendarmerie ?*

R. — Les commissaires de police et les commissaires spéciaux de police, dans l'exercice de leurs fonctions, peuvent requérir la gendarmerie. (Art. 95).

D. — *La gendarmerie peut-elle recevoir des missions occultes ?*

R. — Dans aucun cas, ni directement, ni indirectement, la gendarmerie ne doit recevoir de missions occultes de nature à lui enlever son caractère véritable.

Son action s'exerce toujours en tenue militaire, ouvertement et sans manœuvres de nature à porter atteinte à la considération de l'arme. (Art. 96.)

D. — *Dans quels cas les commandants de brigade peuvent-ils correspondre directement avec les officiers généraux ?*

R. — Les commandants de brigade peuvent correspondre directement avec les officiers généraux et les commandants des bureaux de recrutement, pour tout ce qui a rapport aux différentes catégories de réserve dans leurs foyers. (Art. 102.)

D. — *Quel est le rôle de la gendarmerie dans l'exécution des jugements des tribunaux militaires ?*

R. — Lors de l'exécution des jugements des tribunaux militaires, soit à l'intérieur, soit dans les camps ou armées, la gendarmerie, s'il y en a, ne peut être commandée que pour assurer le maintien de l'ordre, et reste étrangère à tous les détails de l'exécution.

Un détachement de troupes est toujours chargé de conduire les condamnés au lieu de l'exécution, et, si la peine que doivent subir ces condamnés n'est pas capitale, ils sont, après que le jugement a reçu son effet, remis à la gendarmerie, qui requiert qu'une portion du détachement lui prête main-forte pour assurer le transfèrement et la réintégration des condamnés dans la prison. (Art. 106.)

D. — *Quand la gendarmerie peut-elle requérir directement l'assistance de la troupe ?*

R. — Dans les cas urgents, les officiers et commandants de brigade de gendarmerie peuvent requérir directement l'assistance de la troupe, qui est tenue de déférer à leurs réquisitions et de leur prêter main-forte.

Leurs demandes contiennent l'extrait de l'ordre ou de la réquisition en vertu desquels ils agissent et les motifs pour lesquels la main-forte est réclamée. (Art. 108 et 109.)

DE LA POLICC JUDICIAIRE

D. — *Qu'est-ce que la police judiciaire ?*

R. — La police judiciaire a pour objet de rechercher les crimes, délits et contraventions ; d'en rassembler les preuves et d'en livrer les auteurs aux tribunaux chargés de les punir. (Art. 110.)

D. — *Qu'entend-t-on par : crime, délit et contravention ?*

R. — L'infraction que les lois punissent de peines de police est une contravention.

L'infraction que les lois punissent de peines correctionnelles est un délit (emprisonnement à temps dans un lieu de correction ; interdiction à temps de certains droits civiques, civils et de famille ; amende).

L'infraction que les lois punissent d'une peine afflictive ou infamante est un crime. Les peines afflictives sont : la mort, les travaux forcés à perpétuité, la déportation, les travaux forcés à temps, la détention et la réclusion. Les peines infamantes sont le bannissement et la dégradation civique.

A ces trois catégories d'infractions correspondent les tribunaux de simple police, les tribunaux correctionnels et les tribunaux criminels. (Art. 113 et Code pénal, art. 6 et suivants, 464 et suivants.)

D. — *Combien y a-t-il de sortes de mandats ?*

R. — Il y a quatre sortes de mandats : *le mandat de comparution, le mandat d'amener, le mandat de dégôt* et *le mandat d'arrêt.*

Le mandat de comparution est une citation à comparaître librement, au jour indiqué, devant le juge mandant.

Le mandat d'amener est l'ordonnance par laquelle il est enjoint aux agents de la force publique d'amener un inculpé, même par contrainte, devant le magistrat mandant qui doit l'interroger.

Le mandat de dépôt est l'ordonnance par laquelle le procureur de la République, en cas de flagrant délit, le juge d'instruction en tout autre cas, prescrivent le dépôt à la maison d'arrêt d'un prévenu déjà sous la main de la justice.

Le mandat d'arrêt est l'ordonnonce délivrée par le juge d'instruction, sur les conclusions conformes du procureur de la République par laquelle il est enjoint aux agents de la force publique d'arrêter et d'écrouer préventivement et définitivement l'individu accusé d'un crime ou prévenu d'un délit comportant emprisonnement.

Pour que ce mandat puisse être délivré, il faut que le fait incriminé soit puni d'une peine d'emprisonnement.

Les mandats de comparution, d'amener, de dépôt et d'arrêt doivent être signés par le magistrat ou l'officier de police qui les décernent et munis de son sceau ; ils doivent être datés ; le prévenu doit être nommé et désigné le plus clairement possible.

De plus, le mandat d'arrêt contient l'énonciation du fait pour lequel il est décerné et l'énonciation de la loi qui déclare que ce fait est un crime ou un délit.

Tout mandat doit être décerné par écrit. Il en est donné lecture et laissé copie à l'intéressé. Cependant, en cas d'urgence, la gendarmerie peut exécuter des mandats expédiés par dépêche télégraphique. (Art. 121.)

D. — Comment met-on à exécution les extraits de jugements ?

R. — Les extraits de jugements, revêtus du réquisitoire du procureur de la République, sont mis à exécution dans la même forme que les mandats d'arrêt, sans qu'il en soit laissé copie. (Art. 122.)

D. — Qu'est-ce que la contrainte par corps ?

R. — La contrainte par corps a pour objet, soit de forcer un condamné solvable à payer les amendes ou restitutions dues à l'Etat, soit d'exercer, dans l'intérêt de la répression, une sorte de recours contre le condamné que son insolvabilité exonère du payement d'une peine pécuniaire.

Elle s'applique donc à des condamnés solvables et à des condamnés insolvables.

Les réquisitions pour les contraintes par corps sont adressées à la gendarmerie par le procureur de la République. Les individus arrêtés sont conduits devant lui. Toutefois, ils peuvent demander soit à être amenés devant le percepteur pour s'acquitter, soit à aller en référé devant le président du tribunal civil (Art. 123.)

D. — *Les gradés et gendarmes ont-ils qualité pour faire des perquisitions ?*

R. — Les chefs de brigades et gendarmes n'ont pas qualité pour faire des perquisitions domiciliaires ; ils ne peuvent qu'accompagner l'officier de police judiciaire, juge d'instruction ou procureur de la République, ou le juge de paix, le maire, l'adjoint ou le commissaire de police. (Art. 124).

D. — *Quand y a-t-il flagrant délit ?*

R. — Il y a flagrant délit :

Lorsque le crime ou le délit se commet actuellement ;

Lorsqu'il vient de se commettre ;

Lorsque le prévenu est poursuivi par la clameur publique ;

Lorsque dans un temps voisin du délit, le prévenu est trouvé muni d'instruments, d'armes, d'effets ou de papiers faisant présumer qu'il en est l'auteur ou complice. (Code d'instruction criminelle.) (Art. 125.)

D. — *Qu'entend-on par inculpé, prévenu et accusé ?*

R. — L'inculpé est l'individu soupçonné d'une contravention, d'un délit ou d'un crime.

Le prévenu est l'individu poursuivi comme présumé coupable d'un fait qualifié délit par la loi.

L'accusé est l'individu poursuivi comme présumé coupable d'un fait qualifié crime par la loi. (Art. 126.)

D. — *Comment divise-t-on le service de la gendarmerie dans les départements ?*

R. — Le service de la gendarmerie dans les départements se divise en service ordinaire et en service extraordinaire.

Le service ordinaire est celui qui s'opère journellement ou à des époques déterminées, sans qu'il soit besoin d'aucune réquisition de la part des officiers de police judiciaire et des diverses autorités.

Le service extraordinaire est celui dont l'exécution n'a lieu qu'en vertu d'ordres ou de réquisitions. (Art. 147.)

L'un et l'autre ont essentiellement pour objet d'assurer constamment sur tous les points du territoire, l'action directe de la police judiciaire, administrative et militaire. (Art. 148).

D. — Quelles sont les fonctions habituelles des brigades ?

R. — Les fonctions habituelles et ordinaires des brigades sont de faire des tournées, courses ou patrouilles sur les grandes routes, chemins vicinaux, dans les communes, hameaux, fermes et bois, enfin dans tous les lieux de leur circonscription respective. (Art. 149.)

D. — Comment chaque commune doit-elle être visitée ?

R. — Chaque commune doit être visitée au moins deux fois par mois de jour et une fois de nuit, et explorée dans tous les sens. (Art. 150.)

D. — Quels sont les renseignements que les gradés et gendarmes doivent recueillir dans leurs tournées ?

R. — Dans leurs tournées, les chefs de brigade et gendarmes cherchent à savoir s'il a été commis quelque crime ou délit dans les communes qu'ils traversent. Ils se renseignent à ce sujet auprès des maires ou de leurs adjoints et, quand ils en ont l'occasion, auprès des gardes champêtres, des gardes forestiers, des douaniers, des agents des contributions indirectes, des facteurs ruraux, des cantonniers, des éclusiers, des gardes de la navigation fluviale, etc.

Ces divers agents sont d'ailleurs les auxiliaires des commissaires spéciaux pour la surveillance du territoire au point de vue national. (Art. 151.)

D. — Que font-ils à l'égard de ceux qui ont commis des crimes ou délits ?

R. — Ils tâchent de connaître les noms, signalements, demeures ou lieux de retraite de ceux qui ont commis des crimes ou délits ; ils reçoivent les déclarations qui leur sont faites volontairement par les témoins, et les engagent à les signer, sans cependant pouvoir les y contraindre.

Ils se mettent immédiatement à la poursuite de ces malfaiteurs pour les joindre et, s'il y a lieu, pour les arrêter au nom de la loi. (Art. 152.)

D. — Que font-ils ensuite de ces individus ?

R. — Après s'être assurés de l'identité de ces individus, par l'examen de leurs papiers ou de leur livret militaire, s'ils en sont nantis, et par les questions qu'ils leur font sur leurs noms, leur métier ou profession, leurs moyens de subsistance, leur situation militaire, leur domicile, les lieux d'où ils viennent et l'emploi de leur temps, ils se saisissent de ceux qui demeurent prévenus de crimes, délits ou vagabondage, et ils en dressent procès-verbal ; mais ils relâchent immédiatement ceux qui étant désignés comme vagabonds ou gens sans aveu, se justifient par le compte qu'ils rendent de leur conduite ainsi que par le contenu de leurs certificats et pièces d'identité.

Les procès-verbaux d'arrestation doivent mentionner que les prévenus ont été fouillés minutieusement (les femmes par une personne de leur sexe) au moment de l'arrestation et contenir l'inventaire exact des papiers, objets et effets trouvés sur eux ; ils sont signés par ces individus et, autant que possible, par deux habitants les plus voisins du lieu de la capture ; s'ils déclarent ne vouloir ou ne pouvoir signer, il en est fait mention ; les sous-officiers, brigadiers et gendarmes conduisent ensuite les prévenus par-devant le procureur de la République de l'arrondissement, auquel ils font la remise des papiers et effets.

Cet officier de police judiciaire indique, s'il y a lieu, l'autorité devant laquelle certains prévenus doivent être conduits. (Art. 153.)

D. — *Que font les gradés et gendarmes des assassins, voleurs et délinquants surpris en flagrant délit ?*

R. — Ils saisissent également les assassins, voleurs et délinquants surpris en flagrant délit ou poursuivis par la clameur publique, ainsi que ceux qui sont trouvés avec des armes ensanglantées ou d'autres indices faisant présumer le crime. (Art. 154.)

Ils dressent également des procès-verbaux des effractions, assassinats, et de tous les crimes qui laissent des traces après eux. (Art. 155.)

D. — *Que font-ils dans le cas de danger grave et imminent, comme inondation, incendie, etc. ?*

R. — Dans le cas de danger grave et imminent, comme inondation, rupture de digues, incendie, avalanche, éboulement de terre ou de rochers, accidents naturels, ils se rendent sur les lieux au premier avis ou signal qui leur est donné, et télégraphient, avant de se mettre en route, au commandant d'arrondissement.

S'il ne s'y trouve aucun officier de police ou autre autorité civile, les officiers, et même les commandants de brigade, ordonnent et font exécuter toutes les mesures d'urgence ; ils font tous leurs efforts pour sauver les individus en danger ; ils peuvent requérir le service personnel des habitants, qui sont tenus d'obtempérer sur-le-champ à leur sommation, et même de fournir les chevaux, voitures et autres objets nécessaires pour secourir les personnes et les propriétés ; les procès-verbaux font mention des refus ou retards qu'ils éprouvent à cet égard. Ils se conforment d'ailleurs aux prescriptions contenues dans le règlement sur le service dans les places de guerre et les villes ouvertes et aux consignes existant dans chaque place ou ville de garnison pour le cas d'incendie.

Ils se conforment de même aux dispositions prises pour le cas d'inondation dans les villes exposées au débordement périodique des rivières. (Art. 156.)

D. — *Qu'y a-t-il à faire lors d'un incendie?*

R. — Lors d'un incendie, le commandant de la brigade prend, dès son arrivée, toutes les mesures possibles pour le combattre; il distribue ses gendarmes de manière qu'ils puissent empêcher le pillage des meubles et effets qu'ils font évacuer de la maison incendiée; ils ne laissent circuler dans les maisons, greniers, caves et bâtiments, que les personnes de la maison et les ouvriers appelés pour éteindre le feu. Ils protègent l'évacuation des meubles et effets dans les dépôts qui ont été désignés par les propriétaires ou intéressés. (Art. 157.)

Les chefs de brigades et gendarmes s'informent ensuite, auprès des propriétaires et des voisins, des causes de l'incendie; s'il provient du défaut d'entretien des cheminées, de la négligence ou de l'imprudence de quelques personnes de la maison, qui auraient porté et laissé du feu près des matières combustibles, ou par suite d'autres causes qui peuvent faire présumer qu'il y a eu malveillance. (Art. 158.)

Si les déclarations inculpent quelques particuliers, et s'ils sont sur les lieux, le commandant de la brigade les fait venir sur-le-champ et les interroge; si leurs réponses donnent à croire qu'ils ont participé au crime de l'incendie, il s'assure de leur personne et attend l'arrivée de l'officier de police judiciaire ou du commandant de l'arrondissement, auquel il remet le procès-verbal qu'il a dressé de tous les renseignements parvenus à sa connaissance, pour être pris ensuite telles mesures qu'il appartiendra.

Dans le cas d'absence du juge de paix et du commandant de l'arrondissement, les prévenus sont conduits devant le procureur de la République. (Art. 159.)

D. — *Quand les brigades qui se sont transportées sur le lieu d'un incendie doivent-elles rentrer à leur résidence?*

R. — Les brigades qui se sont transportées sur les lieux où un incendie a éclaté ne rentrent à la résidence qu'après l'extinction du feu et après s'être assurées que leur présence n'est plus nécessaire pour la conservation des propriétés, pour le maintien de la tranquillité publique et pour l'arrestation des délinquants. (Art. 160.)

D. — *Que fait la gendarmerie lors de la découverte de cadavre ?*

R. — La gendarmerie constate, par procès-verbal, la découverte de tous cadavres trouvés sur les chemins, dans les campagnes ou retirés de l'eau ; elle en prévient le maire et, s'il y a présomption de crime, avise immédiatement le juge de paix et télégraphie au procureur de la République et au commandant d'arrondissement. Ce dernier se rend de sa personne sur les lieux, s'il s'agit d'un crime particulièrement grave. (Art. 161.)

Elle indique avec soin, dans ce procès-verbal, l'état et la position du cadavre au moment de son arrivée, les vêtements dont il est couvert, la situation et l'état des armes ensanglantées ou d'autres instruments faisant présumer qu'ils ont servi à commettre le crime, les objets ou papiers trouvés près du cadavre ou dans un lieu voisin ; elle empêche que qui que ce soit n'y touche, qu'à l'arrivée de la justice ou de l'officier de gendarmerie.

Elle appréhende les individus qui paraissent suspects et s'en assure, de manière qu'ils ne puissent s'évader, pour les remettre entre les mains de l'autorité compétente. (Art. 162.)

D. — *Quels renseignements recueille-t-elle ensuite ?*

R. — En attendant l'arrivée de l'officier de police judiciaire ou du commandant de l'arrondissement, les sous-officiers, brigadiers et gendarmes doivent recueillir les déclarations qui leur sont faites par les parents, amis, voisins, ou autres personnes qui sont en état de leur fournir des preuves, renseignements ou indices sur les auteurs ou complices du crime, afin qu'ils puissent être poursuivis. (Art. 163.)

D. — *Quelle surveillance la gendarmerie doit-elle exercer sur les repris de justice ?*

R. — Dans ses tournées, rencontres, patrouilles et service habituel à la résidence, la gendarmerie exerce une surveillance active et persévérante sur les repris de justice, sur les condamnés libérés ; elle s'assure que ceux auxquels la défense a été signifiée, et dont elle a été informée par l'autorité administrative, ne séjournent pas dans les lieux qui leur sont interdits. (Art. 164.)

D. — *Quelles mesures la gendarmerie doit-elle prendre vis-à-vis des étrangers et des individus voyageant sans pièces d'identité ?*

R. — Elle s'assure de la personne des étrangers et de tout individu circulant dans l'intérieur de la France sans pièces constatant leur identité, à la charge de les conduire sur-le-champ devant le maire ou l'adjoint de la commune la plus voisine ; en conséquence, les militaires de tout grade de la gendarmerie se font représenter les pièces constatant leur identité, et nul ne peut en refuser l'exhibition, lorsque l'officier, sous-officier, brigadier ou gendarme qui en fait la demande est revêtu de son uniforme et décline ses qualités.

Il est enjoint à la gendarmerie de se comporter, dans l'exécution de ce service, avec politesse, et de ne se permettre aucun acte qui puisse être qualifié de vexation ou d'abus de pouvoir. (Art. 165.)

L'exhibition des pièces constatant l'identité est une mesure salutaire laissée à la prudence et au discernement de la gendarmerie, et non une consigne qu'il n'est pas permis de modifier ou d'interpréter.

Elle ne peut, sous le simple prétexte de visiter les pièces constatant l'identité d'un individu, pénétrer dans la chambre où il est logé ; elle doit attendre, pour faire cet examen, le moment de son départ ou de son stationnement dans la salle ouverte aux voyageurs, si c'est une auberge ou hôtellerie.

A moins de circonstances extraordinaires ou d'ordres spéciaux, les pièces constatant l'identité des personnes voyageant en voitnre particulière ne doivent être demandées que dans les auberges, hôtelleries et relais de poste. (Art. 166.)

D. — *Quel usage fait-on des signalements délivrés à la gendarmerie ?*

R. — Les signalements des malfaiteurs, voleurs, assassins, perturbateurs du repos public, anarchistes, évadés des prisons, ainsi que ceux d'autres personnes contre lesquelles il est intervenu des mandats d'arrêt, sont délivrés à la gendarmerie, qui, en cas d'arrestation de ces individus, les conduit de brigade en brigade jusqu'à la destination indiquée par lesdits signalements. (Art. 167.)

D. — *Où la gendarmerie fait-elle la recherche des personnes signalées ?*

R. — Pour faire la recherche des personnes signalées ou dont l'arrestation a été légalement ordonnée, les chefs de brigades et gendarmes visitent les auberges, cabarets et autres maisons ouvertes au public ; ils se font présenter, par les propriétaires ou locataires de ces établissements, leurs registre d'inscription des voyageurs ; ces registres ne peuvent leur être refusés, et les gendarmes les visent et les datent de façon qu'on ne puisse pas faire de nouvelles inscriptions pour séjour antérieur à la date du visa. Ces registres sont tenus sans aucun blanc et présentent les noms, qualités, domicile habituel, dates d'entrée et de sortie, de toute personne qui aurait couché ou passé une nuit dans leurs maisons.

S'ils remarquent des oublis ou négligences dans la tenue de ces registres, ils en dressent procès-verbal pour être remis à l'officier du ministère public près le tribunal de simple police du canton.

Le refus d'exhibition de ces registres est puni conformément à l'article 475 du Code pénal. (Art. 168.)

D. — Dans quels cas la gendarmerie peut-elle pénétrer dans la maison d'un citoyen ?

R. — La maison de chaque citoyen est un asile où la gendarmerie ne peut pénétrer sans se rendre coupable d'abus de pouvoir, sauf les cas déterminés ci-après :

1° Pendant le jour. elle peut y entrer pour un motif formellement exprimé par une loi. ou en vertu d'un mandat spécial de perquisition décerné par l'autorité compétente ;

2° Pendant la nuit, elle ne peut y pénétrer que dans les cas d'incendie, d'inondation ou de réclamations venant de l'intérieur de la maison.

Dans les autres cas, elle doit seulement garder à vue la maison en attendant les instructions nécessaires ou l'autorité compétente.

Le temps de nuit est ainsi réglé :

Du 1er octobre au 31 mars, depuis 6 heures du soir jusqu'à 6 heures du matin.

Du 1er avril au 30 septembre, depuis 9 heures du soir jusqu'à 4 heures du matin. (Art. 169.)

Hors le cas de flagrant délit défini par l'article 125, la gendarmerie ne peut s'introduire dans une maison malgré la volonté du maître. (Art. 170.)

D. — Lorsque la gendarmerie suppose qu'un individu qu'elle doit arrêter s'est réfugié dans la maison d'un particulier, que doit-elle faire ?

R. — Lorsqu'il y a lieu de supposer qu'un individu déjà frappé d'un mandat d'arrestation, ou prévenu d'un crime ou délit pour lequel il n'y aurait pas encore de mandat décerné, s'est réfugié dans la maison d'un particulier, la gendarmerie peut seulement garder à vue cette maison ou l'investir, en attendant les instructions nécessaires pour y pénétrer, ou l'arrivée de l'autorité qui a le droit d'exiger l'ouverture de la maison pour y faire l'arrestation de l'individu réfugié. (Art. 171.)

D. — Où sont conduits les individus arrêtés en flagrant délit ou en vertu d'un mandat ?

R. — Lorsque les chefs de brigades et gendarmes arrêtent des individus en vertu des dispositions ci-dessus, ils sont tenus de les conduire aussitôt devant l'officier de police judiciaire le plus à proximité, et de lui faire le dépôt des armes, papiers, effets et autres pièces à conviction. (Art. 172.)

24

D. — Que fait la gendarmerie en cas d'attroupements ou d'émeute ?

R. — Elle dissipe les rassemblements de toutes personnes s'opposant à l'exécution d'une loi, d'une contrainte, d'un jugement ; elle réprime toute émeute populaire dirigée contre la sûreté des personnes, contre les autorités, contre la liberté absolue du commerce des subsistances, contre celle du travail et de l'industrie ; elle disperse tout attroupement armé ou non armé formé pour la délivrance des prisonniers et condamnés, pour l'invasion des propriétés publiques, pour le pillage et la dévastation des propriétés particulières.

L'attroupement est armé : 1° quand plusieurs individus qui le composent sont porteurs d'armes apparentes ou cachées ; 2° lorsqu'un seul de ces individus porteur d'armes apparentes n'est pas immédiatement expulsé de l'attroupement par ceux-là mêmes qui en font partie.

En cas d'attroupement sur la voie publique, le rôle qui incombe pour l'emploi de la force des armes au maire ou à l'un de ses adjoints, à leur défaut au commissaire de police ou tout autre agent de la force publique et du pouvoir exécutif, est défini par le décret sur le service dans les places de guerre et les villes ouvertes. (Art. 173.)

D. — Dans quels cas les militaires de la gendarmerie peuvent-ils déployer la force des armes ?

R. — Les chefs de brigades et gendarmes ne peuvent, en l'absence de l'autorité judiciaire ou administrative, déployer la force des armes que dans les deux cas suivants : le premier, si des violences ou voies de fait sont exercées contre eux ; le second, s'ils ne peuvent défendre autrement le terrain qu'ils occupent, les postes ou les personnes qui leur sont confiés, ou, enfin, si la résistance est telle qu'elle ne puisse être vaincue autrement que par la force des armes. (Art. 174.)

D. — Lorsque la gendarmerie se trouve impuissante à vaincre la résistance d'une émeute, que doit-elle faire ?

R. — Lorsqu'une émeute populaire prend un caractère et un accroissement tels que la gendarmerie, après une intervention énergique, se trouve impuissante pour vaincre la résistance par la force des armes, elle dresse un procès-verbal, dans lequel elle signale les chefs et fauteurs de la sédition ; elle prévient immédiatement l'autorité locale, ainsi que le commandant de la compagnie et celui de l'arrondissement, afin d'obtenir des renforts des brigades voisines et, suivant le cas, de la troupe. (Art. 175.)

D. — Les brigades peuvent-elles rentrer à leur résidence avant que l'ordre soit rétabli ?

R. — Dans aucun cas les brigades ne doivent quitter le terrain ni rentrer à leur résidence avant que l'ordre soit parfaitement rétabli. Elles doivent se rappeler que force doit toujours rester à la loi. Le procès-verbal qu'elles rédigent contient le détail circonstancié des faits qui ont précédé, accompagné ou suivi la formation de ces attroupements.

D. — Où les prisonniers sont-ils conduits ?

R. — Quant aux prisonniers qu'elles ont faits, et dont elles ne doivent se dessaisir à aucun prix, ils sont immédiatement conduits sous bonne escorte, devant le procureur de la République. (Art. 176.)

D. — Que font les brigades de gendarmerie des individus arrêtés par ordre de l'autorité militaire comme ayant été surpris en flagrant délit de provocation à l'indiscipline ?

R. — Elles conduisent devant le procureur de la République tout individu arrêté par ordre de l'autorité militaire comme ayant, soit dans les casernes ou autres établissements militaires, soit sur les terrains de manœuvres et autres lieux de réunion d'une troupe en service, été surpris en flagrant délit de provocation à l'indiscipline par discours, cris ou menaces. écrits, imprimés, vendus, distribués, mis en vente ou exposés, par placards ou affiches exposés aux regards du public. (Art. 177.)

D. — Que font-elles des individus qui portent atteinte à la tranquillité publique ?

R. — Elles opèrent des arrestations ou dressent procès-verbal, suivant le cas, lorsque des individus portent atteinte à la tranquillité publique en troublant les citoyens dans l'exercice de leur culte, ou exercent les violences contre les personnes. (Art. 178.)

D. — Que doivent faire les militaires de la gendarmerie qui sont outragés dans l'exercice de leurs fonctions ?

R. — Tout individu qui outrage les militaires de la gendarmerie dans l'exercice de leurs fonctions est immédiatement arrêté et conduit devant l'officier de police de l'arrondissement, pour être jugé et puni suivant la rigueur des lois. (Art. 179.)

D. — Comment la gendarmerie concourt-elle à la répression de la contrebande ?

R. — La gendarmerie surveille le colportage des livres, gravures et lithographies ; elle réprime la contrebande en matière de douanes et saisit les marchandises transportées en fraude ;

elle dresse des procès-verbaux de ces saisies, arrête et conduit devant les autorités compétentes les contrebandiers et autres délinquants de ce genre, en précisant les lieux où l'arrestation a été faite, les moyens employés et la résistance qu'il a fallu vaincre. (Art. 180.)

D. — *Avec qui s'entend-elle à ce sujet ?*

R. — Afin d'assurer à la répression de la contrebande toute l'efficacité désirable, les officiers, chefs de brigades et gendarmes entretiennent des relations suivies avec les receveurs, officiers et chefs de poste des douanes, ainsi qu'avec les employés des contributions indirectes. Spécialement dans leurs tournées, ils recueillent auprès de ces fonctionnaires ou agents tous les renseignements propres à s'éclairer sur les agissements des contrebandiers, sur les dépôts frauduleux, ainsi que sur les opérations de fraude qui pourraient être tentées dans la région.

D. — *Que fait-elle en matière de contributions indirectes ?*

R. — En matière de contributions indirectes, la gendarmerie constate par procès-verbal le colportage et la vente des tabacs, des poudres à feu, des allumettes, du phosphore et des cartes à jouer de contrebande. Elle saisit réellement ces objets. Elle arrête les délinquants.

La gendarmerie relève également les contraventions aux lois sur la circulation des boissons qu'elle ne saisit réellement que si le contrevenant est réputé insolvable. En matière de boissons, il n'y a lieu à arrestation que dans les cas de fraude prévus par les articles 46 de la loi du 28 avril 1816 et 12 de la loi du 21 juin 1873. (Art. 181.)

D. — *Comment la gendarmerie constate-t-elle les infractions aux lois sur les affiches, le timbre, etc.*

R. — Elle constate les infractions aux lois sur les affiches, le timbre en matière de quittances, de connaissements, de marques de fabrique, de valeurs mobilières étrangères, sur la taxe des opérations de Bourse et sur les patentes des marchands ambulants. C'est souvent par l'exhibition des patentes que la gendarmerie découvre les agissements les plus coupables de la part d'individus qui ont une profession plus apparente que réelle, qui sont même l'objet de recherches soit parce qu'ils ont commis quelques méfaits ou n'ont pas accompli toutes les obligations de la loi de recrutement. (Art. 182.)

D. — *La gendarmerie peut-elle saisir les objets transportés en fraude au préjudice de l'administration des postes ?*

R. — Elle est autorisée à faire directement, ou en prêtant main-forte aux directeurs départementaux, receveurs et employés des postes, des visites et perquisitions sur les messagers et commissionnaires allant habituellement d'une ville à une autre ville, sur les voitures des messageries et autres de cette espèce portant les dépêches, et à saisir tous les objets transportés en fraude au préjudice des droits de l'administration des postes. (Art. 183.)

D. — *Où doivent se faire les visites ou perquisitions ?*

R. — Afin de ne pas retarder la marche de celles de ces voitures qui transportent des voyageurs, les visites ou perquisitions n'ont habituellement lieu qu'à l'entrée ou à la sortie des villes ou aux relais. (Art 184.)

Il n'est fait de visites sur les routes qu'autant qu'une réquisition de l'administration des postes le prescrit. (Art. 185.)

D. — *Comment sont-elles constatées ?*

R. — Toutes visites et perquisitions doivent, quand bien même elles ne sont suivies d'aucune saisie, être constatées par un procès-verbal conforme au modèle fourni par l'administration des postes.

Lorsque ce procès-verbal ne donne lieu à aucune poursuite devant les tribunaux, il n'a pas besoin d'être timbré ni enregistré ; il en est donné copie au particulier qui a été commis à la visite, s'il le requiert. (Art. 186.)

D. — *Quels sont les renseignements indispensables à faire figurer sur un procès-verbal de saisie de lettres transportées en fraude ?*

R. — Si les visites ou perquisitions out fait découvrir des lettres transportées en fraude, le procès-verbal, dressé à l'instant de la saisie, doit contenir l'énumération de ces lettres, en reproduire l'adresse et mentionner, autant que possible, le poids de chaque lettre. (Art. 187.)

D. — *Quelles sont les formalités particulières à cette catégorie de procès-verbaux ?*

R. — Les procès-verbaux de saisie doivent être visés pour timbre et enregistrés dans les quatre jours qui suivent la saisie. Ces formalités s'accomplissent soit dans le lieu de la résidence des gendarmes, qui ont procédé aux saisies, soit dans le lieu même où le procès-verbal a été dressé.

Deux expéditions de ce procès-verbal, avec les lettres ou objets saisis, sont adressées au bureau de poste le plus voisin, qui acquitte les frais de timbre et d'enregistrement. (Art. 188.)

D. — *La gendarmerie peut-elle faire des perquisitions sur d'autres personnes que les messagers et commissionnaires, pour découvrir les transports en fraude au préjudice de l'administration des postes?*

R. — La gendarmerie ne peut, dans l'intérêt de l'administration des postes, faire des perquisitions sur des voyageurs étrangers au service des postes et n'exerçant pas l'une des professions de messagers ou commissionnaires. La saisie opérée sur eux dans cet intérêt est nulle. (Art. 189.)

D. — *Peut-on s'abstenir à l'égard d'un voiturier qui prétendrait que des lettres trouvées dans une boîte y auraient été déposées à son insu?*

R. — Le voiturier trouvé porteur de lettres cachetées contenues dans des boites fermées ne peut être excusé de la contravention sous prétexte que les lettres avaient été renfermées dans ces boîtes à son insu, la bonne foi n'étant pas admissible comme excuse aux contraventions à l'arrêté du 27 prairial an IX (Art. 190.)

D. — *Le commissionnaire portant une lettre décachetée est-il exempt de la contravention?*

R. — Tout commissionnaire ou messager portant une lettre décachetée qui n'est pas exclusivement relative aux commissions dont il est chargé est passible des peines portées par la loi, en vertu des articles 1er, 2 et 5 de l'arrêté du 27 prairial an IX ; la gendarmerie doit donc verbaliser contre lui et faire saisie de la lettre. (Art. 191.)

D. — *Que fait-on quand on ne trouve que des lettres et papiers uniquement relatifs au service personnel des entrepreneurs de voitures?*

R. — Les lettres et papiers uniquement relatifs au service personnel des entrepreneurs de voitures ne peuvent être saisis par la gendarmerie. qui ne dresse procès-verbal de contravention que lorsqu'elles sont fermées et cachetées, alors même qu'elles seraient en effet relatives à ce service. (Art. 192.)

D. — *Quels sont les principaux devoirs de la gendarmerie en ce qui concerne la police des grandes routes?*

R. — Un des devoirs principaux de la gendarmerie est de faire la police sur les grandes routes et d'y maintenir la liberté des communications ; à cet effet, elle dresse des procès-verbaux de contraventions en matière de grande voirie, telles qu'anticipations, dépôts de fumiers ou d'autres objets, et constate toutes espèces de détériorations commises sur les grandes routes, sur les arbres qui les bordent, sur les fossés, ouvrages d'art et matériaux destinés à leur entretien.

Elle dresse également des procès-verbaux de contravention, en matière de grande voirie, contre quiconque, par imprudence ou involontairement, a dégradé ou détérioré, de quelque manière que ce soit, le matériel des lignes télégraphiques ou téléphoniques. (Art. 193.)

D. — *Comment la gendarmerie surveille-t-elle l'exécution des règlements de police des fleuves et rivières ?*

R. — Elle surveille l'exécution des règlements sur la police des fleuves et des rivières navigables ou flottables, des bacs et bateaux de passage, des canaux de navigation ou d'irrigation, des dessèchements généraux ou particuliers, des plantations pour la fixation des dunes des ports maritimes de commerce; Elle constate par procès-verbal les infractions à ces règlements. (Art. 194.)

D. — *Que fait la gendarmerie des individus qui sont surpris dégradant les arbres ou monuments publics ?*

R. — Suivant la gravité des faits, elle arrête ou dénonce par procès-verbal ceux qui sont surpris coupant ou dégradant d'une manière quelconque les arbres plantés sur les chemins, promenades publiques, fortifications et ouvrages extérieurs des places, ou détériorant les monuments qui s'y trouvent.

Elle saisit et conduit immédiatement devant le procureur de la République quiconque est surpris détruisant ou déplaçant les rails d'un chemin de fer, ou déposant sur la voie des matériaux ou autres objets, dans le but d'entraver la circulation, ainsi que ceux qui, par la rupture des fils, par la dégradation des appareils, ou par tout autre moyen, tentent d'intercepter les communications ou la correspondance télégraphique ou téléphonique. (Art. 195.)

D. — *Quelles sont les obligations spéciales des chefs de brigade de la zône frontière, quant aux travaux entrepris dans cette zône ?*

R. — Ils signalent les travaux entrepris dans la zône frontière et qui sont de nature à influer sur la défense du territoire, tels que chemins vicinaux de toute classe, chemins forestiers, communications de terre ou d'eau toutes les fois que ces travaux ne sont pas exécutés directement par l'Etat ou à ses frais, ponts établis sur les cours d'eau navigables ou flottables par des communes, des compagnies ou des concessionnaires. (Art. 196.)

D. — *Voulez-vous parler des contraventions de petite voirie ?*

R. — La gendarmerie dresse des procès-verbaux contre ceux qui commettent des contraventions de petite voirie dans les rues, places, quais et promenades publiques, hors du passage des grandes routes et de leur prolongement, sur les chemins vicinaux, ainsi que les canaux ou ruisseaux flottables appartenant aux communes. (Art, 197.(

D. — *Que fait la gendarmerie en cas de contraventions des propriétaires d'automobiles, cycles ou autres moyens de transport ?*

R. — Elle dresse de s procès-verbaux contre les propriétaires de voitures automobiles, cycles ou autres moyens de transport et les entrepreneurs de messageries publiques qui sont en contravention aux lois et règlements d'administration sur la police du roulage, aux arrêtés des préfets et des maires (Art. 198.)

Elle contraint les voituriers, charretiers et tous conducteurs de voitures à se conformer à la loi et aux arrêtés concernant la police du roulage. (Art. 199).

D. — *Que fait la gendarmerie à l'égard des individus qui ont blessé quelqu'un ou commis des dégâts ?*

R. — Suivant le cas, elle dénonce par procès-verbal ou arrête les individus qui, par imprudence, par négligence, par la rapidité de leurs chevaux, ou de toute autre manière, ont blessé quelqu'un ou commis quelques dégâts sur les routes, dans les rues ou voies publiques. (Art. 200.)

D. — *Et contre ceux qui exercent publiquement et abusivement des mauvais traitements envers les animaux domestiques ?*

R. — Elle dresse procès-verbal contre ceux qui exercent publiquement et abusivement de mauvais traitements envers les animaux domestiques

Elle transmet ce procès-verbal à l'officier de police près le tribunal de simple police du canton chargé de la poursuite, et elle doit avoir soin d'indiquer s'il y a récidive, parce que, dans ce cas, la peine de la prison est toujours appliquée. (Art. 201.)

D. — *Comment la gendarmerie surveille-t-elle les conducteurs d'animaux féroces ?*

R. — Elle veille à ce que les conducteurs d'animaux féroces suivent les grands chemins, sans jamais s'en écarter ; elle leur interdit d'entrer dans les bois et de se trouver sur les routes avant le lever ou après le coucher du soleil ; elle évite que tout danger puisse exister pour la sécurité publique.

En cas de désobéissance, elle les conduit devant le maire de la commune la plus voisine, qui requiert, s'il y a lieu, leur transfèrement devant le procureur de la République. Dans ce cas, il appartient à l'autorité locale d'assurer le logement et la nourriture des animanx. (Art. 202.)

P. — *Comment la gendarmerie protège-t-elle l'agriculture ?*

R. — La gendarmerie est chargée de protéger l'agriculture et de saisir tous individus commettant des dégâts dans les champs et les bois, dégradant la clôture des murs, haies ou fossés, lors même que ces délits ne seraient pas accompagnés de vols ; de saisir pareillement tous ceux qui sont surpris commettant des larcins de fruits ou d'autres productions d'un terrain cultivé.

Elle dresse des procès-verbaux contre ceux qui auront causé des dégâts en allumant du feu dans les champs, près des maisons, jardins, bruyères, vergers, meules, etc., aux distances prohibées.

D. — *Que fait-elle en cas d'abandon d'instruments dont peuvent abuser les malfaiteurs ?*

En cas de nécessité, elle dresse procès-verbal contre ceux qui ont abandonné dans les rues, chemins, places, lieux publics et dans les champs les coutres de charrue, pinces, barres, barreaux, instruments aratoires, échelles ou autres objets dont peuvent abuser les malfaiteurs. (Art. 204.)

D. — *Quels sont les devoirs de la gendarmerie en ce qui concerne la salubrité publique ?*

R. — Il est expressément ordonné à la gendarmerie, dans ses tournées, courses ou patrouilles, de porter la plus grande attention sur ce qui peut être nuisible à la salubrité, afin de prévenir, autant que possible, les ravages de maladies contagieuses ; elle est tenue, en effet, de surveiller l'exécution des mesures de police prescrites par les règlements et de dresser procès-verbal des contraventions, pour que les poursuites soient exercées par qui de droit contre les délinquants. (Art 205.)

D. — *Que fait-elle lorsqu'elle trouve des animaux morts sur les chemins ou dans les champs ?*

R. — Lorsqu'elle trouve des animaux morts sur les chemins et dans les champs, elle en prévient les autorités locales et les requiert de les faire livrer à un atelier d'équarrissage régulièrement autorisé, ou enfouir ou détruire par un procédé chimique ou par combustion, si le propriétaire, après un délai de douze heures, est resté inconnu ; elle se porte, au besoin, de nouveau sur les lieux pour s'assurer que les ordres donnés à cet égard par les autorités ont été exécutés ; en cas de refus ou de négligence, elle dresse procès-verbal, dont une expédition est adressée directement et d'urgence aux préfets ou sous-préfets, afin qu'il soit pris des mesures à cet égard. (Art. 206.)

D. — *Que fait la gendarmerie en cas de maladies ou épidémies contagieuses ?*

R. — Les mêmes précautions sont prises par la gendarmerie dans les cantons où des maladies contagieuses se sont manifestées ; elle veille, de plus. à ce que les cadavres des animaux morts ou abattus comme atteints de ces maladies soient, au plus tard dans les vingt-quatre heures, détruits par un procédé chimique ou par combustion ou enfouis, préalablement recouverts de chaux vive, et de telle sorte que la couche de terre au-dessus du cadavre ait au moins un mètre d'épaisseur. Elle veille, en particulier, à ce que les cadavres des animaux morts de maladie charbonneuse, ceux des animaux morts ou ayant été abattus comme atteints de peste bovine ne soient enfouis qu'avec leur peau tailladée, conformément aux dispositions du Code rural et des arrêtés préféctoraux organisant la police sanitaire, dans les départements. (Art. 207.)

Elle signale les épidémies contagieuses qui se déclarent dans les communes, tant sur les hommes que sur les animaux. à l'autorité administrative et, par la voie hiérarchique, au général commandant le corps d'armée.

Elle veille à ce que les mesures de police sanitaire soient observées et dresse des procès-verbaux à cet égard, quand il y a lieu. (Art. 208.)

D. — *Que fait la gendarmerie en matière de police rurale ?*

R. — Elle dresse des procès-verbaux contre tous ceux qui dans les temps prescrits, ont négligé d'écheniller, ainsi que ceux qui sont en contravention aux règlements de police rurale donnés par les préfets, sous-prefets et maires des communes dont ils ont la surveillance. (Art. 209.)

D. — *Et en cas de contraventions aux lois et règlements sur la chasse et la pêche ?*

R. — La gendarmerie dresse procès-verbal contre tous individus trouvés en contravention aux lois et règlements sur la chasse et la pêche, conformément aux règles spéciales en vigueur à cet égard, et contre ceux qui commettent des délits forestiers.

Elle reçoit des préfets ou sous-préfets, au moyen d'états nominatifs, communication des listes de permis de chasse. (Art. 210.)

D. — *Quels sont les devoirs de la gendarmerie en cas de grands rassemblements d'hommes ?*

R. — La gendarmerie doit toujours se tenir à portée des grands rassemblements d'hommes, tels que foires, marchés, fêtes et cérémonies publiques, pour y maintenir le bon ordre et la tranquillité ; et, sur le soir, faire des patrouilles sur les routes et chemins qui y aboutissent, pour protéger le retour des particuliers et marchands. (Art. 211.)

D. — Que fait-elle des individus qui tiennent des jeux de hasard dans les foires, marchés, etc.?

R. — Elle arrête et conduit devant le maire ou le juge de paix ceux qui tiennent, dans ces rassemblements, des jeux de hasard et autres jeux défendus par les lois et règlements de police. Elle saisit les tables, instruments, appareils de jeux ou de loteries, ainsi que les enjeux, les fonds, denrées, objets ou lots proposés aux joueurs, etc. (Art. 477 du Code pénal). (Art. 212.)

D. — Quels sont vos devoirs à l'égard des mendiants et des vagabonds?

R. — La gendarmerie surveille les mendiants, vagabonds et gens sans aveu parcourant les communes et les campagnes.

Elle arrête ceux qui ne sont pas connus de l'autorité locale et qui ne sont porteurs d'aucun papier constatant leur identité, mais surtout les mendiants valides, qui peuvent être saisis et conduits devant l'officier de police judiciaire, pour être statué, à leur égard, conformément aux lois sur la répression de la mendicité :

1° Lorsqu'ils mendient avec violences ou menaces ;

2° Lorsqu'ils mendient avec armes ;

3° Lorsqu'ils mendient nuitamment ou s'introduisent dans les maisons ;

4° Lorsqu'ils mendient plusieurs ensemble ;

5° Lorsqu'ils mendient avec de faux certificats ou faux passeports ou infirmités supposées, ou déguisement ;

6° Lorsqu'ils mendient après avoir été repris de justice ;

7° Et enfin lorsque d'habitude ils mendient hors du canton de leur domicile.

Contrairement à la mendicité, qui n'est un délit que dans des cas déterminés, le vagabondage est toujours un délit. Le vagabond est celui qui n'a ni domicile certain ni moyen de subsistance et qui n'exerce habituellement ni métier ni profession. La réunion de ces trois conditions étant exigée pour constituer le délit, il est essentiel que les procès-verbaux précisent l'existence de chacune d'elles.

Les maires signalent la présence des mendiants et vagabonds dans leurs communes et la direction prise par eux en les quittant, chaque fois que, par suite du défaut ou de l'insuffisance des agents municipaux, il a été impossible de se saisir des délinquants et de les livrer à la gendarmerie.

La gendarmerie prend, en outre, à leur sujet, d'une manière incessante, des renseignements auprès des gardes champêtres, gardes forestiers, douaniers, agents des contributions indirectes, facteurs ruraux, cantonniers, gardes de la navigation fluviale, etc. (Art. 213.)

D. — *Comment les brigades assurent-elles la protection du commerce intérieur ?*

R. — En tout temps, les sous-officiers, brigadiers et gendarmes doivent faire des patrouilles de nuit pour protéger le commerce intérieur, en procurant la plus parfaite sécurité à tous les individus que leur commerce, leur industrie et leurs affaires obligent à voyager. (Art. 215.)

D. — *Comment opèrent-elles la recherche des déserteurs, insoumis et des absents illégalement ?*

R. — Il est spécialement prescrit à toutes les brigades de gendarmerie de rechercher avec soin et d'arrêter, partout où ils sont rencontrés, les déserteurs et insoumis signalés, ainsi que les militaires qui sont en retard de rejoindre à l'expiration de leurs congés ou permissions.

Elles arrêtent également les militaires de l'armée de terre et de mer qui ne sont pas porteurs de feuilles de route, de congés en bonne forme ou d'une permission d'absence signée par l'autorité compétente. (Art. 216.)

D. — *Qu'entend-on par désertion et insoumission ?*

R. — Le délit de désertion est celui que commet le militaire qui abandonne illégalement son corps, le détachement dont il fait partie ou l'établissement auquel il est attaché pendant un temps dont la durée dépasse les délais de grâce fixés par le Code de justice militaire.

Le délit d'insoumission est celui que commet l'homme lié au service militaire qui, dans les délais fixés par la loi, n'a pas obéi à un ordre de route régulièrement notifié. (Art. 217.(

D. — *Comment assure-t-on la répression de la désertion et de l'insoumission ?*

R. — Les signalements des insoumis ou déserteurs sont conservés avec le plus grand soin, et les poursuites continuées jusqu'à ce que l'arrestation soit opérée ou jusqu'à l'arrivée de l'avis de radiation. (Art. 220.)

D. — *Y a-t-il un autre moyen de capture que par le signalement ?*

R. — Les brigades vérifient avec le plus grand soin les papiers des individus qui, par leur âge, paraissent appartenir à l'armée ; elles se font présenter leur livret militaire pour vérifier leur situation au point de vue des services accomplis.

Elles se concertent avec les maires et, spécialement avec les gardes champêtres et les gardes foresti rs, qui sont tenus de leur communiquer tous les renseignements et indices qu'ils ont recueillis sur le lieu présumé de la retraite des insoumis. (Art. 221.)

D. — *Où sont conduits les déserteurs et absents illégalement ?*

R. — Lorsqu'un déserteur est replacé dans la main de l'autorité, il doit être ramené à son corps avec les pièces constatant sa position exacte, sa présentation volontaire ou son arrestation. Un procès-verbal de la gendarmerie est dressé à cet effet.

Le commandant de la brigade qui a arrêté, ou à qui on a remis un individu réputé déserteur, le met en route pour être conduit, par voie ferrée autant que possible, ou de brigade en brigade, au chef-lieu du département, devant le commandant de la gendarmerie. (Art. 222.)

Toutefois, les déserteurs dont le corps est parfaitement connu, et qui sont arrêtés dans un lieu situé plus près de leur corps que du chef lieu du département, sont conduits directement à leur corps; le commandant de la brigade qui en fait la remise en retire un récépissé sur le carnet de rencontre. Si le corps auquel le déserteur affirme appartenir est éloigné du lieu de l'arrestation, l'ordre de conduite ne doit être délivré qu'après avoir acquis la certitude complète qu'il en fait réellement partie, soit par un signalement officiellement notifié, soit par les papiers trouvés en sa possession, soit enfin par tous autres documents probants ; en conséquence. il est maintenu en prison jusqu'à ce qu'on ait reçu du corps, auquel le fait est immédiatement signalé, des renseignements qui confirment l'exactitude de la déclaration.

Les militaires en état d'absence illégale, arrêtés ou qui se présentent volontairement, sont conduits à leur corps d'après les mêmes règles. (Art. 223.)

D. — *Comment procède-t-on quand le prévenu n'a pas été arrêté par la gendarmerie ?*

R. — Si le prévenu n'a pas été arrêté par la gendarmerie, le commandant de la brigade devant lequel il a été amené rédige, sur la déclaration et en présence du capteur, ainsi qu'en présence du détenu, le procès-verbal d'arrestation et en établit quatre expéditions. Une des expéditions est remise à l'auteur de la capture.

Si le capteur est dans l'intention de réclamer du sous-intendant militaire la gratification qui est accordée par la loi, il fait viser ce procès-verbal par l'officier commandant la gendarmerie de l'arrondissement, qui s'assure que l'individu arrêté appartient bien à l'une des catégories donnant droit à une prime de capture. (Art. 224)

D. — *Où se trouve indiquée la destination à donner aux insoumis ?*

R. — La destination à donner aux insoumis arrêtés ou se présentant volontairement est indiquée dans l'instruction spéciale relative à l'insoumission. (Art. 225.)

D. — *Que fait la gendarmerie à l'égard de ceux qui recèlent des déserteurs ou insoumis ?*

R. — La gendarmerie rédige procès-verbal contre tout individu qui a sciemment recélé ou pris à son service la personne d'un déserteur ou insoumis, qui a favorisé son évasion, ou qui, par des manœuvres coupables, a empêché ou retardé son départ ; ce procès-verbal est adressé à l'autorité judiciaire. (Art. 226.)

D. — *A quoi s'exposeraient des gendarmes coupables de violences criminelles contre un déserteur ou un insoumis ?*

R. — Les gendarmes qui commettent, contre un déserteur ou insoumis, des violences criminelles, sont justiciables des conseils de guerre, pour le fait de ces violences. (Art. 227.)

D. — *Qu'y a-t-il à faire dans le cas de droit à la prime ?*

R. — Lorsqu'il y a réclamation de prime et droit à cette prime, le commandant de la brigade adresse immédiatement au commissaire du gouvernement, par la voie hiérarchique, un avis de l'arrestation portant mention de la réclamation de la prime de capture faite par les capteurs, gendarmes ou autres, afin que cette prime soit inscrite au relevé des frais susceptibles d'être mis à la charge de l'intéressé, en cas de condamnation. (Art. 228.)

D. — *Quels sont les devoirs de la gendarmerie à l'égard des permissionnaires ?*

R. — La gendarmerie est chargée de faire rejoindre les sous-officiers et soldats absents de leur corps, à l'expiration de leurs congés ou permissions.

Les militaires porteurs de ces congés ou permissions sont tenus de les faire viser au commandant de la brigade de gendarmerie dont dépend leur résidence. s'il n'y a pas de garnison.

Le commandant de brigade en fait inscription sur un registre ou un carnet à ce déstiné. Le visa de la gendarmerie n'est pas exigé pour les permissions dont la durée ne dépasse pas huit jours.

Il signale à l'autorité militaire les hommes en congé ou en permission, même en congé de convalescence, dont l'inconduite pourrait motiver leur rappel au corps. Ce compte-rendu est transmis au général commandant la subdivision par le commandant d'arrondissement. (Art. 229).

La gendarmerie renseigne les chefs de corps sur les motifs qui ont empêché les militaires de rejoindre à l'expiration de leurs congés ou permissions. (Art. 230.)

D. — Que fait-on dans le cas où un militaire dans ses foyers a besoin d'un congé ou d'une prolongation à titre de convalescence?

R. — Quand les militaires qui se trouvent dans leurs foyers en position régulière d'absence, et qui sont hors d'état d'être transportés, ont besoin d'un congé ou d'une prolongation de congé à titre de convalescence, la gendarmerie transmet au général commandant la subdivision les pièces des intéressés prévues par le décret sur les congés et permissions. Elle y joint un procès-verbal d'enquête constatant, s'il y a lieu, que le postulant est dans l'impossibilité de se déplacer.

Quand il s'agit d'officiers, c'est le commandant d'arrondissement qui s'occupe directement de leur cas en se conformant aux règles qui précèdent. Il remplace le procès-verbal par un rapport. (Art. 231.)

D. — Qu'y a-t-il à faire dans le cas de décès d'un militaire dans ses foyers ?

R. — En cas de décès d'un militaire dans ses foyers, le chef de brigade intéressé fait parvenir, par l'intermédiaire du commandant d'arrondissement. :

1e D'une expédition du procès-verbal de la gendarmerie relatif au décès, avec un inventaire des effets, au sous-intendant ;

2° Une expédition du même procès-verbal, avec une copie de l'acte de décès et les pièces militaires, au général commandant la subdivision, qui les transmet au corps intéressé.

Toutefois, si le chef de corps est dans la résidence même du commandant d'arrondissement, celui-ci lui remet directement le dossier qui lui est destiné.

Si le décès est consécutif à une maladie contagieuse ou épidémique, le chef de brigade fait incinérer les effets sur place et constate l'opération par procès-verbal.

S'il s'agit du décès d'un officier ou assimilé en position d'absence (congé, permission, non activité, etc.), le chef de brigade, dans la circonscription duquel le décès s'est produit, en avise aussitôt que possible, par télégramme, le général commandant la subdivision, qui rend compte au commandant du corps d'armée. Mention du décès est faite sur le rapport journalier du chef de brigade. (Art. 232.)

D. — En quoi consistent les devoirs de la gendarmerie dans les localités occupées par les troupes en marche et à propos des isolés?

R. — La gendarmerie a dans ses attributions la police des localités occupées par les troupes en marche, ainsi que la surveillance des isolés (isolés en marche et isolés laissés par les corps) et à défaut de garnison dans la localité, des chevaux reconnus dans l'impossibilité de continuer la route. (Art. 235.)

D. — *Dans quelles conditions la gendarmerie reçoit-elle du commandant d'une troupe en marche, un militaire à conduire sous escorte ?*

R. — Les officiers ou commandants de brigade ne peuvent recevoir des chefs de corps ou de détachements, en marche ou en garnison, aucun militaire pour être conduit sous l'escorte de la gendarmerie, sans un ordre écrit du général commandant la subdivision de région.

Cependant, le commandant d'une troupe peut, dans les cas graves et sous sa responsabilité, adresser directement à la gendarmerie la réquisition écrite et motivée de recevoir un prévenu appartenant à cette troupe.

La gendarmerie ne peut refuser d'obéir à cette réquisition ni en discuter les motifs.

Les militaires qui sont prévenus de délits ou de crimes sont remis à la gendarmerie sur réquisition du chef de corps. Ils sont attachés, si cette mesure est nécessaire.

D. — *Que doit-on faire à l'arrivée d'une colonne ou des officiers ou sous-officiers envoyés en avant pour le logement et l'alimentation ?*

R. — Dans les localités où il existe des brigades de gendarmerie, le chef de brigade se met à la disposition des commandants de de colonne et des officiers (ou sous-officiers) envoyés pour préparer ou pour arrêter les mesures relatives à l'installation et à l'alimentation de la troupe.

Dans les résidences traversées par les troupes, le chef de brigade ou, s'il est absent, le gendarme de planton se présente au chef des colonnes et se met à sa disposition. (Art. 237.)

D. — *Quelles sont les autres circonstances dans lesquelles la gendarmerie a encore à prêter son concours à l'autorité militaire §*

R. — La gendarmerie assiste annuellement aux opérations du tirage au sort, du conseil de révision et du classement des chevaux et voitures. Son service, en ces circonstances, est réglé par des instructions spéciales.

Des instructions spéciales déterminent également le concours qu'elle doit prêter à l'autorité militaire en ce qui concerne le service des secours et gratifications de réforme. (Art. 238.)

D. — *Quel est l'objet des rencontres ?*

R. — Les rencontres ont pour principal objet le transfèrement des prisonniers de brigade en brigade et la remise des pièces les concernant, si leur nombre, leur poids et leur volume le permettent.

Les points de rencontre sont toujours assignés, autant que possible, à égale distance des brigades qui doivent s'y rendre, et dans les lieux où les chefs de brigade et gendarmes chargés de ce service peuvent trouver un abri momentané pour eux-mêmes et pour les individus confiés à leur garde pendant le temps nécessaire à la remise des personnes et des objets.

Sauf impossibilité absolue, d'agir autrement, cet abri ne doit pas être choisi dans les auberges ou cabarets.

Les gradés et gendarmes profitent, s'il y a lieu, des rencontres pour se communiquer réciproquement les renseignements et avis qu'ils ont pu recevoir, dans l'intervalle d'une rencontre à l'autre, sur tout ce qui intéresse la tranquillité publique. et pour concerter leurs opérations relativement à la recherche des malveillants de toute espèce dont ils auront connaissance. (Art. 239.)

D. — *Comment sont transférés les prévenus et condamnés civils ?*

R. — Les prévenus ou condamnés sont ou bien transférés à pied de brigade en brigade, ou bien conduits directement à destination par les voies rapides. Dans ce dernier cas, la conduite est dite « extraordinaire ».

Si les prisonniers sont de différents sexes, ils doivent être transférés séparément. (Art. 240.)

D. — *Comment sont effectuées les conduites extraordinaires ?*

R. — Les conduites extraordinaires ne doivent avoir lieu qu'en vertu d'ordres ministériels, réquisitions des magistrats des cours d'appel et sur les demandes particulières faites par les pères. mères, tuteurs ou conseils de famille. (Art. 241.)

D. — *Comment sont conduits les individus transférés aux frais du ministère de la justice ?*

R. — Les individus transférés aux frais du ministère de la justice sont, à moins de circonstances extraordinaires, conduits à pied de brigade en brigade. Lorsque la translation par voie extraordinaire est ordonnée d'office ou demandée par eux à cause de l'impossibilité où ils se trouvent de faire ou de continuer le voyage à pied, cette impossibilité est constatée par certificat de médecin, pour peu qu'il y ait doute sur la véracité de leurs allégations ou qu'il y ait mauvais vouloir de leur part. Si l'examen médical n'est pas jugé nécessaire ou s'il est impossible, la réquisition pour le transport est motivée, et les motifs qu'elle contient sont consignés dans une note spéciale remise au commandant de l'escorte.

En principe, la réquisition pour la visite médicale et pour le transport est faite par un magistrat de l'ordre judiciaire ou par le maire ou adjoint.

En l'absence de tout magistrat de l'ordre judiciaire ou administratif, le chef d'escorte donne la réquisition sous sa responsabilité et constate la situation par procès-verbal. (Art. 242.)

D. — *Et ceux transférés aux frais du ministère de l'intérieur?*

R. — Les individus transférés aux frais du ministère de l'intérieur ne sont pas tenus, quel que soit leur état de santé, de faire la route à pied. Il n'y a pas lieu, dès lors, soit avant leur départ, soit en cours de route, de faire procéder à leur visite médicale avant de demander au maire une réquisition pour leur transport en chemin de fer, en voiture ou par tout autre mode de locomotion, s'il y a lieu, (Art. 243.)

D. — *Comment procède-t-on quand les prévenus ou accusés désirent être transportés à leurs frais?*

R. — Les prévenus ou accusés qui peuvent faire les frais de leur transport et du retour de l'escorte sont conduits directement à leur destination, en se soumettant aux mesures de précaution que prescrit le magistrat qui a autorisé la translation. (Art. 244.)

D. — *Quelles sont les pièces qui accompagnent les individus transférés?*

R. — Lorsque les prisonniers à transférer sont mis en route, les commandants d'arrondissement remettent au chef d'escorte des ordres de conduite. Ces ordres doivent être individuels, comme les procès-verbaux d'arrestation. A la suite de chaque ordre est inscrit le signalement de l'individu qu'il concerne. Si cet individu est considéré comme dangereux, mention en est faite, à l'encre rouge, en marge de l'ordre de conduite. (Art. 245.)

Si les prévenus ou condamnés sont transférés en exécution d'un ordre de l'autorité militaire, ou en vertu d'un mandat de justice, ou par l'effet d'une réquisition émanée de l'autorité administrative, une copie de l'ordre, du mandat ou de la réquisition, certifiée par le commandant d'arrondissement, est reproduite au verso de l'ordre de conduite, en marge duquel est inscrit le bordereau des pièces qui doivent suivre les prévenus ou les condamnés; ces pièces sont remises au commandant de l'escorte, qui en donne son reçu sur le carnet de rencontre, dans les termes suivants :

« Reçu l'ordre et les pièces y mentionnées. » (Art. 246.)

D. — *Lorsque le transfèrement a lieu de brigade en brigade, quelles sont les formalités au point de réunion ?*

R. — Lorsque les prévenus ou condamnés sont transférés de brigade en brigade, le commandant de l'escorte qui a été chargé de la conduite jusqu'au point de rencontre, après avoir fait vérifier par le commandant de la nouvelle escorte l'identité des individus confiés à sa garde et lui avoir remis les pièces mentionnées dans l'ordre de transfèrement, se fait donner un reçu du tout sur la feuille de service et sur le carnet de rencontre.

Si le nombre des prisonniers tranférés ou si des circonstances particulières exigent un supplément de force, le commandant qui doit continuer l'escorte peut requérir, parmi les gendarmes présents, le nombre d'hommes nécessaires pour assurer la garde et la sûreté des prisonniers. (Art. 247.)

D. — *Où sont déposés les prisonniers à l'arrivée au gîte, et comment pourvoit-on à leur nourriture ?*

R. — Dans chaque lieu de gîte, les prisonniers sont déposés dans la maison d'arrêt si c'est un chef-lieu de département ou d'arrondissement. Dans le cas contraire ils sont déposés dans la chambre de sûreté de la caserne de gendarmerie.

Dans ce dernier cas, ils y sont gardés par la gendarmerie de la résidence jusqu'au départ du lendemain ou du jour fixé pour la rencontre ; mais si les prisonniers sont de différents sexes, et si la caserne ne comporte qu'une chambre de sûreté, les femmes son remises à la garde de l'autorité locale, qui pourvoit à leur logement.

Pendant le temps de leur séjour, leur nourriture est assurée par les soins de l'entrepreneur général du service des prisons départementales et, à son défaut, par le maire. En cas de refus du maire de pourvoir à la subsistance des prisonniers déposés dans la chambre de sûreté, la gendarmerie, après l'avoir constaté par procès-verbal, est tenue de leur fournir les aliments déterminés par les règlements en vigueur, sanf remboursement par l'autorité administrative. (Art. 248.(

D. — *Quand les prisonniers transférés par chemin de fer arrivent dans une gare, où doivent-ils séjourner en attendant le départ ?*

R. — Les prisonniers transférés par chemin de fer ne pénètrent pas dans les salles d'attente des gares ; ils séjournent avec l'escorte dans un endroit désigné par le chef de gare, prévenu deux heures au moins avant le passage du train qui doit amener les prisonniers, toutes les fois que cela est possible. En cas de formation d'un train dans la gare, les prisonniers montent dans le wagon qui leur est désigné. (Art. 249.)

D. — *Si un prisonnier tombe malade dans une résidence de brigade où il n'y a ni prison ni hôpital, comment doit-il être secouru ?*

R. — Si un prisonnier tombe malade ou arrive malade dans une résidence de brigade où il n'y a ni prison, ni hôpital. il reste déposé dans la chambre de sûreté de la caserne ; les secours nécessaires lui sont administrés par les soins du maire ou de l'adjoint, mais jusqu'au moment seulement où il peut être transféré sans danger dans la maison de détention ou dans l'hôpital le plus à proximité. (Art. 250.)

D. — *Que doit-on faire lorsqu'un prisonnier conduit à pied par la gendarmerie tombe malade en route ?*

R. — Lorsqu'un prévenu ou condamné conduit à pied par la gendarmerie tombe malade en route, le maire ou l'adjoint du lieu le plus voisin, sur la réquisition des chefs de brigade ou gendarmes chargés de la conduite, est tenu de pourvoir aux moyens de transport jusqu'à la résidence de la brigade, la maison de détention ou l'hôpital le plus à proximité dans la direction de la conduite du prisonnier. Si c'est une maison de détention, le prisonnier y est placé à l'infirmerie et remis à la garde du concierge, qui en donne reçu ; si c'est un hôpital civil, il est soigné dans un lieu sûr, sous la surveillance des autorités locales.

Dans ce cas, les papiers, objets et pièces de conviction, s'il y en a, restent entre les mains du commandant de la gendarmerie de la circonscription ; et, après le rétablissement de ce prisonnier, ils sont joints à l'ordre de conduite, avec un certificat constatant l'entrée et la sortie de l'hôpital ou les motifs du séjour prolongé, soit dans la maison de détention, soit dans la chambre de sûreté de la caserne. (Art. 251.)

D. — *Si plusieurs individus sont transférés ensemble et que l'un d'eux tombe malade en route, que fait-on des pièces le concernant ?*

R. — Si les pièces jointes à l'ordre de transfèrement concernent plusieurs individus dont l'un est resté malade en route, la conduite de ceux qui sont en état de marcher n'est pas interrompue, et les pièces ne sont pas retenues ; il est fait mention sur l'ordre de tranfèrement, qui suit les autres prisonniers, des causes qui ont fait suspendre la translation de l'un ou de quelques-uns d'entre eux. (Art. 252.)

D. — *Que fait-on en cas d'évasion d'un prévenu ou condamné déposé à l'infirmerie d'une maison de détention ou dans un hôpital ?*

R. — En cas d'évasion d'un prévenu ou condamné déposé à

l'infirmerie d'une maison de détention ou soigné dans un hôpital, le commandant de la brigade de gendarmerie, au premier avis qu'il en reçoit, le fait rechercher et poursuivre; il se rend au lieu de l'évasion pour reconnaître s'il y a eu connivence ou seulement défaut de surveillance de la part des gardiens; il rédige le procès-verbal de ses recherches, et l'adresse sur-le-champ, avec les autres pièces qui concernent l'évadé, au commandant de l'arrondissement : celui-ci les transmet au commandant de la compagnie, qui en rend compte à l'autorité compétente. (Art. 253.)

D. — *Et en cas de mort dans un hôpital civil?*

R. — En cas de mort dans les hôpitaux civils d'un prévenu ou condamné, le commandant de la brigade se fait délivrer une expédition de l'acte de décès pour être réunie aux autres pièces qui peuvent concerner le décédé, et il fait l'envoi du tout, dans les vingt-quatre heures, au commandant de la gendarmerie de l'arrondissement. (Art. 254.)

D. — *Que font les gendarmes d'escorte si un prisonnier meurt entre leurs mains ou dans la chambre de sûreté?*

R. — Si le prisonnier meurt entre les mains des gendarmes de l'escorte, ou à la chambre de sûreté, ils doivent en prévenir immédiatement le maire de la commune dans laquelle ce prisonnier est décédé, et l'inviter à faire procéder à son inhumation après les délais voulus par la loi; ils signent l'acte de décès, dont ils se font délivrer une copie, et la joignent au procès-verbal qu'ils dressent pour constater cet événement; ils y joignent également l'ordre de conduite et les pièces concernant le prisonnier; ils font l'envoi du tout au commandant de l'arrondissement. (Art. 255.)

D. — *Quelles sont les pièces qui doivent accompagner les prisonniers militaires?*

R. — Il est défendu à la gendarmerie d'escorter des prisonniers militaires marchant isolément ou en détachement, s'ils ne sont pas munis de feuilles de route individuelles portant indication des fournitures qu'ils doivent recevoir en route.

En conséquence, toutes les fois que les commandants de brigade ont à faire de ces sortes d'escortes, le sous-intendant militaire, ou, à son défaut, le fonctionnaire le suppléant du lieu de départ, doit préalablement délivrer aux militaires des feuilles de route portant les indications ci-dessus.

Le signalement de ces militaires doit toujours être inscrit sur leur feuille de route.

S'il s'agit de militaires condamnés, l'ordre de conduite doit être accompagné d'un extrait du jugement. (Art. 257.)

D. — *Dans quelles conditions s'opère le transfèrement et la levée d'écrou des prisonniers militaires ?*

R. — Les mesures ordonnées pour le transfèrement des prisonniers civils sont les mêmes pour le transfèrement des prisonniers militaires, sauf les modifications ci-après. (Art. 258.)

La levée d'écrou d'un militaire détenu en vertu d'un jugement ou d'un ordre militaire ne peut être ordonnée que par le général commandant la subdivision ou le commandant d'armes. (Art. 259.)

D. — *Où sont déposés les militaires arrêtés ?*

R. — Tout militaire ou individu appartenant à l'armée qui est arrêté par une brigade de gendarmerie peut être déposé, le jour de son arrestation, dans la maison d'arrêt de cette résidence ou, à défaut, dans la chambre de sûreté.

S'il est déposé dans la maison d'arrêt, l'ordre d'écrou est signé par le commandant d'arrondissement.

Tout militaire ainsi déposé ne peut y rester plus de deux jours, celui de l'arrestation compris. (Art. 260.)

D. — *Comment se fait la remise des militaires à transférer ?*

R. — Les militaires qui doivent être escortés par la gendarmerie sont conduits par les soins de leur corps, la veille du jour fixé pour l'escorte, soit à la prison de la localité, soit, à défaut, à la chambre de sûreté de la caserne de gendarmerie.

Les gendarmes ne doivent en aucun cas aller chercher les hommes dans les casernes.

Les militaires envoyés aux compagnies de discipline y sont conduits sous l'escorte de la gendarmerie.

Le gendarme chef d'escorte est responsable des militaires qui lui sont confiés, ainsi que des effets dont ces militaires sont pourvus.

D. — *L'emploi des objets de sûreté est-il autorisé pour les militaires ?*

R. — Les instruments de sûreté ne doivent être employés qu'à l'égard :

1º Des militaires signalés par les corps comme étant particulièrement dangereux ;

2º De ceux dont l'attitude en route serait de nature à causer du scandale ;

3º De ceux, enfin, qui chercheraient à s'évader. (Art. 262.)

D. — *Comment voyagent les militaires escortés ?*

R. — Les militaires escortés voyagent, autant que possible,

par les chemins de fer, au moyen de réquisitions. Sur les routes de terre, les militaires escortés font route à pied, sauf dans les cas de maladie ou de force majeure qui empêchent le voyage à pied.

Dans ce cas, ils sont transportés en voiture, dans les conditions fixées par le règlement sur le service des convois militaires.

En cas de voyage par les chemins de fer, le chef d'escorte se conforme à l'instruction relative au transport sur les voies ferrées du personnel relevant du Département de la guerre. (Art. 263.)

D. — *Si un prisonnier militaire tombe malade en route, où est-il déposé?*

R. — Si un prévenu ou condamné militaire tombe malade en route, il est déposé et consigné à l'hôpital le plus proche, sous la surveillance spéciale de la gendarmerie et des autorités locales. (Art. 264.)

D. — *Que fait-on en cas d'évasion d'un hôpital d'un militaire transféré?*

R. — Lorsqu'un militaire tranféré s'évade d'un hôpital militaire, le commandant de la gendarmerie en est avisé par l'officier d'administration gestionnaire, ou l'administrateur pour les hôpitaux mixtes ou civils. Il en est dressé procès-verbal. (Art. 266.)

D. — *Si un militaire confié à la garde de la gendarmerie vient à s'évader, que doit faire le commandant de l'escorte?*

R. — En cas d'évasion d'un militaire confié à la garde de la gendarmerie, son signalement, extrait de la feuille de route ou du jugement, est sur-le-champ envoyé par le chef de l'escorte aux brigades voisines.

Si l'évasion a lieu pendant la marche, le commandant de l'escorte rédige, en outre, un procès-verbal indiquant exactement les nom et prénoms du prisonnier évadé, le corps auquel il appartient, la date du jugement, la peine prononcée, le lieu et les circonstances de l'évasion.

Le procès-verbal est immédiatement transmis au commandant de la gendarmerie du département, par la voie hiérarchique. (Art. 267.)

Si le militaire évadé appartient à l'armée de mer, les mêmes formalités sont remplies, et les pièces sont transmises au Ministre de la marine. (Art. 268.)

D. — *Que fait-on en cas de décès d'un militaire transféré?*

R. — Lorsqu'un militaire est décédé dans une maison de

détention ou entre les mains de la gendarmerie, on se conforme à l'article 232, relatif aux décès des militaires dans leurs foyers. (Art. 269.)

D. — *Quelles précautions la gendarmerie doit-elle prendre pour la conduite des militaires condamnés aux travaux publics?*

R. — Il est expressément défendu à la gendarmerie de faire la conduite des militaires condamnés à la peine des travaux publics avant d'avoir reçu une expédition individuelle et certifiée des jugements, et de s'être assurée si les condamnés sont pourvus de tous les effets d'habillement et de petit équipement prescrits par les règlements, et dont le détail doit être inscrit sur la feuille de route de chaque homme.

La gendarmerie veille avec la plus grande attention à ce qu'il ne soit détérioré ni détourné aucune partie de ces effets par les condamnés pendant la route, et principalement dans les lieux de gîte. Si elle remarque qu'il leur manque quelques uns de ces effets à la sortie des prisons, elle en dresse un procès-verbal, que le concierge est tenu de signer. Ce procès-verbal est joint à l'ordre de conduite des militaires condamnés, pour servir à la décharge des gendarmes. (Art. 270.)

D. — *Quelle est la responsabilité de la gendarmerie relativement aux objets qui accompagnent les prisonniers?*

R. — Dans le cas où un condamné arrive à l'atelier sans être pourvu de la totalité des effets mentionnés sur la feuille de route, le sous-intendant constate, par un procès-verbal, l'absence de ces effets, et le Ministre de la guerre fait exercer une retenue égale à la valeur des objets manquants sur la solde des gendarmes, si ce fait provient de leur faute.

Ces dispositions sont applicables à tout militaire conduit par la gendarmerie à une destination quelconque. (Art. 271.)

D. — *Quelles sont les mesures de précaution que les gradés et gendarmes doivent prendre pour éviter les évasions?*

R. — Les sous-officiers et gendarmes doivent prendre toutes les mesures de précaution pour mettre les prisonniers confiés à leur garde dans l'impossibilité de s'évader; toute rigueur inutile pour s'assurer de leur personne est expressément interdite. La loi défend à tous, et spécialement aux dépositaires de la force armée, de faire subir aux personnes arrêtées aucun mauvais traitement, ni outrage, même d'employer contre elles aucune violence, à moins qu'il n'y ait résistance ou rébellion, auquel cas seulement ils sont autorisés à repousser par la force les voies de fait commises contre eux dans l'exercice de leurs fonctions. (Art. 272.)

D. — *Quels moyens peuvent-ils employer à cet effet?*

R. — Toutefois, les gendarmes ayant, en cas d'évasion, une responsabilité qu'il importe essentiellement de ne pas leur ôter, il y a lieu de leur laisser quelque latitude dans l'emploi des moyens qui, selon les circonstances, peuvent être indispensables pour prévenir les évasions; il leur est recommandé de préférence l'emploi de chaînettes en corde de fil de fer, ou de gourmettes fermant à cadenas, comme réunissant les conditions de solidité, de légèreté et de flexibilité.

Cependant, dans les cas rares, et lorsqu'il s'agit de la conduite d'un grand criminel, ou s'il y a mutinerie ou tentative d'évasion, on peut recourir aux poussettes.

Mais il est interdit de se servir de grosses chaînes ou de menottes à vis, ou colliers de chien, qui sont susceptibles de blesser les prisonniers et d'occasionner des accidents graves; il est également formellement défendu de fixer à l'une des parties du harnachement le bout du lien qui retient un prisonnier. (Art. 273.)

D. — *Que doivent faire les gradés et gendarmes avant d'extraire des prisons les individus qui doivent être transférés?*

R. — Avant d'extraire des prisons les individus dont le transfèrement est ordonné de brigade en brigade, les chefs de brigade et gendarmes s'assurent de leur identité et vérifient s'ils n'ont pas sur eux des objets tranchants ou quelque instrument qui puisse servir à favoriser leur évasion. Ces militaires exigent des prisonniers le dépôt de l'argent ou des valeurs qu'ils possèdent. Il en est fait mention sur les feuilles de route, et ces objets sont restitués par la gendarmerie à l'arrivée à destination.

Ils s'assurent, la veille du départ, que les prévenus ou condamnés qu'ils doivent transférer ne sont point malades et qu'ils sont munis de chaussures et vêtements nécessaires pour faire la route. (Art. 274.)

D. — *Quelles sont les prescriptions relatives à la tenue des gradés et gendarmes d'escorte?*

R. — Les chefs de brigade et gendarmes montés qui sont chargés de conduire des prévenus ou condamnés marchent toujours à cheval, dans une bonne tenue militaire et armés; les chefs de brigade et gendarmes à pied sont également dans une tenue militaire et armés; ils peuvent prendre place avec les prisonniers dans le cas où ces derniers sont conduits en voiture. (Art. 275.)

D. — *Quelles sont les prescriptions relatives à la boisson et au tabac?*

R. — Il est expressément recommandé aux gendarmes sous

48

l'escorte desquels marchent des prévenus ou condamnés d'empêcher qu'ils ne fassent un usage immodéré de vin, de cidre et autres boissons enivrantes; ils doivent surtout leur interdire absolument l'usage des liqueurs spiritueuses. Ils peuvent aussi interdire l'emploi du tabac à fumer lorsque cette précaution leur paraît nécessaire.

La fermeté et l'exactitude que la gendarmerie met à l'exécution de cet ordre préviennent le retour de circonstances fâcheuses et ôtent aux prévenus l'occasion de nouvelles fautes, qui ne peuvent qu'aggraver leur position. (Art. 276.)

D. — *Les individus transférés peuvent-ils mendier?*

R. — La mendicité devant être réprimée partout où elle se produit, la gendarmerie s'oppose, par tous les moyens en son pouvoir, à ce que les individus confiés à sa garde sollicitent ou reçoivent des secours de la charité publique.

Les chefs d'escorte sont personnellement responsables des infractions qui peuvent être commises. (Art. 277.)

D. — *Quelle route doivent suivre les gendarmes employés au service de conduite?*

R — Les chefs de b igade et gendarmes employés au service de conduite ne se laissent pas rompre par les voitures; ils évitent les quartiers populeux, les foules, et se détournent, s'il est nécessaire, de la voie qui leur a été tracée pour prendre les parcours les moins fréquentés. Ceux qui ne ramènent pas de prisonniers reviennent par un itinéraire différent de celui qu'ils ont suivi à l'aller, afin d'explorer ainsi une zone de terrain plus étendue. (Art. 278.)

D. — *Quelle surveillance les gendarmes doivent-ils exercer sur les prisonniers?*

R. — Pendant le trajet, les gendarmes ne doivent pas perdre de vue un seul des mouvements des prisonniers; ils doivent observer s'ils ne tentent pas de s'évader par ruse; ils les surveillent de très près, surtout dans les passages qui peuvent favoriser leur évasion, tels que bois, ravins, fossés, rivières, chemins encaissés, montagnes ou autres lieux accidentés dont le site rendrait la poursuite difficile, et lorsqu'il y a affluence de monde sur la route qu'ils doivent parcourir. (Art. 279.)

D. — *Dans le cas de rébellion, de la part des prisonniers, que fait le commandant de l'escorte?*

R. — Dans le cas où il y a rébellion de la part des prisonniers, et tentative violente d'évasion, le commandant de l'escorte, dont les armes doivent toujours être chargées, leur enjoint, au nom de la loi, de rentrer dans l'ordre, en leur déclarant que, s'ils n'obéissent pas, ils vont y être contraints par la force des armes. Si cette injonction n'est pas écoutée et si la résistance continue, force des armes est déployée à l'instant même pour contenir les fuyards et révoltés. (Art. 280.)

D. — *Si, par suite de l'emploi des armes, un ou plusieurs prisonniers sont restés sur place, que fait le commandant de l'escorte?*

R. — Si, par suite de l'emploi des armes, un ou plusieurs prisonniers transférés sont restés sur place, le commandant de l'escorte fait prévenir immédiatement le juge de paix du canton ou tout autre officier de police judiciaire, le plus à proximité, afin qu'il se rende sur les lieux.

Il dresse procès-verbal de cet événement et de toutes les circonstances dont il a été précédé, accompagné ou suivi.

Il fait prévenir également le commandant de la gendarmerie de l'arrondissement. (Art. 281.)

Le procès-verbal, signé de tous les gendarmes faisant partie de l'escorte, est remis à l'officier de police judiciaire; une copie en est envoyée immédiatement aux chefs de l'arme, afin que les diverses autorités compétentes en soient informées.

Le chef de l'escorte doit requérir le maire de la commuue, afin qu'il dresse l'acte de décès et pourvoie à l'inhumation, toutefois après en avoir reçu l'autorisation du procureur de la République. (Art. 282.)

La conduite n'est pas retardée, à moins qu'il n'y ait décision contraire de l'autorité civile ou judiciaire, prise à l'occasion de cet événement. (Art. 283.)

D. — *Dans le cas où des prisonniers viennent à s'évader, que fait le commandant de l'escorte, tant pour la recherche des prisonniers évadés que pour la continuation du transfèrement des autres prisonniers?*

R. — Dans le cas où des prisonniers en route sous l'escorte de la gendarmerie viennent à s'évader, ceux qui restent sont toujours conduits à destination avec les pièces qui les concernent. Autant que possible, le chef d'escorte se met aussitôt sur les traces des individus évadés, et requiert les agents de l'autorité et les citoyens de lui prêter aide et assistance pour les rechercher et les arrêter. Il en donne partout le signalement et ne cesse la poursuite que lorsqu'il a la certitude qu'elle est sans résultat. Il télégraphie dès qu'il le peut à son commandant d'arrondissement. Le procès-verbal constatant l'évasion est adressé dans le plus bref délai, avec les pièces concernant les évadés, au commandant d'arrondissement, qui transmet aussitôt le tout au procureur de la République. (Art. 284.)

D. — *Quelle responsabilité ont les gendarmes en cas d'évasion de détenus?*

R. — En cas d'évasion de détenus par suite de négligence, les gendarmes chargés de la conduite sont passibles de peines proportionnées à la nature des crimes ou délits dont sont accusés les prévenus, ou des peines auxquelles ils sont condamnés; il est donc indispensable, dans l'espèce, de rédiger les procès-verbaux avec exactitude, et d'entrer dans tous les détails pour préciser la responsabilité attachée à ces évasions. (Art. 285.)

D. — *Est-il conservé trace de l'événement sur la feuille de service?*

R. — Le commandant de la brigade qui a fourni l'escorte des prisonniers fait mention sur sa feuille de service des évasions qui ont eu lieu et des noms des gendarmes qui étaient chargés de la conduite au moment de l'évasion. (Art. 286.)

D. — *De quelle punition seraient passibles les gendarmes qui emprunteraient de l'argent ou des effets aux individus tranférés?*

R. — Tout chef de brigade ou gendarme convaincu d'avoir emprunté ou reçu, à quelque titre que ce soit, de l'argent ou des effets des prévenus ou condamnés dont le transfèrement lui a été confié, se met dans le cas d'être réformé, sans préjudice des peines qui peuvent être prononcées contre lui, et qui sont déterminées par les lois. (Art. 287.)

D. — *En quoi consiste le service extraordinaire des brigades?*

R. — Le service extraordinaire des brigades consiste à prêter main-forte:

1° Aux préposés des douanes, pour la perception des droits d'importation et d'exportation, pour la répression de la contrebande ou de l'introduction sur le territoire français de marchandises prohibées;

2° Aux agents de l'administration, pour la répression du maraudage, dans les forêts et sur les fleuves, lacs ou riviéres:

3° Aux inspecteurs, receveurs des deniers de l'Etat, et autres préposés, pour la rèntrée des contributions directes et indirectes.

Les commandants de brigade ne doivent pas acquiescer aux demandes d'escorte que leur font directement les percepteurs des communes; mais, dans le cas où ces fonctionnaires ont de justes raisons de craindre une attaque sur les fonds existant entre leurs mains, ils s'adressent au maire, et le prient de requérir cette escorte;

4° Aux huissiers, et autres exécuteurs de mandements de justice, porteurs de réquisitions ou de jugements spéciaux dont ils doivent justifier;

5° Aux commissaires de surveillance, gardes-barrières et autres agents préposés à la surveillance des chemins de fer. (Art. 290.)

D. — Quelles sont les escortes que la gendarmerie doit fournir?

R. — La gendarmerie fournit les escortes légalement demandées, notamment celles pour la sûreté des recettes générales, convois de poudre, de munitions de guerre, de dynamitte ou autres explosifs voyageant par terre ou eau.

Sa participation à la garde et à l'escorte des convois de poudre, de dynamite et autres explosifs est réglée par des instructions spéciales (Art. 291.)

D. — Quand la gendarmerie dresse-t-elle des procès-verbaux?

R. — Toutes les fois que la gendarmerie est requise pour une opération quelconque, elle en dresse procès-verbal, même en cas de non-réussite, pour constater son transport et ses recherches. (modèle n° 16.)

Il en est ainsi notamment lorsqu', en dehors du service courant, elle est spécialement chargée de notifier à un particulier une décision prise par le ministre de la guerre lui-même ou un de ses délégués du ministère. Dans ce cas, elle laisse une copie de la décision entre les mains de l'intéressé et elle constate l'accomplissement de cette formalité dans le procès-verbal. (Art. 292.)

Elle dresse également procès-verbal des crimes, délits et contraventions de toute nature qu'elle découvre, des crimes et délits qui lui sont dénoncés, de tous les évènements importants dont elle a été témoin, de tous ceux qui laissent des traces après eux, et dont elle va s'enquérir sur les lieux, de toutes les déclarations qui peuvent lui être faites par les fonctionnaires publics et les citoyens qui sont en état de fournir des indices sur les crimes ou délits qui ont été commis, enfin, de toutes les arrestations qu'elle opère dans son service.

La rédaction des procès-verbaux doit être claire, précise et offrir un exposé des faits dégagé de tout évènement ou de toute interprétation étrangère à leur but, qui est d'éclairer la justice sans chercher à l'influencer. (Art. 293.)

D. — Un gendarme peut-il verbaliser seul?

R. — Un gendarme peut verbaliser seul, et son procès-verbal est toujours valable; mais il n'en est pas moins à désirer que tous les actes de la gendarmerie soient constatés par deux gendarmes au moins, afin de leur donner toute la force possible en opposant en justice leurs témoignages aux dénégations des délinquants. (Art. 294.)

D. — Est-il dressé procès-verbal de la main-forte?

R. — Les chefs de brigade et gendarmes requis de prêter

main-forte aux fonctionnaires et agents de l'autorité administrative ou judiciaire peuvent signer les procès-verbaux
dressés par ces fonctionnaires et agents, après en avoir pris
connaissance ; mais ils ne dressent pas de procès-verbaux de ces
opérations ; ils en font seulement mention sur les feuilles de
service. (Art. 295.)

D. — *Quelles sont les formes régulières des procès-verbaux de
la gendarmerie ?*

R. — Les procès-verbaux des chefs de brigade et gendarmes sont faits sur papier libre ; ceux de ces actes qui sont
de nature à donner lieu à des poursuites judiciaires sont visés
pour timbre et enregistrés en débet ou gratis, suivant les distinctions établies par les lois de finances ou règlements spéciaux.

Ils sont présentés à cette formalité par les gendarmes, dans le
délai de quatre jours, lorsqu'il se trouve un bureau d'enregistrement dans le lieu de leur résidence ; dans le cas contraire,
l'enregistrement a lieu à la diligence du ministère public chargé
des poursuites.

La formalité du timbre et de l'enregistrement doit être donnée
au comptant toutes les fois que le procès-verbal constate, soit une
saisie en matière de poste (ainsi qu'il est dit à l'art. 462 ci-dessus),
soit une contravention en matière de timbre ou de contributions
indirectes. L'avance des droits est faite par les agents des régies
intéressées, conformément aux règles concertées entre ces
administrations et celle de l'enregistrement.

D. — *Qu'y a-t-il de particulier aux procès-verbaux en matière
de douane quand ils sont rédigés au bureau des douanes ?*

R.—Lorsque, au lieu de faire directement leurs procès-verbaux
dans la forme qui leur est propre, les capteurs se rendent au
bureau des douanes le plus rapproché du lieu de la saisie, ils y
rédigent leurs procès-verbaux sur papier timbré et dans les
conditions édictées par les dix premiers articles du titre IV de la
loi du 9 floréal an VII. Le papier timbré est mis à leur disposition
par le receveur, qui les assiste dans la rédaction de l'acte et qui
reste d'ailleurs chargé des suites de l'affaire. L'original du
procès-verbal, avec une copie qui leur est destinée, est remis aux
gendarmes, chargés de le faire parvenir avec le ou les prisonniers
au procureur de la République.

D. — *Que savez-vous relativement aux procès-verbaux de
grande voirie, du roulage, de la pêche ?*

R. — Les procès-verbaux constatant les contraventions et les
délits concernant la police de la grande voirie, du roulage et des
messageries publiques doivent être enregistrés en débet dans les

trois jours de leur date, à peine de nullité. Les procès-verbaux relatifs à la pêche doivent l'être dans le délai de quatre jours. Dans le cas où il n'y a pas de bureau d'enregistrement dans la résidence, les procès-verbaux sont adressés au commandant d'arrondissement, qui est chargé de les transmettre au sous-préfet après les avoir fait enregistrer. (Art. 296.)

D. — Quelles sont les formalités d'enregistrement des procès-verbaux des contraventions de simple police ; de ceux intéressant l'Etat, les communes, etc ?

R. — Les procès-verbaux constatant les contraventions du ressort des tribunaux de simple police sont essentiellement soumis à la double formalité du timbre et de l'enregistrement en débet.

Il en est de même de ceux constatant des faits intéressant l'Etat, les communes et les établissements publics, enfin de ceux rédigés pour mort violente, lorsqu'ils contiennent l'inventaire des effets trouvés sur le décédé ou près de lui.

D. — Comment sont enregistrés les procès-verbaux en matière de douanes, enregistrés sans l'intervention d'un receveur ?

R. — Lorsque les procès-verbaux de contravention en matière de douanes ont été rédigés sans l'intervention d'un receveur de cette administration, ils sont timbrés et enregistrés dans les conditions spécifiées aux deux premiers paragraphes de l'article 296.

D. — Que fait-on pour l'enregistrement des contraventions en matière de contributions indirectes ?

R. — Les procès-verbaux de contravention en matière de contributions indirectes sont remis ou envoyés au receveur de l'enregistrement du canton, qui les soumet à la formalité du timbre et de l'enregistrement au comptant. Avis de ce dépôt ou de cet envoi est donné au receveur des contributions indirectes dans la circonscription duquel la constatation a été faite. (Art. 297.)

D. — En combien d'expéditions sont établis les procès-verbaux, et quelles sont leurs destinations respectives ?

R. — Tous les procès-verbaux dressés par les brigades sont généralement établis en double expédition, dont l'une est remise ou adressée sans délai à l'autorité compétente, et l'autre est adressée au commandant de l'arrondissement.

D. — N'y a-t-il pas des procès-verbaux établis en quadruple expédition ?

R. — Les procès-verbaux d'arrestation des forçats ou transportés de toutes catégories évadés, des contumax ou des insoumis ou des déserteurs de l'armée de terre ou de mer, sont établis en quadruple expédition. Une expédition suit l'homme, les trois autres sont adressées au commandant de la compagnie.

D. — Quelles sont les indications à porter, dans certains cas, au bas du procès-verbal ?

R. — Le signalement des individus arrêtés doit toujours être inscrit au bas du procès-verbal. Ce dernier doit mentionner en outre, pour les individus qui, par leur âge, ne sont pas dégagés de toute obligation militaire, leur classe, le canton où ils ont tiré au sort et leur numéro de tirage.

D. — Y a-t-il des procès-verbaux établis en triple expédition ?

R. — Les procès-verbaux en matière de roulage et de grande voirie doivent être faits en triple expédition ; deux expéditions sont remises au préfet ou sous-préfet, et la troisième est adressée au commandant de la compagnie, avec indication que cette formalité a été remplie.

D. — Quelle destination donne-t-on aux procès-verbaux constatant des contraventions correctionnelles ou de simple police ?

R. — Les procès-verbaux constatant des contraventions qui sont du ressort des tribunaux correctionnels ou de simple police sont faits en deux expéditions seulement ; l'une est remise au procureur de la République ou à l'officier du ministère public près le tribunal de simple police du canton, l'autre est adressée au commandant de compagnie.

D. — Est-il fait de même pour les contraventions en matière de pêche, de contrebande ?

R. — Il est fait exception pour les procès-verbaux en matière de pêche, dont une troisième expédition est adressée à l'inspecteur des eaux et forêts.

Les procès-verbaux relatifs à la contrebande sont en triple expédition, dont deux sont adressées au directeur des douanes, lorsqu'ils ont été rédigés dans les conditions spécifiées aux deux premiers paragraphes de l'article 296, ou au directeur des contributions indirectes.

D. — Que savez-vous quant aux procès-verbaux relatifs aux incidents auxquels sont mêlés des militaires ?

R. — Les procès-verbaux relatifs à des incidents auxquels sont mêlés des militaires, ou dont ils sont les auteurs (rixes, ivresse, etc.), sont établis en triple expédition, dont une pour l'autorité judiciaire compétente et une autre à conserver aux archives de la brigade. La troisième expédition est adressée au général commandant la subdivision, s'il s'agit d'un militaire en permission ou en congé. S'il s'agit d'un militaire présent à son corps, elle est envoyée au chef de corps intéressé. Dans les deux cas, l'envoi est fait par l'intermédiaire du commandant d'armes si les incidents ont eu lieu dans une ville de garnison.

Il appartient aux chefs directs de l'homme ou au général commandant la subdivision, suivant le cas, de donner à l'affaire la suite qu'elle comporte au point de vue militaire. (Art. 234 et 298.)

D. — *D'une manière générale que doivent mentionner les procès-verbaux ?*

R. — D'une manière générale, les procès-verbaux doivent mentionner les prénoms, le lieu de naissance, l'âge, le domicile et la profession des inculpés non arrêtés. En cas de crime ou délit, les militaires de la gendarmerie y indiquent le degré d'instruction des inculpés par l'une des trois mentions suivantes :

L'inculpé est complètement illettré ;

Il sait lire et écrire ;

Il a reçu une instruction supérieure. (Art. 298.)

On ajoutera encore si, jusqu'à l'âge de 18 ans, l'inculpé a été élevé par ses père et mère, ou tout autre membre de la famille, ou par des individus non parents, ou par une œuvre ou association, ou par l'assistance publique, ou si, livré à lui-même, il n'a reçu aucune éducation. (Circulaire du 19 juin 1913.)

D. — *Quelle est la foi due aux procès-verbaux de la gendarmerie ?*

R. — Les procès-verbaux de la gendarmerie font foi en justice jusqu'à preuve contraire ; ils ne peuvent être annulés sous prétexte de vice de forme, ou pour défaut d'enregistrement, les droits pouvant être perçus avant ou après le jugement.

Lorsque les procès-verbaux en matière de douanes sont rédigés et affirmés dans les conditions indiquées au quatrième paragraphe de l'article 296, ils font foi en justice jusqu'à inscription de faux. (Art. 299.)

D. — *Les militaires de l'arme peuvent-ils être entendus en justice à l'appui de leurs procès-verbaux ?*

R. — Les gendarmes, étant chargés par les lois et règlements de police de constater les contraventions qui peuvent être commises, peuvent, comme tous les officiers de police judiciaire, être entendus à l'appui de leurs procès-verbaux, sauf lorsque ceux-ci ont été rédigés en matière de timbre ou en matière de douanes dans les conditions spécifiées au quatrième paragraphe de l'article 296. (Art. 300.)

D. — *Quelles sont les obligations des militaires de la gendarmerie envers les personnes en danger ?*

R. — Une des principales obligations de la gendarmerie étant de veiller à la sûreté individuelle, elle doit assistance à toute personne qui réclame son secours dans un moment de danger. Tout militaire du corps de la gendarmerie qui ne satisfait pas à cette obligation, lorsqu'il en a la possibilité, se constitue en état de prévarication dans l'exercice de ses fonctions. (Art. 302.)

D. — *En quoi consiste un abus de pouvoir ?*

R. — Tout acte de la gendarmerie qui trouble les citoyens dans l'exercice de leur liberté individuelle est un abus de pouvoir ; les officiers, chefs de brigade et gendarmes qui s'en rendent coupables encourent une peine disciplinaire, indépendamment des poursuites judiciaires qui peuvent être exercées contre eux. (Art. 303.)

D. — *Dans quels cas avez-vous le droit d'arrestation, et quel délit constitue son abus ?*

R. — Hors le cas de flagrant délit déterminé par les lois, la gendarmerie ne peut arrêter aucun individu, si ce n'est en vertu d'un ordre ou d'un mandat décerné par l'autorité compétente : tout officier, chef de brigade ou gendarme qui, en contravention à cette disposition, donne, signe, exécute ou fait exécuter l'ordre d'arrêter un individu, ou l'arrête effectivement, est puni comme coupable de détention arbitraire. (Art. 304.)

Est puni de même, tout militaire du corps de la gendarmerie qui, même dans le cas d'arrestation pour flagrant délit, ou dans tous les autres cas autorisés par les lois, conduit ou retient un individu dans un lieu de détention non légalement et publiquement désigné par l'autorité administrative pour servir de maison d'arrêt, de justice ou de prison. (Art. 305.)

D. — *Que fait la gendarmerie des fous dangereux ?*

R. — La gendarmerie empêche la divagation des fous dangereux, s'en saisit, ainsi que de ceux qui lui seraient signalés comme évadés des établissements d'aliénés, et les remet sur-le-champ à l'autorité civile locale.

Là s'arrête le rôle de la gendarmerie. En aucun cas, les aliénés ne doivent être déposés dans les chambres de sûreté. (Art. 305.)

D. — *Où sont conduits les individus arrêtés en flagrant délit ?*

R. — Tout individu arrêté en flagrant délit par la gendarmerie, dans les cas déterminés par le présent décret, et contre lequel il n'est point intervenu de mandat d'arrêt ou un jugement de condamnation à des peines, en matière correctionnelle ou criminelle, est conduit *à l'instant même* devant le procureur de la République ; il ne peut être transféré ensuite dans une maison d'arrêt ou de justice qu'en vertu du mandat délivré par l'officier de police judiciaire. (Art. 306.)

D. — *En cas d'absence du procureur de la République, que fait-on des individus arrêtés ?*

R. — Dans le cas seulement où, par l'effet de l'absence du procureur de la République, le prévenu arrêté en flagrant délit ne peut être entendu immédiatement après l'arrestation, il est déposé dans l'une des salles de la mairie, où il est gardé à vue, ou dans la chambre de sûreté de la caserne, jusqu'à ce qu'il puisse être conduit devant l'officier de police ; mais, sous aucun prétexte, cette conduite ne peut être différée au-delà de vingt-quatre heures.

L'officier, chef de brigade ou gendarme qui a retenu plus longtemps le prévenu, sans le faire comparaître devant l'officier de police, est poursuivi comme coupable de détention arbitraire. (Art. 307.)

D. — *Que fait la gendarmerie en cas d'infractions à la loi sur l'ivresse ?*

R. — La gendarmerie constate par procès-verbal les infractions à la loi sur l'ivresse. Si un ivrogne cause du scandale sur la voie publique, elle le conduit ou aide la police locale, s'il y a lieu, à le conduire au violon municipal. A défaut de violon municipal, elle se borne à aviser l'autorité locale, qui prendra telles mesures qu'elle jugera convenable.

Les ivrognes ne doivent être déposés dans les chambres de sûreté des casernes que s'il existe contre eux de réels motifs d'arrestation, par exemple dans le cas d'outrages à la gendarmerie, de rébellion ou de vagabondage. (Art. 308.)

D. — *La gendarmerie peut-elle opérer en dehors de la circonscription qu'elle est chargée de surveiller ?*

R. — La gendarmerie ne peut opérer en dehors de la circonscription qu'elle est normalement chargée de surveiller, à moins d'ordres spéciaux ou en cas de force majeure, par exemple quand elle est à la poursuite de malfaiteurs. (Art. 309.)

D. — *Que peut-on faire dans le cas où la gendarmerie est attaquée dans l'exercice de ses fonctions ?*

R. — Si la gendarmerie est attaquée dans l'exercice de ses fonctions, elle requiert, de par la loi, l'assistance des citoyens présents à l'effet de lui prêter main-forte, tant pour repousser les attaques dirigées contre elle que pour assurer l'exécution des réquisitions et ordres dont elle est chargée. (Art. 310.)

D. — *Quel parti pouvez-vous tirer du concours des gardes forestiers, et comment l'assurez-vous?*

R. — Les gardes forestiers étant appelés à concourir, au besoin, avec la gendarmerie, par le maintien de l'ordre ou de la tranquillité publique, et les brigades de la gendarmerie devant les seconder et leur prêter main-forte pour la répression des délits forestiers, les inspecteurs ou sous-inspecteurs des eaux et forêts et les commandants de la gendarmerie se donnent réciproquement connaissance des lieux de résidence des gardes forestiers et des brigades et postes de gendarmerie, pour assurer, de concert, l'exécution des mesures et des réquisitions, toutes les fois qu'ils doivent agir simultanément.

En ce qui concerne la sûreté générale, les gardes forestiers peuvent apporter le concours le plus efficace à la gendarmerie, soit par les renseignements que leur service leur permet de recueillir, soit même en livrant à la gendarmerie les coupables d'un attentat à cette sûreté générale, arrêtés par eux dans le cas de flagrant délit nettement et absolument caractérisé.

Du reste, il est essentiel, à ce sujet, que les militaires de la gendarmerie des différents grades soient en rapport permanent avec les agents ou fonctionnaires des administrations des eaux et forêts, des douanes et des contributions indirectes, de manière à combiner leur action avec celle de ces agents ou fonctionnaires, dans les conditions spécifiées par les instructions privatives à ces trois services.

D. — *Y a-t-il d'autres agents dont le concours doive être également utile et recherché?*

R. — Au point de vue de la sûreté générale, des renseignements recueillis auprès des gardes champêtres, facteurs ruraux et cantonniers peuvent être d'une grande utilité. (Art. 311.)

D. — *Quels sont les droits et devoirs de la gendarmerie concernant les gardes champêtres?*

R. — Les gardes champêtres des communes sont placés sous la surveillance des commandants de brigade de gendarmerie; ces derniers inscrivent, sur le registre à ce destiné, les noms, âge et domicile de ces gardes champêtres, avec des notes sur leur conduite et leur manière de servir (Art. 312.)

Les officiers et chefs de brigade de gendarmerie s'assurent, dans leurs tournées, si les gardes champêtres remplissent bien les fonctions dont ils sont chargés. (Art. 313.)

Dans les cas urgents ou pour des objets importants, les chefs de brigade de gendarmerie peuvent mettre en réquisition les gardes champêtres d'un canton, et les officiers ceux d'un arrondissement, soit pour les seconder dans l'exécution des ordres qu'ils ont reçus, soit pour le maintien de la police et de la tranquillité publique; mais ils sont tenus de donner avis de cette réquisition aux maires et aux sous-préfets, et de leur en faire connaître les motifs généraux. (Art 314.)

Les officiers et chefs de brigade de gendarmerie adressent, au besoin, aux maires, pour être remis aux gardes champêtres, le signalement des individus qu'ils ont l'ordre d'arrêter. (Art. 315.)

Les gardes champêtres sont tenus d'informer les maires, et ceux-ci les officiers et chefs de brigade de gendarmerie, de tout ce qu'ils découvrent de contraire au maintien de l'ordre et de la tranquillité publique; ils leur donnent avis de tous les délits qui ont été commis dans leurs territoires respectifs.

La gendarmerie, de son côté, les met à même par tous les renseignements utiles, donnés en temps opportun, de concourir avec elle à la répression des crimes et des délits, en cherchant à développer dans la plus large mesure leur initiative et leur bonne volonté. (Art. 316.)

D. — *Quelle action la gendarmerie peut-elle avoir sur les cantonniers?*

R. — Les cantonniers doivent obtempérer à toutes les demandes et requisitions qui leur sont faites par la gendarmerie. (Art. 317.)

D. — *Dans quelles conditions la gendarmerie a-t-elle accès sur la voie ferrée et passage gratuit aux péages et sur les bacs?*

R. — Les officiers, chefs de brigade et gendarmes, dans l'exercice de leurs fonctions et revêtus de leur uniforme, ont le droit de s'introduire dans les enceintes, gares et débarcadères des chemin de fer, d'y circuler et stationner, en se conformant aux mesures de précaution déterminées par le Ministre des travaux publics.

Ce droit est limité aux cas où les nécessités du service l'exigent, et ils doivent s'abstenir de suivre à pied les voies ferrées pour rentrer à leur résidence. (Art. 319.)

Les officiers, chefs de brigade et gendarmes sont exempts des droits de péage et de passage des bacs, ainsi que les voitures, chevaux et personnes qui marchent sous leur escorte. (Art. 320.)

D. — *Que savez-vous à propos des abus de franchise et du contre-seing?*

R. — Les militaires de tout grade de la gendarmerie qui, d'après les règlements, jouissent de la franchise et du contre-seing des lettres et qui abusent de cette franchise pour une correspondance étrangère à leurs fonctions seront punis disciplinairement. (Art. 321.)

TABLE DES MATIÈRES DU DÉCRET

TITRE PRÉLIMINAIRE
DE L'INSTITUTION DE LA GENDARMERIE

CHAPITRE UNIQUE
DISPOSITIONS GÉNÉRALES

Sections   Pages

I.   Spéeialité du service de l'arme, (art. 1, 2, 3)......................   9

II.   Du serment imposé aux militaires de la gendarmerie, (art. 5)......   9

TITRE I{es}
DU PERSONNEL

CHAPITRE Ier
ORGANISATION

II.   Mode de recrutement et conditions d'admission. (art, 13, 14, 17)...   10

TITRE II
DES DEVOIRS DE LA GENDARMERIE ENVERS LES MINISTRES ET DE SES RAPPORTS AVEC LES AUTORITÉS CONSTITUÉES
DISPOSITIONS GÉNÉRALES

CHAPITRE Ier
DEVOIRS DE LA GENDARMRRIE ENVERS LES MINISTRES

II.   Attributions du ministre de l'intésieur, (art. 59)...................   11

CHAPITRE II
RAPPORTS DE LA GENDARMERIE AVEC LES AUTORITÉS LOCALES

II.   Dispositions préliminaires, (art. 67. 69, 70 à 75, 77, 78)...........   11

III.   Rapports de la gendarmerie avec les autorités judiciaires civiles, (art. 84)   14

IV.   Rapports de la gendarmerie avec les autorités administratives, (art. 95, 96)   14

V.   Rapports de la gendarmerie avec les autorités militaires, (art. 102, 106, 108 et 109)..   14 15

TITRE III
POLICE JUDICIAIRE

CHAPITRE Ier
DES OFFICIERS ET CHEFS DE BRIGADE DE GENDARMERIE CONSIDÉRÉS COMME OFFICIERS DE POLICE JUDICIAIRE CIVILE

I.   Des attributions de la police judiciaire, (art. 110, 113)   15

II.   Des mandats, de la contrainte par corps, des perquisitions, (art. 121 à 124)   16

III.   Du flagrant délit et des cas assimilés au flagrant délit, (art. 125, 126)   17

6

TITRE IV

DU SERVICE SPÉCIAL DE LA GENDARMERIE

Dispositions préliminaires, (art. 147, 148)......................... 17

CHAPITRE Ier

SERVICE ORDINAIRE DES BRIGADES

I.   Police judiciaire et administrative, (art. 149 à 192)............... 18
II. Police des routes et des campagnes. (art. 193 à 213, 215).......... 28
III. Police militaire, (art. 216, 217, 221 à 232, 235, 237, 238).......... 34

CHAPITRE II

DES RENCONTRES ET DES TRANSFÈREMENTS DE PRISONNIERS

I   Transfèrement de prisonniers civils, (art. 239 à 255).............. 39
II. Transfèrement de prisonniers militaires, (art. 257 à 260, 262 à 264, 266 à 271)   43
III. Responsabilité de la gendarmerie dans le transfèrement des prisonniers, (art. 272 à 287)........ 46

CHAPITRE III

SERVICE EXTRAORDINAIRE DES BRIGADES

Section unique — Service légalement requis, (art. 290, 291)................ 50

CHAPITRE IV

DES PROCÈS-VERBAUX

Procès-verbaux. (art. 292 à 300)........................... 51

TITRE V

CHAPITRE UNIQUE

Dispositions générales, (art. 302 à 317, 319 à 321)................ 56

SERVICE INTÉRIEUR

DE LA

GENDARMERIE DÉPARTEMENTALE

PAR

Demandes et Réponses

A L'USAGE

DE MM. LES CHEFS DE BRIGADE

ET GENDARMES

Pour leurs Théories

SERVICE INTÉRIEUR

DE LA

GENDARMERIE DÉPARTEMENTALE

Par Demandes et Réponses

PRINCIPES GÉNÉRAUX

D. — *Quelles sont les bases de la discipline ?*

R. — La discipline faisant la force principale des armées, il importe que tout supérieur obtienne de ses subordonnés une obéissance entière et une soumission de tous les instants ; que les ordres soient exécutés littéralement, sans hésitation ni murmure ; l'autorité qui les donne en est responsable, et la réclamation n'est permise à l'inférieur que lorsqu'il a obéi.

Si l'intérêt du service veut que la discipline soit ferme, il veut en même temps qu'elle soit paternelle. Toute rigueur qui n'est pas de nécessité, toute punition qui n'est pas déterminée par le règlement, ou que ferait prononcer un sentiment autre que celui du devoir ; tout acte, tout geste, tout propos offensant d'un supérieur envers son subordonné, sont sévèrement interdits.

Les membres de la hiérarchie militaire, à quelque degré qu'ils soient placés, doivent traiter leurs inférieurs avec bonté, être pour eux des guides bienveillants, leur porter tout l'intérêt et avoir envers eux tous les égards dus à des compagnons d'armes qui assument avec eux la mission de faire observer les lois de la République et de sauvegarder l'indépendance et l'honneur de la patrie. (Art. 1er.)

D. — *Quelles sont les règles de la subordination ?*

R. — La subordination doit avoir lieu rigoureusement de grade à grade ; l'exacte observation des règles qui la garantissent, en écartant l'arbitraire, doit maintenir chacun dans ses droits comme dans ses devoirs.

Le gendarme doit obéir au chef de brigade de 4e classe;

Le chef de brigade de 4e classe au chef de brigade de 3e classe, etc.;

Le Ministre de la guerre est le chef de l'armée.

D. — *Y a-t-il une autre subordination que celle de grade à grade?*

R. — Indépendamment de cette subordination du grade, la discipline exige, à grade égal, la subordination à l'ancienneté, en tout ce qui concerne le service et l'ordre public. Ainsi, plusieurs militaires du même grade, de service ensemble, qu'ils soient ou non du même corps et de la même arme, doivent obéissance au plus ancien d'entre eux, comme s'il était leur supérieur en grade.

A égalité d'ancienneté de grade, le droit au commandement est déterminé par l'ancienneté dans le grade inférieur; à égalité d'ancienneté dans le grade inférieur, par l'ancienneté dans le grade précédent, et ainsi de suite.

Entre gendarmes, le commandement est exercé par le plus ancien de service dans la gendarmerie, à compter de la date de la titularisation; à égalité d'ancienneté, par le plus ancien de service dans l'armée.

Les mêmes règles s'appliquent entre élèves-gendarmes.

L'élève-gendarme est toujours subordonné au gendarme.

Tout militaire exerçant les fonctions d'un grade supérieur au sien se trouve investi, à l'égard de la troupe près de laquelle il les exerce, des droits et responsabilité du titulaire, sauf les restrictions indiquées par les règlements. (Art. 2.)

FONCTIONS INHÉRENTES A CHAQUE GRADE

D. — *Qu'avez-vous à retenir de la méthode de commandement?*

R. — La part d'initiative, plus restreinte dans les bas grades, doit être néanmoins recherchée par tous, car elle contribue puissamment à fortifier les caractères et à développer le sentiment des responsabilités.

Mais chacun doit se restreindre à sa sphère, sans empiéter sur les attributions de ses subordonnés.

Tout subordonné ne doit pas hésiter à provoquer les ordres de son chef lorsqu'il le juge nécessaire. En l'absence de ce dernier et dans le cas d'urgence, il apporte, de lui-même et sous sa responsabilité, les modifications aux ordres que les circonstances rendent indispensables. Il rend compte à son chef, dès que cela lui est possible, de cette dérogation momentanée. (Art. 3.)

D. — *Quels sont les responsabilités et principes du commandement ?*

R. — Les commandants de brigade sont responsables du bon fonctionnement de toutes les parties du service (service spécial, discipline, éducation militaire, tenue, instruction, hygiène, administration).

Ils doivent faciliter à leurs subordonnés la pratique de leurs devoirs par leur exemple, par l'usage équitable et bienveillant de leur autorité. Ils veillent avec une constante sollicitude à leur bien-être, ils doivent s'attacher à connaître le caractère et l'intelligence de chacun d'eux de façon à en obtenir les meilleurs résultats dans l'intérêt du service et à les traiter en toute circonstance avec une justice éclairée.

Ils usent au besoin des moyens de répression que le règlement met à leur disposition. Toutefois, ils ne perdent jamais de vue que c'est surtout par leur ascendant moral qu'ils doivent s'efforcer de leur inculquer l'amour des devoirs qu'ils sont appelés à remplir et le sentiment de la dignité personnelle qui doit caractériser des hommes appartenant à une arme d'élite.

Ils doivent commander avec fermeté, mais sans brusquerie, et ne montrer vis-à-vis de leurs inférieurs ni hauteur, ni familiarité. (Art. 7.)

D. — *Savez-vous quels sont les sentiments à développer dans l'esprit des militaires de la gendarmerie; et comment ils doivent se comporter à propos de politique ?*

R. — Il faut s'appliquer à fortifier en toute circonstance les sentiments du devoir, de l'honneur et du dévouement à la Patrie.

La gendarmerie ne doit s'immiscer, en aucune circonstance, dans les questions touchant à la politique, ni surtout aux querelles locales des différents partis.

D. — *Quels sont les devoirs des chefs de brigade, en fait de mutualité ?*

R. — Faire bien comprendre aux gendarmes l'utilité et le fonctionnement de la caisse du gendarme. (Art. 11.)

D. — *Que faites-vous de l'historique de la légion et du livre d'or ?*

R. — Un exemplaire en est placé en tête du livre d'ordres; tous les gendarmes doivent en avoir connaissance. (Art. 11.)

D. — *Comment doivent être notés les subordonnés?*

R. — Il faut faire ressortir tout ce qu'il est utile de signaler aux points de vue professionnel et militaire, et tout ce qui peut permettre de différencier d'une manière impartiale et équitable les titres de chacun; toute appréciation empreinte de faiblesse est un indice de manque de caractère. (Art. 15.)

D. — *Que peut-il résulter des relations nuisant à la liberté d'action des gendarmes?*

R. — Des changements de résidence prononcés par le chef de légion. (Art. 18.)

CHAPITRE V
LE CHEF D'ESCADRON COMMANDANT LA GENDARMERIE DU DÉPARTEMENT

D. — *Comment doit s'exercer l'autorité des chefs de brigade?*

R. — Avec justice et bienveillance. (Art. 25.)

D. — *Comment doit être dirigée l'éducation militaire de la troupe?*

R. — Dans un sens pratique et avec la continuité indispensable pour développer et entretenir le goût du service et le sentiment du devoir. (Art. 25.)

D. — *Quel doit être le but du service?*

R. — La sécurité des campagnes et des voies de communication. (Art. 27.)

D. — *Comment doit être dirigée l'instruction professionnelle?*

R. — Dans un sens pratique, afin de donner, à la gendarmerie, par la discipline et le savoir professionnel, la force dont elle a besoin.

D. — *Sur les besoins du personnel, des familles, les demandes qu'ils peuvent occasionner, qu'y a-t-il à retenir?*

R. — Les chefs de brigade et gendarmes peuvent demander à parler au commandant d'arrondissement; les chefs de brigade doivent traiter leurs subordonnés avec justice et bienveillance. (Art. 31.)

D. — *Comment est déterminé le nombre de visites à faire dans chaque chef-lieu de commune, dans chaque hameau, ferme, écart?*

R. — Par le commandant d'arrondissement, en tenant compte des effectifs, de l'importance des communes, des raisons de service particulières à chaque poste. (Art. 32.)

D. — *Que savez-vous sur l'ordre intérieur des brigades?*

R. — Les chefs de brigade doivent rendre promptement et exactement compte au commandant d'arrondissement de tout ce qui intéresse la police intérieure de leurs postes, afin que cet officier puisse, par son influence, et au besoin par son autorité, y maintenir constamment la bonne harmonie nécessaire au bien du service et à la dignité de l'arme.

D. — *Sur la conduite des femmes et enfants, qu'y a-t-il à retenir?*

R. — Le bon accord doit toujours régner entre les ménages d'une caserne. (Art. 34.)

Les chefs de brigade et gendarmes sont responsables de la conduite de leurs femmes ou enfants et, si elle laisse à désirer, ils peuvent être punis ou changés de résidence dans l'intérêt du service. Si elle est un obstacle insurmontable à la bonne harmonie, provoque le scandale ou porte atteinte à la considération de l'arme, le retrait temporaire ou définitif de l'autorisation de loger à la caserne peut être demandé au chef de légion. (Art. 34.)

D. — *Comment procure-t-on un secours immédiat?*

R. — Lorsqu'un militaire se trouve dans une position nécessiteuse par suite de maladie, naissance, décès ou charges de famille, le commandant d'arrondissement adresse un rapport circonstancié au conseil d'administration. (Art. 35).

D. — *Quels sont les devoirs concernant la mobilisation?*

R. — Les chefs de brigade doivent remplir ponctuellement les devoirs que leur imposent les instructions sur la mobilisation et sur l'administration des hommes de tout grade de la disponibilité, de la réserve et de l'armée territoriale dans leurs foyers. (Art. 36.)

D. — *Quels sont les devoirs généraux des chefs de brigade?*

R. — Les chefs de brigade s'inspirent constamment des principes posés à l'article 7 du service intérieur.

Ils sont responsables envers le commandant d'arrondissement, de l'instruction, de la tenue, de la discipline, de l'administration, de la propreté du casernement, de l'hygiène des hommes et des chevaux, et du bon entretien des armes, de la ferrure et du harnachement.

Ils s'appliquent à bien connaître les gendarmes qu'ils commandent, développent chez eux le goût du service, stimulent leur initiative, et leur donnent l'exemple de la correction, de la dignité professionnelle, de l'amour du devoir, de l'entrain, de l'activité, de l'allure militaire et de la résistance aux fatigues.

Ils doivent également connaître le tempérament et les qualités de résistance des chevaux de leur brigade.

D. — *Parlez-nous du service?*

R. — Ils commandent le service dans tous ses détails et en surveillent l'exécution, en ne perdant jamais de vue le but pour lequel la gendarmerie a été instituée.

Ils en sont responsables envers le commandant d'arrondissement.

Ils ont, par suite, l'initiative de commander le service suivant les circonstances, tout en suivant l'impulsion donnée par leurs chefs. Ils renseignent sans retard le commandant d'arrondissement sur tous les faits prévus aux articles 53 et 78 du décret du 20 mai 1903, et ils n'hésitent pas, au besoin, à prévenir en même temps le chef d'escadron.

D. — *Qu'y a-t-il de particulier aux postes composés de plusieurs brigades?*

R. — Dans les résidences où plusieurs brigades se trouvent réunies, la direction du service appartient au chef de brigade le plus élevé en grade ou au plus ancien à égalité de grade.

Néanmoins, les autres chefs de brigade demeurent responsables envers lui de la tenue, de la discipline et de l'instruction de leurs subordonnés.

D. — *Que font les gendarmes rentrant de service?*

R. — Leur compte rendu au chef de brigade.

D. — *Quels tours de service les chefs de brigade ont-ils à observer personnellement?*

R. — En principe, ils roulent avec les gendarmes pour l'exécution des services ; les exceptions qu'il y aurait lieu d'apporter à ce principe sont réglées comme il est dit à l'article 39. (Art. 44.)

D. — *Comment est assurée l'inspection des gendarmes de service?*

R. — Avant leur départ, les gendarmes de service sont inspectés par le chef de poste et les revolvers sont chargés en sa présence chaque fois que la tenue comporte le port de cette arme.

Au retour, le chef de poste inspecte de même les gendarmes et leurs chevaux et fait décharger les revolvers.

Lorsqu'il s'agit d'un service de nuit, ou lorsque, de jour, le chef de poste en est empêché, le chargement et le déchargement sont effectués sous la responsabilité du gendarme de service le plus ancien ; néanmoins le chef de poste s'assure inopinément à quelques rentrées de nuit de l'exécution de ces prescriptions ainsi que de la tenue des gendarmes et de l'état des chevaux. (Art. 42.)

CHAPITRE IX

LES GENDARMES

D. — Quels sont les devoirs du gendarme envers ses chefs ?

R. — Le gendarme ne doit pas seulement à ses chefs l'obéissance prescrite par les lois et les règlements : il leur doit encore et surtout la confiance la plus absolue.

Sûr de trouver en eux des guides bienveillants et obligeants, il ne doit pas craindre de les mettre au courant des ennuis graves qu'il éprouve, ou des difficultés auxquelles il se heurte, ni hésiter à recourir à eux quand il a besoin d'un conseil, fût-ce même pour des questions d'ordre privé.

Tout gendarme peut toujours demander un entretien direct à ses chefs, soit lorsqu'ils viennent à la brigade, soit par la voie du rapport journalier à son commandant d'arrondissement, soit par demande spéciale transmise par les échelons successifs s'il s'agit du chef d'escadron ou du chef de légion.

Ces prescriptions ne visent pas les réclamations qui doivent toujours être adressées conformément aux prescriptions de l'article 181. (Art. 43.)

D. — Quels sont les devoirs du gendarme envers ses camarades ?

R. — Tout gendarme doit accepter courageusement, avec bonne humeur, les fatigues qui lui sont imposées ; il doit soulager, dans toute la mesure où il le peut, ses camarades fatigués ; il ne perd jamais de vue que le dévouement mutuel facilite la vie commune et l'accomplissement du devoir militaire.

Il doit guider les gendarmes nouveaux admis et les aider à surmonter rapidement les difficultés du début. (Art. 44.)

CHAPITRE XI

NOUVEAUX ADMIS

D. — Quelles sont les obligations des chefs de brigade concernant les nouveaux admis ?

R. — Les nouveaux admis sont l'objet d'une attention particulière de la part du chef de brigade : ce dernier s'applique à connaître leur conduite, leur caractère, leur esprit; il les dirige suivant leur caractère et leur degré d'intelligence, les aide de ses conseils et de ses encouragements et complète leur éducation morale. Il marche de préférence avec eux, de façon à les initier pratiquement au service, par de véritables leçons de choses au cours des tournées et patrouilles.

S'il constate chez l'un d'eux de la mauvaise volonté ou des défectuosités physiques, intellectuelles ou morales, il en rend compte au commandant d'arrondissement, (art. 49).

CHAPITRE XII

ENFANTS DE TROUPE

D. — *En quoi consiste la surveillance des enfants de troupe ?*

R. — Les chefs de brigade doivent veiller à l'application des prescriptions concernant l'instruction des enfants de troupe laissés dans leur famille.

Les chefs de brigade signalent au commandant d'arrondissement ceux qui seraient susceptibles d'être rayés des contrôles par application de l'instruction relative aux enfants de troupe, (art. 50).

SERVICE DES BRIGADES

Les services externes sont toujours faits par deux hommes au moins ; dans le cas où l'effectif est insuffisant, le commandant d'arrondissement peut seul apporter une modification à cette règle.

Le chef de poste responsable du bon ordre dans sa circonscription, a toute latitude pour commander le service journalier en s'inspirant des circonstances et en se conformant aux directions de son commandant d'arrondissement.

Il doit avoir la préoccupation constante d'assurer la surveillance prescrite à l'article Ier du décret du 20 mai 1903 et l'exploration effective du territoire dans les conditions déterminées à l'article 150 de ce décret.

Dans ce but et en temps normal, il règle le service de manière qu'il soit consacré chaque jour au service externe en une ou plusieurs sorties, une durée suffisante pour que la surveillance soit efficacement exercée.

D. — *A quelle disposition le chef de brigade doit-il avoir recours, pour rendre le service efficace ?*

R. — Afin d'éviter toute périodicité dans l'exécution du service, et pour rendre celui-ci plus efficace, il y a lieu, en effet, d'exécuter fréquemment plusieurs sorties dans la même journée : l'une de longue durée, pour l'exploration d'une partie de la circonscription ; les autres d'une durée réduite, consistent en patrouilles se portant dans une direction déterminée et pouvant être effectuées à allure rapide.

Cette manière de faire permet de déjouer plus sûrement les calculs des malfaiteurs et délinquants, qui pourraient commettre leurs méfaits avec plus de facilité si le service de la gendarmerie n'était pas suffisamment varié.

D. — Rappelle-t-on les tours de service des absents ?

R. — Quel que soit le motif d'absence d'un militaire de l'arme, ses tours de service ne sont jamais rappelés sauf pour les permissions de la journée.

D. — Expliquez la participation au service des chefs de brigade des deux armes et des cyclistes ?

R. — Les chefs de brigade et les gendarmes marchent autant que possible à leur tour d'ancienneté ; l'exception à cette règle doit être justifiée par des nécessités de service ; ainsi il faut éviter que deux nouveaux admis marchent ensemble et le chef de brigade marche, de préférence avec ceux dont l'instruction professionnelle et l'expérience sont incomplètes.

Les tournées éloignées doivent être réservées de préférence aux cyclistes et aux cavaliers.

On ne fait pas marcher un gendarme à pied ou démonté avec un gendarme monté.

Pour les services à byciclette, on doit se reporter aux prescriptions des instructions ministérielles concernant l'emploi des bicyclettes dans la gendarmerie.

D. — Comment entendez-vous le réveil ?

R. — Il n'est pas fixé d'heure pour le réveil.

Il suffit que chaque gendarme puisse assurer à l'heure prescrite, le premier service qui lui incombe dans la matinée.

D. — Comment est assuré le repos des gradés et gendarmes rentrant de service à une heure tardive ?

R. — Ceux qui rentrent après minuit, ont droit, dans les circonstances normales, à six heures consécutives de repos qui sont évaluées quand il y a lieu, d'après l'heure de rentrée sur le cahier de service, (art. 53).

D. — *Comment est commandé le service ?*

R. — Le service de chaque jour est commandé autant que possible, la veille, avant 17 heures, mention en est faite sur le cahier.

D. — *Comment est assurée la communication des ordres et signalements ?*

R. — Ensuite le chef de brigade donne lecture des ordres du jour, des décisions, instructions ou circulaires et donne connaissance des signalements des individus à rechercher ainsi que des avis de cessation de recherches.

D. — *Voulez-vous compléter ce qu'il y a à dire du service et du cahier y relatif ?*

R. — Si le service doit se prolonger au-delà des limites habituelles, les intéressés en sont avertis.

Si des modifications sont apportées au service commandé, la cause en est indiquée sur le cahier, et les intéressés en sont immédiatement avisés.

Les services de toute nature figurent sur le cahier qui doit être tenu constamment au courant, mentionner les heures de départ et de rentrée, les distances parcourues et le mode de locomotion employé ; il y est fait mention également des procès-verbaux établis et des transfèrements à opérer.

Par leur signature en regard de l'indication du service externe, les gendarmes qui l'ont accompli en attestent l'entière exécution.

Les cahiers de service sont adressés le 1er de chaque mois au commandant d'arrondissement qui les examine et les transmet vers le 10 du même mois au commandant de compagnie après les avoir fait émarger par les chefs de brigade auxquels des observations auraient été faites ou des explications demandées, (art.54).

D. — *Comment est réglé le détail des services externes ?*

R. — L'itinéraire des services externes, qui doit être détaillé, n'est porté en principe sur le cahier qu'au moment du départ.

Les militaires envoyés en service externe cessent d'être astreints à suivre l'itinéraire qui leur est tracé si, dans le trajet, leur intervention est nécessaire sur d'autres points.

A leur retour à la caserne ou le lendemain matin, si c'est un service de nuit, ils rendent compte de l'emploi de leur temps et des opérations qu'ils ont exécutées, au chef de poste, qui fait immédiatement sur le cahier de service les additions ou modifications apportées à l'itinéraire précédemment fixé.

D. — Quel usage est-il fait du bulletin de service ?

R. — Au cours de leurs services externes les gendarmes font constater leur passage par l'apposition sur un bulletin de service conforme au modèle, de la signature des maires, adjoints. ou des notables habitant les écarts. Cette formalité n'est pas remplie après le coucher du soleil.

Le cachet des maires n'est apposé sur le bulletin que si l'itinéraire comporte le passage au chef-lieu de la commune.

Les bulletins sont adressés, en communication, chaque jour, au commandant d'arrondissement qui les renvoie aux brigades le mois suivant, après vérification des cahiers de service, (art. 55).

D. — Qu'est-ce que les patrouilles à la résidence ?

R. — A défaut de police locale suffisante pour assurer complètement la surveillance de la ville, des patrouilles de jour et de nuit peuvent être faites, de temps à autre, dans la résidence et dans ses abords ; le gendarme de planton peut y être employé quand ses autres obligations ne s'y opposent pas. Le chef de brigade concourt aussi à ce service qu'il règle d'après les circonstances, (art. 56).

D. — Voulez-vous parler des corvées ?

R. — Les corvées sont faites par les gendarmes ; le commandant de brigade en assure l'exécution.

On distingue deux sortes de corvées :

Celles qui se font à tour de rôle et les corvées générales.

Les corvées à tour de rôle sont de balayer et tenir constamment propres les escaliers, corridors, selleries, bureaux, magasins, buanderies et salles de discipline.

Les corvées générales, faites par tous les gendarmes qui ne sont pas de service extérieur, consistent à balayer tous les jours les écuries, les latrines, la cour, les abords de la caserne et à les arroser quand il y a nécessité ; à rentrer et placer les fourrages dans les magasins et à remuer l'avoine : à relever la litière dans l'écurie.

Le balayage et l'entretien des chambres de sûreté sont à la charge de l'entreprise générale des prisons.

Dans les casernes où il existe en même temps des brigades à cheval et à pied, les écuries, selleries et magasins à fourrages ne sont balayés que par les hommes à cheval, (art. 57).

D. — Quelle est la consigne générale du planton à la résidence ?

R. — Il est commandé tous les jours, dans chaque résidence, un gendarme de planton, dont le service commence à midi et ne cesse que le lendemain à la même heure. S'il n'est pas rentré de service externe, le chef de poste désigne le suivant pour le remplacer momentanément.

Le planton se tient aux ordres du chef de poste ; il peut rester chez lui, mais il doit être prêt à répondre à tout appel, en tenue de travail, sans armes. Il conduit les personnes étrangères au bureau du chef de poste s'il s'agit d'une affaire de service ; il donne lui-même les renseignements nécessaires aux hommes des réserves et reçoit leurs déclarations de changements de domicile et de résidence.

En principe, la porte de la caserne doit être fermée pour les étrangers et être munie d'une sonnette assez forte pour être entendue de toutes les parties du casernement.

D. — *A quels services le planton participe-t-il ?*

R. — Le planton est employé dans la résidence à tous les services qui peuvent être faits par un seul gendarme.

Ces services peuvent être faits à bicyclette.

Dans les brigades à cheval, il est tenu, autant que possible, de panser lui-même son cheval.

Pendant la nuit, il ouvre la porte toutes les fois que c'est nécessaire et prévient le chef de poste de l'arrivée de tout télégramme et de toute demande de service ou de secours venant de l'extérieur.

D. — *Y a-t-il parfois plusieurs plantons ?*

R. — Dans les localités où les nécessités du service l'exigent, le service de planton est réparti entre deux ou plusieurs gendarmes. L'un d'eux est spécialement chargé de la surveillance de la caserne. Il se tient, dans ce but, autant que possible, en vue de la porte de la caserne, (art. 58).

D. — *En quoi consiste le service dans les gares ?*

R. — La gendarmerie exerce dans les gares de chemins de fer un service de surveillance ; son rôle est celui qui est défini par le décret du 20 mai 1903 pour la recherche des individus signalés, des insoumis, déserteurs, etc.

A la gare de la résidence, ce service, qui est réduit au strict nécessaire, est réglé par les commandants d'arrondissement selon les circonstances et les mouvements des voyageurs ; le chef de poste a, d'ailleurs, toute initiative pour le modifier si le besoin s'en fait sentir. Il en rend compte.

Le gendarme de service à la gare est en tenue de sortie avec le revolver ; il surveille la tenue et la conduite des militaires voyageant isolément ; il signale par rapport ou procès-verbal, suivant le cas, les infractions constatées.

Dans les brigades externes, ce service peut être exécuté par le gendarme de planton.

Le chef de poste doit vérifier de temps à autre le service et la tenue du planton à la gare, (art. 59).

D. — *Comment est assurée la garde d'écurie ?*

R. — Dans les résidences où se trouvent réunies quatre brigades à cheval au moins, il peut être commandé un garde d'écurie; une consigne spéciale arrêtée par le commandant d'arrondissement règle ce service.

Dans les autres résidences, le planton, lorsque c'est un cavalier, peut être chargé de la surveillance de l'écurie en dehors des heures de pansage, (art. 60).

D. — *Quelles sont les dispositions relatives au classement des documents d'archives du service courant ?*

R. — On ne doit conserver à l'appui des décrets, règlements, etc., que les documents relatifs aux règles d'application et aux prescriptions émanant du Ministre et du commandement ; la désignation en est faite par le chef de légion. Les lettres, ordres, notes, etc., reçus sont classés par catégories dans des chemises distinctes, (art. 61).

D. — *Qu'est-ce que le rapport journalier et quel emploi y est-il fait des objets divers ?*

R. — Chaque jour les chefs de poste adressent à leur chef direct, un rapport aux objets divers duquel ils lui rendent compte de tous les faits qu'il est utile de porter à sa connaissance et qui ne nécessitent pas l'établissement d'un rapport spécial ni une transmission de l'échelon auquel le rapport est envoyé.

Cette prescription de l'emploi des objets divers doit être interprétée et appliquée dans un sens très large, (art. 62).

D. — *Que fait-on des divers folios individuels, en cas de mutations?*

R. — Les folios de discipline, sanitaires et d'indisponibilité sont adressés au commandant d'arrondissement, (art. 63).

D. — *Que deviennent les réquisitions et demandes de renseignements des diverses autorités?*

R. — Les chefs de brigade ne conservent ni réquisitions, ni demandes de renseignements provenant des magistrats; ils n'ont pas à en prendre copie ; ils se bornent à rappeler, en tête des procès-verbaux, le numéro et la date des documents qu'ils ont reçus, le numéro et la date de la transmission du commandant d'arrondissement s'il y a lieu.

Les réquisitions pour transfèrements de détenus, déplacement ou emploi de la force publique sont toujours conservées.

Les chefs de brigade ne sont pas tenus de reproduire en tête des procès-verbaux, les instructions données par les magistrats. (Art. 64).

TENUE. — ARMEMENT

D. — *Quelle est la règle relative au port de l'uniforme?*

R. — Le service de la gendarmerie étant permanent, les chefs de brigade et gendarmes sont toujours en uniforme, sauf les exceptions prévues à l'article 119. (Art. 65.)

D. — *Comment pourez-vous acquérir des effets d'occasion?*

R. — Les commandants d'arrondissement n'autorisent l'achat des effets réglementaires aux hommes rayés des contrôles, qu'après s'être assurés de leur bien aller et après estimation de gré à gré ou à dire d'experts.

Le prix de ces effets est acquitté de la main à la main ou imputé à la masse de l'acquéreur, s'il ne veut pas se libérer directement. (Art. 66.)

D. — *Que fait-on en cas d'effets détériorés dans le service?*

R. — En cas de détérioration d'effets dans le service, par cas de force majeure, le chef de poste dresse procès-verbal modèle n° 7 du règlement sur l'administration et la comptabilité. (Art. 67.)

D. — *Comment sont entretenus les effets des hommes absents?*

R. — Les militaires qui s'absentent, pour quelque motif que ce soit, remettent au chef de poste la clef de leur logement sous enveloppe cachetée.

Le harnachement reste à la sellerie.

L'armement et les munitions sont toujours remis au chef de poste, qui les fait entretenir en bon état, par corvée, si la durée de l'absence le nécessite. (Art. 68.)

D. — *Qui fait la proposition de réforme des effets usés?*

R. — Le commandant de brigade signale au commandant d'arrondissement, lors de ses diverses inspections, les effets qui ne lui paraissent plus susceptibles d'être portés dans le service. Le commandant d'arrondissement prononce, s'il y a lieu, leur réforme. A partir de ce moment, ils ne peuvent plus être utilisés dans le service, ni hors du service à l'extérieur de la caserne. (Art. 69.)

D. — *Comment est assurée la conservation de l'armement et des munitions ?*

R. — En cas de mobilisation, les prévôtaux laissent à la caserne leurs cartouches de sûreté, qui sont remises aux gendarmes de remplacement.

Afin d'avoir des munitions de sûreté toujours en bon état, on consomme au tir à la cible celles que les hommes possèdent et on les remplace chaque année par des munitions délivrées pour les exercices de tir.

Pour éviter la détérioration des cartouches en chargeurs, chaque chef de poste doit prélever sur ses cartouches de sûreté et avoir en permanence un nombre de cartouches libres suffisant pour en distribuer aux gendarmes de service, sans préjudice des boîtes de cartouches qu'il peut être utile de leur faire emporter.

L'interdiction faite aux hommes d'ouvrir leurs paquets de cartouches n'est pas applicable à la gendarmerie.

D. — *Quelles précautions ajoute-t-on au chargement et au déchargement des armes ?*

R. — Pour tous les services comportant le port du revolver, l'arme est chargée avant le départ et déchargée à la rentrée, conformément à l'article 32. Dès la rentrée, les cartouches sont enfermées dans la boîte à munitions ; on n'en prend jamais pour les revues et exercices.

D. — *Quelle est la responsabilité du chef de poste, quant à l'armement ?*

R. — Le chef de poste est responsable du bon entretien de toutes les armes en compte à la brigade. (Art. 70.)

D. — *Comment sont disposées les armes et munitions dans les logements ?*

R. — Les carabines sont placés aux râteliers, déchargées, le chien à l'abattu, la bouche du canon libre.

Les revolvers doivent être déchargés et suspendus par l'anneau de calotte, le chien à l'abattu.

Les munitions sont mises sous clef dans une boîte fixée au râtelier d'armes. (Art. 71).

D. — *Quelles obligations quant aux bicyclettes ?*

R. — Le chef de brigade est responsable de l'entretien des bicyclettes de l'Etat. (Art. 72.)

D. — *Qu'y a-t-il à faire en cas de maladie des chefs de brigade et gendarmes ?*

R. — Tout sous-officier, brigadier ou gendarme malade peut choisir son médecin pour se faire traiter. Toutefois, s'il a été désigné dans la localité un médecin pour donner gratuitement des soins aux militaires de gendarmerie, le commandant d'arrondissement doit, lorsqu'il le juge utile, charger ce médecin de constater régulièrement l'état du malade.

Le médecin traitant inscrit les renseignements que comporte le folio sanitaire.

D. — *Quelles sont, à cet égard, les droits et devoirs des chefs de brigade et gendarmes ?*

R. — Le chef de brigade veille, après avis médical, à ce que le malade ne prolonge pas abusivement son indisponibilité ; il s'oppose à ce qu'il reprenne son service avant d'être complètement rétabli.

Les militaires de tous grades de la gendarmerie sont admis dans les hôpitaux militaires. Le billet d'hôpital est délivré par le commandant de la gendarmerie de la résidence.

Les gradés et gendarmes peuvent se pourvoir de médicaments dans les hôpitaux militaires, à charge de remboursement.

Tout gendarme atteint de tuberculose pulmonaire ouverte doit être maintenu à l'hôpital jusqu'au règlement définitif de sa situation militaire et sa radiation des contrôles. (Art. **76**.)

D. — *Que savez-vous sur la vaccination et revaccination, les maladies contagieuses ?*

R. — La loi du 15 février 1902 a rendu obligatoire la vaccination antivariolique au cours de la première année de la vie, ainsi que la revaccination au cours de la onzième et de la vingt et unième année.

Cette loi impose aussi la revaccination en temps d'épidémie variolique aux personnes qui n'ont pas été vaccinées avec succès depuis moins de huit ans.

Le chef de poste s'assure que les prescriptions de cette loi sont régulièrement observées et signale au commandant d'arrondissement les militaires de l'arme qui refuseraient de s'y conformer ou d'y soumettre les membres de leur famille.

Les familles sont autorisées à faire usage des sérums antidiphtéritique et antityphoïdique dont chaque ville de garnison possède un dépôt ; il est délivré gratuitement sur la présentation d'un bon nominatif signé par un médecin militaire. En cas d'urgence, il est acheté chez le pharmacien le plus voisin et remboursé par la masse de secours. (Art 77.)

D. — *Des paquets de pansement ne vous sont-ils pas confiés ?*

R. — Les paquets de pansement du service courant et du service de réserve, qui constituent deux approvisionnements distincts, sont confiés aux chefs de brigade, qui demeurent responsables de leur entretien.

D. — *Quand devez-vous en être porteur ?*

R. — Ceux du service courant sont distribués et portés par les gendarmes dans les services où on pourrait redouter les accidents, blessures, etc. Ils sont, après le service, restitués au chef de brigade.

En outre un paquet du service courant est emporté dans tout service normal hors la résidence par le plus ancien des militaires participant à ce service.

D. — *Comment est assurée l'instruction y relative ?*

R. — Dans chaque brigade, il doit y avoir un exemplaire autographié d'une notice rédigée par un médecin militaire pour indiquer l'utilisation judicieuse des divers éléments dont se compose le paquet de pansement.

Chaque arrondissement dispose de quelques paquets de pansement pour les théories. (Art. 78).

D. — *Qui a la surveillance de la propreté personnelle ?*

R. — Le commandant de brigade veille à ce que ses subordonnés observent constamment la plus grande propreté personnelle. (Art. 79.)

D. — *Quels sont les principes relatifs à la tenue des logements ?*

R. — Les logements sont entretenus dans le plus grand état de propreté ; il faut cependant se garder de laver les planchers à grande eau. On évite de faire sécher du linge ou des effets mouillés à l'intérieur des chambres habitées.

D. — *Que fait-on pour prévenir le pullulement des insectes ?*

R. — Il est procédé à la destruction des insectes aux frais des occupants, lorsque c'est nécessaire.

D. — *Et pour la désinfection ?*

Les casernes de gendarmerie dans lesquelles se manifesterait un cas de fièvre typhoïde ou de maladie contagieuse sont immédiatement signalées au commandant de corps d'armée par le chef de légion.

Les locaux contaminés sont désinfectés avec soin d'après les indications du médecin après guérison, départ ou décès et avant réoccupation.

Il peut être nécessaire dans certains cas et préventivement, de désinfecter tout ou partie d'une caserne; le chef de poste prend les indications du médecin et procède d'urgence, si c'est nécessaire, à cette opération ou en réfère au commandant d'arrondissement. (Art. 80.)

D. — *Comment entretient-on les cours, lieux d'aisances, les fosses à fumier?*

R. — Les cours, les cuisines des cantines et leur matériel sont entretenus dans le plus grand état de propreté.

Les lieux d'aisances exigent une surveillance permanente. Le chef de poste signale, dès qu'elles se produisent, les fissures et infiltrations.

Le fumier des écuries est seul déposé dans les fosses réservées à cette usage, à l'exclusion formelle de débris de quelque nature qu'ils soient. (Art. 81.)

D. — *Qu'y a-t-il d'intéressant sur l'eau de boisson?*

R. — L'eau de boisson doit être l'objet de l'attention des chefs; il faut la faire bouillir quand elle n'est pas irréprochable, surtout pendant les grandes chaleurs et en temps d'épidémie.

Les commandants d'arrondissement ne doivent pas hésiter à provoquer l'analyse de l'eau suspecte; le chef de légion fait les démarches nécessaires, et, en attendant le résultat, l'usage de cette eau est interdit.

Lorsqu'il y a dans une caserne de l'eau de diverses provenances, l'eau de boisson et l'eau de lavage sont indiquées par des écriteaux. Lorsque la résidence est alimentée en eau de source, elle doit profiter des avantages accordés aux troupes d'autres armes.

Des filtres sont installés si cette mesure est jugée nécessaire, et s'il est possible d'en obtenir; ils doivent être entretenus avec le plus grand soin. (Art. 82.)

CASERNEMENT

D. — *Quelle est la distribution des logements dans une caserne?*

R. — Les logements de la troupe sont distribués de la manière suivante, par les commandants d'arrondissement :

Les chefs de brigade prennent invariablement ceux affectés à leur grade. Pour une première occupation, tous les gendarmes du poste choisissent à leur rang d'ancienneté dans l'arme à partir de leur admission; dans une caserne déjà occupée, les logements devenus vacants sont donnés, par rang d'ancienneté dans la résidence, aux militaires qui en font la demande. Les gendarmes qui changent de logement ne sont pas tenus de changer immédiatement en même temps de jardin; l'échange des jardins se fait après l'enlèvement des récoltes; mais un gendarme qui ne change pas de logement ne peut pas prétendre à un jardin devenu vacant.

Toutefois, dans l'un et l'autre cas, l'assiette du casernement doit, en principe, être établie de manière à concilier l'intérêt des hommes et le bien du service et à tenir compte des besoins exceptionnels de famille. A cet effet, un logement devenu disponible n'est donné au gendarme qui en fait la demande qu'après la nomination de celui désigné pour combler la vacance, et examen de sa situation de famille.

Nul ne peut être dépossédé de son logement sans son consentement, à moins que l'intérêt du service ne l'exige. Personne ne peut en changer, même par permutation de gré à gré, sans l'assentiment du commandant d'arrondissement. (Art. 86.)

D. — *Qu'est-ce que l'état des lieux ?*

R: — Lors de la prise de possession d'une caserne, un état des lieux est dressé; une copie en est délivrée au commandant de brigade.

Le chef de chaque brigade fait afficher, derrière la porte principale du logement de chaque homme, un extrait de l'état des lieux pour les locaux qu'il occupe.

Cet extrait est signé par le commandant de brigade et par l'intéressé. (Art. 85.)

D — *Comment s'effectue la remise du casernement ?*

R. — Tout chef de poste changeant de résidence fait la remise du casernement à son successeur titulaire ou temporaire, qui en donne décharge et devient responsable. (Art. 87.)

D. — *Que savez-vous à propos des dégradations et réparations ?*

R. — Les dégradations du casernement sont de deux sortes :

1° Celles qui proviennent du fait des hommes dans leurs logements ou les locaux communs et que le chef de poste fait réparer à leur compte immédiatement.

Si les dégrations faites, dans les locaux occupés en commun, n'ont pas d'auteur connu, la réparation en est imputée à tous les hommes de la résidence présents à l'effectif au jour où elles sont constatées.

2° Celles dites *locatives* qui résultent de l'usure des choses en service et dont l'entretien est à la charge du département ou du propriétaire.

En dehors des cas spécifiés ci-dessus, les réparations à faire au casernement ne doivent être commencées que sur l'ordre des propriétaires ou de l'administration départementale, suivant le cas. Il n'appartient nullement aux commandants de brigade de s'entendre à ce sujet avec les entrepreneurs ou les ouvriers. (Art. 88.)

D. — Dans quelles conditions se font le nettoyage des cheminées et le blanchiment des casernes?

R. — Les cheminées des casernes doivent être nettoyées chaque année, avant le 1er novembre, aux frais de l'administration dans les casernes qui appartiennent au département, et aux frais du propriétaire dans celles prises à loyer.

Cette opération est toujours faite à la requête du chef de brigade, qui s'assure qu'elle a été faite convenablement.

Il importe d'insérer, dans le bail des casernes prises à loyer, une clause spéciale qui mette à la charge des propriétaires le nettoyage des chemininées, ainsi que la vidange des fosses d'aisances et le blanchiment des casernes, qui doit avoir lieu au moins tous les trois ans.

Le blanchiment des chambres de sûreté incombe aux départements et doit être fait tous les ans. (Art. 89.)

D. — Peut-on entretenir des animaux domestiques dans les casernes?

R. — Les chiens ne sont pas tolérés dans l'intérieur des casernes, mais les chats y sont parfois nécessaires.

Les gradés et gendarmes peuvent avoir momentanément dans leurs jardins, les lapins et volailles nécessaires à leur consommation courante. Le commandant d'arrondissement peut suspendre ou supprimer cette tolérance; il en est rendu compte. (Art. 91.)

D. — Comment le chef de brigade peut-il visiter les logements?

A moins de circonstances exceptionnelles, le commandant de brigade ne visite les logements qu'une fois par trimestre pour déterminer les réparations à y effectuer et pour s'assurer que les règles de l'hygiène y sont observées dans l'intérêt de la collectivité, mais sans s'immiscer dans les détails de l'installation du ménage.

La visite est annoncée la veille et sert de revue de casernement.

Les logements où il y a des malades ne sont pas visités.

Les locaux d'usage commun sont vus, en principe, chaque jour. (Art. 92.)

D. — *Que savez-vous à propos de l'éclairage des écuries, corridors, escaliers ?*

R. — Une consigne spéciale du commandant d'arrondissement règle l'éclairage des locaux en commun, des corridors et escaliers.

Les dépenses sont payées en commun; celles qu'entraînent l'éclairage des écuries ne sont supportées que par les brigades à cheval.

L'emploi du pétrole et de l'essence est interdit; le gaz et l'électricité sont autorisés.

D. — *Pouvez-vous vous servir d'allumettes chimiques dans les casernes ?*

R. — L'usage des allumettes amorphes est seul autorisé dans les casernes. (Art. 93.)

INSTRUCTION

D. — *Comment est développée l'instruction élémentaire ?*

R. — Le gendarme doit avoir une instruction élémentaire suffisante pour pouvoir rédiger convenablement ses procès-verbaux. En cas d'insuffisance, il doit compléter son instruction. Dans ce but, le chef de brigade peut lui faire copier ou résumer des articles de règlement, copier ou rédiger des procès-verbaux, faire des dictées sur un cahier fourni par la masse d'entretien et de remonte.

Le chef de brigade examine et corrige ces exercices, indique à l'encre rouge les fautes d'orthographe, en soulignant les mots sans les biffer et en les écrivant correctement au-dessus; il mentionne en marge, le nombre de fautes et les vices de forme dans la rédaction des procès-verbaux ; enfin, il donne verbalement les explications nécessaires pour éviter le retour des fautes ou erreurs relevées.

Il indique ensuite par écrit le travail à faire pour la semaine suivante ; les sujets des procès-verbaux sont donnés en quelques lignes, avec difficultés graduées suivant le degré d'instruction de chaque gendarme.

D. — Comment est prononcée la dispense du cahier d'écriture ?

R. — Le commandant de compagnie dispense de tout ou partie de ces exercices sur la proposition du commandant d'arrondissement, les militaires qui font preuve de connaissances suffisantes.

Un nouvel admis peut très-bien être dispensé des dictées et des copies, mais en général l'exemption des exercices d'application ne peut guère être accordée avant quatre ans de présence dans l'arme. La dispense complète est de droit pour les gendarmes ayant atteint l'âge de 35 ans et pour les candidats chefs de brigade de 4ᵉ classe ; ceux-ci doivent cependant continuer leur préparation par des travaux spéciaux que leur donne le commandant d'arrondissement, (art. 96).

D. — Comment l'instruction militaire est-elle développée ?

R. — Les commandants de brigade ne doivent négliger aucun moyen d'entretenir l'instruction militaire de leurs subordonnés. Elle contribue, en effet, puissamment au maintien de l'éducation militaire et de la discipline qui sont les plus sûrs garants de la bonne exécution du service.

Cette instruction est limitée à ce que les hommes doivent savoir pour manier à toutes les allures leurs chevaux et leurs armes, se mouvoir en troupe, et avoir l'attitude correcte convenant à des hommes appelés à donner le bon exemple. La durée des séances de manœuvre à pied est subordonnée à la bonne exécution des mouvements.

D. — Où se font les exercices ?

R. — Les exercices ont lieu dans la résidence même, soit dans la cour des casernes, si elle est suffisante, soit sur le terrain de manœuvres dans les villes de garnison, soit enfin sur un emplacement choisi en dehors de toute agglomération. En aucun cas ils ne pourront se faire sur les places publiques. Le service normal ne sera pas suspendu. Le chef de brigade a toute initiative pour changer le jour de la manœuvre suivant le temps et les circonstances, mais l'heure devra être choisie de telle façon que tout le personnel puisse y prendre part, (art. 97).

D. — Qu'est-ce que l'instruction spéciale, et comment est-elle pratiquée ?

R. — Les théories sur le service spécial portent sur le décret d'organisation, les lois et règlements spéciaux dont la gendarmerie est chargée d'assurer l'observation. Elles doivent avoir un caractère essentiellement pratique.

Avant chaque théorie, le chef de poste prépare avec soin le sujet qu'il doit traiter.

'Il développe les principes réglementaires et donne des exemples pour en faciliter la compréhension. Il montre les documents dont il leur parle et dont toujours une série doit être constituée dans chaque poste au compte de la masse d'entretien et de remonte.

Il s'applique ensuite à poser clairement des questions, il exige que les gendarmes y répondent d'une manière nette et précise en faisant appel à leur intelligence plutôt qu'à leur mémoire. Toute interrogation est suivie d'une question d'application sur des cas particuliers que l'expérience du chef de brigade lui permet de trouver et qui ont fait l'objet de la préparation ci-dessus prescrite, (art. 98).

D. — *Y a-t-il lieu à dispenses ?*

R. — Les anciens gendarmes dont l'instruction professionnelle est complète peuvent être dispensés d'assister aux théories spéciales par le commandant d'arrondissement ; la dispense est de droit pour les gendarmes ayant plus de vingt ans de service. Les dispensés snbissent chaque année un examen lors de la première inspection du commandant d'arrondissement, et la dispense peut leur être retirée en cas d'insuffisance:

Ils doivent d'ailleurs arsister aux théories sur les nouveaux sujets à étudter, (art. 98).

CONTRÔLE DU SERVICE

D. — *Quelles sont les dispositions générales relatives aux inspections ?*

R. — Les inspections sont annoncées ou inopinées, (art. 99). Elles ne peuvent être un motif ni un prétexte d'interrompre ou de retarder l'exécution du service. Les chefs de poste, nonobstant l'avis donné de l'arrivée d'officiers, n'en doivent pas moins déférer aux réquisitions qui leur sont adressées.

Chaque fois qu'une brigade est déplacée, elle laisse à la résidence deux hommes pour assurer le service; dans les postes comprenant plusieurs brigades, il est laissé un homme par brigade, Ces hommes sont pris parmi les plus anciens, n'étant l'objet d'aucune proposition ou n'ayant subi aucune punition grave depuis la dernière inspection. On devra éviter qu'un gendarme reste, sans motif sérieux, plus de deux ans sans être vu par le chef de légion ou le général inspecteur, (art. 100).

D. — *Comment se font les revues annuelles des chefs de légion ?*

R. — Les chefs de brigade, les candidats à l'avancement et les hommes ayant demandé à être entendus par le chef de légion sont toujours convoqués.

Les militaires déplacés n'emportent qu'une tenue et pas d'autres effets que ceux que comporte la tenue ordonnée, (art. 104).

D. — *Quelles sont les opérations à effectuer, lors de leurs inspections, par les commandants d'arrondissement ?*

R. — Les opérations d'inspection ont lieu dans l'ordre que ces officiers jugent convenable, et portent sur les points suivants :

Inspection des tenues, grande tenue, tenue de sortie et de travail.

Examen de l'instruction militaire pratique du personnel et de l'instruction théorique des gradés et candidats.

Présentation des chevaux nus ; examen de la ferrure.

Examen individuel de l'instruction spéciale et élémentaire.

Examen des registres.

Inspection détaillée du casernement ; vérification du magasin à fourrages et de la qualité des denrées.

Examen des pièces relatives à la mobilisation et du matériel de réquisition.

Inspection des locaux à usage commun ; des logements aux inspections annoncées et en cas de nécessité (épidémie, réparations, etc.), (art. 105).

RASSEMBLEMENTS DE GENDARMERIE DANS L'INTÉRIEUR

D. — *Quelles sont les dispositions à observer concernant l'ordre de mouvement et l'administration, par un chef de détachement ?*

R. — Le chef de tout détachement doit être muni d'un ordre de mouvement, d'une instruction écrite sur l'objet et le service de son détachement, d'une feuille collective si le détachement est au moins de six hommes, et d'une feuille de déplacement individuelle pour chaque chef de brigade et gendarme si le détachement est de moins de six hommes.

Dans les cas urgents où il serait impossible de faire établir à temps par l'autorité militaire des bons réguliers de chemin de fer, les gendarmes, porteurs de leurs armes et déplacés pour le maintien de l'ordre public, sont autorisés à monter dans les trains de chemin de fer sans être tenus d'effectuer le paiement préalable du prix de leur place. Les chefs de détachement ou les gendarmes remettent simplement au chef de gare de départ, une copie de l'ordre de mouvement qui leur aura été adressé ; ils la certifient conforme et y mentionnent l'effectif, l'itinéraire à suivre et le reçu du billet collectif, lequel doit aussi porter l'inscription de l'itinéraire faite par le chef de détachement.

En cas de réquisition, ils donnent l'ordre de mouvement qu'ils ont eux-mêmes établi, (art. 108).

CÉRÉMONIAL MILITAIRE

MANIFESTATIONS EXTÉRIEURES DE LA DISCIPLINE

D. — A quelles visites est asircint un chef de poste sxterne entrant en fonctiont?

R. — En entrant en fonctions les chefs de postes externes se présentent aux autorités de leur circonscription avec lesquelles ils doivent entretenir der relationr de service, (art. 114).

D. — Quelles sont les règles de conduite individuelle?

R. — La force morale de l'armée résultant avant tout de l'union absolue de ceux qui la composent et de la confiance entière qu'ils doivent avoir ler uns dans les autres, les militaires de tout grade doivent éviter, dans leurs rapports réciproques, tout acte, toute controverse, toute infirmation d'opinion qui pourrait faire naître la désunion. Dans le service ils ne doivent avoir d'autre souci que celui de remplir fidèlement leur devoir ; hsrs du service, ils doivent s'abstenir strictement de tout acte qui pourrait leur aliéner la considération de leurs chefs, de leurs camarades ou de leurr subordonnés, (art. 115).

D. — Qu'avez-vous à retenir du droit d'écrire?

R. — Les hommes de troupe sous les drapeaux ne peuvent publier d'écrits qu'après autoriration de leur chef de corps et sous la réserve que ces écrits ne concernent ni les affaires politiques ou religieuses, ni les puissances ou les armées étrangères ; ils ne doivent pas faire mention des fonctions spéciales qu'ils peuvent remplir ou avoir remplies au service, (art. 116).

D. — Qu'entendez-vous par régularité de la tenue ?

R. — La tenue doit être pour tous uniforme et réglementaire ; elle est l'objet de la surveillance incessante du chef de légion et de tous ses subordonnés, (art. 117).

D. — Quelles sont les différentes tenues ?

R. — Au dehors, les tenues sont au nombre de quatre :
1° La tenue de travail.
2° La tenue de sortie ; l'heure à partir de laquelle elle doit être prise est fixée : dans les villes de garnison, par le commandant d'armes ; dans les autres résidences par le chef de légion
3° La grande tenue.
4° La tenue de campagne ; pour les services d'ordre, les services aux grèves et les grandes manœuvres, (art. 218).

D. — Quand les chefs de brigade de 3ᵉ et 4ᵉ classe et les gendarmes peuvent-ils porter la tenue civile ?

R. — En permission hors la résidence et en congé, (art. 119).

D. — Comment doit être portée la tenue de sortie ?

R. — La tenue de sortie doit être particulièrement soignée. Les effets, excluant toute fantaisie, doivent être propres et toujours boutonnés, la coiffure placée droite, les trèfles et aiguillettes bien ajustés, la chaussure en bon état et pourvue d'éperons pour les militaires qui doivent en porter.

L'épée-baïonnette doit tomber en arrière de la bande du pantalon, le long de cette bande. Le sabre se porte au crochet ou à la main, et ne doit jamais traîner à terre. Au crochet, l'arme est placée la garde en arrière, le dard en avant ; à la main le fourreau est tenu dans la main gauche, à hauteur de l'anneau, la garde en avant et le dard en arrière.

Les chaînes de montre et breloques apparentes sont interdites, (art. 120).

D. — Comment se portent les décorations ?

R. — Sur le côté gauche de la poitrine, le haut du ruban à hauteur du deuxième bouton, les insignes à l'effigie de la République apparents, (art. 121).

D. — Quelle doit être l'attitude en ville ?

R. — Il est interdit aux militaires de mettre les mains dans les poches, de lire en circulant en ville.

D. — *Les militaires peuvent-ils prendre part à des concours ?*

R. — Oui, s'ils sont en mesure d'y figurer honorablement ; mais ils ne doivent prendre aucun engagement sans autorisation, (art. 122.)

D. — *Comment se portent les cheveux et la barbe ?*

R. — Les cheveux courts, surtout par derrière, la moustache avec ou sans la mouche, ou la barbe entière, (art. 123).

D. — *Quelle tenue devez-vous prendre dans certaines cérémonies, telles que mariages ou obsèques ?*

R. — La tenue de sortie ; toutefois, ceux qui font partie de la famille peuvent prendre la grande tenue, (art. 124).

D. — *Quelle tenue devez-vous prendre en congé de permission ?*

R. — La tenue prescrite dans la garnison ; les gradés et gendarmes emportent le sabre ou l'épée-baïonnette, quelle que soit la durée de la permission, (art. 125).

D. — *Quelles sont les marques extérieures de respect ?*

R. — Tout militaire doit, en toute circonstance, de jour et de nuit, en dehors du service comme dans le service, des marques extérieures de respect à ses supérieurs.

L'inférieur s'adresse à son supérieur avec politesse et déférence, sans se montrer timide ni obséquieux, le supérieur parle avec fermeté, sans morgue ni raideur, le tutoiement est interdit, (art. 127).

D. — *Quelles sont les formes du salut ?*

R. — Le salut est la plus fréquente des marques extérieures de respect ; son entière correction doit être strictement exigée.

Il est exécuté de la manière suivante :

Porter la main droite ouverte au côté droit de la coiffure, la main dans le prolongement de l'avant-bras, les doigts étendus et joints, le pouce réuni aux autres doigs, la paume en avant, le bras sensiblement horizontal et dans l'alignement des épaules.

L'attitude du salut est prise d'un geste vif et décidé, en levant la tête, en tendant les jarrets et en regardant la personne que l'on salue ; le salut terminé, la main droite est vivement renvoyée dans le rang.

Tout militaire croisant un supérieur le salue quand il en est à six pas et conserve l'attitude du salut jusqu'à ce qu'il l'ait dépassé de deux pas.

S'il est en armes, il présente l'arme en tournant la tête du côté du supérieur.

S'il fume, il prend son cigare... de la main gauche et salue de la main droite.

S'il porte un pli ou un paquet, il salue de même en prenant le pli ou le paquet de la main gauche.

S'il conduit un cheval en main ou est empêché de la main droite pour toute autre cause, il rectifie sa démarche et regarde son supérieur jusqu'à ce qu'il l'ait dépassé.

S'il croise un supérieur dans un escalier, il lui cède la rampe et se range pour le saluer.

A l'entrée d'une porte, il le laisse passer le premier ; dans la rue il lui cède le haut du trottoir.

S'il le croise étant à cheval, il passe à une allure modérée avant de le saluer, et s'il marche dans le même sens que lui, demande l'autorisation de le dépasser.

S'il est en voiture, il salue de la main droite comme s'il était à pied ; il se lève si la voiture est arrêtée.

S'il est à bicyclette, il ralentit l'allure et salue de la main droite sans cesser de surveiller sa machine.

S'il entre dans un café ou tout autre établissement public où se trouve un supérieur, il le salue avant de s'asseoir.

Il se lève et salue lorsque, étant assis, il voit un supérieur entrer ou passer près de lui.

Le salut ne se renouvelle pas dans un lieu public...

En toutes circonstances, même quand le salut est adressé à des personnes étrangères à l'armée, il est exécuté dans la forme réglementaire.

Tout isolé rencontrant une troupe doit saluer les officiers qui en font partie ; le commandant de la troupe seul rend le salut, (art. 128).

D. — *Comment saluez-vous les drapeaux et étendards ?*

R. — Un militaire isolé passant devant un drapeau ou un étendard s'arrête, lui fait face, le salue ou lui rend les honneurs conformément au service de place, et reprend ensuite sa marche, (art. 129).

D. — *Que savez-vous sur le droit au salut ?*

R. — Tout militaire doit le salut, de jour comme de nuit, à ses supérieurs des armées de terre et de mer.

L'inférieur prévient le supérieur en saluant le premier ; le supérieur rend le salut dans la forme réglementaire.

A grade ou à rang égal, les militaires échangent le salut. Toutefois, lorsque deux militaires de grade ou de rang égal sont placés par leurs fonctions dans la situation de supérieur à subordonné, le premier a droit au salut du second. Sans porter atteinte à cette règle, le salut est dû de même, à grade ou à rang égal, aux militaires décorés de la Légion d'honneur ou de la médaille militaire et à ceux qui sont rengagés.

Les officiers des corps de douaniers et des chasseurs forestiers, les sapeurs-pompiers de tout grade appartenant aux compagnies des communes, les militaires de tout grade de la réserve et de l'armée territoriale, ont, en matière de salut, dans toutes les circonstances où ils portent l'uniforme, les mêmes droits et les mêmes devoirs que les militaires de l'armée active. Les droits des militaires de la gendarmerie en matière de salut sont déterminés par leurs insignes de grade.

Suivant leur grade, les militaires saluent les militaires des armées étrangères ou échangent le salut avec eux, (art. 130).

D. — *Quelles sont les dispositions relatives au salut des officiers et gradés d'une troupe ?*

R. — En dehors des cas où les honneurs doivent être rendus dans les conditions prévues par le service de place, les officiers et gradés d'une troupe en marche, autres que le chef de cette troupe n'ont pas à saluer les militaires qu'ils croisent et doivent également s'abstenir de saluer les personnes étrangères à l'armée qu'ils peuvent connaître. Pendant tout le temps que la troupe est au pas cadencé, ils observent un silence absolu et donnent l'exemple de la correction de l'attitude, (art. 134).

D. — *Quand le salut est-il dû aux fonctionnaires civils ?*

R. — Les préfets, sous-préfets, secrétaires généraux, conseillers de préfecture, commissaires de police, magistrats de tous ordres, y compris les présidents des tribunaux de commerce, revêtus de leurs insignes, ont droit au salut des militaires de la gendarmerie, suivant l'ordre de préséance, (art. 132).

D. — *Quelle est la manière de se présenter à un supérieur ?*

R. — Un militaire qui se présente à un supérieur pour lui faire une communication verbale ou lui remettre un pli, observe les prescriptions suivantes : dans le premier cas, il salue, prend la position du « garde à vous » et fait la communication dont il est chargé. Dans le second cas, il salue, prend la position du « garde à vous », remet le pli de la main gauche et attend les ordres de son supérieur.

Lorsque sa mission est terminée, il salue, fait le demi-tour réglementaire et se retire.

S'il porte la carabine ou s'il a le sabre à la main, il rend les honneurs dus à la personne à laquelle il s'adresse, puis repose l'arme.

D. — *N'y a-t-il pas une précaution essentielle à observer, de la part du porteur d'un pli ou d'une communication avant de se retirer ?*

R. — Il répète toujours avant son départ, les instructions ou ordres qui lui sont donnés.

D. — *Comment se comportera un militaire interpellé par un supérieur ?*

R. — Il prendra une allure vive pour se porter à la rencontre de son supérieur ; en toutes circonstances, il doit lui fournir avec empressement le concours dont celui-ci a besoin.

D. — *Quelle est l'attitude spéciale du militaire qui se présente chez un supérieur ?*

R. — Il se découvre après avoir salué.

D. — *Quelles sont en fait de marques extérieures de respect, les obligations des secrétaires et des soldats ordonnances ?*

R. — Ils sont soumis, dans leur service, à toutes les obligations du règlement concernant le salut et les marques extérieures de respect, (art. 133).

D. — *Qu'observe-t-on à l'occasion de la visite des officiers dans les locaux occupés par la troupe ?*

R. — Lorsqu'un officier subalterne ou un officier supérieur autre que le chef de légion entre dans un local où se trouvent plusieurs gradés ou gendarmes, celui qui l'aperçoit le premier commande « fixe ». Les gendarmes se lèvent, se découvrent et gardent le silence et l'immobilité jusqu'à ce que l'officier soit sorti ou qu'il ait commandé « repos ».

S'il s'agit du chef de légion ou d'un général, le commandement « fixe » est remplacé par « à vos rangs, fixe »,

Les gendarmes portant la rarabine ou ayant le sabre à la main ne se découvrent pas ; ils prennent la position du repos de l'arme, (art. 134).

D. — *Quelles sont les appellations à employer à l'égard des supérieurs ?*

R. — Les généraux, les officiers des différentes armes, les adjudants chefs et adjudants sont appelés par leur grade précédé du mot « mon », par les militaires de grade ou de rang inférieur au leur. Exception est faite pour les lieutenants-colonels et les sous-lieutenants qui sont respectivement appelés « mon colonel » et « mon lieutenant ».

Les officiers non désignés ci-dessus et les sous-officiers qui ne sont pas compris dans la hiérarchie générale du commandement : médecins et vétérinaires auxiliaires, chefs armuriers, sous-chefs de musique, etc..., sont appelés par leur grade précédé des mots « monsieur le ».

Si le supérieur est d'un rang inférieur à celui d'adjudant, il est désigné seulement par l'appellation spécifiant son emploi.

L'officier ou gradé parlant à un militaire de grade ou de rang inférieur au sien l'appelle par son grade, en ajoutant le nom s'il juge à propos. Le Ministre de la Guerre, les maréchaux de France, le grand chancelier de la Légion d'honneur, les gouverneurs militaires de Paris et de Lyon, les gouverneurs des places fortes, les personnels n'ayant aucune assimilation avec les grades de l'armée, sont désignés par leur titre précédé des mots « monsieur le..... ».

Toutes les appellations comportent l'énonciation du grade, mais non celle de la classe dans le grade.

Les chefs de brigade de 3e ou de 4° classe sont appelés « maréchal des logis chef », les autres chefs de brigade sont appelés « adjudant ».

Suivant l'arme, les militaires non gradés sont interpellés par les mots : « gendarme », « cavalier », « chasseur », « canonnier », « sapeur », « zouave », « tirailleur », etc., (art. 135).

D. — *Quel est le caractère de la correspondance militaire ?*

R. — Elle doit être brève, claire et précise, les lettres sont rédigées sous une forme déférente de la part du subordonné, correcte de la part du chef ; elles ne comportent aucune formule finale de politesse ; les en-têtes des lettres rapports et bordereaux sont établis conformément aux modèles, (art. 136).

D. — *Comment sont effectuées les transmissions de demandes ?*

R. — Toutes les demandes adressées hiérarchiquement doivent être examinées avec sollicitude et transmises avec avis ferme et détaillé autant qu'il est nécessaire, pour éclairer le chef auquel il appartient de statuer.

Elles ne peuvent être retenues sous aucun prétexte, (art. 137).

D. — *Comment le service est-il assuré en cas de vacance d'emploi, d'absence ou de maladie ?*

R. — Tout supérieur est remplacé dans son commandement par celui de ses subordonnés qui marche immédiatement après lui, soit par son grade, soit par son ancienneté, ...

Dans une brigade, si le gendarme plus ancien ne peut tenir les écritures, elles sont confiées à un autre gendarme de la résidence. . . . .

En cas de départ le chef qui quitte son commandement remet à celui qui le remplace, les pièces, registres, documents, matériel, etc., qu'il avait en compte.

La prise en charge est constatée par la signature des partants et arrivants à la gauche du catalogue des archives et du bordereau B, (art. 138).

D. — *Dans quelles conditions pouvez-vous accepter des rémunérations ?*

R. — Si des gratifications sont offertes à l'occasion des services particuliers, il en est rendu compte au chef de légion qui statue ; il est interdit à tous militaire de l'arme de les accepter directement pour lui ou ses subordonnés.

La même procédure est suivie à l'occasion de gratifications offertes par les administrations de l'Etat, les municipalités, sociétés hippiques ; les médailles offertes, prix de tir, allocations de chauffage, éclairage, médicaments par les administrations publiques et les municipalités, (art. 139).

MARIAGES

D. — *Quelles sont les formalités préalables au mariage des chefs de brigade et gendarmes ?*

R. — Ils ne peuvent se marier sans en avoir obtenu l'autorisation du conseil d'administration.

Ils établissent une demande.

Celle des gradés en sous-ordre et des gendarmes est instruite par leur chef de poste qui l'adresse directement aux chefs de de brigade en situation de le renseigner sur la profession, la moralité, les ressources de la personne recherchée en mariage.

Le chef de poste établit ensuite le dossier destiné au conseil d'administration, (art. 140).

LES SANCTIONS

D. — *Quelles sont les considérations générales concernant les sanctions ?*

R. — En même temps que la discipline et l'éducation militaire forment le soldat et lui enseignent ses devoirs, les éloges et les distinctions dont il est l'objet récompensent ses efforts et stimulent son zèle : les conseils, les remontrances et, au besoin, les punitions, redressent sa conduite, combattent sa négligence ou répriment ses fautes, (art. 142).

D. — *Quelles sont les règles concernant les félicitations ?*

R. — Les félicitations sont faites verbalement ou par écrit.

Les félicitations écrites ne sont données que par les officiers, (art. 144).

Les félicitations à l'ordre de la légion sont lues dans toutes les brigades ; une copie en est remise à l'intéressé, (art 145).

D. — *L'avancement n'est-il pas aussi une récompense ?*

R. — Oui, les promotions aux différends grades ou emplois et les propositions de toute nature pour l'avancement, constituent des récompenses ; mais elles doivent s'inspirer, avant tout, des conditions d'aptitude à l'emploi ou au commandement, et tout en tenant un compte équitable des services rendus. envisager surtout ceux à rendre, (art. 146).

D. — *Quelle est la portée des certificats de bonne conduite ?*

R. — Des certificats de bonne conduite sont accordés sur l'avis des chefs hiérarchiques.

Ces certificats sont de deux modèles, désignés par les numéros 1 et 2, suivant la nature du témoignage de satisfaction mérité.

Le certificat de bonne conduite du modèle n° 2 a pour effet l'exclusion définitive de l'arme.

Les gendarmes révoqués ou admis d'office à la retraite proportionnelle et ceux réintégrés dans leur arme d'origine par mesure disciplinaire ne reçoivent pas de certificat de bonne conduite.

Les hommes admis dans la gendarmerie après leur libération du service actif, et qui quittent l'arme avant d'y avoir accompli une année de service, sont rayés purement et simplement des contrôles ; le certificat qu'ils ont obtenu au corps leur est restitué... Il n'en est pas délivré dans le cas de révocation, (art. 147).

D. — *Quelles sont les conditions attachées aux permissions ?*

R. — Sauf pour les permissions de la soirée, visées ci-après, les permissions sont une récompense et non un droit ; elles sont toujours subordonnées aux nécessités du service.

Les gradés et gendarmes peuvent obtenir des permissions, jusqu'à concurrence de trente jours dans l'année, y compris les permissions de vingt-quatre heures.

En cas d'urgence, les chefs de poste peuvent donner des permissions de la journée ; l'autorisation de découcher n'est donnée que par les commandants d'arrondissement, mais, pour un motif grave, le chef de poste peut autoriser le départ d'un subordonné, sauf régularisation ultérieure.

Les militaires que le service ne retient pas à la caserne sont autorisés à ne rentrer qu'à 1 heure du matin. Quand il n'y a pas de planton permanent à la porte, chaque militaire peut avoir une clef marquée au numéro de son logement ; il la place dès sa rentrée, à l'endroit fixé par le chef de poste qui peut ainsi contrôler la rentrée des gendarmes, (art. 148).

D. — *En quoi consistent les manquements au devoir et fautes contre la discipline ?*

R. — Sont considérés comme manquements au devoir militaire ou fautes contre la discipline, et punis comme tels suivant leur gravité :

Les actes contraires au respect que tout militaire doit, en toutes circonstances aux lois, au gouvernement de la République et aux autorités qui le représentent ;

Les infractions aux règlements militaires, l'inertie, la paresse, la mauvaise volonté, la négligence dans le service ;

La divulgation des renseignements confidentiels ; la manifestation publique, sous quelque forme que ce soit, d'opinions pouvant porter préjudice aux intérêts du pays, compromettre la discipline ou créer des difficultés aux autorités ; l'inobservation des prescriptions relatives au droit d'écrire ;

La violation des règles relatives à l'exécution des punitions ; toute tentative de dissimuler son identité en cas de faute, ou de se soustraire à la responsabilité de ses actes ;

L'oubli de la dignité professionnelle ; l'ivresse, dans tous les cas, même lorsqu'elle ne trouble pas l'ordre ; les querelles entre militaires ou avec des citoyens ; les brimades ;

Les manquements aux appels, à l'instruction et aux divers services ;

L'inobservation des règlements de police, sans toutefois qu'une punition infligée pour ce motif puisse faire double emploi avec les responsabilités encourues devant l'autorité civile.

Sont également punissables :

Chez un supérieur :

Tout acte de faiblesse, tout abus d'atorité, tout propos offensant, toute punition injustement infligée, quand l'injustice a été sciemment commise.

Chez un subordonné :

Tout murmure, tout écart de langage, tout défaut d'obéissance, (art 156).

D. — *Qu'est-ce que le droit de punir ?*

R. — Tout supérieur, quelque soit son grade et à quelque corps ou service qu'il appartienne, a le devoir strict de contribuer au maintien de la discipline générale en relevant toute faute de ses inférieurs et en s'efforçant d'y mettre fin lorsque cette faute se poursuit.

Lorsqu'il le juge nécessaire, et dans tous les cas, lorsque ses ordres sont méconnus, il réprime les infractions en infligeant ou demandant les punitions prévues par les règlements.

Le droit de punir appartient, à cet effet, à tous les gradés.

Une seule et même faute ne peut entraîner plusieurs punitions simultanées ou successives. Tout militaire qui remplit momentanément une fonction possède, en matière de punitions, et quel que soit son grade, les mêmes droits que le titulaire de cette fonction.

Lorsqu'un chef estime que les pouvoirs disciplinaires dont il dispose ne lui permettent pas une sanction suffisante, il prend les mesures nécessitées par l'intérêt de la discipline et du bon ordre et en adresse aussitôt le compte-rendu à l'autorité dont il relève.

D. — *Comment sont notifiées les punitions ?*

R. — Dès qu'une punition est prononcée, le chef qui l'a infligée la notifie ou la fait notifier sans retard à l'intéressé.

Les punitions ne sont jamais notifiées en présence des inférieurs des militaires punis, (art. 151).

D. — *Comment s'exerce le droit de punir ?*

R. — Les militaires de la gendarmerie ne peuvent être punis que par leurs supérieurs de la gendarmerie, qu'ils soient ou non de la même légion, par tout officier d'une autre arme commandant un détachement dont ils font partie et par les officiers généraux;

Tout supérieur a le droit. dans les bâtiments et établissements de la guerre et dans l'intérieur des détachements, de punir tout militaire fautif, même appartenant à un corps ou service différent du sien.

Tout supérieur n'appartenant pas à la gendarmerie, qui a relevé une faute commise par un militaire de la gendarmerie, fait une demande de punition au commandant d'armes si celui-ci est officier général et si la faute a été commise dans la place ; dans tous les autres cas, la demande est adressée au chef de légion du militaire.

Tout supérieur de la gendarmerie qui constate, en dehors des cas prévus au paragraphe 2 du présent article, une infraction commise par un militaire des corps de troupe, se conforme aux prescriptions du service de place, art. 48, (art. 152).

D. — *Qu'entendez-vous par impartialité dans les punitions ?*

R. — Les punitions doivent être proportionnées non seulement aux fautes, mais encore aux antécédents de chaque homme, à sa conduite habituelle, à son degré d'intelligence, au temps de service qu'il a accompli et aussi au degré de difficulté que présente la constatation de la faute commise.

Elles doivent être infligées avec justice et impartialité, et jamais sous l'influence d'un sentiment de haine ou de passion.

Le supérieur doit s'attacher à prévenir les fautes; lorsqu'il est dans l'obligation de punir, il tient compte de toutes les circonstances atténuantes.

D. — *Quelle doit être l'attitude du chef qui punit ?*

R. — En infligeant une punition, il ne se permet jamais de propos outrageant; le calme du supérieur fait connaître qu'en punissant il n'est animé que par le bien du service et le sentiment de son devoir.

La première punition ne doit être infligée qu'avec circonspection, car c'est à elle que le gendarme attache le plus d'importance.

La répression doit être plus sévère quand les fautes sont réitérées et surtout collectives, quand elles se produisent dans le service, particulièrement devant des subordonnés, ou lorsqu'il s'y joint quelque circonstance pouvant provoquer le désordre.

En aucun cas les fautes individuelles ne doivent entraîner de répression collective, (art. 153).

D. — *Que savez-vous sur les modifications ou cessations de punitions, et sur les sursis?*

R. — Les officiers peuvent modifier ou faire cesser les punitions infligées par leurs subordonnés, ils peuvent aussi accorder le bénéfice du sursis lorsque la faute est commise par négligence légère, inconscience ou défaut d'instruction, et que le militaire fautif se recommande par sa bonne conduite habituelle.

Lorsque le sursis est accordé la punition est suspendue pendant le délai dont la durée est fixée par l'autorité qui accorde le sursis. Lorsque, pendant ce délai, le militaire qui a bénéficié de cette mesure ne commet aucune faute entraînant une répression de même nature ou plus grave, la première punition est annulée. Dans le cas contraire, la punition qui a donné lieu au sursis, devient définitive, s'ajoute à la dernière et toutes deux sont inscrites et subies effectivement.

Pour permettre les vérificattons, les punitions donnant lieu à sursis sont inscrites au folio de discipline avec la mention *sursis* et indication de sa durée. La punition sera rayée, s'il y a lieu, quand le temps du sursis sera expiré, (art. 154).

D. — *Quelles sont les punitions des gradés?*

R. — Ce sont :
L'avertissement du commandant d'arrondissement;
Les arrêts simples ;
La réprimande du commandant de la compagnie ;
Les arrêts de rigueur ;
— La réprimande du chef de légion ;
La révocation ou la mise à la retraite d'office pour les commissionnés ;
La réintégration, } pour les rengagés,
La cassation, } (art. 155).

D. — *Quelles sont les punitions des gendarmes?*

R — L'avertissement du commandant d'arrondissement ;

Les arrêts simples ;

Les arrêts de rigueur ;

La révocation ou la mise à la retraite d'office pour les commissionnés ;

La réintégration dans l'arme d'origine pour les rengagés, (art. 156).

D. — Comment sont exécutées les punitions des gradés et gendarmes ?

R. — Les punitions de l'avertissement, des arrêts simples et arrêts de rigueur sont exécutées d'après les règles suivantes :

Les avertissements sont donnés dans une forme laissée à l'appréciation des officiers qui infligent cette punition par écrit ou verbalement, soit en particulier, soit en présence de deux gradés ou gendarmes plus élevés en grade ou plus anciens que le gradé ou gendarme averti.

Le militaire aux arrêts simples peut, en dehors du service, circuler librement à l'intérieur de la caserne, mais il lui est interdit de sortir, excepté pour le service.

Tout militaire qui rompt ses arrêts simples, est mis aux arrêts de rigueur.

Le militaire aux arrêts de rigueur cesse son service et est enfermé dans un local spécial fixé par le chef de légion, (art. 157).

D. — Quelles sont les formes de la réprimande des gradés ?

R. — La réprimande du commandant de compagnie ou du chef de légion constitue une sanction morale qui peut, soit faire suite à une punition, soit être prononcée sans qu'une punition préalable ait été infligée.

La réprimande est infligée par écrit ou verbalement par le commandant de compagnie ou par le chef de légion eux-mêmes, ou par un officier désigné par eux et toujours en présence de deux chefs de brigade au moins désignés comme il est dit à l'article précédent ; elle est inscrite au folio de discipline. Les réprimandes du chef de légion sont mises à l'ordre de la légion, (art. 158).

D. — Quelle est la quotité des punitions infligées par les gradés, et comment se décomptent-elles ?

R. — Les chefs de brigade de 4e classe peuvent infliger 4 jours d'arrêts simples aux gendarmes, 2 jours de consigne aux caporaux et soldats, dans les conditions précédemment énoncées.

Les autres chefs de brigade peuvent infliger 4 jours d'arrêts simples aux gendarmes, et autant aux chefs de brigade qui leur sont inférieurs ; 2 jours d'arrêts simples aux sous-officiers des corps de troupe, et 4 jours de consigne aux caporaux et soldats.

Les punitions commencent aussitôt après qu'elles ont été infligées ; elles se décomptent à partir de l'heure de l'ouverture des portes qui a précédé le commencement de la punition.

Les chefs de brigade de 4° classe peuvent infliger, comme commandants de détachement, 8 jours d'arrêts simples au personnel sous leurs ordres.

Les autres chefs de brigade peuvent, dans les mêmes circonstances punir de 8 jours d'arrêts simples, (art. 159).

D. — *Comment les punitions sont-elles soumises au chef de légion, et inscrites sur les folios ?*

R. — Les punitions ne sont définitives qu'après la sanction du chef de légion.

Toute punition donne lieu à l'établissement d'un rapport qui peut être succinct suivant les circonstances, et peut même, dans les cas simples, se réduire à un libellé.

Le chef de légion arrête le libellé à inscrire sur le folio de discipline.

D. — *Un changement de résidence peut-il résulter d'une punition ?*

R. — Un changement de résidence peut être prononcé en même temps qu'une punition ou comme sa conséquence, si cette mesure est nécessitée par l'intérêt du service.

D. — *Que diviennent les dossiers de punition des gendarmes déplacés.*

R. — Ils doivent toujours les suivre, (art. 160).

D. — *Comment est effectué l'envoi devant un conseil d'enquête ?*

R. — Le décret sur les conseils d'enquête est applicable à la gendarmerie. La révocation, la mise à la retraite proportionnelle d'office, la réintégration dans l'arme d'origine sont prononcées par le ministre après avis d'un conseil d'enquête, (art. 161).

D. — *Comment les chefs de brigade et gendarmes commissionnés sont-ils admis d'office à la retraite proportionnelle et révoqués ?*

R. — Les militaires de la gendarmerie servant à titre de commissionnés sont dans les cas prévus par le décret sur les conseils d'enquête et suivant l'avis exprimé par eux, soit révoqués s'ils ont moins de quinze ans de service, soit admis d'office

104

à la retraite proportionnelle si 'la durée de leurs services est supérieure à quinze ans, et, s'il y a lieu, affectés à un corps de troupe au titre de la réserve de l'armée active, de l'armée territoriale ou de sa réserve, suivant la classe à laquelle ils appartiennent.

Ceux qui ont accompli vingt-cinq ans de service sont retraités sans avoir à comparaître devant le conseil d'enquête, (art, 162).

D. — Comment est effectuée la rétrogradation ou la cassation des chefs de brigade rengagés ?

R. — La rétrogradation et la cassation des chefs de brigade sont prononcées par le Ministre, après avis d'un conseil d'enquête.

Les chefs de brigade hors classe et de 1re, 2e et 3e classe peuvent être rétrogradés à l'un des emplois inférieur au leur.

La cassation remet 'gendarme le chef de brigade de 4e classe.

Les gradés qui ont été l'objet d'une des mesures disciplinaires ci-dessus sont changés de légion, (art. 163).

D. — Que résulte-t-il de la réintégration dans leur arme d'origine des gendarmes rengagés ?

R. — Quand ils sont, d'après l'avis d'un conseil d'enquête et sur l'ordre du Ministre, réintégrés comme soldats dans leur arme d'origine, ils sont tenus d'y compléter le temps de service exigé par le rengagement qu'ils ont contracté au titre de la gendarmerie, (art. 164).

D. — Comment est effectuée la remise volontaire des gradés ?

R. — Le Ministre prononce sur les demandes des gradés tendant à revenir à un grade inférieur ou à faire remise complète de leur grade.

L'application de ces mesures ne nécessite pas la convocation d'un conseil d'enquête.

La plainte est remplacée par une demande de l'intéressé. L'inscription de la remise volontaire est faite sur le livret, (art. 165).

D. — A quoi est tenu le militaire auquel son dossier est communiqué ?

R. — L'intéressé doit émarger toutes les pièces du dossier qui lui est communiqué.

Il lui est interdit d'en divulguer la teneur et de faire état de la communication qu'il a reçue pour réclamer contre les appréciations de ses supérieurs. Il a, toutefois, la faculté de demander la rectification des erreurs purement matérielles qui se seraient produites, (art. 174).

D. — *La fréquentation des auberges et cafés vous est-elle permise?*

R. — Il est interdit aux militaires de l'arme de fréquenter les auberges et cafés. On ne doit pas considérer comme fréquentation le fait de prendre accidentellement un repas dans une auberge ou d'aller au café avec un parent ou un ami de passage, (art. 175).

D. — *Comment doit-on se comporter à l'égard d'un gendarme en état d'ivresse, et à quoi s'expose-t-il?*

R. — On doit écarter d'un homme ivre l'action immédiate du chef. Quand un gendarme est en état d'ivresse, le chef de brigade le fait coucher, sans intervenir autant que possible de sa personne.

S'il trouble l'ordre, il charge les autres gendarmes de s'en rendre maîtres, et, au besoin, de le renfermer dans la chambre de discipline.

L'ivrognerie étant incompatible avec le service de la gendarmerie et la dignité que doivent conserver les militaires de l'arme on ne devra pas hésiter à proposer l'envoi devant un conseil d'enquête, en vue de sa révocation ou de sa réintégration dans son arme d'origine, de tout gendarme qui se serait enivré dans des conditions particulièrement scandaleuses ou qui aurait été l'objet, en peu de temps, de deux punitions pour ivrognerie, même sans circonstances aggravantes, (art. 176).

D. — *Sous quelles conditions des étrangers peuvent-ils être admis dans nos casernes?*

R. — Les parents des militaires de la gendarmerie peuvent être autorisés à coucher ou à résider dans les casernes si la capacité des logements est jugée suffisante et s'il ne doit résulter de leur présence aucun inconvénient au point de vue hygiénique ou pour toute autre cause.

En cas d'urgence et provisoirement, le chef de poste peut donner cette autorisation ; la situation est ensuite régularisée.

En cas de maladie survenue à un gendarme ou à l'un des siens, le chef de poste peut autoriser le séjour à la caserne de toute personne appelée à donner des soins au malade.

Les autorisations accordées sont à tout instant révocables.

Toute personne peut être reçue dans les logements, à moins que le chef de brigade n'y voie un inconvénient; dans ce dernier cas, il lui interdit l'entrée de la caserne et rend compte des motifs qui l'ont fait agir, (art. 177).

D. — *Peut-on, dans une caserne de gendarmerie, tenir un commerce, exercer un métier ou une profession?*

R. — Aucun militaire de la gendarmerie ne peut faire commerce, ni exercer aucun métier ou profession.

Les femmes ne peuvent également faire aucun commerce ni se livrer dans la circonscription de la brigade à des occupations dont la nature puisse diminuer l'indépendance de leur mari dans l'exécution du service.

Elles peuvent exercer une profession ne comportant qu'un travail personnel sans l'emploi d'aucune ouvrière. Cette profession ne doit à aucun titre motiver d'allées et venues de personnes étrangères dans les casernes, (art. 178).

D. — *A quelle obligation est tenu, suivant les circonstances, un gendarme s'absentant de la caserne ?*

R. — Quand les circonstances l'exigent, les gendarmes ne peuvent s'absenter de la caserne sans en prévenir le chef de poste et sans lui dire où ils vont, afin qu'on puisse les trouver au besoin.

Il appartient au chef de poste d'apprécier les cas dans lesquels cette mesure est nécessaire, (art. 179).

D. — *A quoi s'exposent les militaires endettés ?*

R. — Les dettes contractées par les militaires de la gendarmerie entraînent pour leurs auteurs des remontrances ou des punitions toutes les fois qu'elles résultent d'inconduite.

Les retenues pour dettes, à exercer sur la solde des militaires de la gendarmerie, ne peuvent avoir lieu qu'en vertu d'oppositions juridiques ou de saisies-arrêts. Ces retenues n'excluent en aucun cas l'action des créanciers sur les biens meubles ou immeubles de leurs débiteurs, (art. 180).

RÉCLAMATIONS

D. — *Quelles sont les prescriptions générales concernant les réclamations ?*

R. — Le droit de réclamation est admis pour permettre aux militaires d'exercer, le cas échéant, un recours contre les mesures ou punitions imméritées ou irrégulières.

Les réclamations individuelles sont seules autorisées ; elles peuvent être formulées verbalement ou par écrit.

En matière disciplinaire, tout militaire qui croit avoir des motifs de réclamation doit d'abord demander à être entendu du supérieur qui a pris la mesure ou prononcé la punition.

Le supérieur doit écouter la réclamation avec calme et bienveillance en considérant que, d'une part, cette réclamation peut être fondée, auquel cas il est de son devoir d'y faire droit, et que, d'autre part, lorsqu'elle n'est pas fondée, elle peut résulter de ce que le militaire en cause n'a pas compris la nécessité de la mesure prise ou de la punition infligée.

L'inférieur dont la réclamation n'a pas été admise peut l'adresser par la voie hiérarchique, à l'une quelconque des autorités supérieures (y compris le général commandant le secteur), à celles qui ont déjà examiné sa réclamation, mais il doit être prévenu qu'il s'expose ainsi à une sanction disciplinaire. Dans ce cas, le droit de punir est exclusivement réservé à l'autorité à laquelle l'inférieur a demandé que sa réclamation soit transmise.

D. — *Sous quelle forme les réclamations peuvent-elles être présentées ?*

R. — Les réclamations peuvent être présentées verbalement jusqu'au chef de légion ; l'intéressé doit demander par la voie hiérarchique à être entendu.

Lorsque les réclamations sont destinées à une autorité supérieure au chef de légion, elles sont présentées par écrit et transmises par la voie hiérarchique.

D. — *La réclamation en matière administrative ne fait-elle pas l'objet de dispositions particulières ?*

R. — En matière administrative, le militaire qui réclame doit d'abord s'adresser à l'autorité qui a pris la mesure, et il est fait droit à sa demande. Si sa réclamation n'est pas admise et s'il y persiste, il peut s'adresser aux autorités supérieures, comme il est dit ci-dessus. Les réclamations contre les mesures administratives et, d'une manière générale, contre les mesures ou sanctions n'ayant pas un caractère disciplinaire n'entraînent pas, en principe, de sanctions disciplinaires, (art. 181).

D. — *Quelles sont les prescriptions particulières au cas d'ivresse du réclamant, et à la réclamation faite sous le coup d'un ordre de punition ?*

R. — Un gendarme en état d'ivresse ne peut être entendu.

Tout militaire recevant l'ordre d'une punition doit d'abord s'y soumettre ; il ne peut réclamer qu'après avoir obéi, (art. 182).

D. — *Les souscriptions ne sont-elles pas interdites ?*

R. — Il est interdit de créer des organisations ou de constituer des caisses, notamment par voie de réunion, de souscriptions individuelles, soit pour préparer et faciliter la présentation des recours au Conseil d'État, soit pour soutenir, par divers moyens, des revendications particulières ou collectives ; celles-ci doivent, comme les réclamations, conserver un caractère nettement individuel, (art. 183).

ANNEXE II

PRESCRIPTIONS RELATIVES AUX TENUES ET PAQUETAGES

D. — *Quelle est la tenue de travail ?*

R. — *A pied.* — Képi, tunique, pantalon, brodequins, sabre avec dragonne en cuir ou épée-baïonnette, revolver, portefeuille de correspondance.

A. cheval. — Le pantalon est remplacé par la culotte et les jambières avec éperons, harnachement sans tapis, couverture.

La carabine est prise lorsque l'ordre en est donné ; dans ce cas, des instructions fixent le nombre des cartouches à emporter ; le revolver est emporté quand l'homme n'a pas la carabine.

La tenue de travail se prend pour le service, les exercices, toutes les fois qu'une autre tenue n'est pas prescrite.

D. — *Quelle est la tenue de sortie ?*

R. — C'est la tenue de travail à pied, sans armes, le matin, jusqu'à l'heure fixée par le commandant d'armes ou le chef de légion ; à partir de cette heure, port du sabre ou de l'épée baïonnette avec trèfles et aiguillettes.

D. — *Quelle est la grande tenue ?*

R. — *A pied.* — Casque avec plumet et jugulaire, tunique avec trèfles et aiguillettes, pantalon, brodequins, épée-baïonnette et carabine (arme à pied), sabre (arme à cheval). Si l'arme à cheval prend la carabine et la baïonnette, elle ne prend pas le sabre.

A cheval. — Culotte et jambières, pans de tunique relevés, harnachement avec tapis et sacoches, manteau plié et placé dans l'étui.

La carabine n'est prise que quand l'ordre en est donné.

D. — *Quelles sont les dispositions particulières concernant la tenue ?*

R. — *Gants.* — Le port des gants blancs est obligatoire dans la grande tenue et la tenue de sortie avec armes.

Les gants de fil blanc sont autorisés en dehors des prises d'armes pour la saison d'été, ainsi que le port des gants moufles en laine bleutée pendant l'hiver.

Gilet de travail. — Les militaires de la gendarmerie sont autorisés à faire usage, dans l'intérieur des casernes, d'un gilet de travail en drap bleu foncé avec petits boutons d'uniforme et porté sous la vareuse ou la tunique.

Manteau, capote-manteau, pèlerine en caoutchouc. — Dans le travail, ces effets peuvent être portés ensemble ou séparément suivant l'état de la température et d'après les ordres des chefs de brigade.

Ils sont mis en sautoir lorsque la tenue ne comporte aucun paquetage et que ces effets sont emportés sans être mis sur l'homme, en prévision du mauvais temps.

En dehors du service, le port de ces effets est laissé à l'entière disposition des intéressés en tenant compte toutefois des ordres généraux donnés par le commandement.

Objets de sûreté. — Dans la tenue du travail, emporter les objets de sûreté qui sont placés dans le portefeuille de correspondance.

Jugulaire. — A cheval, mettre toujours la jugulaire sous le menton. A pied, celle du casque est mise pour tous les services en armes.

Chaussures. — Tous les militaires sont autorisés à porter en tenue de sortie des bottines ou petites bottes en cuir ciré.

Deuil de famille. — Le deuil de famille se porte avec un crêpe noir au bras gauche.

Témoignage, permission, congé. — Les militaires allant en témoignage, en permission ou en congé, prennent la tenue de sortie avec arme.

Couvre-nuque. — Le port du couvre-nuque avec coiffe de képi est autorisé.

Pantalon de treillis ou de coutil. — Pendant la saison d'été, le pantalon de treillis ou de coutil blanc est porté pour la tenue de sortie ou de travail, d'après les ordres du commandant de corps d'armée, du commandant d'armes ou du chef de légion.

Col. — Le col blanc en celluloïd est autorisé en toute circonstances.

Insignes de tir. — Ils sont portés dans les mêmes conditions que dans les corps de troupe.

Brigades stationnées en pays de montagne. — Les brigades stationnées en pays de montagne font usage, dans le service et hors la résidence, de bâton ferré, de bandes molletières et de chaussures d'un modèle spécial.

Vareuse. — Pendant la saison d'été, la vareuse est portée, toujours avec une ceinture ou un gilet de flanelle, en tenue de travail, et, en semaine, en tenue de sortie, d'après les ordres du commandant de corps d'armée, du commandant d'armes ou du chef de légion.

D. — Quelle est la manière de plier le manteau pour le placer dans l'étui, sur la selle, en grande tenue ?

R. — Le manteau étant déployé dans son entier, la doublure en dessus, ou en dessous, les pans boutonnés, la rotonde renversée, ramener un côté sur l'autre ; former ensuite deux plis parallèles à la ligne du milieu de manière à avoir dans la longueur du manteau une largeur de $0^m,65$; rabattre la manche, la rotonde et le collet ; renverser la partie inférieure du manteau de $0^m,25$ pour former poche ; faire trois plis de $0^m,20$ et les empocher dans la partie formant portefeuille.

Le manteau ainsi plié en portefeuille est placé dans l'étui ; celui-ci est fixé à la selle par les trois courroies supérieures de charge de derrière.

D. — Quelle est la manière de plier la pèlerine pour la placer sur la selle ?

R — La pèlerine étant déployée dans son entier, l'envers de l'étoffe en dessous, le capuchon rabattu sur le dos, relever le devant droit et le devant gauche de façon que les deux plis forment une ligne droite passant par la base du collet ; relever le bord inférieur de la pèlerine jusqu'à ce qu'il touche la pointe du capuchon. Relever ensuite le côté droit, puis le côté gauche l'un sur l'autre, de manière à former un rectangle de $0^m,50$ de largeur dans le sens perpendiculaire à la couture médiane de l'effet. Renverser la partie inférieure de la pèlerine de 0^m20 environ pour former poche, faire du côté du collet un ou deux plis suivant la taille de l'effet et les empocher dans la partie formant portefeuille.

D. — Quelle est la manière de rouler le manteau pour le placer sur la selle en tenue de travail et le porter en sautoir à pied ?

R. — Le manteau étant déployé dans son entier, la doublure en dessous, les pans boutonnés, la pèlerine relevée en dehors, les manches à plat étendues de toute leur longueur parallèlement aux bords du manteau.

1° Replier le coin extérieur des parements des manches de manière que les plis formés soient parallèles à la ligne du milieu du manteau, et à $0^m,62$ de cette ligne ;

2° Rabattre la pèlerine par-dessus les manches, de manière que les bords effleurent ceux du manteau, les plis intérieurs de la pèlerine compris exactement entre l'écartement interne des manches ;

3° Rabattre les coins de la pèlerine parallèlement à la ligne du milieu et de manière que le pli formé soit dans le prolongement du pli déjà formé par les parements ;

4° Rabattre les deux côtés de la jupe contre ces plis et l'un vers l'autre, les plis parallèles et à 0ᵐ, 62 de la ligne du milieu ;

5° Relever le bas de la jupe, perpendiculairement à la ligne du milieu, en formant le pli au premier bouton ;

6° Rouler le manteau le plus serré possible, en commençant par le collet ; on obtient ainsi un rouleau de 1ᵐ,30 à 1ᵐ,35 que l'on boucle à 0ᵐ,10 environ des extrémités avec des courroies munies de passe avant de le cintrer.

Le manteau est ensuite placé sur la partie postérieure des bandes, de manière qu'il soit appuyé derrière le troussequin, et est maintenu par les deux courroies de charge de derrière et par les deux courroies de manteau munies de passe.

Les courroies de charge de derrière sont bouclées de façon que l'ardillon soit tourné vers le bas et que les boucles soient le plus bas possible, afin d'éviter des dégradations au bois de la carabine. La passe de chacune des courroies de manteau est engagée sous le quartier et le contre-sanglon postérieur de manière que l'on puisse y introduire, avant de sangler, le contre-sanglon antérieur ou la boucle antérieure de la sangle et son enchapure avec ses trois branches de sangle. Du côté où est suspendu le sabre, la courroie de manteau passe sur le sabre.

Pour placer le manteau en sautoir avec les courroies supplémentaires, engager la passe qui termine chacune des courroies dans la partie bouclante de l'autre qui serre l'extrémité du rouleau.

D. — *Quelle est la manière de rouler la pèlerine pour la porter en sautoir (à pied) ?*

R. — La pèlerine étant déployée dans son entier, l'envers de l'étoffe en dessous, le capuchon rabattu sur le dos, relever les devants dont les bords viennent se toucher sur la couture médiane de l'effet. Relever la partie inférieure de la pèlerine (plus ou moins suivant la taille), puis la partie supérieure à 0ᵐ,05 de la base du collet ; relever le côté droit, puis le côté gauche, de manière à former un rectangle long de 1ᵐ,70, large de 0ᵐ,60. Renverser la partie inférieure de la pèlerine de 0ᵐ,10 environ pour former poche. Rouler du côté opposé aussi serré que possible et engager dans la poche. Réunir les extrémités ainsi qu'il a été dit ci-dessus pour le manteau.

D. — *Quelle est la manière de rouler la capote-manteau pour la porter en sautoir ?*

R. — Etendre la capote-manteau sur une table, la doublure en dessus, faire disparaître les plis et retourner la poche ; rabattre le haut de la capote-manteau de $0^m,52$ y compris le collet, relever le bas de $0^m,20$ et les deux pointes pour former un rectangle ; rouler la capote-manteau sur elle-même en commençant du côté du collet, tirer sur les bouts avec la courroie de sautoir à 0^m08 de leur extrémité ; passer la tête et le bras droit dans le rouleau, de manière que le milieu porte sur l'épaule gauche et que l'extrémité soit au-dessous de la hanche droite, la boucle de la courroie en dedans, le pli du drap dirigé vers la terre.

TABLE DES MATIÈRES

PREMIÈRE PARTIE

COMMANDEMENT. — ORGANISATION

TITRE Ier

PRINCIPES GÉNÉRAUX

Articles.   Pages.
1. Bases de la discipline...   65
2. Règles de la subordination...   65
3. Méthode de commandement..   66

TITRE III

FONCTIONS INHÉRENTES A CHAQUE GRADE

CHAPITRE Ier

DISPOSITIONS COMMUNES AUX OFFICIERS DE TOUT GRADE ET AUX CHEFS DE BRIGADE

7. Responsabilité. — Principes du commandement..............................   67

CHAPITRE II

LE CHEF DE LÉGION

11. Mutualité. — Historique de la légion. — Livre d'Or.....................   67
15. Notes du personnel..   68
18. Changement de résidence..   68

CHAPITRE V

LE CHEF D'ESCADRON COMMANDANT LA GENDARMERIE DU DÉPARTEMENT

25. Discipline et éducation militaire......................................   68

CHAPITRE VI

LE COMMANDANT D'ARRONDISSEMENT

32. Service..   68
34. Ordre intérieur des brigades...   69

114

Articles.		Pages.
35.	Secours immédiat	69
36.	Mobilisation	69

CHAPITRE VIII
LES CHEFS DE BRIGADE

| 41. | Devoirs généraux des chefs de brigade | 70 |
| 42. | Inspection des gendarmes de service | 70 |

CHAPITRE IX
LES GENDARMES

| 43. | Devoirs envers les chefs | 71 |
| 44. | Devoirs du gendarme envers ses camarades | 71 |

CHAPITRE XI
NOUVEAUX ADMIS

| 49. | Instruction des nouveaux admis | 71 |

CHAPITRE XII
ENFANTS DE TROUPE

| 50. | Surveillance des enfants de troupe | 72 |

DEUXIÈME PARTIE

SERVICE

TITRE IV
FONCTIONNEMENT DES DIVERS SERVICES

CHAPITRE XIV
SERVICE DES BRIGADES

53.	Service commandé dans les brigades	73
54.	Cahier de service. — Communication des ordres et signalements.	74
55.	Services externes	75
56.	Patrouilles à la résidence	75
57.	Corvées	75
58.	Consigne générale du planton	76

Articles		Pages
59.	Services dans les gares	76
60.	Garde d'écurie	77

CHAPITRE XV

ÉCRITURES

61.	Dispositions générales	77
62.	Rapport journalier	77
63.	Folios individuels et de discipline	77
64.	Réquisitions et demandes de renseignements des diverses autorités	77

CHAPITRE XVI

TENUE. — ARMEMENT

65.	Port de l'uniforme	78
66.	Effets d'occasion	78
67.	Effets détériorés dans le service	78
68.	Entretien des effets des hommes absents	78
69.	Proposition de réforme des effets usés	78
70.	Armes. — Munitions	79
71.	Armes et munitions dans les logements	79
72.	Bicyclettes	79

CHAPITRE XVII

SERVICE MÉDICAL ET HYGIÈNE

76.	Cas de maladie des sous-officiers, brigadiers et gendarmes	80
77.	Vaccination. — Maladies contagieuses. — Sérums	80
78.	Paquets de pansement	81
79.	Surveillance de la propreté personnelle	81
80.	Tenue des logements	81
81.	Cours. — Lieux d'aisance. — Fosse à fumier	82
82.	Eau de boisson	82

CHAPITRE XVIII

CASERNEMENT

85.	Prise de possession. — Assiette du casernement. — État des lieux.	82
86.	Distribution des logements	82
87.	Remise du casernement	83
88.	Dégradations et réparations	83
89.	Nettoyage des cheminées. — Blanchiment des casernes	84
91.	Animaux domestiques	84
92.	Tenue du casernement. — Visites des logements	84
93.	Éclairage des écuries, corridors, escaliers	85

CHAPITRE XIX

INSTRUCTION

Articles.   Pages.
96. Instruction de la troupe. — *a*) Instruction élémentaire..   86
97. *b*) Instruction militaire...................................   86
98. *c*) Instruction spéciale...................................   86

TITRE V

CONTRÔLE DU FONCTIONNEMENT DU SERVICE

CHAPITRE XX

INSPECTION

99. Des inspections..   87
100. Inspections annoncées. — Dispositions générales...............   87
101. Inspection annuelle des chefs de légion.....................   88
105. Opérations à effectuer, lors de leurs inspectious annoncées, par les commandants d'arrondissement............................   88
106. *b*) Inspections inopinées. — Dispositions communes à tous les officiers...   88

TITRE VI

CHAPITRE XXI

RASSEMBLEMENTS DE GENDARMERIE DANS L'INTÉRIEUR

108. Ordre de mouvement et administration   88

TROISIÈME PARTIE

DISCIPLINE GÉNÉRALE

TITRE VII

CÉRÉMONIAL MILITAIRE. — MANIFESTATIONS EXTÉRIEURES DE LA DISCIPLINE

CHAPITRE XXII

CÉRÉMONIAL MILITAIRE

111. Visites...   89

CHAPITRE XXIV

RÈGLES INDIVIDUELLES CONCERNANT LA CONDUITE, LA TENUE
LES MARQUES EXTÉRIEURES DU RESPECT

Articles.   Pages.

115. Règles de conduite individuelle 89
116. Droit d'écrire 89
117. Régularité de la tenue.. 90
118. Différentes tenues.. 90
119. Tenue civile... 90
120. Tenue de sortie.. 90
121. Décorations 90
122. Attitude en ville... 90
123. Port des cheveux et de la barbe............................... 91
124. Tenue dans certaines cérémonies 91
125. Tenue des militaires en congé ou en permission................ 91
127. Marques extérieures de respect............................... 91
128. Forme du salut... 91
129. Salut aux drapeaux et étendards.............................. 92
130. Droit au salut.. 92
131. Salut des officiers et gradés d'une troupe...................... 92
132. Salut aux fonctionnaires civils................................ 93
133. Manière de se présenter à un supérieur........................ 93
134. Visite des officiers dans les locaux occupés par la troupe...... 94
135. Appellations... 95
136. Correspondance militaire 95
137. Transmission des demandes................................... 95
138. Vacances d'emploi et cas d'absence ou de maladie.............. 96
139. Rémunérations 96

CHAPITRE XXV

MARIAGES

140. Mariage des sous-officiers, brigadiers et gendarmes............. 97

TITRE VIII

LES SANCTIONS

CHAPITRE XXVI

142. Généralités.. 97

CHAPITRE XXVII

RÉCOMPENSES

144. Félicitations verbales ou écrites............................... 97
145. Félicitations à l'ordre de la légion 97

Articles.		Pages.

146. Avancement... 97
147. Certificats de bonne conduite......................... 97
148. Permissions... 98

CHAPITRE XXVIII

PUNITIONS

150. Manquements au devoir militaire et fautes contre la discipline. 98
151. Droit de punir.. 99
152. Exercice du droit de punir............................ 99
153. Impartialité dans les punitions 100
154. Droit de modifier ou de faire cesser les punitions-sursis........ 101
155. Punitions des gradés 101
157. Punitions des gendarmes.............................. 101
158. Exécution des punitions des gradés et gendarmes.............. 102
156. Formes de la réprimande du chef de légion pour les gradés 102
159. Tableau des punitions des gradés et gendarmes qui se décomptent
    par jour.. 102
160. Punitions soumises au chef de légion. — Leur inscription sur
    les folios 103
161. Envoi devant un conseil d'enquête.................... 103
162. Admission d'office à la retraite proportionnelle et révocation des
    sous-officiers, brigadiers et gendarmes.................. 103
163. Rétrogradation et cassation des sous-officiers et brigadiers ren-
    gagés... 104
164. Réintégration dans l'arme d'origine des gendarmes rengagés.... 104
165. Remise volontaire des grades......................... 104

CHAPITRE XXIX

COMMUNICATION DES DOSSIERS

174. Communication préalable à certaines sanctions disciplinaires... 104

CHAPITRE XXX

DISPOSITIONS DIVERSES CONCERNANT LA DISCIPLINE

175. Fréquentation des auberges et cafés................... 105
176. Gendarmes en état d'ivresse. — Motif d'exclusion.............. 105
177. Admission des étrangers dans les casernes............. 105
178. Interdiction de tenir un commerce.................... 105
179. Gendarmes s'absentant de la caserne.................. 106

CHAPITRE XXXI

DETTES

180. Sanctions... 106

CHAPITRE XXXII

RÉCLAMATIONS

Articles		Pages
181.	Prescriptions générales	106
182.	Prescriptions particulières	107
183.	Souscriptions interdites	107

ANNEXE

ANNEXE II. — Prescriptions diverses relatives aux tenues et paquetages. 108

EXTRAIT DU SERVICE

DE LA

GENDARMERIE EN CAMPAGNE

Par Demandes et Réponses

A L'USAGE DE

MM. LES CHEFS DE BRIGADE DE GENDARMERIE

ATTRIBUTIONS ET ORGANISATION

DE LA

GENDARMERIE AUX ARMÉES

D. — *Quelles sont les attributions de la gendarmerie aux armées ?*

R. — La gendarmerie en campagne est chargée :

1° De la recherche et de la constatation des crimes, délits et contraventions, de la poursuite et de l'arrestation des coupables qui en territoire étranger, sont soumis sur-le-champ à l'action juridique, sans appel, des officiers de gendarmerie prévôts, dans les limites fixées par l'article 148 de la présente instruction, du transfèrement des prisonniers ;

2° En toute situation et circonstance, de la police et du maintien de l'ordre dans la zone des armées ;

3° De la surveillance des individus non militaires qui suivent l'armée en vertu d'une permission, ainsi que des vagabonds et des individus soupçonnés d'espionnage ;

4° Du service des prisons établies dans les quartiers généraux ;

5° Du groupement, du commandement, de la direction et de la surveillance des trains régimentaires ;

6° De la surveillance et de la direction des sauvegardes ;

7° De la surveillance des prisonniers de guerre, après leur capture, jusqu'au jour de leur évacuation sur l'arrière, (art. 1er).

D. — *Quelle est l'organisation de la gendarmerie aux armées ?*

R. — Le service de la gendarmerie aux armées est organisé par armée.

Dans une armée, le commandement de la gendarmerie est exercé par un colonel ou un lieutenant-colonel, à défaut par un chef d'escadron portant le titre de prévôt de l'armée, qui est chef du service de la prévôté de l'armée et dont la place est au deuxième groupe du quartier général d'armée.

Le prévôt de l'armée est sous les ordres immédiats du général de division directeur des étapes et des services. Au prévôt de l'armée est adjoint un capitaine faisant fonctions de greffier.

En ce qui concerne le service des étapes, le prévôt de l'armée est secondé par un prévôt d'étapes, officier supérieur ou capitaine de gendarmerie appartenant à l'armée active, auquel est adjoint un lieutenant ou sous-lieutenant de l'arme.

Au quartier général de l'armée comptent en outre un capitaine et un chef d'escadron de gendarmerie commandant respectivement le premier et le deuxième groupes du quartier général.

Dans un corps d'armée, le commandant de la gendarmerie, du grade de chef d'escadron, est appelé prévôt. Un capitaine portant le titre de vaguemestre eet chargé du train régimentaire du quartier général du corps d'armée. Un capitaine de gendarmerie est aussi commandant du quartier général du corps d'armée.

Dans une division, et lorsqu'il y a lieu dans une unité plus faible, le commandant de la gendarmerie prend le titre de commandant de la force publique suivi de la désignation de l'unité à laquelle il est attaché. Il est chargé aussi du groupement, du commandement, de la direction et de la surveillance des trains régimentaires des éléments de l'unité lorsqu'ils sont réunis.

Dans un commandement d'étapes, le commandant de la gendarmerie est dit aussi commandant de la force publique.

A une division isolée peuvent être attachés à la fois deux officiers de gendarmerie, l'un comme prévost, l'autre comme vaguemestre.

Dans un groupe d'armées, le commandement de la gendarmerie du quartier général est exercé par un prévôt du grade de capitaine, (art. 2).

D. — *Quelle est la répartition générale du personnel pour le service ?*

R. — A titre d'indication et d'une manière générale, les forces prévôtales se divisent en deux et même trois groupes affectés chacun à un service spécial.

Ainsi la prévôté du quartier général d'un corps d'armée peut comprendre :

1" groupe : service du quartier général ;

2° groupe : garde des prisonniers ;

3° groupe : surveillance des trains régimentaires, (art. 3).

D. — *Quelles sont les attributions communes aux officiers prévôtaux?*

R. — Les attributions du prévôt de l'armée embrassent tout ce qui est relatif aux crimes, délits et contraventions commis dans la zone de l'armée. Les prévôts, les officiers commandant les diverses forces publiques et les vaguemestres, ont les mêmes attributions dans la zone de l'unité à laquelle ils sont attachés.

Leur devoir est surtout de protéger les habitants du pays contre le pillage ou toute autre violence, (art. 8).

D. — *Quelles sont les fonctions du commandant du quartiar général?*

R. — Les fonctions du commandant du quartier général sont les suivantes :

En marche, il commande les campements réunis du quartier général,

Il est chargé de tout le cantonnement dans les lieux où le quartier général va s'établir ; les chefs de service détachent à cet effet auprès de lui un officier, sous-officier ou agent.

Il arrête les mesures relatives à la sécurité du quartier général et reconnaît les emplacements à occuper par les postes et les gardes.

Il se concerte avec le commandant de la gendarmerie pour la police du quartier général, et notamment pour la surveillance à exercer aux abords des bureaux des états-majors, (art. 9).

D. — Quelles sont les autorités dont relève la gendarmerie en campagne?

R. — La gendarmerie ne relève que de ses chefs directs, des généraux près desquels elle est placée et de leurs chefs d'état-major.

Elle ne peut être employée an service général d'escorte et d'estafette que dans le cas de la plus absolue nécessité ; elle ne peut non plus fournit d'ordonnances aux officiers, quel que soit leur grade.

D. — A qui appartient le droit de punition des militaires de la gendarmerie?

R. — Les militaires de la gendarmerie ne peuvent être punis que par leurs officiers, por les généraux commandant les unités auxquelles ils sont affectés et par les chefs d'état-major de ces unités.

Toute faute méritant répression, commise par l'un d'eux. est signalée au prévôt du corps d'armée ou au prévôt de l'armée.

Il est donné connaissance, à l'autorité qui a porté la plainte, de la punition infligée, (art. 11).

D. — Comment s'effectue la transmission des ordres ?

R. — Le prévôt ou commandant de la force publique assiste au rapport journalier du quartier général. En cas d'empêchement il est remplacé, si c'est possible, par un autre officier, à défaut, un chef de brigade est délégué pour recevoir les ordres.

Les prévôts et commandants des forces publiques doivent informer sans retard les généraux commandant les unités auxquelles ils sont affectés, des ordres qu'ils reçoivent directement de leurs chefs prévôtaux ; ils rendent compte à ces derniers, par une indication sommaire au rapport journalier, des ordres qu'ils ont reçus des généraux sous le commandement desquels ils sont placés, (art. 12).

D. — Comment sont tenus les registres d'ordres ?

R. — Les ordres généraux ou particuliers sont transcrits sur des registres d'ordres tenus dans les diverses prévôtés ou forces publiques.

Ils sont numérotés et font l'objet de séries différentes, suivant la source dont ils émanent.

Les ordres qui intéressent plus particulièrement la gendarmerie sont lus à cette troupe aux appels, (art. 13).

D. — Quels sont les rapports à fournir?

R. — Les prévôts et les commandants des forces publiques, y compris les chefs de brigade des étapes, tout en entretenant une correspondance suivie avec leurs chefs prévôtaux respectifs, leur fournissent également un rapport journalier et leur rendent compte, par la voie la plus rapide, de tout événement extraordinaire survenu dans l'étendue de leur commandement, (art. 14).

D. — *Quels sont les rapports du commandant de la gendarmerie avec le commandant du quartier général?*

R. — Le commandant de la gendarmerie reçoit du commandant du quartier général tous renseignements utiles et prend, en conséquence, les mesures nécessaires pour maintenir le bon ordre, respecter les consignes et notamment surveiller les abords des bureaux des états-majors.

C'est aux commandants des quartiers généraux que doivent s'adresser les officiers de gendarmerie pour tout ce qui concerne la ferrure, le service vétérinaire, l'armement, etc.

Les chevaux des forces publiques des régiments d'infanterie sont ferrés, en principe, par les régiments d'artillerie divisionnaires ; à défaut, on utilise les ressources les plus rapprochées.

Les chevaux des prévôtés affectées aux divisions de cavalerie sont ferrés par le corps de troupe le plus voisin, (art. 15).

D. — *La gendarmerie n'est-elle pas munie du mot ?*

R. — Pour faciliter l'exécution de leur service, les chefs de brigade et gendarmes sont autorisés à pénétrer, à toute heure de jour et de nuit, dans l'intérieur des camps, cantonnements et bivouacs. A cet effet, ils sont munis du mot qui est envoyé, par les chefs d'état-major, aux commandants de gendarmerie en même temps qu'aux autres chefs de service, (art. 16).

D. — *La gendarmerie peut-elle requérir la main-forte ?*

R. — Les officiers et les hommes de troupe de toutes armes sont tenus de déférer aux réquisitions de la gendarmerie, lorsqu'elle croit avoir besoin d'appui. Dans le cas où la main-forte lui est refusée, il en est rendu compte, par la voie hiérarchique, au chef de l'état-major de l'unité à laquelle appartient l'officier ou l'homme de troupe qui n'a pas obtempéré à la réquisition.

Dans toutes ses relations avec les corps de troupe, la gendarmerie doit agir avec la mesure et le discernement indispensables au légitime exercice de ses droits ; mais elle ne doit pas hésiter à signaler le mauvais vouloir et les résistances qui entraveraient l'exécution de son service, (art. 19).

D. — *Quelles sont les attributions de la gendarmerie en fait de police ?*

R. — La gendarmerie est chargée de la police judiciaire, de la police et du maintien de l'ordre dans la zone de l'armée.

Elle assure en outre l'exécution de tous les règlements, ordres et consignes de police émanant du commandement.

Son devoir est surtout de protéger les habitants du pays contre le pillage et toute autre violence et d'écarter de l'armée les individus douteux dont l'action ou même le simple contact seraient funestes à la discipline.

En territoire national et dans les commandements territoriaux particuliers, la gendarmerie aux armées et plus particulièrement la gendarmerie des étapes reste, le cas échéant, chargée de la police judiciaire et administrative comme en temps de paix : les infractions dont les auteurs ne sont pas justiciables des tribunaux militaires, sont déférés aux autorités civiles compétentes, (art. 20).

D. — La vente et l'achat de rations sont-ils permis ?

R. — La vente et l'achat des rations sont formellement interdits. La gendarmerie dresse procès-verbal de ces faits, dès qu'elle en est informée ou qu'elle peut les constater elle-même, et en rend compte au rapport journalier, (art. 21).

D. — Que direz-vous de la chasse ?

R. — La chasse est interdite, en campagne, aux militaires de tous grades.

La gendarmerie signale dans le rapport journalier les infractions à cette règle, (art. 22).

D. — Qu'advient-il des chevaux d'inconnus et des chevaux des déserteurs ?

R. — La gendarmerie veille à ce qu'il ne soit pas acheté de chevaux à des personnes inconnues.

Ceux qui ont été volés ou trouvés sans maître sont présentés au chef d'état-major, qui donne les ordres nécessaires en vue de leur destination.

La gendarmerie conserve au registre n° 7 le signalement de ces chevaux, pour faciliter les recherches ultérieures.

Il est procédé de même pour les chevaux amenés par les déserteurs ennemis, (art. 23).

D. — Comment la circulation des vivres et des fourrages est-elle assurée ?

R. — La gendarmerie concourt à la protection des voitures qui transportent les vivres et fourrages nécessaires à la subsistance des troupes. Elle veille à ce que les conducteurs civils des voitures de vivres et de fourrages ne subissent aucune entrave, (art. 24).

D. — Que faites-vous des militaires arrêtés ?

R. — La gendarmerie reconduit à leurs corps tous les militaires qu'elle arrête, s'ils n'ont commis que des contraventions ou des délits légers.

Quand l'inculpation élevée contre eux est de la compétence des conseils de guerre, la gendarmerie les conduit à la prison du quartier général de leur unité. Les pièces de conviction sont remises au chef d'état-major.

Les pièces de conviction comprennent :

1° Le procès-verbal d'arrestation ;

2° Tous les documents recueillis dans l'instruction que l'officier de police de la gendarmerie aura dû faire, au moins d'une façon sommaire, avant de conduire l'inculpé en prison.

Les militaires en absence illégale, les déserteurs sont dirigés sur leur corps.

Les prisonniers évadés sont dirigés sur la prison de laquelle ils se sont évadés, (art. 25).

D. — *Que faites-vous du signalement des militaires en désertion ?*

R. — Après inscription du signalement sur un registre des déserteurs et sur le carnet-calepin, ce signalement est adressé au prévôt de l'armée, qui le notifie aux prévôts sous ses ordres, On procède de même à l'égard des prisonniers évadés. (art. 26).

D. — *Comment vous comportez-vous à l'égard des déserteurs ennemis?*

R. — Lorsque des déserteurs ennemis sont amenés ou se présentent à la gendarmerie, ils sont sommairement interrogés sur leur identité et leur provenance et dirigés, le plus rapidement possible, sur le quartier général du commandant des troupes, (art. 27).

D. — *Quels sont les devoirs de la gendarmerie en ce qui concerne les réquisitions?*

R. — La gendarmerie doit dresser procès-verbal des réquisitions abusives ainsi que de celles qui sont faites par des militaires n'ayant pas qualité pour les exercer, afin que ces infractions soient poursuivies conformément aux prescriptions de l'article 22 de la loi du 3 juillet 1877.

Tout individu qui abandonne le service pour lequel il est requis est passible du conseil de guerre, (art. 28).

D. — *Que savez-vous sur les sauvegardes ?*

R. — Les établissements publics ou particuliers tels que : hôpitaux, couvents, moulins, etc., dont il importe, dans l'intérêt de l'armée, d'interdire l'entrée aux troupes d'une manière absolue, reçoivent des sauvegardes.

Les sauvegardes ne peuvent être établies que pas les officiers généraux.

Les hommes employés au service des sauvegardes reçoivent un ordre scellé du cachet du général qui les a établies.

Il est aussi donné des sauvegardes écrites ou imprimées, signées du commandant de l'armée, contresignées du chef d'état-major et portant le cachet de l'état-major.

Les sauvegardes de ce genre présentées aux troupes doivent être respectées comme une sentinelle ; elles sont numérotées et enregistrées.

Le prévôt d'armée est chargé de la surveillance et de la police des sauvegardes ; elles lui obéissent ainsi qu'aux officiers et chefs de brigade de gendarmerie.

Le présent article, imprimé sur feuille volante, est distribué à tous les hommes de la prévôté employés aux sauvegardes, (art. 29).

D. — *Qu'est-ce que les sauf-conduits ?*

R. — Le général commandant en chef peut délivrer des sauf-conduits ou laissez passer, qui sont de véritables passeports ayant pour effet de permettre, à ceux qui en sont l'objet, de traverser les lignes des armées

Un sauf-conduit n'est valable que pour les personnes qui y sont désignées nominativement et sur le territoire occupé par l'armée. Il perd sa valeur par l'écoulement du délai qui y est déterminé, à moins que les titulaires n'aient été empêchés par cas de force majeure, dûment constaté, d'exécuter la traversée des lignes.

Lorsque la gendarmerie rencontre des personnes munies de sauf-conduits, elle doit s'assurer avec le plus grand soin de la validité de ces titres et de l'identité des porteurs, et ne pas hésiter, en cas de doute, à empêcher ces derniers de continuer leur route, jusqu'à ce que leur identité soit parfaitement établie, (art. 30).

D. — *La surveillance des individus non militaires ne vous incombe-t-elle pas ?*

R. — Les individus non militaires, dont la police incombe à la gendarmerie, forment deux catégories distinctes :

1° Individus non militaires attachés à divers titres à l'armée : employés, vivandiers et marchands, domestiques et employés des vivandiers et des marchands ;

2° Individus non militaires et non attachés à l'armée, suivant les troupes ou rencontrés par elles : vagabonds, espions, tenanciers de jeux de hasard, femmes de mauvaise vie, voyageurs.

Les mesures prises à leur égard sont de la plus haute importance pour empêcher ou réprimer l'espionnage, (art. 31).

D. — *Quelles sont les précautions concernant les employés non militaires ?*

R. — Les fonctionnaires de l'armée qui ont à leur suite des employés, sont tenus d'en faire connaître les noms, prénoms, âges, lieux de naissance et signalements, soit au prévôt, soit au commandant de la force publique de leur unité.

Les employés sont inscrits sur un registre n° 2, avec tous les renseignements qui les concernent, (art. 32).

D. — *De qui relèvent les vivandiers et marchands ?*

R. — Les prévôts et les commandants des forces publiques sont chargés de recevoir et d'examiner les demandes des personnes qui désirent exercer une profession quelconque à la suite de l'armée. Ils accordent des permissions et délivrent des patentes à celles qui justifient de leur bonne conduite et qui offrent toutes les garanties pour le genre d'industrie auquel elles veulent se livrer.

Un registre spécial (modèle n° 3) sert à inscrire les noms, prénoms, signalements et professions des vivandiers et marchands, avec indication du numéro de la patente qui leur a été délivrée, (art. 33).

D. — *Par qui sont accordées les patentes ?*

R. — Les patentes des vivandiers et marchands sont accordées, après enquête, par les prévôts ou par les commandants des forces publiques.

Les patentes doivent être visées par les chefs d'état-major dont relèvent les officiers de gendarmerie qui délivrent les patentes.

Les patentes, détachées d'un registre à souche, (modèle n° 4), portent les indications suivantes :

Numéro de la patente ;

Nom, prénoms, âge, profession, domicile, photographie et signalement du détenteur ;

Nature des vivres, des liquides et autres marchandises à vendre ;

Fraction de l'armée pour laquelle la patente est valable (art. 34).

D. — Comment procédez-vous à l'examen des patentes ?

R. — Les patentes doivent être l'objet d'un examen sévère de la part de la gendarmerie ; elle se les fait représenter fréquemment et s'assure de l'identité des individus qui en sont détenteurs.

Les détenteurs des patentes doivent les faire viser une fois par mois par le prévôt ou le commandant de la force publique qui les a délivrées, (art. 35).

D. — Que direz-vous des plaques que doivent porter les marchands et vivandiers ?

R. — Indépendamment de leurs patentes, les marchands et vivandiers autorisés reçoivent, contre remboursement, une plaque portant l'exergue : « marchand » ou « vivandier » et le numéro de leur patente (modèle n° 5).

Les vivandiers et marchands sont tenus de porter cette plaque au bras gauche et d'en avoir à leur voiture une autre portant leur nom, le numéro de leur patente et l'indication de la fraction qu'ils sont autorisés à suivre (modèle n° 6), (art. 36).

D. — Comment la vérification de la qualité des comestibles et des liquides est-elle assurée ?

R. — Les chefs d'état-major exigent que les comestibles et les liquides dont les marchands et les vivandiers doivent être pourvus soient de bonne qualité ; ils en fixent les prix, qui doivent être affichés par chaque marchand.

La gendarmerie s'assure que ces prescriptions sont exécutées, (art. 37).

Dans chaque division, un médecin ou un pharmacien militaire est chargé de faire inopinément des tournées générales ou partielles pour apprécier la qualité des liquides et des comestibles débités par les marchands et les vivandiers. Il est assisté, dans ses tournées, d'un gendarme et, si possible, d'un gradé.

Il fait répandre ou enfouir les liquides et les comestibles qui sont reconnus susceptibles de porter atteinte à la santé des troupes. La gendarmerie dresse procès-verbal.

Tout individu qui vend ou met en vente des substances ou denrées alimentaires ou médicamenteuses qu'il sait falsifiées ou corrompues est traduit devant un conseil de guerre, (art. 38).

D. — Ne faites-vous pas en outre des perquisitions dans les voitures des vivandiers et marchands ?

R. — Oui, la gendarmerie fait souvent des perquisitions dans les voitures des marchands et vivandiers. Elle confisque tous les objets autres que ceux qu'elles doivent contenir. La confiscation entraîne, s'il y a lieu, des poursuites contre les délinquants ; s'il n'y a pas de poursuite ou s'il y a non-lieu, les objets reçoivent la destination désignée par le chef d'état-major.

Les individus qui suivent les armées comme marchands sont, en général, des gens d'une moralité douteuse. S'ils n'étaient surveillés de près, ils marauderaient, soit par eux-mêmes, soit par leurs domestiques, ou deviendraient des recéleurs de tout ce que pourraient soustraire les soldats maraudeurs.

Les perquisitions doivent être exécutées surtout lorsque les troupes près desquelles les marchands et vivandiers exercent leur industrie viennent de quitter une ville ou un cantonnement important, (art. 39).

D. — *N'opérez-vous pas la vérification des poids et mesures?*

R. — La gendarmerie vérifie souvent les poids et mesures ; elle saisit ceux qui ne sont pas poinçonnés, ainsi que les faux poids, les fausses mesures, les appareils de pesage et de mesurage inexacts, et dresse procès-verbal.

Les contrevenants sont punis conformément aux lois, (art. 40).

D. — *Quelles sont les sanctions des infractions ?*

R. — Les conseils de guerre d'une part, les tribunaux prévôtaux d'autre part, prononcent dans les limites respectives de leur juridiction, fixée par le Code de justice militaire, sur les infractions commises par les vivandiers et marchands et les demandes de dommages-intérêts qui sont de leur compétence.

Le prévôt de l'armée, les prévôts ou commandants de forces publiques peuvent priver pour un certain temps les délinquants de leur patente,

En cas de récidive, le renvoi de l'armée est prononcé par le prévôt de l'armée et les prévôts.

Pour le renvoi de l'armée, il importe de prévenir sans délai les prévôtés et forces publiques voisines, (art. 41).

D. — *Quelles garanties sont prises concernant les domestiques ?*

R. — Les domestiques des employés, des vivandiers et des marchands autorisés, sont tenus d'avoir une attestation de la personne qui les emploie, indiquant qu'ils sont à son service. Cette attestation est visée dans les états-majors et les services par les prévôts. S'ils obtiennent des permissions, elles doivent être visées de la même manière.

Ils doivent, en outre, porter d'une manière ostensible, une plaque, ou un brassard cousu sur la manche, indiquant leur nom et celui de la personne près de laquelle ils sont employés.

Il est défendu de prendre à l'armée un domestique s'il n'est porteur d'un titre attestant qu'il est définitivement libéré du service.

La gendarmerie arrête les domestiques qui, sur sa réquisition, ne lui présentent pas l'attestation signée de leur maître, constatant qu'ils sont à son service, et, s'il y a lieu, leur permission,

Un domestique qui, pendant la campagne, abandonne la personne qui l'emploie est réputé vagabond et arrêté comme tel.

Lorsqu'un domestique vient à cesser ses fonctions, la personne qui l'emploie est tenue de lui retirer l'attestation et l'insigne qu'elle lui a délivrés et d'en aviser sans retard le prévôt ou le commandant de la force publique. Si le domestique disparaît sans rendre l'autorisation dont il est muni, avis en est donné immédiatement, par l'employeur, au commandant de la prévôté qui le fait rechercher, (art. 42).

D. — *Comment vous comportez-vous à l'égard des vagabonds ?*

R. — Les vagabonds ou gens sans aveu sont les individus qui n'ont ni domicile certain, ni moyens d'existence, et qui n'exercent habituellement ni métier ni profession. Ils ne peuvent suivre les armées que pour se livrer au pillage et à la maraude.

La gendarmerie doit les arrêter, (art. 43).

D. — *Comment assure-t-on la répression de l'espionnage ?*

R. — La gendarmerie doit exercer, au point de vue de l'espionnage, une surveillance incessante dans l'intérieur et aux abords des camps, cantonnements et bivouacs.

Il faut se méfier de tout individu qui, n'appartenant pas à l'armée, s'y présente pour y exercer une industrie quelconque. Les curieux doivent être également écartés avec soin.

La gendarmerie exige la présentation de la carte d'identité dont doit être muni chacun des membres de la société de secours aux blessés.

Tout individu étranger à l'armée et au pays occupé, qui est trouvé dans un camp ou aux abords d'un camp avec des allures suspectes, est arrêté, fouillé minutieusement et conduit, sans retard, devant le commandant de la gendarmerie ; il est immédiatement interrogé pendant qu'il est encore sous le coup de l'émotion que lui a causée son arrestation.

S'il existe des preuves contre lui, le commandant de la gendarmerie le fait conduire devant le chef d'état-major avec le procès-verbal détaillé de son arrestation et de son interrogatoire et les pièces à conviction.

S'il n'y a que des soupçons, l'arrestation est maintenue jusqu'à plus ample informé.

Si l'individu arrêté n'a pas de moyens d'existence dont il puisse justifier, il est considéré comme vagabond.

Enfin, si deux témoins honorables et dignes de foi, en résidence dans le pays occupé, répondent de l'individu arrêté, et s'il n'a été relevé d'ailleurs contre lui aucune charge, on le met en liberté en l'invitant à s'abstenir de tout acte de curiosité vis-à-vis des troupes.

Sur le territoire français ou en pays allié, la gendarmerie doit s'enquérir de tout individu qui est signalé comme manifestant des sympathies pour l'ennemi ; elle le surveille attentivement et le fait surveiller en même temps par l'autorité locale.

Lorsque deux ou plusieurs individus soupçonnés d'espionnage ont été arrêtés en même temps, ils doivent être séparés et interrogés à part, afin qu'ils ne puissent concerter leurs réponses.

La gendarmerie arrête également quiconque aura recélé ou fait recéler des espions ou soldats ennemis envoyés à la découverte, et qu'elle aura connus pour tels (art. 44).

D. — *Comment empêche-t-on les jeux de hasard ?*

R. — La gendarmerie est spécialement chargée d'empêcher les jeux de hasard, qui sont formellement défendus.

Les militaires qui se livrent à ces jeux sont punis sévèrement ; ceux qui les tiennent, s'ils ne sont pas militaires, sont jugés par le tribunal de la prévôté (Code pénal 475) ; ils sont chassés de l'armée.

Les appareils de jeux, les tables, les enjeux et les lots sont saisis et confisqués. (Code pénal 477), (art. 45).

D. — *Que fait-on des femmes de mauvaise vie ?*

R. — La gendarmerie écarte de l'armée les femmes de mauvaise vie, (art. 46).

D. — *Comment observe-t-on les voyageurs ?*

R. — En toute situation, la gendarmerie, en raison de la liberté d'action et de mouvement dont elle jouit, se trouve souvent en contact avec des voyageurs. Lorsqu'elle en rencontre un, elle l'interroge avec certaines précautions pour s'assurer d'abord que ce n'est pas un espion, pour obtenir ensuite des renseignements sur l'ennemi.

Elle lui demande son nom, son passeport ; d'où il vient et où il va ; s'il a rencontré des troupes en marche, leur espèce, leur nombre approximatif : à combien il estime le nombre des ennemis dans les lieux où il a passé ; si les troupes sont en bon état ; s'il y a des malades ; les villages où il y avait le plus de troupes ; où sont les dernières lignes des avant-postes ennemis ; où se trouvent l'infanterie, la cavalerie ; comment sont les chemins, les ponts ; si l'ennemi les répare ou les détruit, s'il se fortifie ; si les vivres sont chers dans le pays occupé par l'ennemi ; si le pays a pu conserver son bétail ; quels sont les bruits publics ; quelles nouvelles renferment les journaux de l'ennemi ; que dit le dernier journal lu.

Les réponses faites, si elles ont une importance suffisante, sont consignées par écrit, séance tenante, ou aussitôt après, et transmises, sous pli cacheté, au chef d'état-major, à qui l'on adresse, s'il y a lieu, le voyageur.

Au cas où on ne peut écrire, on fait accompagner le voyageur par un sous-officier, brigadier ou gendarme capable de dire au chef d'état-major ce qu'on n'écrit pas.

La gendarmerie surveille les endroits où passent, que fréquentent et où séjournent les voyageurs : entrée ou sortie des lieux habités, hôtels, auberges, gares de chemins de fer. Elle se fait présenter, par les hôteliers et aubergistes, les registres d'inscription des voyageurs. Elle arrête tout individu dépourvu de passeport ou de papiers établissant nettement sa situation, (art. 47).

D. — *Quelle est la direction à donner aux prévenus ?*

R. — Les prévenus de crimes ou de délits, qui bien que n'appartenant pas à l'armée sont cependant justiciables de conseils de guerre, sont mis à la disposition de l'officier général qui commande la fraction de l'armée, dans la zone de laquelle ils ont été arrêtés, pour qu'il soit procédé à leur

134

égard conformément à l'article 68 du Code de justice militaire. Ceux qui sont justiciables de la prévôté sont conduits au commandant de la prévôté ou de la force publique, qui les fait écrouer ou procède, sans désemparer, à leur jugement....., (art. 48).

D. — *Comment installe-t-on des prévôtés ?*

R. — Pour la facilité du service, les prévôtés sont toujours cantonnées, bivouaquées ou campées à proximité des quartiers généraux dont elles dépendent.

Les chefs de brigade et gendarmes sont toujours installés le plus près possible de leurs officiers, et, autant qu'on le peut, dans les lieux habités, à cause de la surveillance à exercer sur les cabarets, les boulangeries, les boucheries, les bureaux de tabac, etc., et de la main-forte à prêter, le cas échéant, aux sauvegardes.

Le commandant du quartier général étant chargé du cantonnement dans les lieux où le quartier général doit s'établir, le commandant de la gendarmerie détache auprès de lui, comme les autres chefs de service, un officier, chef de brigade ou gendarme pour l'établissement du cantonnement, (art. 49).

D. — *Quels sont les soins à prendre en cas de séjour dans un cantonnement.*

R. — En cas de séjour dans un cantonnement, les officiers de gendarmerie, et sous leurs ordres les chefs de brigade, profitent des jours de repos pour faire nettoyer les armes de leur détachement, mettre en état les effets de toute nature (et les voitures) et faire ferrer et panser à fond les chevaux.

Ils veillent à la propreté corporelle de leurs hommes ; ils passent dans les logements, visitent les écuries, s'assurant que les subordonnés sont pourvus de tout ce que l'habitant doit leur fournir, et répriment sévèrement toute exigence illégitime de leur part.

Au cantonnement comme au bivouac, le paquetage doit être fait tous les soirs, et disposé de manière à être promptement chargé sur les chevaux, (art. 50).

D. — *Voulez-vous détailler la police générale incombant à la gendarmerie ?*

R. — Pendant le stationnement, la gendarmerie, à l'aide de patrouilles de jour et de nuit, exerce une surveillance active à l'intérieur et autour des cantonnements ; elle se transporte de l'un à l'autre dans toute l'étendue du pays occupé par l'unité de l'armée à laquelle elle est attachée. Quand les distances et lorsque les exigences du service le permettent, elle forme, avec les prévôtés des formations voisines, des patrouilles de liaison, qui lui permettent de communiquer et de recueillir des renseignements intéressant le service général ou son service particulier.

Les patrouilles à l'intérieur et autour des cantonnements ont pour objet d'empêcher tout désordre, de faire fermer les cabarets et tous autres lieux publics, à heures fixées, de conduire à leurs corps les soldats avinés, d'arrêter les espions, d'empêcher la maraude, etc.

En cas de contravention, les marchands sont déférés aux tribunauv, leurs établissements peuvent être consignés à la troupe.

Des patrouilles mixtes, composées de quelques soldats et même, si cela est nécessaire, de sous-officiers, et dirigées par des gendarmes, peuvent aussi être formées pour aider la gendarmerie à protéger les populations et les propriétés. Pour faciliter ce service, un habitant peut être astreint à guider les patrouilles.

Aussitôt après l'heure fixée pour l'appel du soir et pour la fermeture des lieux publics, les patrouilles de gendarmerie procèdent elles-mêmes à l'évacuation des cafés, cabarets. auberges, etc. Elles enjoignent aux hommes de troupe qu'elles rencontrent hors des camps, des cantonnements et bivouacs, d'y rentrer immédiatement, s'ils ne sont pas porteurs de permissions en règle. Elle prend note de leur numéro matricule, du grade, ainsi que de l'arme et du numéro de leur régiment. La liste de ces militaires est remise le lendemain matin au commandant ou au major du cantonnement.

La gendarmerie arrête et reconduit à son corps tout homme de troupe rencontré hors du camp, du cantonnement ou du bivouac après l'heure de l'appel du soir, refuse de donner son numéro matricule ou d'exhiber sa permission.

Dans le jour, la gendarmerie arrête les hommes chargés d'effets ou d'ustensiles non réglementaires s'il ne peuvent en justifier l'origine ; ceux qui coupent les arbres fruitiers ou d'agrément ; ceux qui arrachent les haies, les poteaux ou les palissades, ceux qui prennent des bois neufs ou façonnés, qui volent des fruits ou des légumes, etc.

Elle reçoit les déclarations des habitants qui ont à se plaindre de vexations commises par des militaires ou des employés de l'armée.

En pays ennemi, le commandant du cantonnement, outre qu'il prend des otages, interdit aux habitants, sous peine d'exécution militaire, de dépasser les avant-postes ; il exige qu'ils restent chez eux après l'heure fixée par lui ; il défend qu'ils sonnent les cloches : il les prévient qu'en cas d'alerte ils ne devront ni sortir de leur demeure, ni ouvrir leurs fenêtres, ni fermer leurs volets, et, si l'alerte a lieu de nuit, qu'ils seront tenus d'éclairer leurs fenêtres à l'intérieur.

La gendarmerie veille à l'exécution stricte de ces mesures et de toutes celles qui sont prises pour accroître la sécurité des troupes.

Lors du départ, des gendarmes sont laissés dans les cantonnements et ne les quittent qu'après s'être assurés de leur évacuation complète. De même, dans leur trajet vers le point initial. les prévôtés s'assurent de la complète évacuation des cantonnements qu'elles traversent. Elles forcent les retardataires à rejoindre leur corps, (art. 51).

D. — *Comment concourez-vous à la police sanitaire ?*

R. — La gendarmerie porte une attention constante à tout ce qui concerne la salubrité publique. Elle surveille la qualité des denrées vendues ou fournies par les habitants. Elle veille à la propreté des abords des camps et signale pour qu'ils soient enfouis, aux commandants des cantonnements ou bivouacs, les détritus des abatages faits par les corps de troupe.

En cas de départ précipité d'une troupe, celle qui la remplace est tenue de s'acquitter de ce soin.

Les animaux morts trouvés à proximité des lieux de stationnement des troupes sont signalés aux commandants de ces troupes qui prescrivent leur enfouissement par les corvées nécessaires et, s'il y a lieu, font procéder aux désinfections utiles. A défaut de la troupe et à proximité des lieux habités, la gendarmerie requiert l'autorité locale; elle veille à ce que les animaux morts de maladies contagieuses soient enfouis profondément avec leur cuir.

La gendarmerie dresse procès-verbal contre les marchands et vivandiers qui laissent séjourner des détritus dans le voisinage de leur installation.

Dans les cantonnements, elle veille à l'exécution stricte, par les habitants, des règlements édictés par l'autorité militaire pour le balayage des rues, le nettoyage des égouts et l'enlèvement des immondices.

Elle rend compte au chef d'état-major des épidémies ou des épizooties qui viennent à se produire, (art. 52).

D. — *Quel est votre rôle dans les exécutions militaires ?*

R. — Lors de l'exécution des jugements des tribunaux militaires, la gendarmerie ne peut être commandée que pour assurer le maintien de l'ordre, et reste étrangère à tous les détails de l'exécution.

En cas d'exécution capitale, le condamné est amené sur le terrain par un détachement de troupe. C'est l'officier commandant le détachement qui signe la levée d'écrou, et qui, à partir de ce moment, devient responsable du prisonnier. La gendarmerie n'a pas à intervenir dans les détails de l'inhumation, c'est le commandant du cantonnement qui prend des mesures à cet égard.

Les condamnés à une autre peine que la peine capitale sont également amenés sur le lieu d'exécution par un détachement de troupe. Lorsque le jugement a reçu son effet, ils sont remis à la gendarmerie, qui peut requérir qu'une portion du détachement lui prête main-forte pour assurer la réintégration des condamnés dans la prison où ils attendent leur transfèrement, (art. 53).

D. — *Quelle est l'installation des prisons ?*

R. — Des prisons destinées à recevoir les militaires de tous grades, les gens sans aveu ou suspects, etc., sont établies dans les quartiers généraux par les soins et sous l'autorité des prévôts. Il peut en être établi également dans les commandements d'étapes.

Si la troupe est logée chez l'habitant, un local spacieux, solidement construit, facile à garder, et présentant toutes les garanties contre les évasions, est choisi par la gendarmerie.

Chaque fois que l'assiette des lieux le permettra, une chambre devra être spécialement affectée aux officiers, s'il en existe parmi les prisonniers. Les militaires sont séparés des civils, et, si cela est possible, les sous-officiers en prévention, des autres hommes de troupes.

S'il existe des caves dans la maison, elles seront transformées en cachot pour les prisonniers dangereux.

Toutes les portes devront être pourvues de moyens de fermeture solides, les diverses pièces ne pourront communiquer entre elles, (art. 54).

D. — *Quel est l'aménagement des prisons ?*

R. — Il doit y avoir dans chaque chambre un baquet, une cruche à eau et la paille de couchage nécessaire. En cas de séjour prolongé dans un cantonnemeut, cette paille est renouvelée tous les dix jours.

Les prisons sont pourvues des ustensiles indispensables pour préparer les aliments des détenus et des balais nécessaires pour assurer la propreté des locaux.

Ce matériel est fourni, s'il y a lieu, par l'autorité locale sur réquisition, (art. 55).

D. — *Quel est le personnel exéculif des prisons ?*

R. — Le chef du détachement de gendarmerie affecté à la garde des prisonniers remplit les fonctions de gardien chef ; il est aidé, dans l'exécution de son service, par les gendarmes placés sous ses ordres.

Si le nombre des prisonniers l'exige, une garde de police est établie dans le voisinage de la prison, par ordre du général commandant, sur la demande de l'officier prévôtal. Cette garde doit, à toute heure du jour et de la nuit, déférer aux réquisitions du gardien-chef ; elle prend les armes au moment des appels et pendant tous les mouvements opérés en masse par les détenus.

Il est interdit aux militaires de la garde de police d'avoir aucune espèce de communication avec les détenus, (art. 56).

D. — *Quels sont les individus reçus dans les prisons ?*

R. — Les prisons reçoivent :

Les militaires prévenus de crime ou de délit ;

Les militaires condamnés qui attendent, soit l'exécution de leur jugement, soit une commutation de peine, soit leur transfèrement ;

Les gens sans aveu, suspects, ou prévenus de crime ou de délit ;

Les individus, militaires ou non, voyageant sous l'escorte de la gendarmerie ;

Les militaires arrêtés en absence illégale et dont la position n'est pas déterminée ;

Les individus condamnés par le tribunal prévôtal à un emprisonnement de courte durée qui n'exige pas leur transfèrement sur les prisons de l'intérieur, et, en général, tous les individus dont l'incarcération est ordonnée ;

Les femmes ne sont pas généralement reçues dans les prisons des quartiers généraux ; elles sont remises à l'autorité locale ; dans le cas d'impossibilité, elles sont dirigées, d'urgence, sur les prisons de l'intérieur.

Afin d'éviter l'encombrement des prisons, les officiers prévôtaux procèdent sans désemparer au jugement de tous les individus qui leur sont amenés et sur lesquels s'étend leur juridiction, (art. 57).

D. — *De qui émane l'ordre d'écrou ?*

R. — Aucun militaire, aucun individu non militaire n'est maintenu dans les prisons que sur l'ordre du chef d'état-major ou des officiers prévôtaux.

Les individus arrêtés en flagrant délit par la gendarmerie sont reçus par le gardien-chef, en attendant que l'ordre d'écrou soit signé par l'officier prévôtal, ce qui doit avoir lieu dans les vingt-quatre heures.

Il en est de même de ceux qui sont conduits à la prison en vertu d'un mandat d'amener signé par le commissaire du gouvernement rapporteur près du conseil de guerre ; ils sont l'objet d'un ordre d'écrou signé par le chef d'état-major.

Les militaires punis disciplinairement de prison marchent avec la troupe à laquelle ils appartiennent ; sous aucun prétexte, ils ne sont admis dans les prisons militaires, (art. 58).

D. — *Comment la levée d'écrou s'effectue-t-elle ?*

R. — Les individus détenus ne peuvent être mis en liberté que sur l'ordre du chef d'état-major ou des officiers prévôtaux.

L'ordre d'extraction concernant un militaire est toujours envoyé à son chef de corps, qui fait prendre le détenu par un sous-officier.

Les détenus de passage sont extraits par les gendarmes chargés de les transférer et qui présentent au gardien-chef l'ordre de conduite visé par l'officier prévôtal.

Aucun homme ne doit être mis en route sans avoir été visité et reconnu en état de supporter les fatigues du voyage ; il doit être pourvu d'une bonne paire de chaussures, (art. 59).

D. — *Comment sont tenus les registres d'écrou ?*

R. — Le gardien-chef tient deux registres d'écrou, l'un pour les militaires, l'autre pour les civils. Ces registres sont cotés et paraphés par le prévôt (modèles nᵒˢ 8 et 9).

Le gardien-chef y inscrit, au fur et à mesure des entrées, les nom, prénoms, âge, lieu de naissance, grade et corps du détenu, ainsi que l'indication de l'autorité qui a ordonné l'écrou.

L'écrou est constaté sur le registre, en regard de chaque nom, par la signature du militaire de la gendarmerie, ou d'une autre arme, qui a conduit le détenu à la prison. Le gardien-chef remet, en échange du détenu, un récépissé signé constatant le jour et l'heure où le prisonnier a été écroué.

La levée d'écrou est constatée sur le registre par la signature du militaire de la gendarmerie, ou d'une autre arme, porteur de l'ordre d'extraction. Il y est fait mention de la date de la sortie et de la destination donnée au détenu, (art. 60).

D. — *Comment sont opérées les extractions temporaires ?*

R. — Lorsqu'un détenu est appelé, soit comme prévenu, soit comme témoin, devant le conseil de guerre ou au greffe, il est remis au gendarme chargé de le conduire, sur un mandat d'extraction signé du commissaire du gouvernement rapporteur ou de son substitut. Il doit être réintégré à la prison avant le coucher du soleil, ou immédiatement après la levée de la séance s'il a comparu devant le conseil de guerre.

Lorsqu'un détenu est envoyé à l'hôpital ou à l'ambulance, il y est conduit par un gendarme porteur d'un billet d'entrée délivré par le médecin chargé de la visite sanitaire des détenus, et signé par le gardien-chef. Ce gendarme rapporte une déclaration d'entrée, sur le vu de laquelle mention de la mutation du détenu est portée au registre d'écrou dans la colonne « Observations », (art. 61).

D. — Comment s'opère le dépôt des fonds appartenant aux détenus ?

R. — Le gardien-chef fait fouiller, en présence de l'agent qui l'a amené, tout détenu écroué pour quelque motif que ce soit, s'il n'est pas officier, afin de s'assurer qu'il n'a sur lui, au moment de son arrivée, ni argent, ni objets meurtriers.

Toute somme trouvée en sa possession lui est retirée ; le gardien-chef en inscrit le montant sur le registre des comptes courants des détenus (modèle n° 10) et fait signer l'intéressé en présence du témoin précité.

Les sommes que le détenu peut recevoir ultérieurement de sa famille sont inscrites par le gardien-chef sur ce même registre, en présence du détenu et d'un gendarme de service à la prison ; l'intéressé émarge en regard de l'inscription.

Si le détenu ne sait pas signer, il appose sa croix en présence des mêmes personnes, qui signent et certifient que lecture a été faite des inscriptions.

Les sommes appartenant au détenu servent à l'achat d'objets d'absolue nécessité.

Les comptes sont arrêtés tous les mois si de nouvelles inscriptions ont été faites.

Lorsque le détenu quitte la prison, son compte est arrêté définitivement. S'il est rendu à la liberté, son argent lui est remis et cette remise est constatée sur le registre par sa signature ; s'il est transféré sur un autre point, l'argent est remis aux gendarmes chargés du transfèrement, qui attestent la remise par leur signature au registre des comptes courants et au registre d'écrou.

En cas d'évasion ou de décès, cet argent est versé au Trésor au titre de la Caisse des dépôts et consignations, (art. 62).

D. — Comment est-il pourvu à la nourriture des prisonniers ?

R. — Il est pourvu à la nourriture des prisonniers au moyen de rations perçues, en même temps que celles de la prévôté, sur des bons établis au titre de la justice militaire. Ces rations sont les mêmes que celles de la troupe, à l'exception du vin et des autres liquides,

Les registres d'écrou, visés chaque jour par le sous-intendant, servent de pièces justificatives pour ces allocations et perceptions.

Les détenus entrant avant l'heure de la soupe du soir ont droit à la ration complète pour le jour de leur entrée.

Ceux qui sont mis en liberté touchent la totalité de la ration pour le jour de leur sortie et quelle que soit l'heure de cette sortie.

Les passagers ne reçoivent, avant leur départ, qu'une ration de pain ; le complément des vivres leur est délivré à la prison dans laquelle ils doivent coucher.

Les vivres ne peuvent, sous aucun prétexte, être remplacés par une allocation pécuniaire, (art. 63).

D. — *Comment sont assurés l'hygiène et les soins de propreté ?*

R. — Les chambres sont balayées le matin et le soir, aérées le plus souvent possible ; trois fois par jour on doit vider les baquets, les laver à grande eau et remplir les cruches.

Les détenus se lavent tous les jours et changent de chemise une fois par semaine. A cet effet, chacun d'eux doit posséder deux chemises. Le linge qui manque aux détenus militaires leur est fourni par leur corps ou, à défaut, par les corps que le commandement désigne à cet effet ; les détenus civils sont pourvus par l'autorité locale, sur réquisition de l'officier prévôtal, (art. 64).

D. — *Comment est-il procédé aux visites sanitaires ?*

R. — Les prisons sont visitées tous les jours par un médecin du quartier général désigné à cet effet. Les militaires écroués depuis la visite de la veille lui sont présentés ; ceux qui sont atteints de maux contagieux sont conduits à l'hôpital ou à l'ambulance, sous escorte de la gendarmerie. Il en est de même des malades, (art. 65).

D. — *Quelles sont les règles de police et discipline à la prison ?*

R. — Le gardien-chef est responsable de tout ce qui concerne le service de la prison ; il prend, pour en empêcher les évasions, toutes les mesures qu'il croit nécessaires.

Il lui est défendu de maltraiter les détenus ; il use de son autorité avec justice et modération, mais toujours avec fermeté.

Il est fait chaque jour trois appels des détenus. La nuit, des visites ont lieu.

Les mouvements ordonnés aux détenus doivent toujours être exécutés en silence.

Tous les jeux ds hasard sont sévèrement interdits entre les détenus.

Les chants et les démonstrations bruyantes sont également défendus.

Les détenus sont responsables de la conservation de leurs effets.

Les militaires de la gendarmerie ne doivent leur vendre ou leur faire passer quoi que ce soit. sous peine de punition sévère.

Les lettres qu'écrivent ou reçoivent les détenus sont lues par le gardien-chef ; celles des officiers sont remises au chef d'état-major qui en prend connaissance s'il le juge utile. Cette prescription ne concerne pas la libre correspondance des prévenus avec leur défenseur régulièrement désigné.

Les condamnés à la peine de mort ou à toute autre peine afflictive et infamante sont, autant que possible, mis à part. Après leur condamnation, et avant leur réintégration à la prison, ils sont soigneusement fouillés et privés de tout moyen de suicide, (art. 68).

D. — Quelles sont les punitions dont sont passibles les détenus ?

R. — Les fautes légères des détenus sont punies par les corvées hors tour ; les fautes graves d'indiscipline, par la privation de vivres autres que le pain, ou même par la cellule de correction.

La corvée hors tour implique l'obligation de prendre part à toutes les corvées pendant vingt-quatre heures.

La privation de vivres autres que le pain ne peut être infligée que pendant trois jours consécutifs au plus, la ration de pain pouvant être augmentée, s'il y a lieu, sur l'avis du médecin.

Un intervalle de deux jours doit toujours exister entre deux punitions de trois jours de privation de vivres autres que le pain.

La cellule de correction se fait par périodes de sept jours séparées par des périodes de quatre jours et ne peut être infligée pour plus de quarante jours, c'est-à-dire pour quatre périodes de sept jours.

Pendant les périodes de sept jours, le détenu ne reçoit jamais la soupe du soir et ne reçoit celle du matin que le quatrième jour. Pendant l'intervalle des quatre jours séparant chaque période, le détenu, qui reste en cellule, reçoit tous les jours la soupe du matin et jamais celle du soir. Toutefois, la ration réglementaire de vivres-pain est toujours distribuée.

Tous les détenus, à quelque catégorie qu'ils appartiennent, peuvent, en cas de fureur ou de violence grave susceptibles de les rendre dangereux pour eux-mêmes ou pour les autres, être revêtus de l'appareil de sûreté.

Le gardien-chef peut infliger : les corvées hors tour pendant huit jours, la **privation** de vivres pendant trois jours ; au-delà, l'intervention de l'officier prévôtal est nécessaire, dans la limite de quinze jours de cellule de correction.

Passé cette limite, le général commandant prononce.

Toute punition prononcée par le gardien-chef, ou en son absence par le plus ancien gendarme, doit recevoir immédiatement son exécution.

L'officier prévôtal rend compte au commandant du quartier général des punitions infligées aux détenus, (art. 67).

D. — Comment sont réglées les corvées de la prison ?

R. — Les corvées se font à tour de rôle. Tous les détenus, sauf les officiers, sont astreints aux corvées, soit intérieures, soit extérieures ; ces dernières se font sous escorte.

La cuisine et le blanchissage du linge sont faits par des détenus qui sont exempts de toute autre corvée, (art. 68).

D. — Quelles sont les communications admises avec les détenus ?

R. — Personne n'est admis à visiter les détenus sans l'autorisation écrite du chef d'état-major ou de l'officier prévôtal ou en son absence, du commandant du quartier général.

Ont libre accès dans les prisons, à moins d'ordres exceptionnels du général commandant le corps d'armée ou la division :

Les commissaires du gouvernement rapporteurs et leurs substituts ;

Les officiers généraux ;

Les chefs d'état-major ;

Les officiers de police judiciaire ;

Les chefs de corps ou de service ;

Les fonctionnaires de l'intendance chargés de la vérification des comptes de la prison ;

Le médecin chargé du service sanitaire ;

Les ministres des différents cultes attachés à l'armée ;

Les défenseurs des prévenus munis d'une attestation du commissaire du gouvernement rapporteur.

Lorsqu'un officier ou assimilé paraît dans la prison, tous les détenus se lèvent, (Art. 70).

D. — *Que fait-on en cas de décès d'un détenu ?*

R. — En cas de décès d'un détenu à l'hôpital ou à l'ambulance, un billet de décès est adressé sur-le-champ au gardien-chef, qui dresse procès-verbal et envoie à l'hôpital ou à l'ambulance un gendarme reconnaître le décédé.

Le gardien-chef fait mention du décès sur le registre d'écrou ; il en est donné, en outre, avis au corps auquel appartient le détenu, s'il est militaire.

On opère d'une manière analogue quand le détenu meurt dans un des locaux de la prison.

Dans aucun cas, le procès-verbal ou sa copie ne doit être joint à l'acte décès. Il reste à l'appui du registre d'écrou pour justifier la radiation, (art. 71).

D. — *En cas d'évasions qu'advient-il ?*

R. — Lorsqu'un détenu parvient à s'évader, le gardien-chef rend compte immédiatement à l'officier prévôtal, qui avise sans délai le chef d'état-major.

Le signalement de l'évadé est transmis sans délai à toutes les prévôtés voisines ; les recherches les plus actives sont faites pour retrouver l'évadé.

L'officier prévôtal ouvre une enquête dans le but de déterminer s'il y a eu connivence, ou simplement négligence.

Tout militaire de la gendarmerie qui laisse évader un prisonnier est puni disciplinairement. Il peut être traduit devant le conseil de guerre et condamné aux peines portées aux articles 237 et suivants du Code pénal.

D. — *Qu'est-ce que la situation sommaire des prisons ?*

R. — Chaque matin, le gardien-chef établit une situation sommaire de la prison (modèle n° 11). Les détenus y sont portés numériquement par catégories ; les mutations y sont inscrites nominativement, ainsi que les punitions prononcées. Il y est fait également mention succincte des évènements graves qui se seraient passés dans les vingt-quatre heures.

Cette situation est adressée à l'officier prévôtal, qui la transmet immédiatement au chef d'état-major, (art. 73).

D. — *Par qui l'ordre de transfèrement est-il délivré?*

R. — L'ordre de transfèrement est donné par le commandant dont dépend la prison militaire, et comprend, autant que possible, un certain nombre de détenus qu'on forme en convoi.

Les ordres de transfèrement sont toujours enregistrés; ils restent entre les mains du gardien-chef de la prison militaire. (art. 74).

D. — *Comment s'exécutent les transfèrements?*

R. — La gendarmerie est chargée de conduire les condamnés jusqu'au lieu où ils doivent subir leur peine, s'ils sont militaires, ou de les livrer aux autorités civiles de l'intérieur, s'ils n'appartiennent pas à l'armée.

Les transfèrements sont soumis aux mêmes règles qu'à l'intérieur. Les prisonniers provenant des troupes d'opérations, et dirigés sur l'arrière, sont remis au service des étapes aux points où s'établit le contact entre les services de l'avant et ceux de l'arrière (gares de ravitaillement ou têtes d'étapes).

A cet effet :

1° Si l'arrière est desservi directement par les voies ferrées, le commandant d'étape de la gare régulatrice envoie à chaque gare de ravitaillement des gendarmes chargés d'y recevoir les prisonniers amenés par la gendarmerie des corps d'armée. (Ces prisonniers sont ensuite dirigés de la gare régulatrice vers l'intérieur).

2° S'il a été organisé des routes d'étapes, le commandant d'étape de têtes d'étapes envoie aux points de contact fixés quotidiennement pour les ravitaillements, des gendarmes chargés de recevoir les prisonniers provenant des troupes d'opérations et de les remettre à la première brigade de gendarmerie installée sur la route d'étapes.

Ces mouvements se font en principe et quand il est besoin, par les moyens de transport qui servent au ravitaillement.

Le transfèrement se poursuivra de brigade en brigade jusqu'à la gare origine d'étapes. (art. 75).

D. — *Comment est établi l'ordre de conduite?*

R. — Chaque condamné militaire doit être accompagné d'un ordre de conduite individuel, d'un extrait de jugement, d'un état signalétique et d'un relevé de punitions ; chaque condamné civil, des deux premières pièces seulement, le signalement étant porté sur l'ordre de conduite.

L'officier prévôtal établit les ordres de conduite et fixe le nombre des gendarmes qui doivent exécuter le transfèrement. La copie certifiée de l'ordre de transfèrement est portée intégralement au dos de chaque ordre de conduite ; en marge, il est fait mention du détail des pièces qui suivent l'individu transféré, des valeurs lui appartenant et des effets dont il est détenteur. (art. 76).

D. — *Quelles sont les précautions dans la relève des gendarmes?*

R. — Les gendarmes sont relevés, suivant le cas, de prévôté en prévôté ou de gîte d'étape en gîte d'étape ; ils sont pourvus d'une feuille de déplacement individuelle, visée pour l'aller et le retour, et rejoignent immédiatement la fraction de l'armée à laquelle ils sont attachés.

Ils doivent, avant de revenir, se présenter au commandant d'étape si la relève a lieu au gîte d'étape, (art. 77).

D. — *Comment s'effectue la remise des prisonniers ?*

R. — Chaque jour, les individus transférés sont déposés, à leur arrivée, dans la prison d'étape, où ils reçoivent les vivres.

Les gendarmes se font donner reçu des individus transférés, des pièces, de l'argent et des valeurs sur le carnet de transfèrement, (art. 78).

D. — *Quelle conduite en cas de crimes et délits commis par les prisonniers ?*

R. — Si un prisonnier transféré commet un crime ou un délit, le chef de détachement informe comme officier de police judiciaire militaire ; l'inculpé est mis à la disposition du général commandant la fraction de l'armée dans l'arrondissement de laquelle a été perpétrée l'infraction, pour être traduit devant le conseil de guerre de cette fraction.

La marche des autres prisonniers n'est jamais retardée.

Il est rendu compte à l'autorité qui a ordonné le transfèrement, (art. 80).

D. — *Quelles sont les relations de la gendarmerie des étapes avec les autorités militaires ?*

R. — Dans les commandements d'étapes, les commandants de brigade de gendarmerie relèvent du commandant d'étapes au point de vue du service de police.

Les gendarmes appelés à faire un service d'ordre dans les gares sont pendant la durée de leur mission, sous les ordres du commissaire militaire de la gare.

Lorsqu'un détachement de gendarmerie est affecté à une colonne mobile, son chef relève du commandant de cette colonne et se conforme aux dispositions prévues par les commandants de force publique.

Les commandants de brigade fournissent aux commandants d'étapes dont ils relèvent, un rapport journalier relatant les faits intéressant la police, les renseignements recueillis, etc., (art. 84).

D. — *Comment fonctionne le service des renseignements ?*

La gendarmerie coopère au service des renseignements qui fonctionne à la direction des étapes et des services.

A cet effet, les commandants de brigade reçoivent directement ou par l'intermédiaire des commandants d'étapes, les instructions du chef d'état-major de cette direction.

Ils communiquent aux commandants d'étapes et, le cas échéant, directement au chef d'état-major, les renseignements qu'ils recueillent en territoire ennemi, sur l'état d'esprit des populations, sur les agissements des anciens fonctionnaires ou employés civils et des habitants suspects résidant dans le pays, sur l'existence des dépôts ou magasins que les autorités locales ou les particuliers auraient intérêt à cacher, sur les ressources de toutes sortes que peut offrir le territoire du commandement d'étapes (vivres, fourrages, fours de boulanger, moulins, établissements industriels utiles à l'armée, moyens de transport, bâtiments susceptibles d'être aménagés en hôpitaux, magasins, casernes, etc.).

En territoire national, ils se bornent à surveiller les habitants suspects et les étrangers, (art. 85).

D. — Quels sont, aux étapes, le service de police proprement dit et le service judiciaire ?

R. — La gendarmerie du service des étapes applique, en ce qui la concerne, les dispositions relatives aux individus non militaires attachés à l'armée, les vagabonds, les voyageurs, les espions supposés, les éclopés et les traînards qui peuvent être restés dans les zones de cantonnement récemment évacuées par les troupes d'opérations, la police sanitaire, etc.

Elle fait exécuter les règlements, consignes et ordres donnés par le directeur des étapes et des services et les commandants d'étapes.

Elle surveille particulièrement les petits détachements et les militaires de passage.

Tout militaire isolé, non pourvu de feuille de déplacement ou rencontré hors de la direction que lui assigne sa feuille de déplacement, est arrêté et conduit au commandant d'étapes.

Une surveillance est exercée sur les sociétés colombophiles et sur les personnes soupçonnées de correspondre par pigeons voyageurs.

Aucune réunion publique n'est tolérée et, en territoire ennemi, aucune publication de feuille publique ne peut être faite sans autorisation préalable du directeur des étapes et des services.

Dans l'exécution de ce service, la gendarmerie dépend directement du commandant d'étapes qui est commandant d'armes dans sa circonscription.

Les prévenus justiciables des tribunaux militaires sont amenés à cet officier et compte rendu lui est adressé par le rapport journalier ou par rapport spécial de tout ce qui concerne la police, (art. 86).

D. — Que fait la gendarmerie des étapes des habitants ou étrangers prévenus de crimes ou de délits contre l'armée ?

R. — La gendarmerie arrête également les habitants ou les étrangers qui sont prévenus de crimes ou délits contre l'armée, et les amène devant le commandant d'étapes. Ce dernier, après enquête sommaire, les met en liberté ou les dirige sur le conseil de guerre le plus voisin, (art. 87).

D. — Quel est le service de la gendarmerie dans les gares de chemins de fer ?

R. — Le poste de gendarmerie d'étape affecté à la police d'une gare est placé sous l'autorité du commissaire militaire de cette gare. Il est chargé de surveiller les voyageurs et de maintenir l'ordre dans la gare lors du passage ou de l'arrivée des trains militaires.

Tous les voyageurs dont l'identité demeure douteuse, ou dont les intentions peuvent sembler suspectes, sont conduits devant le commandant de la gendarmerie ou le commissaire de gare.

D'une manière générale, le commandant du poste de gendarmerie reçoit du commissaire militaire de gare les instructions nécessaires pour l'exécution de son service. Ces instructions visent notamment la police de la gare au départ et à l'arrivée des trains militaires, la surveillance des militaires isolés, la police des salles, des quais et des abords immédiats de la gare, etc.

Les gendarmes signalent, au besoin, au commissaire militaire de gare, les infractions commises.

Tout individu qui cherche, par un moyen quelconque, à entraver la marche des trains ou à intercepter les communications télégraphiques est arrêté et conduit devant l'officier de police judiciaire militaire le plus voisin,

Lorsqu'il existe dans la zone d'étapes un embarcadère de bateaux à vapeur, on peut y établir un service de gendarmerie analogue à celui des gares, (art. 88).

D. — Quelle est la nature du service de la gendarmerie pendant les marches?

R. — La gendarmerie est chargée, pendant les marches :

1° Du commandement, de la direction et de la surveillance des trains régimentaires lorsqu'ils sont réunis ;

2° Du maintien de l'ordre en arrière des colonnes ;

3° De la garde des prisonniers, (art. 93).

D. — Quelle est la répartition du personnel en vue de l'exécution du service?

R. — En général, le groupe spécialement affecté à la garde des prisonniers comprend les prévôtaux à pied, et les autres troupes sont constitués par des prévôtaux à cheval.

Le plus grand soin, la plus vive sollicitude doivent être apportés journellement dans la désignation des prévôtaux à cheval pour telle ou telle mission, suivant que la mission est plus ou moins pénible : il faut avoir égard à la fois à l'état physique des hommes et à celui des chevaux.

On aura recours aux gendarmes à bicyclette pour tous les services à grandes distances ou à allures rapides, qu'il ne sera pas indispensable de faire exécuter par des gendarmes à cheval, (art. 94).

D. — Quelles sont les marques obligatoires sur les voitures et les fourgons?

R. — Les fourgons et voitures doivent être marqués des numéros des corps d'armée, des divisions, des brigades, des régiments, et portent l'indication des services auxquels ils sont affectés.

La gendarmerie s'assure que les prescriptions ci-dessus sont stritement exécutées, (art. 96).

D. — Comment est répartie la gendarmerie de service dans les trains?

R. — Le même gendarme est, autant que possible, toujours affecté au même train. Il a pour devoir de seconder l'officier ou le sous-officier qui commande ce train, en surveillant la file des voitures, en s'assurant que les distances sont conservées et que les conducteurs se conforment à toutes les prescriptions données, (art. 97).

D. — *Quelles sont les dispositions pour la marche?*

R. — La marche s'exécute autant que possible sur le côté droit de la route, de manière à laisser le côté gauche libre pour la circulation. En général, les voitures sont placées l'une derrière l'autre à trois mètres de distance (voitures à un cheval ou à deux chevaux de front), à quatre mètres de distance (voitures à trois chevaux de front).

Il est essentiel que chaque voiture reste au rang qui lui est assigné et à sa distance, pour éviter des allongements dans la colonne.

Les groupes principaux, train du quartier général du corps d'armée, trains des divisions, train de la brigade de cavalerie, ont entre eux une distance de 50 mètres.

Dans chaque groupe, il est formé un certain nombre de fractions de marche, sans séparer les voitures appartenant à une même unité. Le type de ces subdivisions, qui marchent à vingt mètres les une des autres, est le train d'un régiment d'infanterie.

Les distances indiquées ci-dessus peuvent diminuer pendant la marche, elles sont reprises à chaque halte, (art. 98).

D. — *Quel est le rôle de la gendarmerie dans la direction de la colonne des trains régimentaires?*

R. — Les prévôts, ainsi que les chefs de brigade de gendarmerie qui leur sont adjoints, vérifient si l'on se conforme aux ordres donnés quant au nombre et à la nature des moyens de transport.

Ils arrêtent les voitures non autorisées, les font sortir de la route, leur interdisent de suivre la colonne, et préviennent les conducteurs qu'en cas de récidive les chevaux seront saisis. Si ce cas se présente, les chevaux sont remis au train des équipages sur reçu, et il est rendu compte au chef d'état-major. Ils s'assurent si les individus qui suivent de près les trains régimentaires ont le droit de le faire et même de se trouver à l'armée.

Quand, par exception, des voitures de réquisition font partie des trains régimentaires, la gendarmerie est autorisée à employer tous les moyens coercitifs envers les charretiers qui conduisent mal leurs voitures, maltraitent leurs chevaux ou s'arrêtent pour boire. Ceux qui résistent avec violence, qui se livrent au pillage ou qui, au moment d'une attaque, cherchent à s'enfuir, doivent être traduits devant un conseil de guerre.

Les commandants des trains régimentaires répartissent, pour la surveillance entre les différents groupes composant la colonne, les gendarmes qui n'ont pas une attribution spéciale, en ayant soin d'en prélever un petit noyau pour marcher à environ 200 mètres de la dernière voiture, surveiller la route et l'entrée des chemins latéraux, et ramasser les traînards qui pourraient appartenir soit au personnel des trains régimentaires, soit même à la colonne principale qui les précède, (art. 100).

D. — *Comment est assurée l'escorte des trains?*

R. — En principe, les trains régimentaires sont gardés par les hommes de troupe qui, pour une cause quelconque, marchent avec eux, et par les conducteurs des voitures,

La gendarmerie, comme les autres troupes, prête, en cas de besoin, son concours armé à la défense, (art. 104).

D. — *Comment le maintien de l'ordre en arrière des colonnes est-il assuré?*

R. — Indépendamment de la police des colonnes formées par les trains régimentaires, la gendarmerie peut être chargée d'exercer une surveillance sur les derrières des colonnes, le long et sur le flanc des routes suivies, pour y arrêter les maraudeurs et faire rejoindre les traînards.

Les individus arrêtés, quels qu'ils soient, sont remis au détachement de police le plus à proximité. A l'arrivée, les traînards sont remis à la garde de police de leur corps et les maraudeurs et pillards restent à la disposition de la gendarmerie, (art. 106).

D. — *Comment est assurée la surveillance des prisonniers pendant la marche?*

R. — Les mesures de surveillance à prendre à l'égard des prisonniers sont les mêmes qu'en temps de paix.

Si les trains régimentaires forment colonne séparée, les prisonniers marchent en tête de cette colonne.

Si les trains régimentaires sont intercalés dans la colonne de combat, les prisonniers marchent avec la prévôté ou force publique qui a fourni leur garde spéciale, (art. 107).

D. — *Quels sont les devoirs de la gendarmerie pendant le combat?*

R. — Les détachements de gendarmerie qui accompagnent les troupes sont chargés de la police et du maintien de l'ordre en arrière des corps engagés.

Ils veillent, au moyen de postes et de patrouilles, à ce qu'aucun encombrement ne se produise sur les voies de communication, notamment dans les défilés et sur les ponts.

Ils enjoignent aux militaires qu'ils rencontrent errant ou s'éloignant du champ de bataille sans motif valable, de retourner à leur poste en les arrêtant s'il y a lieu. Ils indiquent à ceux qui sont blessés la formation sanitaire la plus voisine.

Ils se renseignent sur l'emplacement des différentes unités des sections de munitions ou de parc, des formations sanitaires, etc., qui se trouvent dans leur voisinage, de manière à pouvoir en donner avis aux officiers et aux troupes intéressées.

Ils protègent les blessés et les prisonniers de guerre; ils s'opposent au pillage ainsi qu'au dépouillement des morts.

En cas de retraite, ils font dégager les routes pour faciliter la marche troupes.

Les détachements de gendarmerie qui accompagnent les trains régimentaires redoublent de vigilance et de fermeté pour y maintenir le plus grand ordre et font exécuter rigoureusement les prescriptions du commandement.

Ils empêchent ces trains de stationner sur les routes, et prennent les dispositions nécessaires pour qu'ils puissent, le cas échéant, rétrograder avec ordre et rapidité, (art. 108).

D. — *Quels sont les devoirs de la gendarmerie après le combat ?*

R. — Après le combat, le commandement prescrit les premières mesures concernant la recherche et le traitement des blessés des deux armées, l'enterrement des morts après constatation de leur identité, l'assainissement du champ de bataille, l'organisation d'un service de police auquel concourt la gendarmerie, y compris, s'il en est besoin et si elle est rapprochée du champ de bataille, la fraction employée à la surveillance des trains régimentaires, le groupement, la garde et, s'il y a lieu, la mise en route des prisonniers de guerre.

Des corvées sont fournies par les corps ou requises dans la population, pour le creusement des fosses et pour le transport des morts jusqu'à ces fosses. Des voitures sont, au besoin, requises pour ce dernier objet.

La gendarmerie a pour mission spéciale, sur le **champ de bataille,** d'arrêter les rôdeurs ou maraudeurs, d'empêcher que les tués ou blessés soient dévalisés ou dépouillés et d'assurer l'exécution des ordres donnés pour faire recueillir les armes et munitions, ainsi que tous les objets ou papiers trouvés sur les morts.

La gendarmerie peut être également chargée d'organiser et de conduire les convois de réquisition formés, s'il y a lieu, pour l'évacuation des blessés.

Dès que l'ordre lui en est donné, le directeur des étapes et des services prend possession du champ de bataille et y constitue un ou plusieurs commandements d'étapes, dont le rôle est d'assurer la continuité des opérations indiquées dans le premier alinéa. Le service de police du champ de bataille est continué par la gendarmerie des étapes qui relève celle appelée à suivre les troupes, (art. 109).

D. — *Comment est assurée la surveillance des prisonniers de guerre ?*

R. — Les prévôts et commandants des forces publiques constituent, aux points désignés par le commandement, des détachements de gendarmerie pour recevoir les prisonniers de guerre qui y sont conduits par les corps qui les ont capturés.

En principe, les officiers et assimilés doivent être immédiatement séparés de la troupe.

Lorsque les prisonniers sont devenus trop nombreux pour être suffisamment surveillés par les gendarmes, le commandant de la force publique provoque, auprès des chefs d'état-major de la division, des ordres pour la constitution d'une garde. En cas d'urgence, il requiert le concours des troupes voisines.

A leur arrivée au quartier général du corps d'armée, les prisonniers sont remis au prévôt, qui les divise immédiatement en groupes de vingt hommes au plus, placés chacun sous la direction du plus élevé en grade d'entre eux ou, à défaut, du plus ancien soldat lettré, et fait rechercher ceux qui sont susceptibles de pouvoir servir d'interprètes.

Les déserteurs ennemis ne sont pas confondus avec les prisonniers faits au cours des opérations.

Le prévôt fait dresser, en double expédition, par chaque chef de groupe des prisonniers, l'état nominatif de ses hommes (modèle n° 3 *bis* P).

L'une de ces expéditions est laissée au chef de groupe; l'autre est employée à constituer le registre spécial à feuillets mobiles des prisonniers de guerre, sous-officiers et soldats ou assimilés, tenu par la prévôté dans chaque corps d'armée (modèle n° 3 P).

Il y a en outre un registre spécial (modèles n°⁵ 4 et 4 *bis* P) pour les officiers et assimilés, tenu par la prévôté.

Sur chacun de ces registres, les prisonniers de guerre sont portés distinctement par nationalité.

Parmi les pièces que reçoit le commandant de la colonne est un état nominatif des prisonniers (modèle n° 6 P) dressé par le prévôt et distinct par puissance.

En résumé, la gendarmerie prend en charge les prisonniers de guerre après leur capture. Elle les groupe et en dirige la surveillance jusqu'au jour de leur évacuation. A partir de ce moment, l'action de la gendarmerie cesse à leur égard, (art. 118).

D. — *La gendarmerie a-t-elle un rôle aux armées, dans les actes de l'état civil ?*

R. — Les officiers de gendarmerie sont officiers de l'état-civil en ce qui concerne les individus non militaires attachés à l'armée et les prisonniers de guerre.

Les sous-officiers de gendarmerie ne peuvent dans aucun cas remplir les fonctions d'officier de l'état-civil, (art. 113).

D. — *Est-il établi des feuilles de service aux armées ?*

R. — Toutes les fois que les circonstances le permettent, le service habituel de la gendarmerie est relaté sur une feuille de service (modèle n° 13).

Il y est fait mention de tous les services exécutés pendant les vingt-quatre heures.

Il peut aussi y être donné reçu, par le gardien-chef, des détenus écroués et des valeurs en numéraire ou autres qui leur appartiennent, (art. 116).

D. — *Comment les procès-verbaux y sont-ils établis ?*

R. — Les procès-verbaux sont établis en une seule expédition et envoyés, dans les vingt-quatre heures, à l'autorité compétente militaire ou civile.

L'analyse des procès-verbaux est portée sur le registre de correspondance en même temps que l'envoi y est mentionné.

Les procès-verbaux sont établis sur papier libre; ils ne sont pas enregistrés, mais les rédacteurs en inscrivent un résumé sommaire sur leur carnet-calepin.

Les gendarmes peuvent être entendus à l'appui de leurs procès-verbaux, (art. 117).

D. — *Comment est tenu le carnet-calepin des chefs de brigade et gendarmes?*

R. — Les chefs de brigade et les gendarmes doivent être pourvus d'un carnet-calepin, modèle n° 14, sur lequel ils portent, d'après l'ordre de leur prévôt ou commandant de la force publique, les renseignements que celui-ci juge utiles pour le service, concernant :

Les employés civils autorisés à suivre l'armée;

Les marchands, vivandiers;

Les déserteurs;

Les individus sous le coup de mandats de justice;

Les individus signalés comme espions;

Les ordres importants du commandement;

Les ordres et instructions de leurs chefs prévôtaux;

Enfin, le sommaire des procès-verbaux dressés, avec l'indication de l'autorité à laquelle ils ont été envoyés.

POLICE JUDICIAIRE

D. — *En quoi consiste le service judiciaire de la gendarmerie aux armées?*

R. — La gendarmerie remplit, aux armées, un double rôle au point de vue judiciaire.

En premier lieu, elle recherche les crimes et les délits commis par les individus justiciables des tribunaux militaires, en rassemble les preuves et en livre les auteurs à l'autorité chargée d'en poursuivre la répression devant ces tribunaux.

En second lieu, elle constitue hors du territoire national sous le nom de prévôté, un tribunal d'exception, appelé à venir en aide aux conseils de guerre.

Le premier de ces deux rôles est exercé par les officiers de police judiciaire militaire parmi lesquels sont compris les officiers, sous-officiers et commandants de brigade de gendarmerie. Le second est rempli exclusivement par les officiers de gendarmerie (prévôts, vaguemestres, commandants des forces publiques et officier adjoint au prévôt d'étapes, (art. 124).

D. — *Quelle est la compétence générale des tribunaux militaires aux armées?*

R. — Sont justiciables des tribunaux militaires aux armées et dans les circonscriptions en état de guerre :

I. — En tous lieux :

Pour tous crimes, délits ou contraventions :

1° Les justiciables des conseils de guerre en temps de paix;

2° Les individus employés, à quelque titre que ce soit, dans les états-majors ou dans les services qui dépendent de l'armée;

3° Les individus suivant l'armée en vertu de patentes ou de permissions;

4° Les étrangers complices des précédents ou coauteurs des infractions commises par eux. (Code de justice militaire, art: 77.)

II. — Sur le territoire français en présence de l'ennemi :

1° Pour les infractions définies par les articles 204 à 266 du Code de justice militaire (trahison, espionnage, révolte, désertion, pillage, faux, corruption, etc.), les étrangers et tous individus coauteurs ou complices de l'infraction commise par un étranger.

2° Pour les infractions prévues par les articles 204 à 208 et 249 à 254 du Code de justice militaire (trahison, dépouillement des blessés, pillage, destruction volontaire d'armes ou d'effets, etc.), tous individus auteurs ou complices.

III. — Sur territoire ennemi :

1° Pour les infractions définies par les articles 204 à 266 du Code de justice militaire, tous individus, auteurs ou complices ;

2° Les coauteurs ou complices d'une infraction quelconque commise par un justiciable des tribunaux militaires (Code de justice militaire militaire, art. 77) ;

3° Les vagabonds ;

4° Les prisonniers de guerre, (art. 125).

D. — Quelle est la compétence des tribunaux militaires dans les communes et les départements en état de siège et dans les places de guerre assiégées ou investies ?

R. — Les conseils de guerre dans les ressorts desquels se trouvent les communes et les départements déclarés en état de siège, et les places de guerre assiégées ou investies, connaissent de tous les crimes et délits commis par les justiciables des conseils de guerre aux armées, conformément à l'article précédent.

La loi sur l'état de siège du 9 août 1849 modifiée par la constitution de 1852 et la loi du 3 avril 1878 permet en outre aux tribunaux militaires de retenir les crimes et délits contre l'ordre et la paix publique (Code pénal, liv. III C et D) ; les pouvoirs, dont l'autorité civile était revêtue pour le maintien de l'ordre et la police, passent à l'autorité militaire, (art. 126).

D. — Quels sont, dans la police judiciaire militaire, les devoirs des officiers, des sous-officiers et des commandants de brigade de gendarmerie aux armées ?

R. — Les officiers, les commandants de brigade de gendarmerie doivent, en leur qualité d'officiers de police judiciaire militaire, aussitôt qu'ils ont connaissance d'un crime ou délit commis, soit par des militaires, soit par des individus justiciables des conseils de guerre, se transporter sur les lieux et faire les actes d'information nécessaires, conformément aux prescriptions des articles 83 et suivants du Code de justice militaire.

L'instruction à laquelle ils procèdent en pareil cas réclame une attention d'autant plus sérieuse qu'en raison des mouvements de l'armée elle est souvent la seule qui puisse être faite.

Les pièces établies par l'officier de police judiciaire militaire ayant, aux termes de l'article 104 du Code de justice militaire, la même force et la même autorité en justice que si elles émanaient du commissaire du gouvernement rapporteur, il importe que toutes les formalités prescrites par la loi soient scrupuleusement observées.

Les officiers de gendarmerie donnent aux commissaires du gouvernement rapporteurs près les conseils de guerre tous les documents que ceux-ci demandent et qu'il est en leur pouvoir de leur procurer.

Ils sont tenus de déférer à la réquisition de comparaître comme témoins, quand elle leur est faite régulièrement, (art. 128).

D. — *Comment sont recueillies les dénonciations et plaintes?*

R. — Les officiers de police judiciaire militaire reçoivent, en cette qualité, les dénonciations et les plaintes qui leur sont adressées.

Celles-ci doivent énoncer autant que possible :

1° La nature et les circonstances de l'infraction ;

2° Le temps et le lieu où elle a été commise ;

3° Les preuves et les indices à la charge de l'auteur de l'infraction ;

4° Les noms, prénoms, professions et demeures des plaignants ou dénonciateurs, des témoins s'il en existe et des inculpés s'ils sont connus.

Les officiers de police judiciaire militaire appelés à recevoir des plaintes ou dénonciations se conforment aux prescriptions du décret d'organisation de la gendarmerie, lesquels sont applicables aux armées.

Ils donnent suite aux plaintes et dénonciations et informent sur-le-champ, s'il y a lieu.

Tout militaire ou employé à l'armée qui a connaissance d'un crime ou délit doit en donner sur-le-champ avis à un officier de gendarmerie ou à tout autre militaire de cette arme; il est tenu de répondre catégoriquement aux questions qui lui sont adressées par eux, (art. 129).

D. — *En quoi consiste l'instruction d'une affaire?*

R. — Les instructions judiciaires nécessitent en général la rédaction de trois sortes d'actes :

1° *L'interrogatoire de l'inculpé;*

2° *La constatation du corps du délit et de l'état des lieux;*

3° *L'audition des témoins.*

L'officier de police judiciaire militaire qui procède à une instruction est tenu, pour la régularité des actes qu'il établit, de se faire assister d'un greffier, qui doit être âgé au moins de vingt-cinq ans et à qui il fait préalablement prêter serment d'en bien et fidèlement remplir les fonctions. La présence du greffier est également obligatoire lorsque l'officier de police judiciaire opère en vertu d'une commission rogatoire.

En cas de flagrant délit, l'officier de police judiciaire militaire peut faire saisir les militaires ou les individus justiciables des tribunaux militaires, inculpés d'un crime ou délit; il dresse procès-verbal de l'arrestation en y consignant les noms, prénoms, qualités et signalement des individus arrêtés.

En cas de fuite de l'inculpé, il procède immédiatement à l'instruction et en transmet le résultat, dans le plus bref délai, à l'autorité militaire.

Hors le cas de flagrant délit, tout militaire ou tout individu justiciable de conseil de guerre, en activité de service, ne peut être arrêté qu'en vertu de l'ordre de son supérieur.

L'arrestation effective est seule interdite, mais le droit subsiste, d'ordonner que l'accusé sera mis sous main de justice. L'officier de police judiciaire doit, lorsqu'il prend cette mesure de prudence, en référer immédiatement au chef dont relève le délinquant, (art. 130).

D. — Comment procède-t-on à l'interrogatoire de l'inculpé?

R. — Si, au moment où l'officier de police judiciaire militaire commence son instruction l'inculpé est arrêté, il doit être procédé tout d'abord à son interrogatoire. La loi veut qu'il en soit ainsi, afin que l'inculpé connaisse dès le début les motifs de la poursuite dont il est l'objet, et que, d'autre part, l'officier de police judiciaire puisse diriger ses investigations d'après les réponses qui lui auront été faites.

Ce premier interrogatoire peut, d'ailleurs, être sommaire, le nombre des interrogatoires n'étant pas limité.

L'officier de police judiciaire militaire interroge l'inculpé sur ses nom, prénoms, âge, lieu de naissance, profession et domicile avant son entrée au service et sur les circonstances du délit; il lui fait représenter les pièces à conviction, et l'interpelle pour qu'il ait à déclarer s'il les reconnaît.

L'interrogatoire fini, il en est donné lecture à l'inculpé, afin qu'il déclare si ces réponses ont été fidèlement transcrites, si elles contiennent la vérité et s'il y persiste.

L'interrogatoire est signé par l'inculpé et clos par la signature de l'officier de police judiciaire militaire et celle du greffier. Si l'inculpé refuse de signer, mention est faite de son refus; il en est de même s'il ne sait ou ne peut signer.

S'il y a plusieurs inculpés du même délit, chacun d'eux est interrogé séparément, sauf à les confronter s'il y a lieu.

S'il en est besoin, l'officier de police judiciaire militaire peut avoir recours à un interprète, sous la réserve qu'il sera âgé de vingt et un ans au moins, qu'il prêtera serment et signera à la fin du procès-verbal d'interrogatoire.

Un témoin ne peut être désigné comme interprète, même après avoir été entendu.

Si l'intervention d'un traducteur est nécessaire, l'officier de police judiciaire militaire procède comme il vient d'être dit pour l'interprète, sous la réserve qu'il lui fera prêter le serment prescrit par l'article 44 du Code d'instruction criminelle.

L'inculpé est interrogé hors de la présence des témoins, (art. 131).

D. — Quelle est la procédure dans le cas où l'inculpé est arrêté au cours de l'instruction?

R. — Si l'inculpé est arrêté pendant le cours de l'instruction, l'officier de police judiciaire militaire procède immédiatement à son interrogatoire, lui donne lecture des procès-verbaux déjà rédigés et constatant les opérations qui auraient dû être faites en sa présence ; il le fait ensuite assister à celles qui ne sont pas encore terminées. Il entend, comme témoins, les personnes qui ont opéré l'arrestation de l'inculpé (afin de constater les circonstances de cette arrestation) et celles qui ont saisi sur lui des objets pouvant servir de pièces à conviction, (art. 132).

D. — Comment s'opèrent la constatation du corps du délit et de l'état des lieux, la saisie des pièces à conviction ?

R. — La rédaction des procès-verbaux nécessaires pour constater le corps du délit et l'état des lieux peut, suivant le cas, précéder ou suivre l'audition des témoins.

Lorsqu'il s'agit de blessures ou de mort violente, l'officier de police judiciaire militaire, conformément à l'article 44 du Code d'instruction criminelle, se fait assister d'un médecin, qui rédige un rapport sur l'état des blessures ou sur les causes de la mort et l'état du cadavre. S'il s'agit de blessures, le rapport doit indiquer leur gravité et la durée présumée de l'incapacité de travail qui en sera la conséquence.

D. — Quelles formalités, si l'on a recours à un médecin, à un expert ?

R. — Avant de procéder à l'examen, le médecin doit prêter serment entre les mains de l'officier de police judiciaire de faire son rapport et de donner son avis en son honneur et conscience. L'officier de police judiciaire constate la prestation de serment sur son procès-verbal, et joint à ce dernier le rapport après l'avoir visé. En cas de nécessité absolue, un second médecin peut être appelé.

Il est procédé de la même manière lorsqu'il y a lieu d'appeler des experts qui, par leur art ou profession, sont capables d'apprécier la nature du crime ou du délit.

D. — Comment décrit-on l'état des lieux ?

R — L'officier de police judiciaire militaire décrit le plus exactement possible dans son procès-verbal l'état des lieux dans lesquels le crime ou le délit a été commis ; il constate avec soin le corps du délit ; il indique, s'il y a lieu, l'état du cadavre, la position exacte qu'il occupait quand on l'a découvert, le nombre et la gravité des blessures ; il relate les perquisitions et toutes les opérations qui ont été faites, et énumère, en les décrivant, les pièces à conviction qui ont été saisies (armes, effets, papiers, etc.).

D. — Et s'il y a lieu à saisie ?

R. — L'officier de police judiciaire militaire doit saisir tout ce qui est à décharge aussi bien qu'à charge, en un mot, tout ce qui peut servir à la manifestation de la vérité.

Si la nature du crime ou du délit est telle que la preuve puisse vraisemblablement être acquise par les papiers ou autres pièces et effets en la possession de l'inculpé, l'officier de police judiciaire se transporte de suite au domicile de cet inculpé, s'il en a un, pour y faire la recherche de ces objets et les saisir.

Les objets saisis sont clos et cachetés si faire se peut, et, s'ils ne sont pas susceptibles de recevoir des caractères d'écriture, ils sont mis dans un vase ou dans un sac sur lequel l'officier de police judiciaire attache une bande de papier qu'il scelle de son sceau.

D. — Comment ces opérations sont-elles constatées par l'inculpé?

R. — Toutes ces opérations doivent se faire en présence de l'inculpé, s'il a été arrêté, et, s'il ne veut ou ne peut y assister, en présence d'un fondé de pouvoir qu'il pourra nommer; il en est fait mention au procès-verbal. Les objets saisis lui sont présentés à l'effet de les reconnaître et de les parapher, s'il y a lieu; en cas de refus, il en est fait également mention au procès-verbal.

Il doit être donné lecture à l'inculpé de tout procès-verbal qui se rapporte à la constatation du corps du délit et de l'état des lieux, ainsi qu'aux perquisitions et aux saisies de pièces à conviction, (art 133).

D. — Quelles sont les formes de l'audition des témoins?

R. — L'officier de police judiciaire militaire reçoit les déclarations des personnes présentes sur les lieux ou qui auraient des renseignements à donner; il peut appelé quiconque est présumé en état de donner des éclaircissements pouvant conduire à la découverte de la vérité.

Il entend les témoins séparément et hors de la présence de l'inculpé; il leur fait prêter serment de dire toute la vérité, rien que la vérité. Les témoins, levant la main droite, répondent : « Je le jure. »

L'officier de police judiciaire leur demande leurs nom, prénoms, âge, profession, demeure; s'ils sont domestiques, parents ou alliés des parties et à quel degré; il est fait mention de la demande et des réponses des témoins.

Chaque déposition est signée, à la fin, par l'officier de police judiciaire, par le greffier et par le témoin, après que lecture lui en a été faite et qu'il a déclaré y persister. Si le témoin ne veut ou ne peu signer, il en est fait mention.

Chaque page du procès-verbal d'information doit être signée par l'officier de police judiciaire et par le greffier.

Les témoins peuvent être confrontés avec l'inculpé; dans ce cas, la confrontation est constatée dans le procès-verbal d'audition, au moyen d'une mention spéciale.

Il ne doit y avoir dans les dépositions aucun interligne, et tous les renvois, ratures et surcharges doivent être approuvés et signés par l'officier de police judiciaire, le greffier et le témoin. A cet effet, chaque renvoi est suivi des mots : « Approuvé le présent renvoi », au-dessous desquels sont placées les signatures. Les ratures sont approuvées à la fin de la déposition et avant les signatures, par les mots : « Approuvé (indiquer en toutes lettres le nombre) mots rayés nuls. » S'il existe des surcharges, elles sont indiquées à la suite des mots rayés nuls par : « et les mots surchargés ». (Indiquer les mots qui ont été surchargés.) Les règles qui précèdent doivent être observées dans tous les autres actes de l'instruction.

Les enfants au-dessous de l'âge de 15 ans peuvent être entendue sans prestation de serment, à titre de simple renseignement. Il en est de même des ascendants de l'inculpé, de ses descendants, de ses frères et sœurs, de ses alliés au même degré, de son conjoint.

Les témoins militaires doivent déposer sans armes; ils se tiennent debout et découverts, à moins que l'officier de police judiciaire ne permette qu'il en soit autrement.

La lecture à l'inculpé des procès-verbaux relatant les dispositions des témoins est en principe réservée au rapporteur; mais, en campagne, comme il importe d'abréger le travail de ce dernier, l'officier de police judiciaire militaire doit remplir cette formalité et le constater.

Si l'un des témoins appelés refuse de venir déposer, l'officier de police judiciaire militaire se contente de rédiger, de ce refus, un procès-verbal qui est joint à la procédure, en ayant soin d'y indiquer le fait sur lequel le témoin devait déposer. L'article 103 du Code de justice militaire réserve, en effet, au rapporteur le droit de contraindre les témoins à donner leur témoignage.

Lorsque les militaires, témoins du crime ou du délit, ne se trouvent pas sur les lieux à l'arrivée de l'officier de police judiciaire militaire, ce dernier doit les citer à comparaître devant lui, (art. 134).

D. — Comment sont opérées les perquisitions dans un établissement militaire ou civil?

R. — Dans le cas de flagrant délit, l'officier de police judiciaire militaire qui informe est autorisé à pénétrer, sans aucune formalité préalable, dans les établissements militaires ou civils. Son action ne doit, en effet, subir aucun retard qui permettrait de faire disparaître les preuves du crime ou du délit et de soustraire le coupable à la justice.

Lorsque le flagrant délit a cessé, l'officier de police judiciaire militaire appelé à constater, dans un établissement civil, un crime ou un délit de la compétence des tribunaux militaires ou à y faire arrêter un de ses justiciables adresse à l'autorité civile ou judiciaire compétente ses réquisitions tendant, soit à obtenir l'entrée de cet établissement, soit à assurer l'arrestation de l'inculpé. L'autorité est tenue de déférer à ces réquisitions. L'officier de police judiciaire militaire est accompagné dans ses recherches par le chef de l'établissement ou par un de ses agents, qui est tenu de signer le procès-verbal de perquisition ou d'arrestation; en cas de refus ou d'impossibilité de signer, il en est fait mention.

C'est ainsi qu'il est procédé lorsque l'armée se trouve encore à l'intérieur du pays ou qu'elle occupe un pays allié. Mais en territoire ennemi, l'officier de police judiciaire militaire qui informe est autorisé à pénétrer dans un établissement civil sans être assisté d'aucune autorité civile, s'il ne s'en trouve pas sur les lieux; mention en est faite au procès-verbal. (Code de justice militaire, art. 153.)

Lorsque, dans les mêmes circonstances que ci-dessus, c'est-à-dire hors du cas de flagrant délit, l'officier de police judiciaire militaire a besoin de pénétrer dans un établissement militaire, il s'adresse à l'officier qui commande sur les lieux, et, en cas de refus, il en réfère à l'officier immédiatement supérieur au premier. (art. 137).

D. — Comment opère-t-on une perquisition dans une maison particulière?

R. — S'il est nécessaire de pénétrer dans une maison particulière, l'officier de police judiciaire militaire, en pays ennemi, ou dans un territoire en état de guerre ou en état de siège, ou dans une place assiégée ou investie, s'il ne se trouve sur les lieux aucune autorité civile chargée de l'assister, peut passer outre, et mention en est faite au procès-verbal, (art. 138).

D. — *Quelles sont les règles d'exécution d'une commission rogatoire?*

R. — Le commissaire du gouvernement rapporteur peut décerner des commissions rogatoires aux officiers et aux chefs de brigade, à l'effet d'entendre des témoins, de recueillir des renseignements et d'accomplir tous les actes inhérents à leur qualité d'officier de police judiciaire militaire. (Code de justice militaire, art. 102.)

Les règles pour l'exécution d'une commission rogatoire sont les mêmes que celles suivies par l'officier de police judiciaire militaire lorsque, dans toute autre circonstance, il procède à une information. L'assistance d'un greffier, qui prête serment, est toujours obligatoire; dans ce cas, mention est faite de cette formalité au procès-verbal d'information.

L'officier de police judiciaire militaire fait citer les témoins régulièrement et sans frais par la gendarmerie ou par tous autres agents de la force publique. Il doit y avoir, autant que possible, un délai de vingt-quatre heures entre le moment de la notification et la comparution du témoin.

Si un témoin est détenu dans une prison ou en traitement dans un hôpital civil ou militaire, l'officier de police judiciaire s'y transporte, accompagné du greffier, à l'effet de recevoir sa déclaration.

Lorsqu'il est constaté, par un certificat d'un officier de santé, que l'un des témoins est dans l'impossibilité de comparaître sur la citation qui lui a été donnée, l'officier de police judiciaire militaire, accompagné de son greffier, se transporte à sa demeure pour recevoir sa déposition.

Si l'un des témoins n'est plus dans l'arrondissement de la fraction de l'armée à laquelle appartient l'officier de police judiciaire militaire saisi par une commission rogatoire, ce dernier en informe sur-le-champ le commissaire du gouvernement rapporteur.

Si l'un des témoins refuse de comparaître ou de déposer, l'officier de police judiciaire dresse un procès-verbal, ainsi qu'il est prescrit à l'article 134 de la présente instruction, et l'envoie, sans délai, au commissaire du gouvernement rapporteur en même temps que l'original de la citation.

Dans le cas où l'officier de police judiciaire militaire pense qu'il y a lieu d'entendre d'autres témoins que ceux portés sur la commission rogatoire, il les fait citer régulièrement.

D. — *Comment le dossier est-il formé?*

R. — L'information terminée, le greffier rassemble les pièces du dossier, la commission rogatoire et tout autre document qui aurait été envoyé par le commissaire du gouvernement rapporteur, et dresse, du tout, un inventaire qu'il signe. Le dossier est ensuite adressé par l'officier de police judiciaire militaire au commissaire du gouvernement qui l'a délégué; toutes les pièces doivent être closes et cachetées. Les pièces à conviction sont portées au greffe du conseil de guerre; elles doivent être mentionnées sur l'inventaire, ainsi que les originaux de notification de cédule et l'état des frais (s'il y en a eu) joint au procès-verbal d'information.

D. — *Les commissions rogatoires sont-elles rigoureusement personnelles ?*

R. — Le commissaire du gouvernement rapporteur adresse toujours les commissions rogatoires à l'officier commandant la gendarmerie de la fraction de l'armée dans l'arrondissement de laquelle il y a lieu d'entendre les témoins, de prendre les renseignements, de procéder aux actes d'information ; mais cet officier, s'il est empêché, peut charger, en le déléguant par écrit, un officier ou un chef de brigade placé sous ses ordres, de faire l'information ou seulement une partie des actes demandés par la commission rogatoire, (art. 139).

D. — *Comment se font les citations ?*

R. — Toutes les assignations, citations et notifications aux témoins, aux inculpés ou accusés, sont faites sans frais par la gendarmerie ou par les autres agents de la force publique. (Code de justice militaire. art. 183.)

Par agents de la force publique, il faut entendre, aux armées, les sous-officiers, caporaux ou brigadiers, et même les soldats, (art. 141).

D. — *Qu'est-ce que les cédules ?*

R. — Les citations se font au moyen de cédules.

Il y a deux sortes de cédules : la première, pour témoins civils, est toujours individuelle, à cause de la taxe ; la deuxième, pour militaires, peut être collective, ces derniers n'ayant droit à aucune indemnité ; cependant, elle devra être individuelle si les témoins n'appartiennent pas au même corps, ou s'ils ne sont pas dans le même casernement ou cantonnement.

Pour les officiers, il y a toujours lieu d'établir une cédule individuelle.

La formule est la même dans tous les cas ; seulement, la cédule du témoin civil doit porter au dos le mandat de paiement en vertu duquel le payeur du corps d'armée ou de la division lui paie l'indemnité qui lui est allouée, (art. 142).

D. — *Comment est notifiée la citation d'un témoin militaire ?*

R. — Les cédules concernant les militaires sont notifiées à l'officier de jour ou, en son absence, au sous-officier de jour le plus élevé en grade, qui est tenu d'en aviser immédiatement le chef de corps ou de détachement, auquel incombe le soin de prendre les mesures nécessaires pour assurer la comparution en temps utile. L'officier ou le sous-officier précité vise l'original de signification, (art. 143).

D. — *Comment est remise la citation d'un témoin non militaire ?*

R. — La remise directe de la citation peut être effectuée en quelque lieu que ce soit, au domicile du témoin, parlant à sa personne ou à ses parents, ou à ses serviteurs, ou même partout ailleurs qu'au domicile, mais parlant à sa personne. La personne qui reçoit l'assignation est invitée à signer l'original de signification, qui est retourné au parquet.

Si l'agent de la force publique ne peut trouver le témoin, si ses parents ou serviteurs refusent de recevoir la cédule, il doit en remettre la copie à un voisin, qui signera l'original de la signification; à défaut de voisin, au maire ou à l'adjoint, (art. 144).

D. — Comment est limitée la compétence des officiers de police judiciaire militaire?

R. — Les officiers de police judiciaire militaire appartenant à la gendarmerie ne peuvent informer que dans la zone de la fraction de l'armée dont ils font partie.

Quand un officier ou un chef de brigade, se trouvant en dehors de sa circonscription, a connaissance d'un crime ou d'un délit, ou même en est témoin, son devoir est de faire prévenir immédiatement l'officier ou le chef de brigade le plus à proximité, et, en attendant ce dernier, de s'assurer de la personne du coupable et de recueillir tous les renseignements nécessaires. Il dresse procès-verbal et est entendu, comme témoin, par l'officier de police judiciaire militaire compétent, (art. 145).

D. — Des réquisitions d'information ne peuvent-elles être adressées par certaines autorités militaires aux officiers et chefs de brigade de gendarmerie?

R. — Les commissaires du gouvernement rapporteurs n'ont pas seuls action sur les officiers et les chefs de brigade de gendarmerie considérés comme officiers de police judiciaire militaire. En vertu de l'article 85 du Code de justice militaire, les commandants et majors de place, les chefs de corps ou les officiers auxquels ils ont délégué leurs pouvoirs, les chefs de dépôt et de détachement, les chefs de service d'artillerie et du génie, les fonctionnaires du corps de l'intendance militaire peuvent requérir les officiers de police judiciaire militaire, et, par suite, ceux appartenant à la gendarmerie, de faire tous les actes nécessaires à l'effet de constater les crimes et les délits, et d'en livrer les auteurs aux tribunaux chargés de les punir.

Dans ce cas, les officiers et chefs de brigade de gendarmerie doivent se faire remettre une réquisition qu'ils joignent à leurs procès-verbaux d'information, (art. 146).

D. — Quelle est la compétence des officiers prévôtaux?

R. — La juridiction prévôtale commence au moment où l'armée opère sur le territoire étranger. (Code de justice militaire, art. 51.)

Elle s'étend sur tout le territoire occupé par l'armée et sur les flancs et derrières de l'armée.

Chaque officier prévôtal exerce sa juridiction dans la zone de la fraction de l'armée à laquelle il est attaché. (Code de justice militaire, art. 52.)

Les personnes justiciables des prévôts sont :

1° Les individus non militaires attachés à l'armée en vertu de patentes ou de permission;

2° Les vagabonds et gens sans aveu;

3° Les prisonniers de guerre qui ne sont pas officiers ou qui ne sont plus considérés comme tels, par suite d'infraction à leur parole. (Décret du 4 août 1811, art. 2, et règlement du 21 mars 1893, art. 35.)

Les infractions dont peuvent connaître les prévôtés sont :

1° Les contraventions de police et les infractions au règlements relatifs à la discipline. (Code de justice militaire, art. 271);

2° Les infractions dont la peine, telle qu'elle est limitée par la loi, ne dépasse pas six mois de prison et deux cents francs d'amende ou l'une de ces peines.

Les prévôtés peuvent en outre connaître des demandes en dommages-intérêts qui n'excèdent pas cent cinquante francs lorsqu'elles se rattachent à une infraction de leur compétence.

La juridiction prévôtale n'est compétente que si les conditions ci-dessus de lieu, de personne et d'infraction sont simultanément remplies, (art. 148).

D. — *Quelle est la composition des tribunaux prévôtaux?*

R. — Les officiers prévôtaux jugent seuls assistés d'un greffier, qu'ils choisissent parmi les chefs de brigade de gendarmerie.

En entrant en fonctions auprès des officiers qui les emploient, les greffiers prêtent serment de bien et fidèlement remplir leurs fonctions.

Les tribunaux prévôtaux s'établissent partout où ils se trouvent, même dans les champs ; il suffit qu'il y ait un délinquant à juger, (art. 149).

D. — *Comment s'opère l'exécution des jugements des tribunaux prévôtaux?*

R. — Les jugements prévôtaux sont sans appel; ils ne sont susceptibles d'aucun recours.

Une fois le jugement rendu, si le prévôt a négligé de statuer sur les dommages-intérêts réclamés par la partie lésée, il ne peut y être pourvu par un second jugement.

Les jugements prévôtaux sont exécutoires sur minute. Si l'inculpé est reconnu non coupable, il est rendu immédiatement à la liberté. S'il est condamné à l'amende et à la prison, il est mis en demeure de verser l'amende à laquelle il a été condamné, puis, sur le vu de la minute du jugement, il est déposé à la prison du quartier général pour y subir sa peine, (art. 153).

MATÉRIEL PRÉVÔTAL

D. — *Quelle est la composition du matériel prévôtal?*

R. — Le matériel prévôtal comprend :

1° Les effets de mobilisation délivrés aux gendarmes prévôtaux ;

2° Les caisses à archives
3° Les caisses à bagages
4° Les cantines à vivres
5° Les fourgons } dont sont pourvus les chefs des diverses prévôtés ;

6° Les caisses à ferrures.

D. — *Quels sont les effets de mobilisation?*

R. — Les effets de mobilisation sont individuels ou collectifs; les col—

lections d'effets de ces deux catégories, dont les gendarmes prévôtaux doivent être pourvus, sont indiquées au tableau de la tenue de campagne.

D. — Quelle est l'attribution des fourgons?

R. — Le prévôt de corps d'armée, le commandant de la force publique d'une division d'infanterie, sont pourvus chacun d'un fourgon à 2 chevaux.

Ces voitures sont livrées par les corps, qui les ont en dépôt, munies de tous leurs accessoires, attelées et accompagnées de leur conducteur.

D. — N'y a-t-il pas aussi des caisses à ferrures, et comment sont-elles transportées?

R. — Des caisses destinées à contenir les ferrures (avec leurs clous) qui ne sont pas placées dans le paquetage, des clefs et des tarauds sont déposées au lieu de mobilisation de chaque prévôté à cheval.

En campagne, les caisses à ferrures de chaque détachement sont placées sur les voitures désignées pour le transport des bagages des prévôtés (Annexe II).

TRANSPORT DES PRÉVÔTÉS PAR LES VOIES FERRÉES

D. — Quelle est la quotité de paille pour la litière, dans les transports par voie ferrée?

R. — La troupe doit se pourvoir à l'avance de la paille nécessaire pour garnir de litière chaque wagon à chevaux à raison de 2 kil. 500 par cheval.

D. — Quelle est, dans le même cas, la ration des chevaux?

R. — Le dernier repas des chevaux doit avoir lieu deux heures au moins avant l'embarquement.

La nourriture des chevaux pendant la route se compose, par vingt-quatre heures, de 5 kilog. de foin et de 2 kilog. d'avoine.

Il est emporté du foin et de l'avoine en quantité proportionnée à la durée du trajet. Le foin est préalablement botté, s'il y a lieu, et l'avoine placée dans des sacs.

D. — Quels sont les accessoires d'embarquement?

R. — Le détachement doit être pourvu des accessoires suivants :

1° Pitons à œil pour l'arrimage des carabines dans les wagons (à raison d'un par quatre carabines environ), et vrilles (à raison d'une par brigade);

2° Cordes de poitrail (à raison d'une par trois chevaux, corde de 16 mètres de long et de la grosseur d'une corde à fourrages).

Les ponts volants et rampes mobiles sont fournis et transportés à pied d'œuvre par les chemins de fer.

D. — *Quelle est la tenue?*

R. — En principe, la tenue de campagne.

Les cavaliers portent sur eux le surfaix et le seau en toile fixés au portefeuille de correspondance qui renferme, pour l'arme à cheval et pour l'arme à pied, la gamelle individuelle, la cuiller et les vivres.

D. — *Comment sont confectionnées les étiquettes de selles ?*

R. — Les gendarmes prévôtaux et leurs suppléants doivent être pourvus d'une étiquette en toile portant l'indication « Gendarmerie », le nom et le numéro matricule du détenteur. Cette étiquette, qui doit servir à faire retrouver par les gendarmes, dans le wagon où elle est déposée, la selle leur appartenant, est cousue en fourreau autour de la courroie de manteau du milieu (laissée à la selle, même si les hommes se revêtent du manteau), de telle sorte que le nom soit lu facilement.

Une étiquette en toile, portant les mêmes indications, est cousue en fourreau autour de la grande courroie, dite de charge, des havresacs des gendarmes prévôtaux et de leurs suppléants, en dessous du D du milieu du bas de la patelette.

D. — *Quelles sont les dispositions à l'arrivée de la troupe à la gare?*

R. — La troupe arrive au point désigné pour l'embarquement, à l'heure fixée par l'ordre de route ou, à défaut, une heure et demie avant le départ.

Les divers éléments sont conduits et placés devant les wagons qu'ils doivent occuper.

Les chevaux sont disposés sur un rang et fractionnés d'après la contenance des wagons, à raison de six chevaux par wagon, dont un gradé désigné dirigera l'embarquement.

Le commandant fait mettre pied à terre, former les armes en faisceaux, assez loin en arrière des chevaux, puis desseller. Pour cette dernière opération, les cavaliers s'entr'aident deux à deux. La longe est fixée au licol. Le poitrail, les sangles et la couverture sont relevés sur le siège de la selle et maintenus par le surfaix de sangle auquel on fait faire un tour ou deux pour mieux serrer le tout. Les étriers sont relevés et attachés. Les selles sont déposées à terre en arrière du rang et ne sont chargées qu'après l'embarquement des chevaux, qui restent bridés. Quand les chevaux voyagent sellés, on remonte les étriers jusqu'à la mortaise sans rien déboucler; on les maintient dans cette position en passant l'étrivière doublée dans leur semelle.

Les chevaux sont toujours sanglés.

D. — *Comment embarque-t-on des chevaux ?*

R. — Le commandant fait répandre dans les wagons à chevaux la paille de litière, ainsi qu'un peu de gravier qui doit s'étendre sur le pont réunissant le wagon au quai. Un homme se tient de chaque côté des ponts volants pour empêcher les chevaux de se traverser et de mettre les pieds entre le wagon et le quai; au signal donné par le chef de chaque fraction, le premier cavalier de droite se porte franchement en avant vers l'entrée du wagon. Deux autres le suivent successivement en gardant une distance de 3 mètres de tête à croupe.

Le premier cavalier marchant sans regarder son cheval et le tenant près du mors, lui fait baisser la tête pour franchir la porte, tourne à droite et range son cheval contre la paroi longitudinale du côté de l'entrée, la tête tournée vers le milieu du wagon; chacun des autres cavaliers fait appuyer son cheval contre celui qui vient d'être placé.

Dès que le rang des chevaux est complet, deux cavaliers tendent la corde-poitrail en la faisant passer, plusieurs fois repliée, dans les anneaux qui sont fixés aux montants des portes du wagon, de manière à la faire passer devant les trois chevaux et à barrer en même temps la porte du côté opposé à l'entrée; ils attachent leurs chevaux par la longe le plus court possible, sans les débrider, aux anneaux du plafond, sortent du wagon et vont chercher leurs selles.

On procède de la même façon pour le rang opposé, la corde passée devant les trois chevaux barre en même temps la porte d'entrée.

Les selles sont placées dans l'intervalle libre du milieu du wagon, sur deux rangées accolées, debout sur le pommeau, le siège tourné vers la porte opposée à l'entrée, encastrées les unes dans les autres et serrées le plus possible contre cette porte. L'avoine et le foin (4 bottes par wagon) sont placées devant les deux rangées de selles.

Les musettes-mangeoires sont remises aux gardes d'écurie, qui les placent dans les sacs à avoine.

Les deux gardes d'écurie remettent leurs armes à leurs camarades; ils ne débrident leurs chevaux que lorsqu'ils sont calmes et que le train est en marche.

Les brides, soigneusement attachées, sont placées sur les piles de selles. L'officier s'assure que les gardes d'écurie sont en mesure de manœuvrer de l'intérieur l'organe de fermeture et les portes du wagon.

D. — Comment embarque-t-on les hommes ?

R. — Lorsque l'embarquement des chevaux et le chargement des selles sont terminés, le commandant fait reprendre les armes et réunit sa troupe devant les voitures où elle doit prendre place.

Les hommes à pied et les cavaliers sont mélangés pour éviter l'encombrement des sacs. Les hommes équipés n'occupent dans chaque compartiment de 3ᵉ classe que 8 places sur 10. Les places restantes sont destinées au rangement des effets. Un gradé est désigné comme chef de compartiment de manière à assurer partout l'ordre et la discipline.

Les hommes sont embarqués dans les wagons à marchandises aménagés, au nombre de 32 (36-40 selon la longueur du wagon) et répartis pour chaque wagon en quatre groupes correspondant aux quatre travées du wagon; chaque groupe est dirigé par un gradé et placé sous la surveillance générale du gradé chef de wagon.

A la sonnerie ou à l'indication « En avant », les hommes montent dans les compartiments, les gendarmes à pied tenant leur carabine à la main. Une fois assis, ils tiennent entre les jambes le sabre ou la carabine. Les filets ou les crochets, quand les wagons en sont munis, sont utilisés pour le placement des armes. Les sacs sont placés partie sur les places libres, partie sous les banquettes.

A la sonnerie ou à l'indication « En avant, les hommes montent dans les compartiments, en tenant leur carabine à la main; ceux munis de bicyclettes ont au préalable déposé leur machine dans le fourgon de queue du train.

Pour les fractions qui s'embarquent dans les voitures à voyageurs. — Le chef de compartiment et un gendarme montent d'abord dans le compartiment, tenant à la main leur carabine, et se portent du côté opposé à la porte d'entrée. Le chef de compartiment place sa carabine verticalement à l'extrémité du petit côté du compartiment, la bretelle en avant, la crosse posant sur la banquette; il visse un piton dans la paroi du wagon, la tige touchant la monture de son arme et à 5 centimètres environ au-dessous de l'embouchoir. Les autres hommes passent successivement leurs carabines, qui sont placées côte à côte contre la paroi du petit côté du compartiment, dans la position qui vient d'être indiquée.

Les armes étant ainsi placées, le chef de compartiment visse un deuxième piton contre la dernière carabine et passe une courroie de manteau dans les pitons, de manière à embrasser toutes les armes en les serrant fortement les unes contre les autres.

Les sabres sont placés sous les banquettes.

Les filets ou les crochets, quand les wagons en sont munis, sont utilisés pour le placement des armes. Les sacs sont placés, partie sur les places libres, partie sous les banquettes.

Pour les fractions qui s'embarquent dans les wagons aménagés. — Les gradés chefs de groupe, accompagnés chacun d'un gendarme, montent dans le wagon et se portent respectivement dans la travée affectée à leur groupe. Le chef de chaque groupe place sa carabine contre la paroi du petit côté du wagon, la bretelle en avant, le talon de la crosse à 10 centimètres environ de la paroi, posant sur le plancher; il visse dans la paroi un piton, la tige touchant la monture de son arme et à 5 centimètres environ au-dessous de l'embouchoir. Les autres hommes passent successivement leurs carabines à leurs chefs de groupe qui les placent côte à côte dans la position qui vient d'être indiquée pour la première; un deuxième piton est ensuite vissé contre la dernière carabine de chaque faisceau; une courroie de manteau, passée dans les pitons, embrasse les huit carabines en les serrant fortement les unes contre les autres.

Les pitons sont placés de manière que les faisceaux se trouvent au milieu de l'intervalle libre entre les bancs.

Les sabres sont placés verticalement en faisceaux dans les coins du wagon, retenus par une courroie de manteau qui les embrasse au-dessous de la poignée.

Les sacs sont déposés en piles sur les places libres.

Tous les sacs sont couchés à plat de telle sorte que la gamelle individuelle soit tournée vers le petit côté du wagon. On place en dessus les sacs portant les marmites de campement.

Observations. — Pour les longs trajets, le commandant de la troupe peut autoriser les hommes à se débarrasser de leur équipement et à déboutonner la tunique d'un certain nombre de boutons. Les hommes s'équipent de nouveau et rétablissent leur tenue au plus tard à partir de la station qui précède l'arrivée.

D. — Quelles sont les mesures de police et de sécurité, en route?

R. — Il est interdit aux militaires, lorsqu'ils sont montés en wagon, de fermer eux-mêmes les portes ou portières, ce soin incombant exclusivement au personnel des chemins de fer. Dans les wagons à marchandises couverts, munis de volets, les portes sont fermées et les volets ouverts, au moins partiellement, pendant la marche des trains. Chaque chef de wagon s'assure que les hommes sont en mesure d'ouvrir de l'intérieur l'organe de fermeture et la porte elle-même.

La troupe étant embarquée, il est rigoureusement interdit :

1° De passer la tête ou le bras hors des portières pendant la marche ;

2° D'ouvrir les portières, les portes, d'ouvrir et de fermer les volets d'aération ;

3° De passer d'une voiture dans une autre ;

4° De pousser des cris et de chanter ;

5° De descendre de voiture aux stations, avant les sonneries où les indications qui doivent en donner le signal ;

6° De fumer dans les wagons à chevaux ;

7° De fumer dans les voitures des hommes au cas où, par les grands froids, il y aurait de la paille sur le plancher ;

8° De jeter hors des wagons des objets quelconques et notamment des bouteilles.

Les chefs de compartiments et wagons sont responsables de l'observation de ces prescriptions.

D. — Quelles sont les dispositions aux haltes et stations ?

R. — Les hommes ne descendent de wagon pendant les arrêts qu'à la sonnerie ou à l'indication « halte » Ils laissent leurs armes dans les wagons et doivent sortir exclusivement par les portières qui ouvrent sur le quai ou le trottoir. Ils s'assurent de l'inscription faite à la craie aux emplacements réservés sur le wagon, afin de pouvoir retrouver leurs places.

Trois minutes avant le départ, à la sonnerie ou à l'indication « en avant » les hommes remontent en wagon.

Ils sont libres de ne pas descendre et, s'ils sont descendus, de remonter avant le signal du rembarquement. Aux stations haltes-repas, les hommes descendent à la sonnerie où à l'indication « la soupe ». Les cavaliers se portent aux wagons à chevaux. Ils distribuent aux chevaux l'eau et le fourrage. Les nouveaux gardes d'écurie, après avoir pris rapidement leur repas, relèvent le service. Les autres cavaliers qui ont soigné les chevaux commencent aussitôt leur repas et sont ensuite laissés libres de remonter dans les wagons ou de rester sur les quais.

D. — Quels sont les devoirs des gardes d'écurie ?

R. — Au départ, les gardes d'écurie ne débrident les chevaux que lorsqu'ils sont calmés et que le train est en marche. Les brides soigneusement attachées sont placées sur les piles de selles.

A tous les coups de sifflet de la locomotive, à chaque arrêt et à chaque départ, les gardes d'écurie parlent aux chevaux, les calment et les soutiennent.

En cas d'accident, ils se portent aux fenêtres et avertissent par leurs cris et en agitant leur mouchoir.

Les gardes d'écurie sont relevés toutes les trois heures environ.

On profite, pour cette opération, des haltes supérieures à dix minutes ou des haltes-repas.

Pendant la route, les gardes d'écurie font manger les chevaux en leur donnant le foin à la main.

Les bottes de foin sont remplacées pendant les haltes, au fur et à mesure de la consommation, par les soins de l'officier commandant.

Dans les gares désignées pour les repas des chevaux, ils distribuent l'avoine dans les musettes. Pour abreuver les chevaux, des cavaliers remplissent les seaux et les passent aux gardes d'écurie.

Les gardes d'écurie les reçoivent et font boire.

Les chevaux ne sont abreuvés que lorsque la durée du trajet est de plus de douze heures.

Dans ce cas même, ils ont besoin de peu d'eau, un seau suffit pour deux chevaux.

D. — *Comment s'opère à l'arrivée à destination, le debarquement des hommes ?*

R. — A la station qui précède l'arrivée, les hommes sont avertis par les agents du chemin de fer ; ils doivent s'occuper de mettre leur tenue en ordre et se tenir prêts à descendre. Les gardes d'écurie brident les chevaux.

A l'arrivée et à la sonnerie de « la marche », les hommes sortent sans précipitation des voitures avec leurs armes. Les cavaliers sont immédiatement conduits en face des wagons où sont les chevaux.

On doit recommander aux hommes de tenir à la main leur fourreau de sabre, lorsqu'ils descendent de wagon, et quand ils sont descendus, de ne pas appuyer leurs armes contre les voitures du train, qui peuvent à tout instant être ébranlées par un mouvement de la locomotive. Les cavaliers mettent leurs armes en faisceaux avec les mêmes précautions que pour l'embarquement, de telle sorte que les faisceaux ne courent pas risque d'être renversés par les chevaux, et ils se forment en bataille, en laissant un large espace entre le front de la troupe et les wagons.

Les employés de chemins de fer placent les ponts volants devant les portes des wagons à chevaux, qui restent néanmoins fermées.

Deux hommes sont placés de chaque côté des ponts volants, comme pour l'embarquement.

D. — *Comment procède-t-on au débarquement des chevaux ?*

R. — Au signal du débarquement, les cavaliers se portent aux wagons à chevaux.

Ils enlèvent leurs selles et vont les poser à terre sur un rang en avant de l'emplacement où la troupe doit venir se former.

Trois cavaliers montent dans chaque wagon, défont la corde poitrail du rang de leurs chevaux qu'ils sortent et sellent aussitôt.

Les cavaliers de l'autre rang de trois procèdent ensuite de la même manière.

Les hommes sellent leurs chevaux sans se presser et avec le plus grand soin. Ils reprennent ensuite leurs armes, montent à cheval et vont se former sur la place désignée où ils mettent pied à terre, s'il y a lieu.

D. — Quelles sont les dispositions spéciales, en cas de transport des chevaux dans le sens perpendiculaire à la voie ?

R. — Dans ce cas, les selles sont placées dans des wagons spéciaux. Les brides sont emportées par les hommes dans les wagons et placées sous les banquettes.

L'avoine et le fourrage sont chargés dans les wagons à selles. Les gardes d'écurie ont pour s'asseoir des strapontins fournis par les compagnies de chemins de fer.

TRAINS RÉGIMENTAIRES

D. — Quelles sont, dans la conduite de la colonne des trains régimentaires, les précautions prises dans les marches ?

R. — Il importe extrêmement que l'élément de tête observe la plus grande régularité d'allure ; afin d'éviter les à-coups, le commandant de la colonne doit laisser un long intervalle entre les gestes préparatoires et les gestes d'exécution. Les gendarmes et les gradés placés le long de la colonne doivent répéter tous les gestes.

Lorsqu'une voiture est obligée de s'arrêter, les suivantes la doublent et continuent la marche sans augmenter l'allure. La voiture en retard se remet en route dès qu'elle le peut, à la gauche d'une fraction de marche, et ne reprend sa place qu'à la halte.

La vitesse de marche est celle des hommes à pied (4 kilomètres à l'heure environ). Lorsque les circonstances l'imposent, le trot peut être employé, mais il ne peut être soutenu que si la charge à traîner ne dépasse pas 500 kilogs par cheval.

Il est utile de faire la première halte horaire après quinze ou vingt minutes de marche seulement. L'inspection du harnachement et des voitures que passeront les gradés et les conducteurs, évitera des blessures aux chevaux et des pertes de matériel.

Dans les haltes de courte durée, la colonne appuie sur le côté droit de la route, les chevaux de selle et haut le pied sont placés sans exception face à gauche dans les espaces vides entre les voitures. Les conducteurs mettent pied à terre, dérènent les sous-verges, visitent les pieds des chevaux, le harnachement, le paquetage, le chargement des voitures, les roues sont calées si la route est en pente.

Les hommes à pied, formés sur le côté droit de la route font face à gauche, forment les faisceaux et mettent les sacs à terre s'il y a lieu.

S'il doit être fait une grande halte, les chevaux ne sont pas dételés ; si on leur donne l'avoine, on les débride et on les désangle légèrement.

Les troupes peuvent prendre un repas froid et le café.

A proximité de l'ennemi, on parque les voitures, ou au moins on les double ; on ne fait pas boire les chevaux en même temps.

Les formations de parc sont les mêmes qu'au cantonnement ou au bivouac, sauf qu'on ne dételle pas.

Pendant la marche de nuit les gradés et les gendarmes redoubleront de surveillance pour faire conserver aux voitures leurs distances, les faire marcher dans la même voie, et empêcher les conducteurs de s'endormir.

Dans les montées particulièrement fortes ou sur un chemin en mauvais état, on peut renforcer les attelages d'une partie des voitures avec ceux des voitures suivantes ; des hommes à pied calent les roues à chaque arrêt accidentel ou voulu. S'il y a de la glace ou du verglas, on casse la glace et on couvre la route de terre.

Si la descente est rapide et si le terrain est glissant (glace ou verglas), on enraye, les hommes haut le pied se tiennent prêts à caler les roues, veillent à ce que le frein fonctionne bien ou à ce que les chaînes du sabot ne soient pas tordues. On désenraye sans arrêter autant que possible, s'il y a un sabot, on attend pour l'accrocher qu'il ne soit plus chaud. Si la descente est difficile, on ne laisse que les chevaux de derrière, des hommes retiennent avec des cordes.

S'il arrive à la voiture un accident irréparable, on la décharge, si possible on la démonte et on répartit le chargement et les parties de la voiture elle-même sur les autres voitures.

On passe un fossé ou une levée de terre perpendiculairement à sa direction sans permettre aux chevaux de sauter.

Si, au départ, le terrain présente les sillons, des ornières profondes etc., il faut diriger les chevaux obliquement et ne se redresser qu'une fois la voiture en mouvement. La rupture d'un trait ne doit jamais entraîner l'arrêt d'une voiture. La réparation ou le changement se fait à la halte.

Pour le passage d'un gué, un gradé à l'entrée, un autre à la sortie donnent aux conducteurs les indications utiles ; les voitures prennent une distance suffisante, les chevaux sont maintenus à une allure ferme et décidée, ils ne doivent pas trotter et moins encore boire ni s'arrêter. Si le courant est rapide, on passe sur le plus grand fond possible. Si le passage est tout à fait dangereux, on attache au bout du timon une corde sur laquelle halent des hommes passés au préalable sur la rive opposée.

Sur les ponts militaires, les ponts suspendus ou peu solides, les voitures doivent passer espacées de 20 mètres au moins, marchant à franche allure en suivant autant que possible le milieu du tablier, les hommes haut le pied soutiennent les chevaux près du mors. Pour passer sur un pont volant, on dételle ; les voitures sont placées à bras autour du tablier, on enraye ou cale les roues, les hommes et les chevaux se placent dans l'espace libre, au milieu du pont.

Pour le campement : Le chef de campement sera accompagné d'un ou deux gendarmes (gradés ou non) et d'un personnel pris parmi les homme de troupe qui accompagnent les trains, de façon que, au moins les parties de la colonne constituées en fractions de marche, aient chacune un représentant faisant fonction de fourrier.

Si la localité doit être, ou se trouve déjà occupée par d'autres troupes, le chef du campement se présente, au commandant du cantonnement, prend ses instructions et reçoit l'indication du secteur qui lui est réservé.

Les fonctionnaires fourriers reconnaissent et répartissent les locaux aux unités qu'ils représentent, inscrivent sur les portes, à la craie, l'indication de l'unité, les noms et grades des officiers, le nombre d'hommes et d'animaux logés ou abrités. Les officiers sont logés près de leurs hommes, les hommes près de leurs chevaux ; comme superficie, on compte habituellement pour un homme, 1 mètre sur 2 mètres, pour un cheval, 1 mètre sur 3 mètres, pour un officier, la place de cinq hommes.

Il faut abriter les animaux chaque fois que c'est possible ; lorsque le temps est propice, l'installation à l'air libre vaut cependant mieux que le séjour dans les locaux humides, malpropres ou mal aérés.

TABLE DES MATIÈRES

TITRE PREMIER
ORGANISATION ET ATTRIBUTIONS DE LA GENDARMERIE AUX ARMÉES

CHAPITRE Iᵉʳ
ATTRIBUTIONS ET ORGANISATION GÉNÉRALES

Articles   Pages

1. Attributions générales de la gendarmerie aux armées............. 123
2. Organisation de la gendarmerie aux armées 123
3. Répartition générale du service............................... 124

CHAPITRE II
ATTRIBUTIONS DES OFFICIERS DE GENDARMERIE

8. Attributions communes aux officiers prévôtaux................... 124
9. Commandant du quartier général................................ 124

CHAPITRE III
RELATIONS DE LA GENDARMERIE AVEC LE COMMANDEMENT ET AVEC LES AUTRES CORPS DE TROUPE — TRANSMISSION DES ORDRES — RAPPORTS

10. Autorités dont relève la gendarmerie aux armées................ 125
12. Punitions 125
11. Transmissions des ordres 125
13. Registres d'ordres 125
14. Rapport à fournir par les différents échelons hiérarchiques....... 125
15. Rapports du commandant de la gendarmerie avec le commandant du quartier général. — Armement, ferrures, etc..................... 126
16. Du mot... 126
19. Main-forte requise par la gendarmerie......................... 126

TITRE II
DISPOSITIONS GÉNÉRALES

CHAPITRE Iᵉʳ
POLICE GÉNÉRALE

20. Police. — Maintien de l'ordre................................ 126
21. Vente et achat de rations.................................... 127
22. Chasse... 127
23. Chevaux d'inconnus. — Chevaux des déserteurs................. 127
24. Circulation des vivres et des fourrages...................... 127
25. Militaires arrêtés... 127
26. Signalements des militaires en désertion 128
27. Déserteurs ennemis... 128
28. Réquisitions de prestations.................................. 128
29. Des sauvegardes.. 128
30. Des sauf-conduits.. 128

CHAPITRE II

SURVEILLANCE DES INDIVIDUS NON MILITAIRES

Articles   Pages

31. Individus non militaires à surveiller............................ 129

SECTION Iʳᵉ — *Individus non militaires attachés à l'armée*

32. Secrétaires et employés.. 129
33. Vivandiers et marchands...................................... 129
34. Patentes.. 129
35. Examen des patentes.. 130
36. Plaques que doivent porter les marchands et vivandiers........... 130
37. Vérification de la qualité des comestibles et des liquides......... 130
38. Visites inopinées de médecins et pharmaciens................... 130
39. Perquisitions dans les voitures des vivandiers et des marchands... 130
40. Vérification des poids et mesures.............................. 131
41. Sanctions et infractions...................................... 131
42. Domestiques.. 131

SECTION II. — *Individus non militaires suivant les troupes ou rencontrés par elles.*

43. Vagabonds.. 132
44. Espions.. 132
45. Jeux de hasard... 133
46. Femmes de mauvaise vie....................................... 133
47. Voyageurs.. 133
48. Direction à donner aux prévenus.............................. 133

TITRE III

DISPOSITIONS SPÉCIALES

CHAPITRE Iᵉʳ

STATIONNEMENT

SECTION Iʳᵉ. — *Cantonnements, camps et bivouacs*

49. Installation des prévôtés..................................... 134
50. Soins à prendre en cas de séjour dans un cantonnement.......... 134

SECTION II. — *Police dans les lieux de stationnement.*

51. Police générale... 134
52. Police sanitaire.. 135
53. Exécutions militaires... 136

SECTION III. — *Des prisons.*

54. Installation des prisons...................................... 136
55. Aménagement des prisons...................................... 137
56. Personnel exécutif des prisons................................ 137
57. Individus reçus dans les prisons.............................. 137
58. Ordres d'écrou... 138
59. Levées d'écrou... 138
60. Registres d'écrou.. 138
61. Extractions temporaires...................................... 138
62. Fonds appartenant aux détenus................................ 139

Articles	Pages
63. Nourriture des prisonniers	136
64. Hygiène et soins de propreté	140
65. Visites sanitaires	140
66. Police et discipline	140
67. Punitions	141
68. Corvées	141
70. Communications avec les détenus	141
71. Décès	142
72. Evasions	142
73. Situation sommaire des prisons	142

SECTION IV. — *Des transfèrements*

74. Ordre de transfèrement	143
75. Exécution des transfèrements	143
76. Ordre de conduite	143
77. Relève des gendarmes	143
78. Remise des prisonniers	144
79. Rôle des commandants d'étape	144
80. Crimes et délits commis par les prisonniers	144

SECTION V. — *Gendarmerie du service des étapes.*

84. Relations de la gendarmerie des étapes avec les autorités militaires	144
85. Service des renseignements	144
86. Service de police proprement dit et service judiciaire	145
87. Habitants ou étrangers prévenus de crimes ou délits contre l'armée	145
88. Service de la gendarmerie dans les gares de chemins de fer	145

CHAPITRE II
DES MARCHES

93. Nature du service	146
94. Répartition du personnel en vue de l'exécution du service	146
96. Marques obligatoires sur les voitures et fourgons	146
97. Réunion et départ des trains	146
98. Dispositions pour la marche	147
100. Direction de la colonne formée par les trains régimentaires	147
104. Escorte des trains	147
106. Maintien de l'ordre en arrière des colonnes	148
107. Surveillance des prisonniers; leur garde pendant la marche	148

CHAPITRE III
DU COMBAT

108. Devoirs de la gendarmerie pendant le combat	148
109. Devoirs de la gendarmerie après le combat	149
110. Des prisonniers de guerre	149

CHAPITRE IV
PRESCRIPTIONS RELATIVES A L'ÉTABLISSEMENT DE CERTAINS DOCUMENTS

116. Des feuilles de service	150
117. Des procès-verbaux	150
118. Carnet-calepin des chefs de brigade et des gendarmes	151

TITRE IV

SERVICE JUDICIAIRE

CHAPITRE Iᵉʳ

NOTIONS GÉNÉRALES SUR LE SERVICE JUDICIAIRE

Articles   Pages

124. Service judiciaire de la gendarmerie aux armées................. 151
125. Compétence générale des tribunaux militaires aux armées......... 151
126. Compétence des tribunaux militaires dans les communes et les départements en état de siège et dans les places de guerre assiégées ou investies 152

CHAPITRE II

FONCTIONS DE L'OFFICIER DE POLICE JUDICIAIRE MILITAIRE

128. Devoirs des officiers et des commandants de brigade de gendarmerie aux armées... 152
129. Dénonciations et plaintes.. 153
130. Instruction d'une affaire 153
131. Interrogatoire de l'inculpé...................................... 154
132. Cas où l'inculpé est arrêté au cours de l'instruction............ 154
133 Constatation du corps du délit et de l'état des lieux, saisie des pièces à conviction... 155
134. Audition des témoins.. 156
137. Perquisitions dans un établissement militaire ou civil.......... 157
138. Perquisitions dans une maison particulière 157
139. Commission rogatoire.. 158
141. Citations.. 159
142. Cédules.. 159
143. Citation d'un témoin militaire.................................. 159
144. Citation d'un témoin non militaire.............................. 159
145. Compétence des officiers de police judiciaire militaire......... 160
146. Réquisitions d'information adressées par certaines autorités militaires aux officiers et chefs de brigade de gendarmerie.................. 160

CHAPITRE III

TRIBUNAUX PRÉVÔTAUX

148. Compétence des tribunaux prévôtaux.............................. 160
149. Composition des tribunaux prévôtaux............................. 161
153. Exécution des jugements 161

ANNEXES

Annexe II. Matériel prévôtal.. 162
— III. Transport des prévôtés par les voies ferrées.............. 162
— IV. Trains régimentaires.. 168

SERVICE DE PLACE

PAR DEMANDES ET RÉPONSES

D. — *Par qui est dirigé le service dans une garnison ?*

R. — Par l'officier le plus ancien dans le grade le plus élevé, quelles que soient son arme et ses fonctions, les officiers de gendarmerie exceptés.

Cet officier prend le titre de commandant d'armes. (Art. 3.)

D. — *Qu'est-ce que le major de la garnison ?*

R. — Un officier supérieur désigné par le commandant d'armes remplit les fonctions de major de la garnison.

Le major de la garnison est chargé, sous l'autorité du commandant d'armes, de diriger et de surveiller les détails du service. (Art. 9.)

D. — *Qu'entend-on par adjudants de garnison ?*

R. — Ce sont des officiers chargés de seconder le major de la garnison. (Art. 9.)

D. — *Qu'est-ce qu'un agent de liaison ?*

R. — C'est un homme de troupe, cycliste autant que possible, qui apporte au major de la garnison les rapports des corps, des postes, etc... (Art. 11.)

D. — *Comment se comporte la sentinelle en cas d'alerte ?*

R. — Pendant la nuit, si, par suite de consignes particulières, les sentinelles ne doivent pas se laisser approcher, les sentinelles crient : *Halte-là !* d'une voix forte à toutes personnes qui passent à proximité. Si ces personnes ne s'arrêtent pas, elles répètent une seconde fois : *Halte-là !* et, s'il y a lieu, elles crient : *Au large !* pour faire passer du côté opposé.

Si, après qu'elles ont crié deux fois : *Halte-là !* on continue à avancer sans leur répondre, elles croisent la baïonnette et empêchent de passer. Dans les cas d'alarme, de trouble ou d'attaque, lorsque les sentinelles ont leurs armes chargées en exécution des instructions reçues, si l'on continue à s'avancer après avoir crié : *Halte-là ou je fais feu*, si malgré cet avertissement on continue à avancer, elles font feu et appellent la garde. Si la sentinelle est frappée elle peut faire usage de ses armes. (Art. 34.)

D. — Si ce sont des gendarmes en tournée qui se trouvent arrêtés par une sentinelle, comment se comportent-ils ?

R. — Les gendarmes, qui doivent avoir le mot, répondent : *France, patrouille !* La sentinelle crie : *Avance au ralliement*. Le chef s'avance et donne le mot de ralliement à la sentinelle. Si la patrouille ne s'arrête pas, la sentinelle répète : *Halte-là !* Si on continue à s'avancer sans répondre, la sentinelle croise la baïonnette et empêche de passer.

S'il s'agit d'une sentinelle devant les armes, dès qu'elle a reçu le mot de ralliement, elle appelle le chef de poste qui vient reconnaître. Les mots sont échangés à voix basse. **(Art. 34.)**

D. — Comment vous comporteriez-vous si vous étiez arrêtés par une patrouille ?

R. — Si la patrouille criait : *Halte-là ! qui vive !* le chef répondrait : *France patrouille !* La patrouille adverse ayant crié : *Avance à l'ordre !* le chef irait donner le mot d'ordre et recevrait en échange le mot de ralliement. **(Art. 36.)**

D. — Comment la police militaire s'exerce-t-elle dans les auberges, cafés, cabarets et autres lieux publics ?

R. — Le commandant d'armes peut en requérir la visite, afin que les militaires n'y restent pas après l'heure fixée pour leur rentrée au quartier.

Il consigne ces établissements aux troupes de la garnison quand il le juge nécessaire à l'intérêt de la discipline ou de l'hygiène. **(Art. 39.)**

D. — Une troupe en marche peut-elle se laisser couper ?

R. — Une troupe en marche ne doit pas se laisser couper par les isolés, par la foule ou par les voitures.

En cas de halte ou de repos dans l'intérieur d'une ville, son chef prend des mesures pour ne pas entraver la circulation et pour empêcher les passants de se mêler à la troupe. **(Art. 41.)**

D. — Que se passe-t-il en cas d'alarme ?

R. — L'alarme est annoncée par la générale ; tous les militaires sont tenus de se réunir sur-le-champ aux corps dont ils font partie. **(Art. 42.)**

D. — Quelles sont les formalités à remplir par les militaires, dans certains cas, à leur arrivée dans une place ou dans une ville sans garnison ?

R. — Les officiers et assimilés, ainsi que les contrôleurs de l'administration de l'armée, qui arrivent dans une place pour y séjourner en vertu d'une mission, d'un congé ou d'une permission, font connaître leur adresse et la durée présumée de leur séjour au commandant d'armes. Dans les villes où il n'y a pas de garnison, la même notification est faite à la gendarmerie.

Les militaires qui n'ont pas rang d'officier doivent se présenter au bureau de la place, ou, à défaut, à la gendarmerie pour faire viser les titres dont ils sont porteurs

Les titres de permission dont la durée ne dépasse pas huit jours ne sont pas soumis au visa. Les dispositions ci-dessus sont applicables au personnel de la marine, sauf à Paris et dans les chefs-lieux d'arrondissement et de commandement maritime, où les dispositions des décrets sur le service à bord sont applicables. **(Art. 43.)**

D. — Avez-vous une surveillance à exercer sur les officiers retraités, en réforme, etc... ?

R. — Le commandant d'armes et, dans les localités où il n'y a pas de garnison, le commandant local de la gendarmerie surveille la tenue des officiers retraités, officiers en réforme pour infirmités, officiers de réserve ou de l'armée territoriale, lorsqu'ils font usage de leur uniforme. Ceux d'entre eux qui l'auraient compromis seraient signalés dans un rapport circonstancié au commandant du territoire. (Art. 44.)

D. — En quoi consistent les rapports de la gendarmerie avec le commandant d'armes ?

R. — Les officiers de gendarmerie en résidence dans une place sont soumis aux règles de la discipline générale que le commandant d'armes a pour mission de faire observer; ils concourent sous sa direction à l'exécution des mesures de police militaire; ils ne sont pas tenus de lui rendre compte des ordres qu'ils reçoivent en dehors de lui, sauf lorsque ces ordres intéressent le service ou la sécurité de la place.

La gendarmerie n'assiste aux revues passées par le commandant d'armes que sur l'ordre du ministre ou du général commandant le corps d'armée.

Le commandant de la gendarmerie fait connaître au commandant d'armes les événements qui peuvent intéresser l'ordre public dans la place.

Il le prévient toutes les fois qu'il s'opère dans l'intérieur ou à proximité de la place une réunion de gendarmerie autre que celle de la gendarmerie de la résidence.

Il lui envoie à la fin de chaque mois l'état de la situation de la gendarmerie de la place. (Art. 45.)

D. — Dans quel cas la gendarmerie est-elle appelée à transmettre des demandes de punitions ?

R. — Toute infraction à la discipline qui ne se rattache pas au service intérieur des corps ou établissements de la place, commise par un militaire ou un marin et constatée par un officier ou assimilé ou gradé quelconque de la guerre ou de la marine, donne lieu à une demande de punition, transcrite par le major de la garnison.

Dans les localités où il n'y a pas de garnison, ces demandes de punitions sont adressées au commandant de la gendarmerie locale, qui les transmet à l'autorité militaire ou maritime compétente. (Art. 48.)

D. — En quoi consiste le service de la gendarmerie dans une condamnation aux travaux publics, une dégradation militaire ou une condamnation à mort ?

R. — S'il ne s'agit de l'un des siens, elle ne peut être commandée qu'en vue d'assurer le maintien de l'ordre.

Dans une parade d'exécution pour condamnation aux travaux publics ou une dégradation militaire, le condamné lui est en outre remis à l'issue de la cérémonie. (Art. 50, 51, 52 et 54.)

D. — Quelle est l'obligation du chef d'une troupe qui a été logée chez l'habitant, au moment du départ?

R. — Il est tenu de laisser à la mairie un officier chargé de recueillir les réclamations des habitants et de recevoir un certificat du maire relatif à la conduite tenue par les soldats à l'égard de leurs hôtes.

L'officier reste à la mairie après le départ de la troupe pendant trois heures.

L'heure initiale de ce délai ne peut être antérieure à 6 heures du matin, lorsque la troupe part entre 6 heures du soir et 6 heures du matin. (Art. 68.)

D. — *Les militaires doivent-ils main-forte à la gendarmerie ?*

R. — Tout militaire en uniforme doit prêter *spontanément* main-forte, même au péril de sa vie, à la gendarmerie ainsi qu'aux autres agents de l'autorité, lorsque ceux-ci sont en uniforme ou munis de leurs insignes. (Art. 73.)

D. — *La troupe est-elle assujettie aux visites de la douane ?*

R. — Si une troupe franchit une ligne de douane, la visite des voitures et bagages qui l'accompagnent, ainsi que celle des effets d'équipement, s'exécute à la portée du bureau, sous les yeux d'un officier ou d'un gradé.

S'il y a lieu à une visite de corps elle est faite par un gradé désigné par le chef de détachement et est exécutée sous les yeux d'un agent de la douane.

Tout détachement et tout isolé est tenu de s'arrêter à la sommation : *Halte-là la douane !* faite dans la zone de 20 kilomètres de profondeur à partir de la frontière (Art. 81.)

D. — *Quelles sont les règles de police dans une place forte ?*

R. — Quiconque se livre à des opérations de topographie avec ou sans appareils topographiques, dans les ouvrages sur les remparts et dans la zone d'un myriamètre autour d'une place forte, d'un poste ou d'un établissement militaire ou maritime, est, s'il ne produit une autorisation écrite du chef du génie visée, soit par le commandant du corps d'armée, soit par le commandant supérieur de la défense, conduit devant le commandant d'armes qui le met, s'il y a lieu, à la disposition de l'autorité judiciaire. (Art. 97.)

D. — *Que fait-on d'un individu arrêté pour espionnage ?*

R. — Tout individu arrêté en terrain militaire comme soupçonné de se livrer à un acte d'espionnage est conduit au commandant d'armes, qui l'interroge et, suivant ses réponses, le fait relâcher immédiatement ou le remet, conformément aux prescriptions de l'article 11 de la loi du 18 avril 1886, entre les mains de l'autorité judiciaire. (Art. 98.)

D. — *Qu'auriez-vous à faire en cas de dégradations aux fortifications et aux bâtiments militaires, de vols d'objets mobiliers en dépendant ?*

R. — Ces dégradations et vols font l'objet de procès-verbaux transmis à l'autorité compétente.

Leurs auteurs saisis en flagrant délit sont mis, suivant le cas, à la disposition de l'autorité civile ou de l'autorité militaire.

Lorsque des bestiaux pâturant sur le terrain militaire, ou des voitures ayant causé des dégradations à une partie quelconque des fortifications sont saisis et conduits à la fourrière, il est dressé procès-verbal.

Tout individu autre qu'un militaire qui est trouvé franchissant les barrières, palissades ou autres clôtures établies sur le terrain militaire, escaladant les revêtements ou le talus des fortifications, est traduit, sur la plainte du commandant d'armes, devant le tribunal compétent. (Art. 99.)

D. — Quels sont les honneurs à rendre à un drapeau, à un officier général par une troupe ?

R. — Lorsqu'une troupe passe devant un drapeau, ou lorsque le drapeau passe devant une troupe arrêtée, le chef de la troupe fait rendre les honneurs et salue du sabre s'il est officier.

Lorsqu'une troupe passe devant un officier général, ou lorsqu'un officier général passe devant une troupe arrêtée, le chef de la troupe fait rendre les honneurs et salue s'il est officier. (Art. 126.)

D. — Que se passe-t-il à la rencontre de deux troupes ?

R. — Elles se rendent les honneurs sans s'attendre l'une l'autre et arrêter la marche ; les commandants des deux troupes se font réciproquement le salut des armes, s'ils sont officiers.

Les deux troupes prennent chacune leur droite. En cas d'encombrement, les troupes à cheval se rangent et laissent passer les troupes à pied. (Art. 127.)

D. — Que fait une troupe en présence d'un convoi funèbre ?

R. — Le commandant de la troupe fait rendre les honneurs ; si elle est en marche, sans arrêter la marche. (Art. 128.)

D. — Que fait le commandant d'une troupe à la rencontre d'un supérieur du grade d'officier ?

R. — S'il est officier, il salue du sabre ; s'il est homme de troupe, il met l'arme sur l'épaule droite, baïonnette au canon ; s'il est armé du sabre, il se met au port de l'arme. S'il a l'épée ou le sabre au fourreau ou si la troupe est sans armes, il salue en portant la main à la coiffure. (Art. 129.)

D. — Comment se comportent les députations de militaires, à titre d'honneurs funèbres ?

R. — Elles se rendent au lieu fixé pour la levée du corps et accompagnent le convoi jusqu'au cimetière (Art. 137.)

D. — Quelles sont, dans l'état de guerre, les dispositions éventuelles pouvant intéresser la gendarmerie ?

R. — Le gouverneur peut :
1° Faire sortir les personnes dangereuses ou inutiles à la défense ;
2° Faire introduire ou maintenir dans la place toute personne ou tous objets ou denrées utiles à la défense ;
3° Faire détruire à l'intérieur de la place tout ce qui peut gêner la circulation des troupes et du matériel ; à l'extérieur tout ce qui peut offrir un couvert à l'ennemi et abréger ses travaux. (Art. 152.)

DEUXIÈME PARTIE

QUESTIONNAIRE

SUR LES

LOIS, LES RÈGLEMENTS ACCESSOIRES

ET LES DISPOSITIONS DIVERSES INTÉRESSANT

MM. LES CHEFS DE BRIGADE ET GENDARMES

Comprenant

ARMES ET MUNITIONS EN SERVICE, ROULAGE, AUTOMOBILES, CYCLES, BICYCLETTES,
MOTOCYCLES, TANDEMS, VÉLOCIPÈDES, ETC.,
CHASSE, PÊCHE, TABACS, CARTES A JOUER, ALLUMETTES, BOISSONS, POUDRES,
AFFICHES, TIMBRES DE QUITTANCE, POLICE DES CHEMINS DE FER,
FABRICATION DES ARMES, IVRESSE PUBLIQUE, ESPIONNAGE, PIGEONS VOYAGEURS,
POLICE DES LIEUX PUBLICS, ÉTRANGERS RÉSIDANT EN FRANCE,
GARDE DES VOIES DE COMMUNICATION, PAQUET INDIVIDUEL DE PANSEMENT,
ACCESSOIRES D'ENTRETIEN DES ARMES A FEU PORTATIVES,
RÔLE DE LA GENDARMERIE AUPRÈS DES COMMISSIONS DE CLASSEMENT DES CHEVAUX,
HIPPOLOGIE,
BIENSÉANCE ET SAVOIR-VIVRE, AVEC QUELQUES DÉVELOPPEMENTS SUR LES RÈGLES
DE LA POLITESSE ET DES CONVENANCES A OBSERVER NON SEULEMENT
ENVERS LES CHEFS HIÉRARCHIQUES, MAIS ENCORE ENVERS TOUT LE MONDE,
CONSEILS AUX CHEFS DE BRIGADE.

EXTRAIT

DE

L'INSTRUCTION SUR LES ARMES

ET LES MUNITIONS EN SERVICE

Approuvée le 29 Octobre 1905

CARABINE DE GENDARMERIE M^{le} 1890

NOMENCLATURE

La carabine de gendarmerie modèle 1890 comprend :
1° Le canon et sa boîte de culasse ;
2° La culasse mobile ;
3° Le mécanisme ;
4° La monture ;
5° Les garnitures ;
6° L'épée-baïonnette.

Canon et boîte de culasse

Canon. — A l'intérieur du canon : la bouche du canon, l'âme cylindrique du calibre de 8 millimètres, avec ses quatre rayures en en hélice au pas de 24 centimètres, la chambre qui reçoit la cartouche.

A l'extérieur, on remarque : la tranche de la bouche ; le contour tronconique, le renflement du tonnerre, le bouton fileté qui se visse dans la boîte de culasse, le logement de l'extracteur, l'embase du guidon d'une seule pièce avec le canon, le guidon, la hausse.

La hausse comprend 8 pièces, savoir :

1° Le pied de hausse à douille, soudé sur le canon, les gradins. Sous chaque gradin est inscrit un chiffre indicateur de la distance de tir à laquelle correspond le gradin (de 200 à 1.000 mètres);

2° Le ressort de hausse ;

3° La vis de ressort de hausse ;

4° La planche qui porte deux crans de mire : celui de 2.000 mètres (marqué 20) sur le sommet de la planche ; le deuxième pratiqué dans le talon de la planche, et donnant les lignes de mire de 200 à 1,000 mètres quand on fait reposer le curseur sur les différents gradins du pied. La planche est graduée : à droite pour les distances de 200 en 200 mètres ; à gauche pour les distances de 50 en 50 mètres ; au-dessus des traits de la graduation de droite sont les chiffres indicateurs des distances 12, 14, 16, 18.

5° Le curseur, qui porte le cran de mire pour les distances de 1.200 à 1.900 mètres ;

6° Le ressort du curseur logé dans la coulisse gauche ;

7° La vis-arrêtoir du curseur ;

8° La goupille qui réunit la planche au pied de hausse.

Boîte de culasse. — La boîte de culasse est vissée sur le canon,

Culasse mobile

Elle comprend les pièces suivantes :

1° La tête mobile, le corps cylindrique, les deux tenons de ferme ture

2° L'extracteur ;

3° Le cylindre : le renfort antérieur; le corps cylindrique; le renfort de levier ; le levier coudé ;

4° Le chien : Le corps cylindrique ; le coin d'arrêt ; le renfort ; le cran de départ ou plan incliné de la tranche antérieure qui s'appuie à l'armé, contre la tête de gachette; le cran de sûreté; le cran de l'abattu ;

5° Le percuteur ;

6° Le manchon ;

7° Le ressort du percuteur ;

8° La vis d'assemblage de cylindre et de tête mobile.

Mécanisme

Il se divise en mécanisme avant et mécanisme arrière.

Dans le mécanisme avant on distingue : le support d'élévateur, la queue reliée au pontet par les deux vis de support d'élévateur; l'élévateur comprenant la planche supérieure, le ressort de planche supérieure ; la planche inférieure, le ressort à galet de planche inférieuré ; le galet ; la goupille de galet ; la vis de planche d'élévateur ; la vis pivot d'élévateur qui relie l'élévateur à son support.

Dans le mécanisme arrière on distingue : le pontet support de mécanisme : la vis de mécanisme qui relie le support de mécanisme à la boîte de culasse ; le crochet de chargeur; le ressort de crochet et de gachette ; la goupille de ressort ; la détente à double bossette ; la goupille de détente ; l'éjecteur ; la vis d'éjecteur.

Le mécanisme avant et le mécanisme arrière sont reliés par les deux vis de support d'élévateur. La première des vis traverse l'entretoise, pièce destinée à maintenir l'écartement des montants du support de mécanisme.

Monture

La monture est en noyer. Elle comprend : le fût, la poignée, la crosse.

Garnitures

La baguette sert à détacher les étuis de la chambre en cas de difficulté d'extraction; elle est composée d'une tige en acier et d'une tête en laiton;

Le tenon d'épée-baïonnette, composé d'un tenon et d'une fourche qui le relie au fût:

L'embouchoir;

Le ressort d'embouchoir;

Le tube d'appui;

La vis de ressort d'embouchoir, qui traverse le tube d'appui;

La grenadière;

L'anneau de grenadière;

Le ressort de grenadière;

Le taquet de support d'élévateur;

La vis à bois de taquet;

L'écrou-support de vis de culasse, servant d'écrou à la vis de pontet et de support à la tête de la vis de culasse;

La vis à bois d'écrou-support;

Le support d'oreilles écrou de baguette;

La vis de support;

La rosette et ses crans;

L'écrou de baguette, la tige, les filets:

L'écrou vissé et rivé sur la tige, ses crans;

Le support d'oreilles;

La vis de pontet;

La vis de culasse;

Le battant de crosse à pivot tournant comprenant: l'embase, le pivot tournant, la rondelle de pivot, l'anneau, le rivet, les deux vis à bois;

La plaque de couche;

Les deux vis à bois de la plaque de couche,

Epée-baïonnette

La lame: la lame quadrangulaire proprement dite; la soie, percée d'un trou pour le rivet de croisière; son extrémité est vissée dans l'écrou de poignée

La monture comprenant: la poignée en bronze de nickel; le trou de tenon d'épée-baïonnette; le logement du poussoir;

L'écrou de poignée;

Le poussoir comprenant: le corps de poussoir, le bouton, le ressort;

La croisière; le rivet de croisière;

Le fourreau; le corps du fourreau, le bracelet-pontet, le bouton, la cuvette et le rivet de cuvette.

DIMENSIONS ET POIDS

Longueur de l'arme { sans baïonnette 0ᵐ945
{ avec baïonnette 1ᵐ465

Poids de l'arme sans baïonnette	non chargée..........................	3ᵏ100
	avec chargeur garni de 3 cartouches..	3ᵏ195
Poids de l'épée-baïonnette	sans fourreau.........................	0ᵏ475
	avec fourreau........................	0ᵏ675

ENTRETIEN DE L'ARME

Observations générales

L'arme doit, autant que possible, être nettoyée aussitôt après avoir servi. Tout retard rend le nettoyage plus long et plus difficile à exécuter. Le nettoyage doit être borné à l'enlèvement de la poussière, de l'humidité, des encrassements et de la rouille superficielle occasionnés par les exercices ou par le tir ; il ne doit jamais être poussé assez loin pour amener l'usure et, par suite, un changement de forme ou de dimensions des pièces (1).

Le gendarme ne doit employer que les procédés de nettoyage indiqués dans le présent chapitre, et, quand ces procédés sont insuffisants. il doit en rendre compte immédiatement afin qu'on fasse exécuter le nettoyage par l'armurier.

Pendant le démontage et le remontage de son arme, le gendarme ne doit frapper aucune pièce avec des objets métalliques, parce qu'il occasionnerait ainsi des mutilations. Cette recommandation s'applique surtout au démontage et au remontage de l'embouchoir et de la grenadière. Lorsqu'on fait usage des nécessaires de chambrée, si une de ces boucles ne peut être chassée ou remise en place à la main, il faut agir sur elle dans le sens convenable, avec le manche du tournevis chassoir, en appliquant l'une des encoches le long du canon.

Les vis doivent être serrées à fond. Lorsqu'on veut mettre une vis à fond ou qu'on commence à la desserrer, poser autant que possible l'arme sur un appui horizontal et la maintenir solidement. Si, pour un motif quelconque, on est amené à donner à l'arme une position telle que le glissement du biseau de la lame du tournevis hors de la fente de la tête de la vis soit à craindre, soutenir la lame avec le bord interne du pouce de la main ganche.

Pour le vissage, engager à la main les premiers filets toutes les fois que cela est possible.

La lame de tournevis doit toujours être entretenue en bon état et solidement maintenue dans le manche ; s'il en était autrement, on risquerait de dégrader les têtes des vis en les vissant ou en les dévissant.

OBJETS ET MATIÈRES NÉCESSAIRES
POUR L'ENTRETIEN DE L'ARME

Entretien en dehors de la garnison

Les objets et ingrédients à emporter en dehors de la garnison pour l'entretien de la carabine sont :

---

(1) Cette prescription prend une très grande importance quand il s'agit de l'âme du canon.

1° Le nécessaire d'armes (1) servant de tournevis et comprenant : la boîte-nécessaire, son tampon intérieur en bois fixé par deux goupilles, son couvercle à huilier fermé par une vis-bouchon avec rondelle en cuir, une lame-tournevis et une curette-spatule réunies dans une trousse en drap ;

2° La ficelle de nettoyage (1) qui sert à manœuvrer les chiffons avec lesquels on nettoie et on graisse l'intérieur du canon. Elle est constituée par de la ficelle à l'envers, dite aussi ficelle de fouet, de 1 mm. 5 environ de diamètre, et doit avoir quand elle est neuve, 3 mètres de longueur. Cette longueur ne doit pas descendre au-dessous de 2 mètres.

3° La boîte à graisse en fer-blanc contenant de la graisse (2) et une pièce grasse ;

4° La brosse pour armes qui sert au graissage de toutes les parties extérieures de l'arme ;

5° Des chiffons de vieux linge et de drap ;

6° Eventuellement, suivant les ressources et l'état de l'arme, on utilise : des curettes en bois tendre, de l'huile spéciale (3), de la brique pilée ou de la brique anglaise de bonne qualité.

Entretien dans le service de garnison

On emploie :

1° Le nécessaire de chambrée modèle 1896 comprenant :

Une baguette de nettoyage en laiton dans laquelle on distingue : la poignée, la tige, le porte-chiffon, la fente du chiffon ;

Une baguette de graissage en laiton dans laquelle on distingue : la poignée, la tige, le bout fileté qui reçoit la douille de l'écouvillon ;

Un écouvillon composé d'une douille en laiton et d'une brosse avec âme en fil de laiton terminée par un tortillon. Sur la douille on distingue : l'écrou de vissage et le trou de serrage dans lequel on peut enfoncer une tige métallique pour visser fortement ou dévisser l'écouvillon. Les barbes de la brosse sont en soies de porc ;

Deux tournevis chassoirs identiques, comportant chacun la lame et son biseau, le manche en bois dur et ses trois encoches, la virole et sa goupille ;

2° La boîte à graisse, en fer-blanc, contenant de la graisse et une pièce grasse ;

3° La brosse pour armes qui sert au graissage de toutes les parties extérieures de l'arme ;

4° Des curettes en bois tendre, des chiffons de vieux linge et de drap ;

5° De l'huile contenue dans une bouteille pendue au râtelier ;

6° De la brique pilée ou de la brique anglaise de bonne qualité.

---

(1) Les nécessaires d'armes et les ficelles de nettoyage sont emportées toutes les fois que, pour une cause quelconque, une troupe doit rester dans les mêmes conditions qu'en campagne, en dehors de son casernement plus de 48 heures. En cas de besoin ces ustensiles peuvent être employés dans le service de garnison pour l'entretien des armes lorsque l'ordre en est donné.

(2) Fabriquée spécialement par les chefs armuriers.

(3) Seule autorisée pour l'entretien des armes, et non de l'huile d'origine quelconque provenant des marbrures.

PROCÉDÉS GÉNÉRAUX DE NETTOYAGE

Pour le nettoyage et le graissage de la carabine on devra se conformer aux prescriptions suivantes :

Pièces en acier non bronzées.

Lorsque ces pièces ne sont pas rouillées, les frotter fortement avec un linge ou un morceau de drap sec et propre.

Si elles présentent des taches de rouille, répandre d'abord un peu d'huile sur les taches au moyen d'un linge propre imbibé d'huile. Les taches qui ne peuvent s'enlever par ce moyen, sauf toutefois celles qui se trouvent à l'intérieur du canon, doivent être frottées avec de la brique délayée dans la graisse. On se sert pour cette opération d'un linge, d'une brosse ou d'une curette en bois tendre et on essuie ensuite avec un linge sec en ayant soin de ne laisser ni brique ni aucune autre substance dans les trous des vis ou dans les encastrements.

Les ressorts à boudin sont nettoyés au moyen d'une petite bande de linge fin que l'on fait passer entre les spires en évitant de les écarter.

Pour nettoyer les filets des vis, on peut se servir d'un fil qu'on enroule de 2 ou 3 tours dans le filetage.

Il est expressément défendu de chercher à donner le poli brillant aux pièces en acier non mises en couleur et non lustrées préalablement en manufacture.

L'emploi de l'émeri ou du grès pour le nettoyage de ces pièces est formellement interdit. Il est également interdit de faire usage de ces ingrédients pour nettoyer les pièces lustrées et même, afin de conserver à ces dernières le poli brillant qu'elles ont reçu en manufacture, de les frotter avec de la brique lorsqu'elles présentent des taches de rouille. Les pièces lustrées devront être exclusivement nettoyées avec de la graisse ou de l'huile additionnée au besoin de tripoli.

Les pièces étant nettoyées et essuyées, les graisser légèrement ; mettre une goutte d'huile sur les filets des vis.

Pièces en acier mises en couleur.

La couche de couleur qui recouvre ces pièces étant très mince, tout frottement dur ou prolongé aurait pour effet de la faire disparaître. C'est pourquoi l'emploi de la brosse et à plus forte raison de la brique et du grès est interdit pour le nettoyage des pièces dont il s'agit. On ne doit employer pour ce nettoyage que des chiffons de linge ou des morceaux de drap exempts de poussière.

Si la pièce à nettoyer n'est pas rouillée, la laver au besoin avec un linge mouillé ; puis l'essuyer avec un linge sec. Si elle est rouillée, la frotter avec un linge ou un morceau de drap légèrement gras.

Les pièces étant nettoyées et essuyées, les passer à la pièce grasse.

Pièces en acier bronzées ou non bronzées.

Pendant le nettoyage et le graissage, on doit éviter de placer en porte-à-faux les pièces en acier telles que les ressorts, les percuteurs des carabines et en général toutes les pièces un peu longues par rapport à leur épaisseur. Sans cette précaution ces pièces pourraient se trouver faussées.

Les parties des pièces difficiles à atteindre directement doivent être nettoyées à l'aide de curettes en bois tendre et de chiffons peu épais et jamais avec des lames de tournevis ou autres objets métalliques.

Avant de graisser une pièce quelconque, avoir soin de bien l'essuyer et d'enlever la vieille graisse.

Pièces en bronze de nickel ou en laiton.

Ces pièces se nettoient avec du tripoli ou de la brique anglaise et un peu de vinaigre ou d'eau-de-vie. Frotter avec un linge ou un morceau de drap et jamais avec une brosse ou une curette.

Une fois nettoyées, ces pièces ne doivent être ni graissées, ni huilées ; il suffit de les essuyer avec un morceau de linge ou de drap sec.

Pièces en bois.

Lorsqu'elles sont simplement humides où souillées de poussière, les essuyer avec un linge sec.

Si elles présentent des taches de rouille, enlever ces dernières avec un morceau de drap imbibé d'huile. Si, à la suite de pluies, le bois a pris un aspect rugueux, le frotter avec un chiffon huilé.

DÉMONTAGE

La baïonnette étant, s'il y a lieu, séparée de l'arme et la bretelle retirée, le démontage s'opère dans l'ordre suivant :

1° La culasse mobile ;

2° Le mécanisme ;

3° La monture.

Il est expressément défendu aux gendarmes de chercher à démonter d'autres pièces que celles dont le démontage est spécifié ci-après :

1° Culasse mobile.

Pour retirer la culasse mobile de la boîte de culasse, ouvrir le tonnerre ; amener la culasse mobile en arrière jusqu'à ce que le tenon gauche de fermeture soit au milieu de l'entaille latérale pour le démontage de la tête mobile, desserrer la vis d'assemblage de la quantité nécessaire pour séparer le cylindre de la tête mobile (la dévisser de trois ou quatre filets jusqu'à ce que la tête de la vis soit complètement visible hors de son trou) ; faire tourner la tête mobile à droite avec la main pour dégager complètement le bouton de son logement dans le cylindre ; retirer la culasse mobile de la boîte de culasse ; enlever la tête mobile restée dans la boîte. On peut aussi rabattre complètement la tête mobile à droite en faisant tourner le manchon avec la main.

Il est interdit de dévisser la vis d'assemblage tant que la tête mobile demeure engagée à la position de fermeture dans la partie antérieure de la boîte de culasse.

On ne doit jamais chercher à dégager la tête mobile du cylindre ou de la boîte de culasse en agissant directement sur elle avec la lame du tournevis ou tout autre objet métallique.

La culasse mobile étant séparée de la boîte, pour la démonter complètement, mettre le chien à l'abattu, faire tourner le manchon, de manière à mettre sa fente de repère dans le prolongement de celle du chien ; appuyer sur un morceau de bois dur la pointe du percuteur en maintenant ce dernier aussi verticalement que possible ; faire effort sur le levier du cylindre pour comprimer le ressort du percuteur et faire sortir le manchon de son logement ; dégager le manchon du T du percuteur et laisser le ressort se détendre librement ; séparer le cylindre, le chien, le percuteur et son ressort.

2° Mécanisme.

Dévisser et enlever la vis de pontet, puis la vis de mécanisme, en maintenant d'une main le pontet dans son logement pendant que l'on retire la vis de mécanisme avec l'autre main. Saisir ensuite le pontet et le faire pivoter vers l'avant pour dégager le crochet du support d'élévateur ; séparer le mécanisme de la monture.

Pour démonter entièrement le mécanisme : dévisser la vis pivot d'élévateur et l'enlever en maintenant la tête de la planche inférieure en place avec le pouce de la main gauche ; retirer l'élévateur ; enlever la vis de gâchette et la gâchette réunie à la détente ; enlever la vis de crochet de chargeur ; saisir le ressort de crochet et de gâchette et le tirer en arrière et vers le haut pour faire sortir le crochet de son logement.

3° Monture.

Dévisser et enlever la baguette puis la vis de culasse ; enlever l'embouchoir et la grenadière ; séparer enfin la monture du canon : à cet effet, renverser l'arme dans la main gauche, le canon en dessous, saisir la monture de la main droite à la poignée et donner quelques saccades jusqu'à ce que le canon soit dégagé de son logement.

REMONTAGE.

Le remontage a lieu dans l'ordre inverse de celui qui a été indiqué pour le démontage et en tenant compte des recommandations suivantes :

1° Monture.

Placer le canon dans la monture, remettre successivement la grenadière et l'embouchoir, la bande de chacune de ces boucles embrassant le canon, l'anneau ou le pontet de la grenadière et le canal de baguette de l'embouchoir du côté opposé à l'échancrure de la boîte de culasse. Replacer et revisser à fond la boîte de culasse, puis la baguette.

2° Mécanisme.

Remettre en place le crochet de chargeur avec son ressort, puis la gâchette avec la détente, en ayant soin d'engager d'abord la queue de cette dernière dans la fente du pontet. Replacer l'élévateur en appuyant fortement avec le pouce de la main gauche sur la tête de la planche inférieure pour faciliter l'introduction de la vis-pivot; saisir le mécanisme par le pontet, introduire la partie antérieure du support d'élévateur dans la monture de manière que son crochet pénètre dans la chape d'assemblage du mécanisme et vienne emboîter la goupille;

Appuyer sur le pontet pour faire entrer le mécanisme dans son logement; mettre en place la vis de mécanisme en continuant à appuyer sur le pontet jusqu'à ce que cette vis ait été revissée à fond; reviser la vis du pontet.

3° Culasse mobile.

Assembler sur le cylindre le ressort de percuteur, le percuteur et le chien, celui-ci à la position de l'abattu; comprimer le ressort comme pour le démontage; engager le manchon sur le T du percuteur; l'amener en face de l'entrée de son logement dans le chien et laisser le ressort à boudin se détendre lentement.

Ces pièces étant assemblées et la vis d'assemblage placée sur le cylindre à la position de démontage (la tête complètement visible hors de son trou), mettre le chien au cran de l'armé et tourner le manchon de façon que sa fente de repère soit en demi à droite sur celle du chien; placer la tête mobile dans la boîte de culasse, les tenons à hauteur du milieu de l'entaille latérale de la boîte, le bouton à droite; engager la culasse mobile dans la boîte, introduire à fond dans le cylindre le collet de la tête mobile; faire tourner cette dernière de droite à gauche avec la main pour amener le bouton dans son logement du cylindre; serrer à fond la vis d'assemblage.

On peut, en agissant avec la main sur le manchon, faire tourner la tête mobile de droite à gauche jusqu'à ce que le bouton soit complètement entré dans le renfort de cylindre.

Si l'on éprouve une résistance pour faire pénétrer le collet de la tête mobile dans le cylindre, elle proviendra ordinairement d'une orientation défectueuse du percuteur et on la fera cesser en faisant tourner, avec la main, le manchon à droite ou à gauche de la quantité convenable. Dans ce cas, il sera bon de vérifier d'abord que la tête mobile est bien placée dans la boîte de culasse, le bouton à droite.

NETTOYAGE ET GRAISSAGE.

Nettoyage complet.

Intérieur du canon. — La manière de procéder au nettoyage du canon est différente selon que l'on dispose ou non des ustensiles des nécessaires de chambrée.

Nettoyage à l'aide des baguettes des nécessaires de chambrée. — Pour nettoyer l'intérieur du canon, passer dans la fente de la baguette de nettoyage une bande de toile de 10 à 15 centimètres de longueur et d'une largeur telle que le chiffon monté force modérément dans le canon. Cette largeur est de 4 centimètres environ pour de la toile de chemise usée.

Retirer la culasse mobile de la boîte de culasse et séparer le mécanisme de l'arme. Introduire la baguette dans l'âme par la bouche du canon. Saisir la poignée à pleine main, la tige passant entre l'index et le doigt du milieu; imprimer à la baguette un mouvement de va-et-vient sur toute la longueur du canon. Avoir soin, à chaque passe, de faire sortir complètement le chiffon hors de l'âme, de façon à pouvoir le secouer et à éviter les rebroussements de la toile ainsi que les coincements qui peuvent en résulter. Cinq ou six passes suffisent ordinairement pour nettoyer l'intérieur du canon. Lorsqu'il sera impossible d'obtenir ce résultat avec un chiffon sec, employer un chiffon imbibé d'huile. Si ce dernier procédé est insuffisant, en particulier pour enlever les taches de rouille, porter l'arme chez l'armurier.

L'intérieur du canon étant nettoyé, le graisser légèrement à l'aide de la baguette de graissage. A cet effet, imprégner légèrement de graisse la brosse de l'écouvillon, si elle ne l'est déjà. Engager l'écouvillon dans l'âme et faire une seule passe aller et retour. On peut, dans certains cas, pour nettoyer et graisser la chambre et le logement de la culasse mobile, introduire les baguettes par l'arrière et manœuvrer la baguette de nettoyage en lui faisant contourner les parois.

Il est absolument interdit d'employer au nettoyage, en lui adaptant un chiffon, ou de toute autre façon, la baguette de graissage séparée ou non de l'écouvillon. Quand on ne dispose pas pour le graissage de baguette à écouvillon, on remplace le chiffon de nettoyage par un chiffon imbibé de graisse et l'on graisse l'intérienr du canon et la chambre avec ce chiffon.

Nettoyage à l'aide de la ficelle. — Avant de nettoyer l'intérieur du canon, enlever la culasse mobile et le mécanisme, prendre un chiffon aussi résistant que possible de 15 à 20 centimètres de longueur sur 4 à 10 centimètres de largeur (cette dernière dimension devant être proportionnée à l'épaisseur du chiffon) et le passer à forcément dans le canon à l'aide de la ficelle de nettoyage, après s'être assuré que la surface de cette dernière est exempte de poussières adhérentes de toute espèce.

On engage le chiffon dans un nœud gansé formé au milieu de la ficelle et on le manœuvre en agissant alternativement sur les deux bouts de celle-ci, l'arme étant maintenue aussi immobile que possible. A la fin de chaque mouvement alternatif, le chiffon doit sortir entièrement du canon et il faut l'y faire rentrer par la partie qui est serrée dans le nœud de la ficelle, pour éviter qu'il ne se retrousse et ne se coince pendant son trajet dans l'âme.

Cette opération doit, autant que possible, être exécutée par deux gendarmes qui maintiennent l'arme horizontalement en tenant respectivement dans leur main gauche, l'un la poignée de la crosse, et l'autre l'extrémité du fût; chacun d'eux saisit ensuite de la main droite le bout de la ficelle qui est de son côté. Quand le nettoyage est fait par un homme seul, celui-ci soutient l'arme de la main gauche sous l'arrière du fût pour tirer le chiffon de la bouche vers la culasse et il la fait reposer sur la crosse pour le mouvement inverse. Il est formellement interdit d'attacher un des bouts de la ficelle à un support fixe et d'exécuter le nettoyage en donnant à l'arme un mouvement de va-et-vient le long de la ficelle.

La substitution de fils métalliques à la ficelle et l'emploi de la baguette en osier fixée à l'arme sont également interdits.

Si l'on ne peut nettoyer convenablement l'âme du canon avec un chiffon sec, faire usage d'un chiffon huilé. Si ce dernier procédé est insuffisant, en particulier pour enlever les taches de rouille, porter l'arme chez l'armurier.

L'intérieur du canon étant nettoyé, et ses parois redevenues lisses et brillantes, le graisser légèrement ainsi que la chambre avec un chiffon gras qui doit passer sans forcement.

Boite de culasse. — Apporter un soin particulier au nettoyage du logement des tenons de fermeture et de la cavité dans laquelle se meut l'extracteur. Tenir compte, pour le nettoyage et le graissage de ces différentes parties, des recommandations faites au sujet de l'entretien des pièces difficiles à atteindre directement.

Hausse. — Faire jouer le curseur de la hausse pendant le graissage de la planche ; graisser légèrement le pied et le ressort de hausse et mettre une goutte d'huile à la charnière.

Culasse mobile. — La démonter entièrement, en nettoyer et graisser toutes les pièces à l'intérieur et à l'extérieur. Au moment de la replacer dans la boîte de culasse, huiler le canal de la tête mobile, la griffe de l'extracteur, la pointe du percuteur, les rampes du cylindre et du chien, les crans du chien. Quand la culasse mobile est remise en place, mettre une goutte d'huile sur la rampe de la tranche postérieure de l'échancrure de la boîte et sur la rampe de dégagement, puis faire marcher plusieurs fois le mécanisme de fermeture.

Mécanisme. — Le mécanisme étant séparé de la boîte de culasse et entièrement démonté, nettoyer avec soin les vis et leurs logements de manière à bien enlever la rouille et la crasse qui peuvent occasionner des duretés de manœuvre. Au moment de revisser chaque vis, huiler légèrement la tête et les filets. Avant de fixer le mécanisme à l'arme, mettre une goutte d'huile aux parties frottantes, notamment au galet du ressort de planche inférieure, aux rouleaux du ressort de crochet de gâchette, à la goupille de détente, à la tête de gâchette, au plan incliné du bec du crochet de chargeur.

Les carabines remontées et replacées au râtelier doivent avoir la culasse mobile et le chien à l'abattu.

Elles ne doivent jamais contenir de cartouches et la bouche du canon ne doit pas être obturée. Les pièces en acier sont toujours graissées de manière à être légèrement onctueuses, et le gendarme doit, avant de se servir de ses armes, avoir soin de les essuyer avec un linge sec.

Nettoyage après les exercices.

Ouvrir le tonnerre et retirer la culasse mobile en arrière jusqu'à l'arrêt du mouvement. Passer autant de fois qu'il paraît nécessaire la baguette de nettoyage dans le canon, comme il a été dit à propos du nettoyage complet, pour essuyer l'intérieur de l'âme, puis graisser avec l'écouvillon ou un chiffon gras. Essuyer et graisser toutes les parties extérieures de l'arme, y compris la culasse mobile que l'on déplace de façon à en atteindre toute la surface.

Si l'arme a été mouillée, enlever la culasse mobile et procéder, pour le nettoyage du canon, conformément aux indications données plus haut. Procéder au démontage et au nettoyage de toutes les pièces pour lesquelles ces opérations paraissent nécessaires (1). Avoir particulièrement soin, s'il a plu pendant la manœuvre, de séparer la monture du canon. Si l'on a retiré la baïonnette du fourreau, faire égoutter aussi complètement que possible l'eau qui peut avoir pénétré dans ce dernier.

Après le tir.

Après chaque séance de tir, le gendarme doit commencer par nettoyer l'intérieur du canon de son arme en se conformant aux indications données à propos du nettoyage complet de l'arme. Il procède ensuite au nettoyage des autres parties comme il est prescrit de le faire après chaque exercice.

Si le nettoyage peut être exécuté immédiatemeut après le tir, il suffit de prendre un chiffon sec pour débarrasser le canon des résidus provenant du tir. Dans le cas contraire on doit faire usage d'un chiffon imbibé d'huile.

S'il s'est produit des crachements pendant le tir, il faut démonter et nettoyer complètement la culasse mobile et, au besoin, le mécanisme (2).

CARTOUCHE

La carabine de gendarmerie modèle 1890 tire la cartouche modèle 1886 M.

Cette cartouche est à étui métallique d'une seule pièce et à inflammation centrale; elle comporte :

L'étui en laiton, l'amorce, le couvre-amorce, la charge de poudre B. F. A. M., la balle composée du noyau de plomb durci et de l'enveloppe en maillechort.

La cartouche a 75 millimètres de longueur et pèse 29 gr. 75; le poids de la balle est de 15 grammes.

Les cartouches modèle 1886 M. destinées aux armes à chargeur, sont identiques à celles dont on fait usage avec le fusil modèle 1886 et portent les mêmes marques. Elles sont réunies d'avance en chargeurs et ceux-ci sont empaquetés deux par deux, tête-bêche, dans des boîtes en carton. Pour ouvrir une boîte, on relève le couvercle en tirant fortement sur le ruban de fil dont le bout libre apparaît à la partie supérieure de la boîte.

FONCTIONNEMENT

Le fonctionnement dans le tir coup par coup (avec des cartouches non empaquetées en chargeurs) est le même que celui de la carabine modèle 1874. Toutefois, il suffit, pour charger l'arme, de placer la cartouche sur la planche supérieure de l'élévateur; elle est alors introduite dans la chambre par la culasse mobile.

---

(1) Le mécanisme ne doit être démonté que sur l'ordre d'un officier ou d'un sous officier.

(2) Cette opération a été classée d'après l'ordre d'importance, mais elle peut être faite à n'importe quelle période du démontage, n'étant subordonnée à aucune opération antérieure.

Le fonctionnement normal de la carabine de gendarmerie modèle 1890, de 8 millimètres, est le fonctionnement à répétition.

Il a lieu de la façon suivante :

Le chargeur garni de cartouches ayant été mis en place comme il est dit plus haut, le tireur ferme le tonnerre. Dans ce mouvement, la culasse mobile pousse la première cartouche hors du chargeur et l'introduit dans la chambre.

Au moment où le bourrelet de cette cartouche quitte le chargeur, les deux autres cartouches montent sous l'action de l'élévateur, la cartouche supérieure venant s'appliquer contre la paroi du cylindre. Lorsqu'ensuite, le coup tiré, on ramène la culasse mobile en arrière, l'étui vide est expulsé à l'instant où son bourrelet vient buter contre l'éjecteur ; presque en même temps, les deux cartouches restantes finissent de monter sous l'action de l'élévateur, et les choses se retrouvent dans le même état qu'avant l'introduction de la première cartouche.

La répétition de cette manœuvre permet d'introduire successivement les trois cartouches dans la chambre. Dès que la troisième cartouche a quitté le chargeur, celui-ci n'étant plus maintenu, tombe de lui-même hors de l'arme et peut être remplacé par un autre.

Il est à remarquer que l'on peut, après avoir mis en place le chargeur garni de cartouches, fermer la carabine sans introduire de cartouche dans la chambre. A cet effet, appuyer avec le pouce de la main gauche sur la cartouche supérieure du chargeur et descendre celui-ci de la quantité nécessaire pour que le bourrelet de ladite cartouche ne soit plus en saillie sur le trajet de la tête mobile ; pousser en même temps la culasse mobile en avant et fermer l'arme. On peut, de cette façon transporter en toute sécurité la carabine chargée à trois cartouches.

Paris, le 26 octobre 1907.

CARABINE DE GENDARMERIE
Modèle 1890

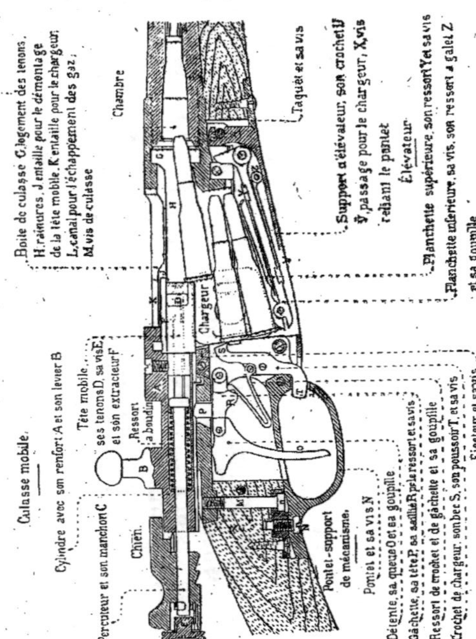

REVOLVER Mⁱᵉ 1892

NOMENCLATURE

Le revolver modèle 1892 comprend :

1° le canon ;
2° la carcasse ;
3ᵃ le barillet ;
4° la platine ;
5° les garnitures ;
6° la monture.

Toutes les pièces métalliques sont en acier.

CANON. — On distingue dans le canon :

A l'intérieur : l'âme, du calibre de 8 millimètres ; les 4 rayures ; la chambre tronconique.

A l'extérieur : les pans ; le renfort cylindrique, le bouton qui se visse dans l'écrou de la carcasse ; la partie tronconique ; l'embase du guidon, le guidon, le grain d'orge et le sommet du guidon.

CARCASSE. — C'est sur la carcasse que sont assemblées les diverses parties de l'arme. On y distingue : la console, portant à la partie inférieure le pivot de plaque de pontet qui fait corps avec la carcasse ; les encoches destinées à donner issue vers l'extérieur aux gaz qui s'échappent par le joint du barillet, la bande, son cran de mire ; le rempart ; le corps de platine ; la poignée, la calotte.

Sur la carcasse sont vissés et rivés l'axe de détente et l'axe du chien.

BARILLET. — Le barillet se divise en 3 parties, savoir : le barillet proprement dit ; le support de barillet ; l'extracteur.

Barillet proprement dit. — On distingue à l'intérieur : le canal de l'axe du barillet ; le passage hexagonal du 6 pans ; le logement de l'extracteur ; les 6 chambres.

A l'extérieur : la bouterolle, le corps de barillet, les 6 cannelures, les saillies-arrêtoirs, le renfort, les 6 entailles.

Support de barillet. — Il comprend 5 pièces :

1° le support proprement dit où l'on remarque : l'axe de barillet dans lequel sont logés latéralement le ressort d'axe de barillet et sa goupille ; le bras qui relie à angle droit l'axe au pivot ; le pivot, logé dans la carcasse, et autour duquel s'opère le rabattement du barillet ; les deux crans d'appui du ressort, la gorge, le méplat et le bout ;

2° le ressort d'axe de barillet ;

3ᵃ la goupille de ressort d'axe du barillet ;

4° le ressort de support de barillet, son pivot ;

5° la vis-arrêtoir de support du barillet, qui maintient la partie antérieure du pivot dans la carcasse et limite le rabattement du barillet.

Extracteur. — Il comprend 7 pièces, savoir :

1° l'extracteur proprement dit dans lequel on distingue le six-pans, les trous de goupille; le corps d'extracteur d'une seule pièce avec le six-pans, les 6 branches, la crémaillère, les 6 dents;

2° la tige d'extracteur, son bout fileté, ses méplats, ses trous de goupille, son épaulement;

3° la goupille d'extracteur qui réunit l'axe à la tige;

4° le tube, ses méplats, son cône brasé avec épaulement et sa gorge qui retient la première spire du ressort d'extracteur;

5° le ressort à boudin d'extracteur;

6° le poussoir qui surmonte la partie antérieure de la tige, son corps quadrillé;

7° la vis-goupille du poussoir.

PLATINE. — La platine se divise en 3 parties principales : le chien, le grand ressort, la détente.

Chien. — Il comprend 6 pièces, savoir :

1° le chien proprement dit, la tête, la crête quadrillée, le corps, le cran, l'armé, le talon de rebondissement;

2° le percuteur oscillant;

3° la goupille de percuteur;

4° le mentonnet;

5° la vis de mentonnet;

6° le ressort de mentonnet.

Grand ressort. — Il comprend 3 pièces, savoir :

1° le grand ressort à deux branches : la branche de percussion, la chape du galet; la branche de rebondissement, son tenon qui se loge dans la carcasse, la butée du talon du chien, la griffe plate;

2° le galet;

3° la goupille du galet.

Détente. — Elle comprend 4 pièces, savoir :

1° la détente proprement dite; l'arrêtoir du barillet à l'avant, la came, le bec à l'arrière, le cran, la queue;

2° la barrette;

3° le galet de barrette;

4° la goupille de galet de barrette.

GARNITURES. — Les garnitures sont :

1° la plaque-pontet;

2° la vis de pivot de plaque-pontet;

3° la vis de plaque-pontet;

4° la vis-arrêtoir de vis de plaque-pontet;

5° le verrou de barillet, actionné par la porte, son pivot;

6° la porte, sa came;

7° le ressort de porte;

8° le pivot d'anneau de calotte;

9° l'anneau de calotte;

10° le verrou d'anneau de calotte avec sa plaque d'arrêt.

Monture. — La monture se compose de deux plaquettes en noyer et comprend :

1° la plaquette gauche ;
2° la plaquette droite ;
3° la vis de monture ;
4° la rosette de monture.

DIMENSIONS ET POIDS

Calibre.. 8 millim.
Longueur totale de l'arme (mesure prise parallèlement à l'axe du canon)........................ 239 —
Poids du revolver non chargé..................... 840 gr.

ENTRETIEN DE L'ARME

Observations générales

Les armes doivent autant que possible être nettoyées aussitôt après avoir servi. Le nettoyage doit être borné à l'enlèvement de la poussière, de l'humidité, des encrassements et de la rouille superficielle occasionnés par les exercices ou par le tir ; il ne doit jamais être poussé assez loin pour amener l'usure et, par suite, un changement de forme ou de dimensions des pièces (1).

Pendant le démontage et le remontage du revolver, on ne doit frapper aucune pièce avec des objets métalliques parce qu'on occasionnerait ainsi des mutilations.

OBJETS ET MATIÈRES NÉCESSAIRES
POUR L'ENTRETIEN DE L'ARME

a) Entretien en dehors de la garnison

Les objets et ingrédients à emporter en dehors de la garnison pour l'entretien du revolver sont les suivants :

1° le tournevis pour revolver modèle 1892 ou le tournevis mixte modèle 1898 ;

2° la boîte à graisse, en fer-blanc, contenant de la graisse fabriquée spécialement par les chefs armuriers et une pièce grasse ;

3° la brosse pour armes qui sert au graissage des parties extérieures de l'arme ;

4° des chiffons de vieux linge et de drap, une bande de toile de largeur et de longueur convenables ;

5° Eventuellement, suivant les ressources et l'état du revolver, on utilise : des curettes en bois tendre. de l'huile spéciale (seule autorisée pour l'entretien des armes et non de l'huile d'origine quelconque provoquant des marbrures), de la brique pilée ou de la brique anglaise de bonne qualité.

---

(1) Cette prescription prend une très grande importance quand il s'agit de l'âme du canon.

Le tournevis modèle 1892 comprend : la grande lame, le biseau large, la traverse de butée, le petit biseau, la lame mobile, le cran d'arrêt, le biseau moyen, la curette arrêtoir, l'axe, la contre-rivure.

Le tournevis mixte modèle 1898 présente les mêmes dispositions que le tournevis pour revolver modèle 1892, mais ses lames sont organisées de façon qu'il puisse servir au démontage de toutes les armes à feu, et certaines de ses parties sont renforcées pour le rendre plus résistant.

ENTRETIEN DANS LE SERVICE DE GARNISON

Pour l'entretien du revolver modèle 1892, on emploie :

Dans les garnisons qui n'ont pas en service le nécessaire de chambrée modèle 1896 et dans les cas d'hommes isolés :

1° la baguette pour revolver modèle 1892 et le tournevis mixte modèle 1892 et le tournevis modèle 1898, ou bien le jeu d'accessoires pour revolver modèle 1892, comprenant la baguette pour revolver modèle 1892 et le tournevis pour revolver modèle 1892, dans les unités où ce dernier ustensile a été distribué avant l'adoption du tournevis mixte modèle 1898 (1).

Dans la baguette pour revolver 1892 on distingue le corps de baguette, la tête, le porte-chiffon, la tige, l'anneau, l'écouvillon composé d'une douille et d'une brosse.

Dans les unités où le nécessaire de chambre modèle 1896 est en service :

1° le nécessaire de chambrée modèle 1896 qui comprend . une baguette de nettoyage en laiton dans laquelle on distingue la poignée, la tige, le porte-chiffon ;

2° une baguette de graissage en laiton dans laquelle on distingue : la poignée, la tige, le bout fileté, l'écouvillon, le trou de serrage dans lequel on peut enfoncer une tige métallique pour visser fortement ou dévisser l'écouvillou.

Deux tournevis chassoirs identiques.

PROCÉDÉS GÉNÉRAUX DE NETTOYAGE

Pièces en acier mises en couleur

La couche de couleur qui recouvre ces pièces étant mince, tout frottement dur ou prolongé aurait pour effet de la faire disparaître. C'est pourquoi l'emploi de la brosse et à plus forte raison de la brique et du grès est interdit pour le nettoyage des pièces dont il s'agit. On ne doit employer pour ce nettoyage que des chiffons de linge ou des morceaux de drap exempts de poussière.

Si la pièce à nettoyer n'est pas rouillée, la laver au besoin avec un linge mouillé, puis l'essuyer avec un linge sec. Si elle est rouillée, la frotter avec un linge ou un morceau de drap légèrement gras.

Les pièces étant nettoyées et essuyées, les passer à la pièce grasse.

____

(1) Le tournevis pour revolver modèle 1892 doit être maintenant distribué exclusivement aux officiers.

Pièces en acier bronzées ou non bronzées

Les parties des pièces difficiles à atteindre directement doivent être nettoyées à l'aide de curettes en bois tendre et de chiffons peu épais et jamais avec des lames de tournevis ou autres objets métalliques.

Avant de graisser une pièce quelconque, avoir soin de bien l'essuyer et d'enlever la vieille graisse.

Pièces en bois

Lorsqu'elles sont simplement humides ou souillées de poussière, les essuyer avec un linge sec. Si elles présentent des taches de rouille, enlever ces dernières avec un morceau de drap imbibé d'huile. Si, à la suite de pluies, le bois a pris un aspect rugueux, le frotter avec un chiffon huilé.

DÉMONTAGE

Observations générales

Le démontage du revolver modèle 1892 s'opère dans l'ordre suivant :

1° Plaquette gauche (mise à découvert de la platine);
2° Platine ;
3° Support de barillet ;
4° Extracteur ;
5° Plaquette droite et anneau de calotte ;
6° Plaque-pontet, vis de plaque-pontet.

La première opération, jointe au rabattement du barillet sur le côté, est ordinairement suffisante pour l'entretien courant de l'arme, et même pour le nettoyage après le tir.

Les pièces de platine et le support du barillet ne sont démontés que si leur état l'exige.

Le démontage complet du barillet, le démontage de la plaquette droite, de l'anneau de calotte, de la plaque-pontet, doivent être aussi rares que possible.

Le verrou de barillet, le ressort d'axe de barillet, la tige et le ressort d'extracteur, les axes de chien et de détente, le guidon ne doivent être démontés que dans l'atelier du chef-armurier.

Il est absolument interdit de séparer le canon de la carcasse, en dehors d'une manufacture d'armes.

Les vis sont démontées et remontées uniquement avec le tournevis pour revolver modèle 1892 ou le tournevis mixte modèle 1898. Le biseau large sert pour la vis de plaque-pontet, le petit biseau pour les autres vis du revolver, sauf la vis-goupille de poussoir comprise d'ailleurs dans celles qui ne doivent être démontées que par l'armurier. Toutefois, pour mettre à découvert la platine, les hommes sont autorisés à se servir, comme tournevis, d'une pièce de cinq centimes.

1° Mise à découvert de la platine

Dévisser la vis de plaque-pontet jusqu'à ce que la plaque soit complètement dégagée ; rabattre la plaque-pontet vers le bout du canon; enlever la plaquette gauche.

2° Platine

La platine étant à découvert, ouvrir la porte; disposer la plaque-pontet à peu près perpendiculairement à la face gauche de l'arme pour dégager la console; faire reposer le revolver à plat dans la main gauche, la platine en dessus, le pouce par dessus la console, les deux premiers doigts sous le barillet, les deux derniers doigts contre l'arrière de la détente. Enlever ensuite les pièces de platine dans l'ordre des numéros qu'elles portent : saisir le grand ressort un peu en avant du tenon entre le pouce et les deux premiers doigts de la main droite; le pousser à droite en le soulevant légèrement pour dégager le tenon de son encastrement; laisser le ressort se détendre et l'enlever. Chasser en arrière la crête du chien, enlever le chien; pousser la détente en avant, dégager la barrette de son logement, la séparer de la détente; enlever la détente. (On peut retirer à la fois ces deux pièces en agissant sur la queue de la détente.

3° Support de barillet

La porte étant ouverte, dévisser la vis-arrêtoir de support de barillet; retirer cette vis ; rabattre un peu le barillet en plaçant le bras du support en demi à droite par rapport à la console. Pousser le barillet vers l'avant de 2 millimètres 1/2 environ, jusqu'à ce qu'on sente un arrêt; à ce moment, mettre le bras de support en croix sur la console pour empêcher la tranche du ressort de tomber dans la gorge du pivot. Saisir à pleine main le barillet et son support pour les maintenir réunis et achever de sortir le pivot de support de barillet. Enlever le ressort de support.

4° Démontage complet du barillet

Nota. — Ce démontage ne doit être fait ni par les hommes, ni par les sous-officiers.

5° Plaquette droite et anneau de calotte

Le grand ressort étant enlevé, dévisser la vis de monture, enlever la rosette et la plaquette. Pour retirer la rosette de son encastrement, utiliser au besoin la vis de monture que l'on visse par l'extérieur. Faire glisser le verrou d'anneau de gauche à droite en frappant, s'il est nécessaire, à petits coups sur l'oreille gauche avec un manche en bois, jusqu'à ce que l'épaulement du pivot corresponde au trou rond. Enlever l'anneau et achever de retirer le verrou par la droite.

6° Plaque de pontet, vis de plaque de pontet

Nota. — Ce démontage ne doit être fait ni par les hommes, ni par les sous-officiers.

REMONTAGE

Le remontage s'opère dans l'ordre inverse de celui qui est indiqué ci-dessus pour le démontage.

Plaquette droite et anneau de calotte

Mettre d'abord en place l'anneau, puis le verrou d'anneau, en disposant celui-ci de façon que les côtés des oreilles affleurent bien la calotte. Replacer, s'il y a lieu, la rosette dans son encastrement, appliquer la plaquette contre la carcasse et engager la vis de monture dans son logement.

Quand on remonte la plaquette, la maintenir contre la cloison de carcasse pendant le vissage des premiers filets dans la rosette. Serrer à fond la vis de monture.

Support de barillet

La vis-arrêtoir de support du barillet étant enlevée et la porte ouverte, prendre de la main droite le barillet réuni à son support, l'axe complètement enfoncé dans son canal.

Engager le bout du pivot de support dans son logement, le méplat contre la partie externe de la grande branche du ressort ; faire glisser le barillet en arrière le long de son axe jusqu'à l'arrêt du mouvement ; à ce moment, faire tourner l'ensemble du barillet et de son support en engageant le barillet dans sa cage jusqu'à ce que le bras du support se trouve en demi à droite par rapport à la console. Le ressort étant ainsi bandé, enfoncer complètement le pivot de support de barillet, en appuyant sur le bras de support et en maintenant le barillet de la main gauche.

Si l'on éprouve quelque résistance, faire varier un peu l'angle du bras du support et de la console jusqu'à ce qu'on sente le pivot céder à la pression.

Rabattre ensuite complètement le barillet dans sa cage et remettre en place la vis-arrêtoir.

Dans les revolvers de première fabrication, qui ont la butée du méplat postérieur plus éloignée du bout du pivot, faire glisser le barillet en arrière ; le long de son axe jusqu'à la butée de barillet et éviter soigneusement de laisser cette butée s'engager dans une entaille du renfort.

Platine

La porte étant ouverte, engager la détente sur son axe et replacer la barrette sur la détente, ou remettre les deux pièces en place à la fois après avoir d'abord assemblé la barrette sur la détente. Engager le bec de barrette dans le passage de la barrette en arrière du rempart ; et ramener la queue de la détente le plus possible vers l'arrière ; remettre le chien en place en pressant un peu, s'il y a lieu, sur le mentonnet pour éviter la came de la porte. Placer ensuite le revolver dans la main gauche, comme il est dit pour le démontage du grand ressort, en ayant soin de ramener vers l'avant le plus possible, avec les doigts qui les maintiennent, la détente et le chien. Saisir le grand ressort par dessus et en avant du tenon avec la main droite, engager la griffe plate dans son logement en l'appuyant contre le galet de barrette, comprimer la branche de percussion avec les deux premiers doigts, de manière à amener son galet au contact du chien dans l'évidement d'appui ; en même temps, pousser le ressort à droite jusqu'à ce que le tenon rentre dans un encastrement,

Fermer la porte, et en cas de difficulté de rotation de celle-ci ; s'assurer qu'il n'y a ni corps étranger, ni encrassement dans l'entaille de la console qui sert de logement au tenon de support.

On observera que, lorsque la porte est ouverte, le barillet restant dans sa cage, la détente fait tourner le barillet sans actionner le chien.

Plaquette gauche

Engager la plaquette sous l'oreille du verrou d'anneau, l'appliquer contre la cloison ; rabattre la plaque-pontet vers la poignée et la maintenir appuyée contre la vis de plaque pendant qu'on visse celle-ci.

On facilite la prise des filets en tournant d'abord d'un demi-tour pour dévisser, puis en vissant, avoir soin en terminant de bien mettre la vis à fond.

Avant de rabattre la plaque-pontet dans les revolvers à plaque du premier type, s'assurer que la barrette est entrée dans son logement.

NETTOYAGE ET GRAISSAGE

1° Nettoyage complet

Quand l'état de l'arme rend nécessaire le nettoyage ou le graissage de toutes ses parties ou du moins d'un très grand nombre de pièces ; ou lorsque le revolver n'a été visité depuis longtemps, on démonte et on nettoie complètement le revolver 1892.

On se conformera pour le démontage aux indications données dans le paragraphe « Démontage. » On nettoiera ensuite les différentes pièces en leur appliquant le procédé de nettoyage qui leur convient (voir Procédés généraux de nettoyage) et l'on tiendra compte en outre des prescriptions suivantes :

Intérieur du canon et chambres du barillet. — Le barillet étant rabattu sur le côté, s'il n'est pas encore démonté, prendre une bande de linge de 5 centimètres de largeur et, après avoir enlevé l'écouvillon de la baguette, entourer le porte-chiffon et le bout fileté d'une longueur de bande telle que le rouleau obtenu force légèrement en passant dans le canon.

Introduire par la bouche le bout du chiffon sec et imprimer à la baguette un mouvement de va-et-vient sur toute la longueur du canon.

En dehors de la garnison, employer simplement un chiffon assez fort pour remplir l'intérieur de l'âme sans trop forcer ; pour engager cette bande de toile dans le canon, attacher à l'un des coins une ficelle mince de 20 centimètres environ de longueur.

Si l'on ne peut nettoyer convenablement l'intérieur du canon avec un chiffon sec, faire usage d'un chiffon huilé. Si ce dernier procédé est insuffisant, en particulier pour enlever les taches de rouille, porter l'arme chez l'armurier.

Garnir ensuite la baguette d'un linge propre et essuyer le canon en faisant tourner le chiffon de gauche à droite, suivant le sens des rayures, pendant le mouvement de va-et-vient.

Eviter, pendant ces opérations, de frapper avec la baguette le trou du percuteur dans le rempart.

Nettoyer les chambres du barillet comme il vient d'être expliqué pour le canon ; s'aider du numérotage des chambres pour être sûr de les soumettre à toutes les opérations.

Graisser l'intérieur du canon et les chambres du barillet au moyen de l'écouvillon ou à défaut avec un chiffon gras. Eviter de graisser trop fortement les logements des étuis,

Extérieur du canon, barillet, platine, carcasse. — Démonter complètement le revolver sans toutefois séparer les pièces qui ne doivent être démontées que par l'armurier. Restreindre d'ailleurs ce démontage autant que possible en ce qui concerne le barillet lorsque le nettoyage des pièces en place paraît suffisant. Employer de préférence à la curette métallique des curettes en bois pour le nettoyage des diverses cavités du barillet, de son extracteur et de son support.

La carcasse étant mise à découvert, nettoyer avec soin les différents logements des pièces ainsi que les axes; nettoyer l'extérieur du canon.

Nettoyer en place la porte et son ressort. Nettoyer également en place le ressort d'axe du barillet; éviter de le fausser ou de modifier son cintrage si peu que ce soit.

Monture. — Procéder pour les plaquettes comme il est dit pour les pièces en bois.

Passer à la pièce grasse ou graisser avec la brosse douce les pièces qu'on a séparées pour les nettoyer, graisser également les parties de la carcasse recouvertes quand l'arme est montée; vérifier qu'il ne reste pas de corps étranger dans les trous d'axe ou de vis et dans les logements des pièces, exécuter le remontage avec les précautions et dans l'ordre indiqué et, au fur et à mesure du remontage, mettre une goutté d'huile aux endroits suivants :

Came du ressort de porte et pourtour de l'axe de porte; six pans de l'extracteur, tube, dans le voisinage du support, portées annulaires de l'axe de barillet; pivot de support et gorge du pivot pour la vis-arrêtoir; dents de la crémaillière; bec et galet de barrette; arête de mentonnet; crans du chien et de la détente, talon de rebondissement du chien et évidemment d'appui du grand ressort; galet de grand ressort.

Faire jouer l'extracteur pour lubrifier toutes ses parties, s'assurer que les galets de la platine roulent facilement et que le percuteur est libre dans son logement.

Graisser l'intérieur de la plaque-pontet, remonter la plaquette gauche et la plaque-pontet; passer très légèrement la brosse grasse sur toutes les parties métalliques extérieures de l'arme.

2° Nettoyage après les exercices

Après les exercices autres que les tirs, lorsque le revolver a été retiré de son étui, essuyer soigneusement avec un linge sec les parties extérieures ainsi que les pièces du barillet qu'on peut atteindre sans les démonter; passer ensuite la pièce grasse sur toutes les parties métalliques et spécialement sur les pièces mises à la couleur jaune. Si l'arme a été mouillée ou exposée à une forte poussière, essuyer aussi l'âme du canon et les chambres, puis les graisser avec l'écouvillon (voir paragraphe précédent). Si toutes les parties de l'arme sont salies ou oxydées, procéder au nettoyage complet.

8° Nettoyage après le tir

Procéder d'abord au lavage du canon et des chambres du barillet. A cet effet, exécuter ce qui est prescrit pour ces parties de l'arme dans le nettoyage complet, mais en se bornant à rabattre le barillet sur le côté sans le démonter et en se servant d'abord d'un chiffon mouillé de façon à enlever par lavage les résidus de la poudre.

Tant que le chiffon sort sale du canon, le rincer dans l'eau et recommencer l'opération. Remplacer le chiffon de lavage par un chiffon propre et essuyer soigneusement l'âme que l'on graisse ensuite.

Pour le nettoyage des chambres du barillet procéder de la même façon. Quand on exécute le lavage de l'âme du canon ou des chambres du barillet, tenir la bouche de l'arme dirigée vers le sol.

Essuyer soigneusement le bouton du canon, les quatre encoches et l'entaille de console, la bouterolle et la tranche antérieure du barillet.

En outre des soins prescrits après les exercices, nettoyer et graisser l'extracteur, huiler le six pans en faisant jouer cette pièce dans son logement, mais ordinairement sans démonter le barillet. Nettoyer le passage du percuteur, le rempart autour de ce passage et le dessus du verrou.

On ne nettoiera la platine que si son état l'exige.

Si l'axe du barillet a été fortement encrassé et si le mouvement de rabattement ne s'exécute pas avec facilité dégager partiellement le pivot du support (de 1 centimètre environ), sans le faire sortir complètement de son logement, ramener le barillet vers l'arrière, nettoyer les parties antérieures de l'axe, la bouterolle et huiler les portées.

Il sera inutile de pousser plus loin le nettoyage. Toutefois, si, par suite de circonstances spéciales, les opérations indiquées précédemment se trouvent insuffisantes pour remettre l'arme en état, on démontera toutes les pièces salies ou oxydées qui ne peuvent être nettoyées sur place.

CARTOUCHE

La cartouche comprend :

Un étui à épaulement, en laiton ;

Une amorce (sans couvre-amorce) ;

Une charge de poudre noire spéciale ;

Une bourre en cire, comprise entre deux rondelles et prenant appui sur l'épaulement de l'étui pour assurer l'étanchéité de la cartouche.

Une balle composée d'un noyau de plomb durci et d'une enveloppe de cuivre ;

Le poids de la charge est de 73 centigrammes, celui de la balle de 7 g. 90, celui de la cartouche de 12 grammes.

Les cartouches sont empaquetées par 6 ; les paquets de 6 sont réunis par 3 dans des paquets de 18.

RENSEIGNEMENTS COMPLÉMENTAIRES

Fonctionnement

Quand la porte est fermée et le chien au repos, le barillet est immobilisé par l'arrêtoir de la détente qui pénètre entre deux saillies du barillet. Si donc on interrompt le feu sans avoir brûlé toutes les cartouches du barillet, on est certain qu'en reprenant le tir on placera devant le percuteur des cartouches non tirées.

Le chien est rebondissant, c'est-à-dire qu'après la percussion, et lorsqu'on a cessé d'agir sur la détente, il se reporte en arrière d'une certaine quantité sous l'action de la branche de rebondissement. Dans cette position, il y a arcboutement de la branche et du chien, en orte que ce dernier ne peut se porter en avant par suite d'un choc quelconque, ni par conséquent déterminer le départ accidentel du coup.

Quand on ouvre la porte, elle entraîne en arrière le verrou du barillet. En même temps, sa came refoule le mentonnet contre le chien et soulève légèrement celui-ci ; ce mouvement du chien reporte la détente en arrière d'une certaine quantité. Il en résulte que le barillet n'est plus maintenu par son verrou ni par l'arrêtoir de la détente, et qu'on peut le rabattre à droite hors de sa cage. Le ressort de support de barillet a pour but de donner de la stabilité au barillet dans ses deux positions extrêmes, c'est-à-dire dans sa cage et dans la position d'extraction ; il agit sur le pivot de support de la même manière que le ressort de porte sur l'axe de la porte.

L'ouverture de la porte rend la percussion impossible ; on est donc sûr de ne pouvoir faire feu que lorsque la porte est fermée, et par conséquent le barillet est solidement maintenu dans sa cage par le verrou de barillet.

Chargement et déchargement

Pour charger, ouvrir la porte et rabattre le barillet à droite hors de sa cage ; prendre le revolver de la main gauche par la poignée, le bout du canon dirigé vers la terre ; placer les cartouches dans les chambres du barillet ; rabattre celle-ci à gauche et fermer la porte.

Pour décharger, ouvrir la porte, rabattre le barillet à droite, pousser l'extracteur en arrière en appuyant avec la paume de la main droite sur le poussoir d'extracteur ; faire tomber les étuis tirés ; rabattre le barillet à gauche et fermer la porte.

Si l'on veut retirer du barillet des cartouches chargées il est bon d'opérer avec plus de précaution. Placer le revolver dans la main gauche, le canon dirigé vers la terre, la poignée appuyée au corps, rabattre le barillet à droite et agir sur le poussoir avec les deux premiers doigts de la main gauche de manière à dégager en partie les cartouches : retirer celles-ci une à une avec la main droite.

Paris, le 26 octobre 1907.

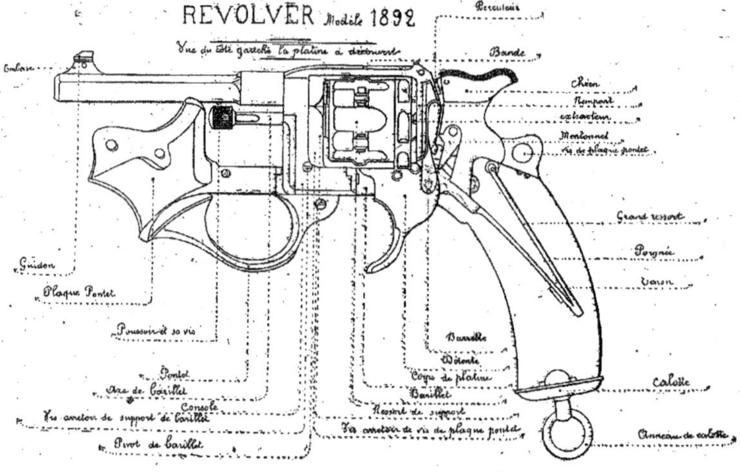

REVOLVER Modèle 1892
Vue du côté gauche la platine à découvert
Embase
Percuteur
Bande
Chien
Rempart
exhausteur
Mentonnet
Vis de plaque pontet
Grand ressort
Poignée
Canon
Guidon
Plaque Pontet
Poussoir et sa vis
Barrette
Détente
Corps de platine
Pontet
Barillet
Axe de barillet
Console
Ressort de support
Vis arrêtoir de support de barillet
Vis arrêtoir de vis de plaque pontet
Pivot de barillet
Calotte
Anneau de calotte

QUESTIONNAIRE

SUR LES

LOIS ET RÈGLEMENTS ACCESSOIRES

A L'USAGE

DES CHEFS DE BRIGADE ET GENDARMES

ROULAGE

Dispositions applicables à toutes les voitures

D. — *Combien peut on atteler de chevaux aux voitures servant au transport des marchandises ?*

R. — 1° Cinq chevaux pour les voitures à deux roues ; 2° huit chevaux pour les voitures à quatre roues, sans qu'il puisse y avoir plus de cinq chevaux de file. (Décret du 10 août 1852, art. 3.)

D. — Combien peut-on atteler de chevaux aux voitures servant au transport des personnes ?

R. — 1° Trois chevaux pour les voitures à deux roues ; 2° six chevaux pour les voitures à quatre roues. (Art. 3 du même décret, § 2.)

D. — Ces chiffres, limités pour les chevaux, le-sont-ils aussi pour d'autres bêtes de trait ?

R. — Oui, ils s'appliquent indistinctement à toutes les bêtes de trait : bœufs, vaches, mulets, etc. (*Dalloz*, Voitures, art. 37.)

D. — Lorsqu'on a à transporter des objets d'un poids considérable, nécessitant un attelage exceptionnel, que doit-on faire ?

R. — On doit s'y faire autoriser par le préfet, sur l'avis des ingénieurs ou des agents-voyers (Art. 4 du même décret.)

D. — Le nombre de chevaux déterminé par l'article 3 est-il applicable aux parties de routes ou de chemins très accidentées ?

R. — Non, ces parties de routes ou de chemins ont des poteaux portant l'inscription : « *Chevaux de renfort* », ce qui permet d'en augmenter le nombre selon la déclivité des rampes ou leur longueur.

L'emploi des chevaux de renfort peut même être autorisé temporairement sur les autres parties des routes ou chemins, lorsque des travaux de réparations ou d'autres circonstances accidentelles rendent cette mesure nécessaire. Art. 5

D. — En temps de neige ou de verglas le nombre de chevaux est-il limité ?

R. — Non. Art. 6

D. — Pendant le temps de dégel la circulation peut-elle être limitée ?

R. — Oui, les préfets, dans chaque département, déterminent les routes nationales et départementales, ainsi que les chemins de grande communication, sur lesquels des barrières de dégel seront établies pour restreindre la circulation. (Décret du 29 août 1863, art 1ᵉʳ.)

D. — Quelles sont les voitures qui peuvent circuler pendant la fermeture des barrières de dégel ?

R. — Ce sont : 1° les courriers de la malle ; 2° les voitures de voyage suspendues, étrangères à toute entreprise publique de messagerie ; 3° les voitures non chargées ; 4° les voitures chargées, montées sur roues à jantes d'au moins onze centimètres de largeur, et dont l'attelage n'excédera pas le nombre de chevaux qui sera fixé par le préfet. (Même décret.)

D. — Que doit-on faire des voitures prises en contravention aux dispositions ci-dessus ?

R. — Elles doivent être arrêtées ; les chevaux sont mis en fourrière dans l'auberge la plus voisine. (Même décret.)

D. — Quelles sont les recommandations pour le passage des ponts suspendus ?

R. — Pendant la traversée des ponts suspendus, les chevaux seront mis au pas ; les voituriers ou rouliers tiendront les guides ou le cordeau ; les conducteurs et postillons resteront sur leur siège.

Défense est faite aux rouliers et autres voituriers de dételer aucun de leurs chevaux pour le passage des ponts.

Toute voiture attelée de plus de cinq chevaux ne doit pas s'engager sur le tablier d'une travée quand il y a déjà sur cette travée une voiture d'un attelage supérieur à ce nombre de chevaux. (Art. 8 du décret du 10 août 1852.)

D. — Que doit faire tout roulier ou conducteur de voiture à l'approche de toute autre voiture ?

R. — Il doit se ranger à sa droite de manière à lui laisser libre au moins la moitié de la chaussée. (Art. 9 du même décret.)

D. — Doit-il se déranger pour un cavalier ?

R. — Non. (Cassation 19 avril 1873).

D. — Peut-on laisser stationner sans nécessité sur la voie publique une voiture attelée ou non attelée ?

R. — Non. **Art. 10**

Dispositions applicables aux voitures ne servant pas au transport des personnes

D. — Quelle est la largeur du chargement ?

R. — Deux mètres cinquante centimètres; toutefois, les préfets peuvent délivrer des permis de circulation pour les objets d'un grand volume. (Art. 11 du décret du 10 août 1852.)

D. — Les voitures d'agriculture sont-elles soumises à cette même largeur de chargement ?

R. Non, lorsqu'elles sont employées au transport des récoltes de la ferme aux champs et des champs à la ferme ou au marché. (Art. 11, § 2, même décret.)

D. — Quelle doit être la largeur des colliers ?

R. — Elle ne peut dépasser quatre-vingt-dix centimètres, mesurés entre les points les plus saillants des pattes des attelles. **Art. 12**

D. Qu'est-ce qu'un convoi ?

R. — La réunion de plusieurs voitures marchant à la suite les unes des autres. **Art. 13**

D. — De combien de voitures peut se composer un convoi ?

R. — 1° De quatre voitures à quatre roues attelées d'un seul cheval ;

2° De trois voitures à deux roues attelées d'un seul cheval ;

3° De deux voitures au plus si l'une d'elles est attelée de plus d'un cheval Toutefois, la seconde doit être attachée à la première. (Même article et article 14.)

D. — Quel doit être l'intervalle d'un convoi à l'autre ?

R. — Cinquante mètres au moins. (Art. 13, § 2.)

D. — Où doit se tenir le voiturier ou conducteur de toute voiture ne servant pas au transport des personnes ?

R. — Il doit se tenir constamment à portée de ses chevaux ou bêtes de trait et en position de les guider. (Art. 14 du même décret.)

Le voiturier monté sur le cheval du milieu de l'attelage de sa voiture n'est pas considéré comme étant à portée de guider ses chevaux ; le charretier rencontré assis sur sa voiture est également en contravention. (Cour de cassation des 15 octobre 1846 et 6 mars 1856.)

Ces diverses dispositions s'appliquent à toutes les voitures conduites par des bœufs, chevaux et autres animaux. (Cassation, 30 juin 1876 et 17 novembre 1881.)

D. — *Combien le même conducteur peut-il conduire de voitures ?*

R. — 1° Quatre voitures à un cheval si elles sont à quatre roues ,
2° Trois voitures à un cheval si elles sont à deux roues ;
3° Deux voitures, dont la première est attelée de quatre chevaux au plus, et la deuxième attelée d'un seul cheval attaché derrière la première. (Art. 14.)

D. — *Quelles sont les voitures astreintes à l'éclairage ?*

R. — Toute voiture ne servant pas au transport des personnes, marchant isolément ou en tête d'un convoi, ne pourra circuler pendant la nuit sans être pourvue d'un falot ou d'une lanterne allumée. (Art. 15.)
Cette disposition peut être appliquée aux voitures d'agriculture par des arrêtés des préfets ou des maires. (Même article.)

D. — *Cette prescription est-elle applicable aux voitures particulières servant au transport des personnes ?*

R. — Oui, par un arrêté spécial du préfet (Décret du 24 février 1858, article 2.

D. — *Lorsque deux voitures marchent l'une derrière l'autre sans former convoi, doivent-elles être éclairées toutes les deux ?*

R. — Oui. (Cassation, 12 mai 1854.).

D. — *L'éclairage est-il obligatoire pour les voitures servant à la fois au transport des personnes et des marchandises ?*

R. — Oui. (Cassation, 1er mars 1855.)

D. — *Sur quelles routes l'éclairage est-il obligatoire ?*

R. — L'éclairage n'est obligatoire sans arrêtés des préfets ou des maires que pour les voitures marchant sur les routes nationales, et sur les chemins vicinaux de grande communication. (Cassation, 1er février 1855.)

D. — *L'éclairage est-il obligatoire pour les voitures d'agriculture conduisant les produits de la ferme à la ville ?*

R. — Oui. (Cassation, 1er mars 1856.)

D. — *Le clair de lune peut-il dispenser de l'éclairage ?*

R. — Non. (Cassation, 4 février 1860.) Toutefois, il est de règle de ne pas faire de contravention d'éclairage lorsque la lune éclaire suffisamment pour permettre d'éviter tout accident, dans les pays de plaine et bien découverts par exemple.

D. — *Si la lanterne est en bon état et a été éteinte par des coups de vent, y a-t-il contravention ?*

R. — Non. (Cassation, 10 janvier 1879.) Mais si la voiture ne possède ni falot ni lanterne, le voiturier ne peut être excusé. (Même arrêt.)

D. — *Comment s'entend le temps de nuit pour l'éclairage des voitures ?*

R. — Du coucher au lever du soleil. (Cassation, 25 août 1877.)

D. — *Où doit être placée la lanterne d'une voiture ?*

R. — Elle doit être fixée à la voiture et en avant. Si elle était tenue à la main par une personne assise ou debout dans la voiture, il y aurait contravention. (Cassation, 20 juillet 1861.)

D. — Quelles sont les voitures qui doivent être pourvues d'une plaque ?

R. — Tout propriétaire de voiture ne servant pas au transport des personnes est tenu de faire placer, en avant des roues et au côté gauche de sa voiture, une plaque métallique portant, en caractères apparents et lisibles ayant au moins cinq millimètres de hauteur, ses nom, prénom, profession, ainsi que les noms de la commune, du canton et du département de son domicile. (Art. 16 du décret du 10 août 1852.)

D. — L'omission sur la plaque d'une seule de ces indications suffit-elle pour qu'il y ait contravention ?

R. — Oui. (Cassation, 25 août 1854.)

D. — Quelles sont les voitures dispensées de la plaque ?

R. — 1° Les voitures particulières destinées au transport des personnes, mais étrangères à un service public de messagerie ;

2° Les malles-postes et autres voitures appartenant à l'administration des postes ;

3° Les voitures d'artillerie, chariots et fourgons appartenant aux départements de la guerre et de la marine ;

4° Les voitures employées à la culture des terres, au transport des récoltes, à l'exploitation des fermes, qui se rendent de la ferme aux champs et des champs à la ferme. (Art. 16 du décret du 10 août 1852.)

D. — Quel est le cas d'un voiturier qui, sommé de s'arrêter, refuserait d'obtempérer et de se soumettre aux vérifications ?

R. — Ce voiturier se serait rendu coupable d'un délit et serait puni d'une amende de 16 à 100 fr., indépendamment de celle encourue pour toute autre cause ; on lui dresserait procès-verbal. (Art. 10 de la loi du 30 mai 1851.)

D. — Que doit-on faire à l'égard des contrevenants qui sont inconnus ou dont la solvabilité est douteuse ?

R. — Les conduire devant le maire de la commune où là contravention a été commise, afin que ce magistrat intervienne pour faire déposer l'amende encourue ou retenir en fourrière les chevaux ou voitures. (Art. 21 de la loi du 30 mai 1851.)

Voitures publiques

D. — A quel moment doit-on constater les contraventions commises par les conducteurs des voitures publiques ?

R. — Elles ne peuvent être constatées qu'au lieu de départ, d'arrivée, de relai et de station desdites voitures, ou aux barrières d'octroi, sauf, toutefois, celles qui concernent le nombre des voyageurs, le mode de conduite des voitures, la police des conducteurs, cochers ou postillons, et les modes d'enrayage. (Art. 16 de la loi du 30 mai 1851.)

D. — Quel peut être le maximum de hauteur d'une voiture publique y compris le chargement ?

R. — Trois mètres, mesurés du sol à la partie la plus élevée du chargement pour les voitures à quatre roues, et deux mètres soixante centimètres pour les voitures à deux roues.

Il est défendu d'attacher aucun objet en dehors de la bâche. (Art. 22 du décret du 10 août 1852.)

214

D. — Quelle doit être la largeur moyenne des places dans les voitures publiques ?

R. — 48 centimètres; mais cette largeur peut être réduite à 40 centimètres pour les voitures parcourant moins de 20 kilomètres et pour les banquettes à plus de trois places. (Art. 23 du décret du 10 août 1852.)

D. — Quelle doit être la largeur des banquettes ?

R. — 45 centimètres. (Art. 23, même décret.)

D. — Quelle doit être la distance entre les banquettes ?

R. — 45 centimètres. (Même article.)

D. — Quelle doit être la hauteur des banquettes y compris le coussin ?

R. — 40 centimètres. (Même article.)

D. — Peut-il y avoir une banquette sur l'impériale ?

R. — Oui; la hauteur de cette banquette, y compris le coussin, ne doit pas dépasser 30 centimètres; elle ne doit avoir que trois places, et aucun paquet ne peut être chargé sur cette banquette. (Art. 24 du même décret.)

D. — Les voitures publiques doivent-elles être munies d'une machine d'enrayage ?

R. — Oui, cette machine agissant sur les roues de derrière doit être disposée de manière à pouvoir être manœuvrée de la place assignée au conducteur.

Les voitures doivent, en outre, être pourvues d'un sabot et d'une chaîne d'enrayage que le conducteur placera à chaque descente rapide ; toutefois, les préfets peuvent dispenser de l'emploi de ces appareils les voitures qui parcourent uniquement des pays de plaine. (Art. 27 du même décret.)

D. — Les voitures publiques doivent-elles être éclairées ?

R. — Oui, par une lanterne à réflecteur **placée** à droite et à l'avant de la voiture. Art. 28

D. — Quelles indications doit porter à l'extérieur une voiture publique ?

R. — Chaque voiture porte à l'extérieur, dans un endroit apparent, indépendamment de l'estampille délivrée par l'administration des contributions indirectes, le nom et le domicile de l'entrepreneur, et l'indication du nombre des places de chaque compartiment. Art. 29

D. — Et à l'intérieur ?

R. — 1° Le numéro de chaque place;
2° Le prix de la place depuis le lieu du départ jusqu'à celui de l'arrivée Art. 30

D. — L'entrepreneur n'est-il pas obligé à tenir un registre ?

R. — Oui, un registre paraphé par le maire et où il inscrit les noms des voyageurs qu'il transporte, les ballots et paquets dont le transport lui est confié. (Art. 31.)

D. — Les conducteurs peuvent-ils prendre en route des voyageurs et paquets ?

R. — Oui, à condition d'en faire mention sur les feuilles de routes qui leur ont été remises au départ. (Art. 32.)

D. — Combien de postillons ou cochers faut-il pour conduire une voiture publique ?

R. — Toute voiture publique dont l'attelage ne présentera de front que deux rangs de chevaux pourra être conduite par un seul postillon ou un seul cocher ; mais si l'attelage comporte plus de deux rangs de chevaux, elle devra être conduite par deux postillons ou par un cocher et un postillon. Art. 33

D — Quelles sont les défenses faites aux postillons et cochers ?

R. — Ils ne pourront, sous aucun prétexte, descendre de leurs chevaux ou de leurs sièges.

Il leur est enjoint d'observer, dans les traversées des villes et villages, les règlements de police concernant la circulation dans les rues.

Dans les haltes, le conducteur et le postillon ne peuvent quitter en même temps la voiture tant qu'elle reste attelée.

Avant de remonter sur son siège, le conducteur doit s'assurer que les portières sont exactement fermées. (Art. 34 du même décret.)

D. — A quel âge peut-on être postillon ou cocher ?

R. — A seize ans. Art. 38 du même décret

D. — Quel moyen les voyageurs ont-ils pour faire connaître leurs plaintes ou réclamations ?

R. — A chaque bureau de départ et d'arrivée et à chaque relai, il y a un registre coté et paraphé par le maire, pour l'inscription des plaintes que les voyageurs peuvent avoir à former contre les conducteurs, postillons ou cochers. Ce registre doit être présenté aux voyageurs à toute réquisition. Art. 39 du même décret

D. — Les voitures qui desservent les routes des pays voisins et qui partent des villes frontières ou qui y arrivent sont-elles soumises aux règles ci-dessus ?

R. — Non, mais elles doivent toutefois être solidement construites. (Art. 41.)

D. — Dans quel délai les procès-verbaux en matière de roulage et de messagerie doivent-ils être enregistrés ?

R. — Ils doivent être enregistrés en débet dans les trois jours de leur date *à peine de nullité.* (Art 19 de la loi du 30 mai 1851.)

D. — Quelle est la part, sur les amendes prononcées en matière de roulage, qui revient aux gendarmes rédacteurs ?

R. — Les brigadiers et gendarmes, à l'exclusion des officiers et des sous-officiers, ont droit à une gratification de 1 fr. 25 cent. par condamnation recouvrée. (Art. 11 de la loi du 27 décembre 1890.)

AUTOMOBILES

D. — Qu'entend-on par automobiles ?

R. — Par l'expression d'automobiles ou de voitures automobiles, il faut entendre tous les véhicules à moteur mécanique, quelle que soit leur nature. Ces expressions comprennent donc, non seulement les locomotives routières, les automobiles de poids lourd et de poids moyen avec ou sans avant-train moteur, boggie ou non, circulant isolément ou remorquant d'autres véhicules, mais encore les véhicules légers tels que voiturettes, motocycles, etc. (Circulaire du ministre des travaux publics du 10 avril 1899.)

D. — Quelles sont les conditions que doivent remplir extérieurement les appareils automobiles ?

R. — Les appareils doivent être disposés de telle manière que leur emploi ne présente aucune cause particulière de danger et ne puisse ni effrayer les chevaux ni répandre d'odeurs incommodes. (Art. 3 du décret du 10 mars 1899.)

D. — Tout le monde peut-il conduire un automobile ?

R. — Nul ne peut conduire un automobile s'il n'est porteur d'un certificat de capacité délivré par le préfet du département de sa résidence, sur l'avis favorable du service des mines.

Un certificat de capacité spéciale distingue les conducteurs de motocycles d'un poids inférieur à 150 kilogrammes. (Art. 11.)

Le conducteur d'un automobile sera tenu de présenter à toute réquisition de l'autorité compétente :

1° Son certificat de capacité ;

2° Le récépissé de déclaration du véhicule. (Art. 12.)

D. — Comment doit-on conduire pour prévenir les accidents ?

R. — Le conducteur de l'automobile doit rester constamment maître de sa vitesse. Il ralentit ou même arrête le mouvement toutes les fois que le véhicule pourrait être une cause d'accident, de désordre ou de gêne pour la circulation.

La vitesse doit être ramenée à celle d'un homme au pas dans les passages étroits ou encombrés.

En aucun cas, la vitesse n'excédera celle de 30 kilomètres à l'heure en rase campagne et de 20 kilomètres à l'heure dans les agglomérations, sauf l'exception prévue à l'article 31. (Art. 14.)

D. — Ces précautions ne sont-elles pas complétées par des signaux et des signes extérieurs ?

R. — L'approche du véhicule devra être signalée, en cas de besoin, au moyen d'une trompe.

Tout automobile sera muni, à l'avant, d'un feu blanc et d'un feu vert. (Art. 15.)

D. — *Que doit faire le conducteur en quittant son véhicule ?*

R. — Le conducteur ne doit jamais quitter le véhicule sans avoir pris les précautions utiles pour prévenir tout accident, toute mise en route intempestive, et pour supprimer tout bruit du moteur. (Art. 16.)

D. — *A quoi distingue-t-on chaque voiture ?*

R. — Chaque voiture porte en caractères bien apparents :

1° Le nom du constructeur, l'indication du type et le numéro d'ordre dans la série du type ;

2° Le nom et le domicile du propriétaire. (Art. 7 du décret du 10 mars 1899.)

Si l'automobile est capable de marcher en palier à une vitesse supérieure à 30 kilomètres à l'heure, il est pourvu de deux plaques d'identité, portant un numéro d'ordre, à l'avant et à l'arrière du véhicule. (Décret du 10 septembre 1901.)

La plaque d'arrière est éclairée pendant la nuit par réflexion avec une intensité qui permette de lire le numéro d'ordre aux mêmes distances que le jour.

Toutefois, on peut, pendant la nuit, substituer à la plaque d'arrière une lanterne qui éclaire par transparence un verre laiteux recouvert d'une plaque ajourée, de manière que les caractères constituant le numéro se détachent en clair sur fond obscur, avec les mêmes dimensions. (Art. 4 de l'arrêté du ministre des travaux publics du 11 septembre 1901.)

Les véhicules remorqués portent en caractères bien apparents le **nom et** le domicile du propriétaire. (Art. 19 du décret du 10 mars 1899.)

D. — *Quelles sont les dispositions relatives aux voitures remorquées ?*

R. — Aucun automobile destiné à remorquer d'autres véhicules ne peut être mis en service qu'en vertu d'une autorisation du préfet, délivrée après avis du service des mines. (Art. 20.)

Tout train porte, la nuit, un feu rouge à l'arrière, sans préjudice du feu blanc et du feu vert prévus par l'article 15. (Art. 23.)

La vitesse des trains en marche ne doit pas dépasser 20 kilomètres à l'heure en rase campagne et 10 kilomètres à l'heure dans les agglomérations. (Art. 24.)

Lorsque les freins des véhicules remorqués ne sont pas actionnés par le mécanicien, la manœuvre de ces freins est confiée à des conducteurs spéciaux dont le nombre est proportionné à l'importance du convoi, eu égard aux déclivités du parcours et à la vitesse de marche. (Art. 25.)

D. — *Les automobiles ne sont-ils pas soumis à d'autres dispositions ?*

R. — Indépendamment des prescriptions du présent règlement, les automobiles demeureront soumis aux dispositions des règlements sur la police du roulage. (Art. 29 du décret du 10 mars 1899.)

D. — *Pouvez-vous constater les contraventions au décret du 10 avril 1899 ?*

R. — Aux termes de la circulaire de M. le ministre des travaux publics en date du 10 avril 1899, paragraphe 16, les contraventions aux dispositions nouvelles édictées par le décret du 10 mars 1899 ne peuvent être constatées que par des officiers de police judiciaire (maires, commissaires de police, etc.), en attendant les lois à intervenir à cet égard. (Art. 33 du décret.)

Les autres agents n'ont qualité pour verbaliser qu'en vertu des règlements sur la police du roulage, des arrêtés des préfets et des maires. (Art. 29.)

(Voir art. 198 du décret du 20 mai 1903.)

D. — *A quelles conditions les courses d'automobiles peuvent-elles avoir lieu ?*

R. — Les courses de voitures automobiles ne pourront avoir lieu sur la voie publique sans une autorisation spéciale délivrée par chacun des départements traversés. (Art. 31 du décret du 10 mars 1899.)

D. — *Quelle est la destination donnée aux procès-verbaux ?*

R. — Ils sont adressés au ministère public près le tribunal de simple police, ou à l'autorité administrative, suivant le cas, comme dans la police du roulage.

Il y a exception, en matière de plaque ; alors ils sont adressés au directeur ou sous-directeur des contributions indirectes depuis la loi de finances du 30 janvier 1907. (Art. 24.)

RÉGLEMENTATION

DE LA

CIRCULATION DES VÉLOCIPÈDES

(Arrêté ministériel du 29 février 1896 et décret du 10 décembre 1898)

D. — *Les vélocipèdes sont-ils tenus, par mesure de précaution, au port de certains appareils ?*

R. — Tout vélocipède doit être muni d'un appareil avertisseur dont le son puisse être entendu à 50 mètres (trompe, grelot, etc.), et en outre d'une lanterne à l'avant, allumée dès la chute du jour.

D. — *Quelles sont les précautions de rigueur pendant la marche ?*

R. — Une allure modérée dans la traversée des agglomérations, aux croisements et tournants; interdiction de marcher en groupe dans les rues, de couper les cortèges et les troupes en marche; ordre de mettre pied à terre et conduire à la main en cas d'embarras; prendre la droite en croisant des voitures, chevaux, vélocipèdes; la gauche pour les dépasser, tout en avertissant avec l'appareil sonore et modérant l'allure; s'arrêter quand un cheval manifeste des signes de frayeur.

D. — *Les conducteurs de voitures et les cavaliers ont-ils aussi une règle à observer ?*

R. — Ils doivent se ranger à leur droite à l'approche d'un vélocipède, en lui laissant libre un espace utilisable d'au moins 1 mètre 50 de largeur.

D. — *Quelles sont les parties de la voie publique interdites aux vélocipédistes ?*

R. — Les trottoirs et contre-allées affectées aux piétons, dans les villes et agglomérations; cette interdiction ne s'étendant pas aux machines conduites à la main.

D. — *Comment doivent-ils se comporter sur les trottoirs et contre-allées, en dehors des villes et agglomérations ?*

R. — Ils peuvent circuler sur ces parties, le long des routes et chemins pavés ou en état de réfection, en prenant une allure modérée à la rencontre des piétons, et en réduisant la vitesse à celle d'un homme au pas, au droit des habitations isolées.

D. — *Les maires ont-ils à prendre des arrêtés sur la matière ?*

R. — Oui, ils peuvent interdire la circulation des vélocipèdes temporairement ou d'une façon permanente. sur tout ou partie de la voie publique; des écriteaux placés aux extrémités des espaces interdits en donnent avis.

D. — *Chaque vélocipède ne doit-il pas être distingué par une plaque ?*

R. — Les vélocipèdes et appareils analogues doivent être munis de la plaque de contrôle prescrite par la loi du 13 avril 1898. (Art. 8.)

Elle est délivrée par l'administration des contributions indirectes. (Art. 23 de la loi de finances du 30 janvier 1907.)

Chaque vélocipède doit porter autant de plaques qu'il comporte de places. (Décret du 10 décembre 1898, art. 1er.)

La plaque de contrôle doit toujours rester apparente. (Même décret, art. 2.)

Elle est renouvelée tous les ans, avant le 1er janvier. (Loi du 30 janvier 1907.)

D. — *A quoi reconnaît-on l'authenticité de la plaque ?*

R. — Chaque plaque est frappée par l'administration des monnaies et médailles d'un poinçon qui est apposé dans le cartouche circulaire placé à la partie inférieure de la plaque. (Décret du 10 décembre 1898, art. 1er.)

Ce poinçon figure en relief une effigie allégorique de la République, placée de profil et ornée d'un casque ailé ; il porte en exergue les mots *Ministère des finances*, gravés en creux.

D. — *Où la plaque est-elle fixée ?*

R. — Pour le vélocipède ordinaire à une place, la plaque est fixée sur le tube de direction ; pour le vélocipède ordinaire à deux places tandem), à trois places, etc., la première plaque est sur le tube de direction ; chacune des plaques en sus de la première, sur le tube diagonal du cadre qui supporte la deuxième selle, la troisième selle, et ainsi de suite. (Décret du 10 décembre 1898, art. 2.)

Pour le vélocipède à moteur mécanique à une place, la plaque est fixée sur le tube de direction ; pour le vélocipède à moteur mécanique à deux places, il y a deux plaques fixées l'une au-dessus de l'autre sur le tube de direction.

Et ainsi de suite, les plaques (modèle B) étant fixées les unes au-dessus des autres en nombre égal à celui des places du vélocipède. (Décret du 10 décembre 1898, art. 2.)

Les vélocipèdes attelés à une voiturette-remorque ou munis d'un avant-train à une place doivent porter deux plaques sur le tube de direction ; ceux qui sont attelés à une voiturette-remorque ou qui sont munis d'un avant-train à deux places doivent porter trois plaques sur le tube de direction, et ainsi de suite.

D. — *Quelles sont les inscriptions à mettre sur la plaque ?*

R. — La plaque de contrôle doit indiquer dans son cartouche rectangulaire :

1° Le nom ; 2° le prénom ; 3° l'adresse du possesseur du vélocipède. (Loi du 24 février 1900, art. 4.)

Les plaques des vélocipèdes appartenant à une administration publique doivent porter le nom de cette administration.

Les plaques des vélocipèdes appartenant à des loueurs doivent présenter dans le cartouche rectangulaire l'indication :

1° Du nom du loueur ; 2° de son prénom ; 3° de son adresse ; 4° d'un numéro d'ordre.

D. — *Quelles sont les dispositions spéciales aux étrangers ?*

R. — Les personnes domiciliées à l'étranger qui entrent en France avec un vélocipède doivent demander aux agents du service des douanes un permis qui les autorise à circuler sans plaque pendant trois mois consécutifs.

Ces personnes doivent être porteurs du permis et en justifier à toute réquisition.

Quand leur séjour en France se prolonge au delà de trois mois, elles sont tenues de se munir d'une ou de plusieurs plaques de contrôle, suivant le nombre de places de leurs appareils. (Décret du 10 décembre 1898, art. 4.)

D. — *Quelles sont les contraventions à la police des vélocipèdes ?*

R. — Est en contravention le possesseur d'un vélocipède qui circule :

1° Sans plaque de contrôle ;

2° Avec un nombre de plaques inférieur à celui des places de son appareil ;

3° Avec une plaque d'un modèle autre que celui qui est en service ;

4° Avec une plaque d'un modèle différent de celui que comporte sa machine ;

(Exemple : tricycle à pétrole muni d'une plaque du modèle A, au lieu d'une plaque du modèle B.)

5° Avec une plaque ne portant pas le poinçon de l'Etat ;

6° Avec une plaque portant un faux poinçon (Art. 142 du Code pénal) ;

7° Avec une plaque ne portant pas les indications de nom, prénom et adresse ;

8° Avec une plaque qui n'a pas été fixée à l'endroit réglementaire ou qui n'est pas apparente.

Est également en contravention :

1° La personne domiciliée à l'étranger qui circule sans permis ou avec un permis périmé ;

2° Le loueur de vélocipèdes qui a mis en circulation un appareil dont la plaque ne porte pas son nom, son prénom, etc. (Note ministérielle, Finances, mai 1900.)

D. — *La gendarmerie a-t-elle qualité pour constater les infractions à l'arrêté du ministre des travaux publics du 20 février 1896, et au décret du 10 décembre 1898 ?*

R. — Oui, elle les constate par procès-verbaux adressés au ministère public près le tribunal de simple police.

D. — *Y a-t-il lieu de saisir les machines des contrevenants ?*

R. — Oui, à défaut de caution ou de consignation de l'amende entre les mains de l'agent des contributions indirectes ; et, à défaut, du maire. (Art. 24 de la loi du 30 janvier 1907.)

D. — *A quelle autorité est adressé le procès-verbal ?*

R. — En matière de plaque, au directeur des contributions indirectes du département ; au sous-directeur, s'il y en a un dans l'arrondissement. Ils demeurent chargés de la poursuite devant le tribunal de simple police. (Art. 24 précité.)

Pour les autres contraventions, on procède comme dans la police du roulage, en adressant le procès-verbal au ministère public près le tribunal de simple police.

CHASSE

D. — *Quelle est la loi qui régit la police de la chasse ?*

R. — C'est la loi du 3 mai 1844.

D. — *Quelles sont les conditions indispensables pour avoir le droit de chasser ?*

R. — Nul ne peut chasser : 1° Si la chasse n'est pas ouverte ; 2° s'il n'est pas porteur d'un permis de chasse délivré par le préfet ou sous-préfet ; 3° s'il n'a pas le consentement du propriétaire du terrain ou de ses ayants droit. (Art. 1er.)

D. — *N'y a-t-il pas des cas où ces conditions ne sont pas nécessaires ?*

R. — Oui, le propriétaire ou possesseur peut chasser ou faire chasser en tout temps, sans permis de chasse, dans un enclos, c'est-à-dire dans ses possessions attenantes à une habitation et entourées d'une clôture continue faisant obstacle à toute communication avec les héritages voisins. (Art. 2.)

Cette faculté se trouve limitée par l'article 9 de la même loi, qui dispose qu'on ne peut chasser qu'à tir, à courre, à cor et à cris, et que tous les autres moyens de chasse, à l'exception des filets et bourses destinés à prendre les lapins, sont formellement interdits.

La clôture doit être non interrompue et tellement parfaite qu'il soit impossible de s'introduire par un moyen ordinaire dans la propriété qui est entourée. (Circulaire du ministre de la justice du 9 mai 1844, *Mémorial*, 3e volume, page 327.) Une île, dans un fleuve ou rivière navigable, n'est pas considérée comme lieu clos. (Cassation, 12 février 1830.)

D. — *Quelle est la différence existant entre un enclos et un clos ?*

R. — Le clos ne diffère de l'enclos que par l'absence de toute habitation.

D. — *Quels sont les faits qui constituent l'action de chasse ?*

R. — Tout moyen ou procédé de rechercher, de poursuivre et d'atteindre un animal sauvage ou tout oiseau ; d'où il résulte que le permis de chasse est obligatoire quel que soit l'animal sauvage ou l'oiseau que l'on chasse et quels que soient le moyen et le procédé de chasse dont on soit autorisé à se servir. (Circulaire du ministre de la justice du 9 mai 1844.)

Il y a exception, bien entendu, pour le propriétaire qui chasse ou qui fait chasser dans un terrain clos et attenant à une habitation.

Nota. — Les propriétaires ou fermiers qui se livrent à la destruction des animaux nuisibles sont dispensés du permis de chasse. Lorsque certains procédés de chasse autorisés par le préfet exigent la coopération de plusieurs personnes, le chasseur porteur du permis peut se faire aider par des auxiliaires non pourvus de permis de chasse. (Cassation, 8 mars 1845.)

Quand un particulier se fait aider dans sa chasse par des traqueurs non armés, chargés seulement de rabattre le gibier, ces traqueurs n'ont pas besoin de permis de chasse. (Cour de Nancy, 7 et 25 novembre 1844, et Cour de Paris, 28 avril 1845.)

D. — *Le simple fait de rencontrer un individu dans le costume et avec tout l'attirail de chasse constitue-t-il un délit ?*

R. — Non, assurément ; de même, il n'y aurait pas de délit quand un chien, guidé par son seul instinct, aura parcouru la campagne en faisant lever le gibier, sans y avoir été poussé par son maître, ou bien aura été trouvé poursuivant du gibier, si son maître n'a pas concouru à cette poursuite soit en mettant son chien en chasse, soit en le suivant ou faisant suivre pour s'approprier la capture qu'il ferait. (Cour de cassation du 13 juin 1884; Cour de Dijon, 14 janvier 1889.)

Mais il y aurait délit dans le fait : 1° de poursuivre le gibier avec un bâton ou des pierres; 2° de faire chercher le gibier par des chiens, quoique le chasseur ne soit pas armé; 3° de faire quêter un chien avant l'ouverture de la chasse, alors même que cette manœuvre aurait pour but, non la capture du gibier, mais simplement l'exercice ou l'essai du chien; 4° d'avoir été trouvé sur un terrain propre à la chasse, armé et dans l'attitude du chasseur. (Cassation, 17 février 1853 et 6 juillet 1854.)

D. — *En cas de chasse sur le terrain d'autrui sans le consentement du propriétaire, la gendarmerie doit-elle dresser procès-verbal de son propre mouvement?*

R. — Non, les poursuites ne pourraient avoir lieu sans une plainte de la partie lésée. Mais si le délit a été commis dans un terrain clos et attenant à une habitation suivant les termes de l'article 2, ou bien sur des terres non encore dépouillées de leurs fruits, la poursuite sera exercée d'office. (Art. 26.)

D. — *A quel âge peut-on obtenir un permis de chasse?*

R. — A partir de vingt et un ans; toutefois les mineurs, dès l'âge de seize ans, peuvent l'obtenir s'il est demandé pour eux par leur père, mère, tuteur ou curateur porté au rôle des contributions. (Art. 5 et 7.)

D. — *Qu'est-ce que le permis de chasse?*

R. — Le permis de chasse est une autorisation délivrée par le préfet ou le sous-préfet, qui rend licite l'exercice de la chasse; il donne le droit, à celui qui l'a obtenu, de chasser de jour et avec les modes de chasse autorisés, sur ses propres terres et sur celles d'autrui avec le consentement du propriétaire. (Art. 9.)

La quittance de versement ne peut tenir lieu de permis de chasse. (Circulaire du ministre de l'intérieur du 1er juin 1860.)

D. — *Pour combien de temps un permis de chasse est-il valable?*

R. — Un permis de chasse est valable pour toute la France et pour un an; il est personnel. (Art. 5.)

Un permis de chasse daté du 1er septembre est valable jusqu'au 1er septembre au soir de l'année suivante. (Cassation, 22 mars 1856.)

D. — *Comment s'assure-t-on de la validité d'un permis de chasse?*

R. — On vérifie d'abord s'il n'est pas périmé; ensuite s'il appartient bien à la personne qui en est porteur, en comparant le signalement et au besoin la signature.

D. — *Comment la gendarmerie est-elle mise au courant des permis de chasse délivrés?*

R. — La gendarmerie reçoit communication des listes des permis de chasse délivrés par les préfets, ou sous-préfets. (Circulaire du ministre de l'intérieur du 5 août 1887.)

D. — *Comment sont déterminées les époques d'ouverture et de fermeture de la chasse?*

R. — Par des arrêtés préfectoraux publiés au moins dix jours à l'avance. (Art. 3.)

Les préfets peuvent aussi fixer : 1° l'époque de la chasse des oiseaux de passage; 2° le temps pendant lequel il est permis de chasser le gibier d'eau dans les marais, sur les étangs, fleuves, etc. (Art. 9.)

La caille est un oiseau de passage, mais l'article 9 l'excepte de cette catégorie; elle ne pourra donc être chassée qu'à la même époque et par les mêmes moyens que tout autre gibier. (Circulaire du ministre de l'intérieur du 20 mai 1844.)

D. — *Quels sont les modes de chasse autorisés?*

R. — Il y en a trois : 1° la chasse à tir; 2° la chasse à courre, à cor et à cris; 3° la chasse avec bourses et furets pour les lapins. (Art. 9.)

D. — *Les préfets ne peuvent-ils pas autoriser ou régler d'autres moyens ou procédés de chasse des oiseaux de passage ou du gibier d'eau?*

R. — Les préfets, sur l'avis des conseils généraux, prennent des arrêté pour déterminer l'époque, les modes et les procédés de la chasse aux oiseaux de passage autres que la caille et la nomenclature des oiseaux de cette catégorie; ils peuvent autoriser, pour cette chasse, les instruments, les procédés usités dans le pays, même ceux dont l'usage est prohibé pour la chasse ordinaire. (Circulaire du ministre de la justice du 9 mai 1844.)

Dans ce cas, l'emploi ou la détention de ces engins ne saurait constituer un délit.

D. — *Quels sont les modes de chasse prohibés?*

R. — Sont prohibés : 1° l'emploi des chiens lévriers (1), si ce n'est pour la destruction autorisée des animaux nuisibles; 2° la chasse aux appeaux, appelants ou chanterelles, à moins que l'emploi de ces moyens n'ait été formellement autorisé par l'arrêté préfectoral; 3° la chasse à l'aide de drogue ou appât de nature à enivrer ou à détruire le gibier (Art. 12); 4° l'emploi des panneaux et des filets; 5° l'usage des lacets et des collets; en un mot, de tous les instruments non désignés par la loi. (Circulaire du ministre de la justice du 9 mai 1844.)

D. — *La chasse est-elle permise en temps de neige?*

R. — Les préfets peuvent interdire la chasse pendant le temps de neige. (Art. 9.) Les arrêtés pris à ce sujet sont permanents et doivent recevoir leur complète exécution tant qu'ils n'ont pas été modifiés ou rapportés, sans qu'il soit besoin de les renouveler chaque année. (Cassation, 29 novembre 1847.)

NOTA. — Par temps de neige, il faut entendre l'état du sol recouvert de neige en quantité suffisante pour qu'on puisse suivre le gibier à la piste.

---

(1) La chasse avec le chien *dit* charnigue, métis du lévrier, est aussi bien interdite qu'avec le lévrier de race pure. (Cassation, 9 août 1889.)

D. — *La chasse est-elle permise pendant la nuit ?*

R. — La chasse est interdite pendant la nuit ; on ne peut chasser pendant le jour que du lever au coucher du soleil. (Art. 9 et 12.) La nuit n'est réputée commencer qu'au moment où le crépuscule finit. (Cour de Lyon, 24 janvier 1861.)

D. — *Est-il permis de prendre ou de détruire sur le terrain d'autrui des œufs ou des couvées de faisans, de perdrix et de cailles ?*

R. — Non. Les préfets peuvent en outre étendre cette interdiction à d'autres espèces d'oiseaux. (Art. 9.)

D. — *Doit-on saisir les engins ou instruments de chasse prohibés ?*

R. — Oui, on doit les saisir non seulement sur ceux qui en feraient usage, mais encore sur toute personne qui en serait porteur hors de son domicile. (Art. 12.)
Mais il est interdit de fouiller un individu pour rechercher s'il a sur lui des engins prohibés. (Cour de Rouen, 17 avril 1859.)

D. — *La possession dans un domicile d'engins prohibés est-elle un délit ?*

R. Oui. (Art. 12, § 3.)

D. — *Peut-on procéder à une visite domiciliaire pour trouver des engins prohibés ?*

R. — Non, à moins d'une réquisition du ministère public et d'une ordonnance du juge d'instruction. (Circulaire du ministre de la justice du 9 mai 1844.) Encore cette perquisition ne peut-elle être opérée que dans les conditions réglées par l'article 124 du décret du 20 mai 1903, qui précise que les sous-officiers, brigadiers et gendarmes n'ont pas qualité pour la faire eux-mêmes.

D — *Que doit-on faire si on apprend qu'un individu a chez lui des engins prohibés ?*

R. — En informer le procureur de la République, qui provoquera une perquisition s'il le juge à propos.

D. — *Que doit-on faire des engins ou instruments de chasse abandonnés par les délinquants ?*

R. — Les armes, engins ou autres instruments de chasse abandonnés par les délinquants restés inconnus doivent toujours être saisis et déposés au greffe du tribunal compétent. (Art. 16.) Il sera dressé procès-verbal de cette saisie.

D. — *Doit-on arrêter les individus en délit de chasse et peut-on les désarmer ?*

R. — Non ; néanmoins, s'ils sont déguisés ou masqués, s'ils refusent de faire connaître leurs noms, ou s'ils n'ont pas de domicile connu, ils seront conduits immédiatement devant le maire ou le juge de paix, lequel s'assurera de leur individualité. (Art. 25.)

D. — *Quelles sont les dispositions à prendre au sujet de l'arme trouvée entre les mains du délinquant ?*

R. — On déclare au délinquant saisie de son arme, dont on précise le signalement, en l'en constituant dépositaire pour la représenter en justice (Circulaire du garde des sceaux du 12 mai 1903.)

D. — *Doit-on saisir le gibier dont serait porteur un chasseur en délit ?*

R. — Non ; il est interdit de saisir le gibier dont serait porteur un chasseur, même si le transport en était prohibé. (Cour de Paris du 14 fév. 1876.)

D. — Quand la chasse n'est pas ouverte, peut-on vendre ou transporter du gibier ?

R. — Non (Art. 4), lors même que ce gibier proviendrait d'un autre département où la chasse serait ouverte. (Circulaire du ministre de l'intérieur du 20 mai 1844.)

D. — Que doit-on faire en cas d'infraction à la prohibition du colportage du gibier ?

R. — Le gibier est saisi et livré immédiatement à l'établissement de bienfaisance le plus voisin, en vertu d'une ordonnance du juge de paix ou du maire, suivant la localité, donnée à la requête des gendarmes qui ont verbalisé. (Art. 4.) Le récépissé du gibier est joint au procès-verbal.

D. — La vente du gibier peut-elle être tolérée pendant quelque temps après la fermeture de la chasse?

R. — Oui, la vente et le colportage du gibier peuvent se faire encore pendant les deux jours qui suivent la fermeture de la chasse. (Circulaire du ministre de l'intérieur du 22 juin 1851.)

D. — Doit-on, en temps prohibé, faire la recherche du gibier vendu, acheté, transporté, etc. ?

R. — Oui, mais cette recherche ne peut être faite que chez les aubergistes, les marchands de comestibles et dans les lieux ouverts au public. (Art. 4.)

Ainsi, les gendarmes seraient sans droit pour verbaliser s'ils trouvaient du gibier dans une maison particulière; mais ils auraient le droit de saisir le gibier trouvé dans une voiture, sur un cheval, dans un panier et même dans un colis déposé au chemin de fer, sans pouvoir toutefois entraver le service de la gare.

D. — Quand la chasse est prohibée pendant le temps de neige, la vente, l'achat et le colportage du gibier sont-ils permis ?

R. — Oui. (Cassation, 22 mars et 18 avril 1845.)

D. — Le gibier tué dans une propriété close et attenante à une habitation peut-il être vendu, colporté, etc., en temps prohibé ?

R. — Non, la défense est générale, quelle que soit l'origine du gibier. (Circulaire du ministre de la justice du 9 mai 1844.)

D. — Peut-on poursuivre un chasseur jusque dans son domicile ?

R. — Non, les gendarmes n'ont pas le droit de pénétrer dans son domicile contre sa volonté. (Cour de Limoges, 30 avril 1857.)

D. — Comment la gendarmerie constate-t-elle les délits de chasse ?

R. — Par des procès-verbaux qui font foi jusqu'à preuve contraire. (Art. 22.)

D. — Quelles indications doit-on donner dans les procès-verbaux quand les délinquants sont mineurs ou domestiques ?

R. — Pour les mineurs, il faut préciser exactement leur âge et faire connaître s'ils habitent avec leurs parents; pour les domestiques, il faut indiquer les noms et domicile de leur maître. (Art. 28.)

D. — Lorsqu'un délit de chasse se commet dans un enclos, comment doit on le constater ?

R. — On le constate de l'extérieur pour ne pas attenter à l'inviolabilité du domicile ; mais cette constatation est valable.

D. — Est-il nécessaire que les gendarmes aient vu eux-mêmes commettre un délit de chasse pour le constâter ?

R. — Non, ces délits peuvent se constater sur dénonciation ; mais on doit autant que possible faire signer les procès-verbaux par le dénonciateur. (Art. 21.)

D. — Les procès-verbaux de délit de chasse doivent-ils être enregistrés ?

R. — Oui, ils doivent être visés pour timbre et enregistrés en débet. (Art. 29.)

D. — Après combien de temps y a-t-il prescription pour un délit de chasse ?

R. — Après trois mois à compter du jour du délit.

D. — Quelles sont les gratifications dues aux gendarmes en matière de délit de chasse ?

R. — Les gratifications dues aux agents verbalisateurs sont fixées à 10 francs par condamnation *prononcée*. (Art. 11 de la loi du 27 décembre 1890.)

D. — Par qui est réglée la destruction des animaux malfaisants ou nuisibles ?

R. — Les préfets déterminent par des arrêtés les espèces d'animaux malfaisants ou nuisibles que le propriétaire, possesseur ou fermier pourra en tout temps détruire sur ses terres et les conditions de l'exercice de ce droit, sans préjudice du droit appartenant au propriétaire ou au fermier de repousser ou de détruire, même avec des armes à feu, les bêtes fauves qui porteraient dommage à ses propriétés. (Art. 9.)

D. — Quand y a-t-il récidive pour les délits de chasse ?

R. — Lorsque, dans les douze mois qui ont précédé l'infraction, le délinquant a été condamné en vertu de la loi sur la chasse. (Art. 15.)

PÊCHE

D. — *Quels sont les lois et décrets qui régissent la police de la pêche?*

R. — Ce sont les lois des 15 avril 1829 et 31 mai 1865, ainsi que les décrets des 2 décembre 1865 et 5 septembre 1897.

D. — *Qu'est-ce que la pêche?*

R. — C'est l'action de prendre le poisson dans les fleuves, rivières, canaux, ruisseaux ou étangs.

D. — *A qui appartient le droit de pêche?*

R. — Le droit de pêche appartient à l'Etat :

1° Dans les fleuves, rivières, canaux et contre-fossés navigables ou flottables avec bateaux, trains ou radeaux et dont l'entretien est à la charge de l'Etat ou de ses ayants cause ;

2° Dans les bras, noues, boires et fossés qui tirent leurs eaux des fleuves et rivières navigables et flottables, dans lesquels on peut en tout temps passer librement, en bateau de pêcheur, et dont l'entretien est également à la charge de l'Etat. (Art. 1er de la loi du 15 avril 1829.)

Dans toutes les rivières et canaux autres que ceux désignés ci-dessus, les propriétaires riverains auront, chacun de son côté, le droit de pêche jusqu'au milieu du cours d'eau, sans préjudice des droits contraires établis par possessions ou titres. (Art. 2.)

D. — *Qu'appelle-t-on bras, noues, boires et fossés dans le sens de l'article précédent?*

R. — On appelle bras, noues, boires et fossés, les amas d'eau qui communiquent avec les rivières navigables ou flottables et qui en forment des dépendances permanentes.

Le droit de pêche dans ces divers amas d'eau n'appartient à l'Etat qu'à la condition qu'ils soient en tout temps accessibles aux bateaux pêcheurs ; mais il n'est pas nécessaire qu'ils leur soient accessibles dans toutes leurs parties. (Cour de Bordeaux, 16 juin 1849.)

D. — *Les propriétaires d'un terrain inondé ont-ils le droit de pêcher sur les eaux débordées?*

R. — Non, si ces eaux restent en communication avec le fleuve ou la rivière d'où elles proviennent. (Cour de Bourges, 24 février 1853.)

D. — *Est-il besoin d'une permission pour se livrer à la pêche?*

R. — La pêche est interdite sur les fleuves et rivières navigables ou flottables, canaux, ruisseaux ou cours d'eau quelconques sans la permission de celui à qui appartient le droit de pêche. Néanmoins, il est permis à tout individu de pêcher à la ligne flottante tenue à la main, le temps de frai excepté, dans les cours d'eau où le droit de pêche appartient à l'Etat. (Art. 5.)

D. — *Qu'entend-on par ligne flottante?*

R. — La ligne est considérée comme flottante lorsqu'elle est complètement soumise aux mouvements des flots, de telle sorte que le pêcheur qui la tient à la main soit constamment obligé de la ramener à lui.

Est ligne flottante : 1° la ligne dont l'appât mobile. encore bien qu'il descende parfois au fond, flotte habituellement à la surface et entre deux eaux ; peu importe que la ligne ne soit pas pourvue de flotteur, il suffit qu'elle ne soit pas garnie d'un poids suffisant pour maintenir l'appât sur le sol (Paris, 5 février 1862) ; 2° la ligne garnie de plomb et dépourvue de flotteur, si elle ne descend pas et ne s'immobilise pas au fond de l'eau et si, au contraire, sa mobilité est une condition nécessaire à son emploi (Lyon, 26 juillet 1888) ; 3° la ligne garnie d'un quadruple hameçon et d'un poisson d'étain, encore bien que cette ligne soit dépourvue de flotteur, si elle est tenue à la main et flotte entre deux eaux. (Paris, 28 novembre 1889.)

D. — *Le délit de pêche sans permission dans un cours d'eau appartenant à l'Etat se poursuit-il d'office ?*

R. — Oui. (Art. 36.)

D. — *Suffit-il pour qu'une permission soit valable qu'elle soit accordée par les adjudicataires de la pêche ?*

R. — Non, il faut encore que cette permission soit revêtue du visa de l'autorité compétente. (Art. 7 du cahier des charges.)

D. — *Le fait de pêcher dans des étangs, viviers ou réservoirs appartenant à autrui constitue-t-il un délit de pêche ?*

R. — Non, il constitue un délit tombant, comme le vol véritable, sous l'application de l'article 388 du Code pénal. (Cassation, 11 décembre 1834.)

D. — *Quelles sont les époques pendant lesquelles la pêche est interdite ?*

R. — 1° Du 30 septembre exclusivement au 10 janvier inclusivement pour la pêche du saumon ;

2° Du 20 octobre exclusivement au 31 janvier inclusivement pour la truite et l'ombre-chevalier ;

3° Du 15 novembre exclusivement au 31 décembre inclusivement pour le lavaret ;

4° Du lundi qui suit le 15 avril *inclusivement* au dimanche qui suit le 15 juin *exclusivement* est interdite la pêche de tous les autres poissons et de l'écrevisse.

Si le lundi qui suit le 15 avril est un jour férié, l'interdiction est retardée de vingt-quatre heures.

Ces interdictions s'appliquent à tous les procédés de pêche, même à la ligne flottante tenue à la main. (Art. 1er du décret du 5 septembre 1897.)

D. — *La pêche est-elle permise pendant la nuit ?*

R. — La pêche n'est permise que depuis le lever jusqu'au coucher du soleil. (Art. 6 du décret du 5 septembre 1897.)

D. — *Les préfets peuvent-ils modifier cette prescription.*

R. — Oui, la pêche de l'anguille, de la lamproie et de l'écrevisse peut être autorisée avant le coucher et après le lever du soleil dans les cours d'eau désignés et aux heures fixées par des arrêtés préfectoraux, rendus après avis des conseils généraux. Ces arrêtés déterminent la nature et les dimensions des engins dont l'emploi est autorisé. (Art. 6 du même décret.)

D. — N'y a-t-il pas aussi une exception pour la pêche du saumon et de l'alose ?

R. — Oui, la pêche du saumon et de l'alose peut être autorisée par des arrêtés préfectoraux, rendus après avis des conseils généraux, pendant deux heures au plus après le coucher du soleil et deux heures au plus avant son lever dans certains emplacements des fleuves et rivières navigables spécialement désignés.

D. — Le séjour dans l'eau des filets et engins ayant les dimensions réglementaires est-il permis à toute heure ?

R. — Oui, sous la condition qu'ils ne seront placés et relevés que depuis le lever jusqu'au coucher du soleil. (Art. 7 du même décret.)

D. — Comment les dates du commencement et de la fin des périodes d'interdiction sont-elles portées à la connaissance des intéressés ?

R. — Par des publications qui sont affichées dans les communes au moins dix jours avant le début de chaque période d'interdiction. (Art. 3 du décret du 5 septembre 1897.)

D. — Le poisson péché en délit doit-il être saisi ?

R. — Oui. (Art. 39 de la loi du 15 avril 1829.)

D. — Que fait-on du poisson saisi ?

R. — Il est vendu, sans délai, dans la commune la plus voisine de la saisie, aux enchères publiques, en présence du receveur d'enregistrement ou, à défaut, du maire, adjoint ou commissaire de police, en vertu d'une ordonnance du juge de paix ou du maire, suivant la localité. (Art. 42 de la loi du 15 avril 1829.) Si cette vente ne pouvait avoir lieu, le poisson serait livré, sur récépissé, à l'établissement de bienfaisance le plus voisin, en vertu d'une ordonnance émanant des mêmes autorités.

D. — Le poisson ainsi saisi et vendu peut-il être exposé de nouveau en vente par l'acquéreur ?

R. — Non. (Art. 5 du décret du 5 septembre 1897.)

D. — A quoi est tenu celui qui, pendant la période d'interdiction, transporte ou débite des poissons dont la pêche est prohibée, mais provenant des étangs et réservoirs ?

R. — Il doit justifier de l'origine de ce poisson. (Art. 4 du même décret.)

D. — Quelles sont les dimensions au-dessous desquelles les poissons et écrevisses ne peuvent être péchés même à la ligne flottante et doivent immédiatement être rejetés à l'eau ?

R. — 1° Pour les saumons, quarante centimètres de longueur. Cette prescription s'applique indistinctement à tous les sujets de l'espèce n'ayant pas a dimension ci-dessus fixée, quels que soient, d'ailleurs, les différents noms dont on les désigne, suivant les localités : tacons, tocans, glizickhs, glézys, guimoisons, cadets, orgeuls, castillons, reneys, etc., etc.;

2° Pour les anguilles, vingt-cinq centimètres de longueur ;

3° Pour les truites, ombres-chevaliers, ombres communs, carpes, brochets, barbeaux, brêmes, meuniers, aloses, perches, gardons, tanches, lottes, lamproies et lavarets, quatorze centimètres de longueur ;

4° Pour les soles, plies et flets, dix centimètres de longueur ;

5° Pour les écrevisses à pattes rouges, six centimètres de longueur ;

pour celles à pattes blanches, six centimètres de longueur. (Art. 8 du même décret.)

D. — *Comment est mesurée la longueur des poissons ?*

R. — La longueur des poissons se mesure de l'œil à la naissance de la queue ; et celle de l'écrevisse, de l'œil à l'extrémité de la queue déployée. (Même article.)

D. — *Quelles sont les dimensions réglementaires des mailles des filets et l'espacement des verges, des bires, nasses ou autres engins employés à la pêche des poissons ?*

R. — 1° Pour les saumons, quarante millimètres au moins ;

2° Pour les grandes espèces autres que le saumon et pour l'écrevisse, vingt-sept millimètres au moins ;

3° Pour les petites espèces, telles que : goujons, loches, vérons, ablettes et autres, dix millimètres.

Avec tolérance d'un dixième. (Décret du 5 septembre 1897.)

D. — *Est-il permis d'employer simultanément, à la pêche, des filets ou engins de catégorie différente ?*

R. — Non. (Même article.)

D. — *Les préfets peuvent-ils modifier les dimensions ci-dessus ?*

R. — Oui, mais pour les engins employés uniquement à la pêche de l'anguille, de la lamproie et de l'écrevisse, et seulement dans les emplacements déterminés par les arrêtés préfectoraux. (Art. 10 du décret du 5 septembre 1897.)

D. — *Quelle est la plus grande dimension que peuvent avoir les filets fixes ou mobiles ou autres engins employés à la pêche ?*

R. — Leur dimension ne peut excéder en longueur ni en largeur les deux tiers de la largeur mouillée des cours d'eau dans les emplacements où on les emploie. (Art. 11 du même décret.)

D. — *Dans quelle condition de distance doivent se trouver les filets ou engins employés simultanément sur la même rive ou sur deux rives opposées ?*

R. — A une distance au moins triple de leur développement.

Lorsqu'un ou plusieurs des engins employés sont en partie fixes et en partie mobiles, les distances entre les parties fixées à demeure sur la même rive ou sur les rives opposées doivent être au moins triples du développement total des parties fixes et mobiles mesurées bout à bout. (Même article).

D. — *Les filets fixes ne doivent-ils pas être en partie retirés de l'eau et déposés à terre chaque semaine ?*

R: — Oui, les filets fixes employés à la pêche doivent être retirés de l'eau et déposés à terre pendant 36 heures de chaque semaine, du samedi à 6 heures du soir au lundi à 6 heures du matin.

D. — *Les filets traînants sont-ils autorisés ?*

R. — Non, à l'exception du petit épervier jeté à la main et manœuvré par un seul homme. (Décret du 5 septembre 1897, art. 13.)

D. — *Qu'entend-on par filets traînants ?*

R. — Sont réputés traînants tous les filets coulés à fond au moyen de poids et promenés sous l'action d'une force quelconque. (Même article.)

D. — *L'emploi des lacets et collets est-il permis ?*

R. — Non. (Même article.)

D. — *Les préfets ne peuvent-ils pas autoriser l'emploi de certains filets traînants ?*

R. — Les préfets, par des arrêtés, peuvent autoriser à titre exceptionnel l'emploi de certains filets traînants à mailles de 40 millimètres au moins, pour la pêche d'espèces spécifiées dans les parties profondes des lacs, des réservoirs de canaux et des fleuves et rivières navigables. (Même article.)

D. — *Est-il permis d'établir dans les cours d'eau des appareils ayant pour objet de rassembler le poisson dans les noues, boires, fossés ou mares dont il ne pourrait plus sortir, ou de le contraindre à passer par une issue garnie de piéges ?*

R. — Non. (Art. 14 du décret du 5 septembre 1897.)

D. — *Existe-t-il d'autres interdictions ?*

R. — Oui, il est également interdit ·
1° D'accoler aux écluses, barrages, chutes naturelles, pertuis, vannages, coursiers d'usines et échelles à poissons, des nasses, paniers et filets à demeure ;
2° De pêcher avec tout autre engin que la ligne flottante tenue à la main dans l'intérieur des écluses, barrages, pertuis, vannages, coursiers d'usines et passages ou échelles à poissons, ainsi qu'à une distance de trente mètres en amont et en aval de ces ouvrages ;
3° De pêcher à la main, de troubler l'eau et de fouiller au moyen de perches sous les racines ou autres retraites fréquentées par le poisson ;
4° De se servir d'armes à feu, de poudre de mine, de dynamite ou de toute autre substance explosible. (Art. 15 du même décret.)

Nota. — L'emploi de l'épuisette, utilisée pour faire sortir de l'eau et saisir plus facilement le poisson déjà licitement enferré à l'aide de la ligne flottante, ne constitue pas un délit de pêche. (Cour de Nancy, 8 décembre 1887.)

D. — *Est-il permis de jeter dans les eaux des drogues ou appâts de nature à enivrer le poisson ou à le détruire ?*

R. — Non. (Art. 25 de la loi du 15 avril 1829.)

D. — *Est-il permis de pêcher quand le niveau de l'eau est accidentellement abaissé, soit pour y opérer des curages ou travaux quelconques, soit par suite du chômage des usines ou de la navigation ?*

R. — Non. (Art. 17 du décret du 5 septembre 1897.) Mais cette interdiction ne s'applique pas au cas où les eaux s'abaisseraient naturellement.

D. — *Le rouissage du lin et du chanvre n'est-il pas soumis à certaines formalités ?*

R. — Des arrêtés préfectoraux déterminent la durée du rouissage du lin et du chanvre dans les cours d'eau, et les emplacements où cette opération peut être pratiquée. (Art. 19 du décret du 5 septembre 1897.)

D. — *Le pêcheur qui est trouvé porteur ou muni, hors de son domicile, de filets ou engins de pêche prohibés est-il en délit ?*

R. — Oui, à moins, que ces engins ne soient destinés à la pêche dans des étangs ou des réservoirs. (Art. 29 de la loi du 15 avril 1829.)

D. — La détention à domicile de filets ou d'engins de pêche prohibés constitue-t-elle un délit ?

R. — Non, la loi de 1829 ne prévoit que le cas de transport et ne punit ni la détention à domicile, ni la fabrication, ni la vente de ces engins prohibés. (Cassation, 3 janvier 1846.)

D. — Est-il permis de pêcher, de colporter ou de débiter des poissons qui n'auraient pas les dimensions déterminées par les ordonnances ?

R. — Non, à moins que ces poissons ne proviennent d'étangs ou de réservoirs. Sont considérés comme étangs ou réservoirs les fossés ou canaux appartenant à des particuliers dès que leurs eaux cessent naturellement de communiquer avec les rivières. (Art. 30 de la loi du 15 avril 1829.)

La pêche dans ces étangs ou réservoirs étant entièrement libre peut y être exercée à toute époque et avec quelque engin que ce soit. (Martin, n° 145.)

D. — Quand la pêche est interdite peut-on mettre en vente, vendre, acheter ou transporter les diverses espèces de poissons ?

R. — Dans chaque département, il est interdit de mettre en vente de vendre, d'acheter, de colporter, de transporter, d'exporter et d'importer les diverses espèces de poissons pendant le temps où la pêche est interdite en exécution de l'article 26 de la loi du 15 avril 1829. (Art. 5 de la loi du 31 mai 1865.)

Cette disposition n'est pas applicable aux poissons provenant des étangs ou réservoirs appartenant à des particuliers.

D. — Doit-on saisir les filets et autres instruments de pêche prohibés ?

R. — L'article 39 de la loi du 15 avril 1829 autorise la saisie de ces engins ainsi que celle du poisson pêché en délit, mais n'en fait pas une obligation. (*Jurisprudence générale, Dalloz, Pêche fluviale*, 182.) Toutefois, en cas de non saisie des filets et engins, on devra les décrire aussi exactement que possible dans le procès-verbal.

D. — Peut-on saisir les filets ou engins de pêche non prohibés dont se sert un pêcheur surpris en délit ?

R. — Non, l'article 39 de la loi du 15 avril 1829 s'applique uniquement aux engins et filets prohibés. (*Dalloz, Pêche fluviale*, 182.)

D. — Peut-on s'introduire dans les maisons et enclos y attenants pour la recherche des engins prohibés ?

R. — Non. (Art. 40 de la loi du 15 avril 1829.)

D. — Dans quels lieux peut-on rechercher le poisson en temps prohibé ?

R. — La recherche du poisson pourra être faite en temps prohibé, à domicile, chez les aubergistes, les marchands de denrées comestibles et dans les lieux ouverts au public. (Art. 7 de la loi du 31 mai 1865.)

D. — Que doit-on faire des filets de pêche et engins prohibés qui ont été saisis ?

R. — Ils sont déposés au greffe; dans aucun cas ils ne pourront être remis sous caution. (Art. 41 de la loi du 15 avril 1829.)

D. — Doit-on arrêter un individu en état de délit de pêche ?

R. — Non; cependant s'il n'avait pas de domicile ou s'il refusait de se faire connaître, on devrait le conduire devant le juge de paix ou devant le maire de la commune la plus voisine.

D. — *Comment sont considérés les procès-verbaux en matière de pêche, et à quelle formalité sont-ils soumis ?*

R. — Les procès-verbaux en matière de pêche font preuve jusqu'à inscription de faux. (Art. 53 de la loi du 15 avril 1829.)

Ils doivent être, sous *peine de nullité*, enregistrés en débet dans les quatre jours qui suivront leur rédaction. (Art. 47 de la même loi.)

D. — *Comment s'exerce la prescription en matière de délit de pêche ?*

R. — La prescription en matière de pêche est d'un mois à compter du jour où les délits ont été constatés, lorsque les prévenus sont désignés dans le procès-verbal ; dans le cas contraire le délai de prescription est de trois mois à compter du même jour. (Art. 62 de la loi du 15 avril 1829.)

D. — *Quelle est la gratification accordée aux agents qui ont constaté des délits en matière de pêche ?*

R. — La gratification due à l'agent verbalisateur est, par condamnation prononcée : de 2 francs pour un délit de pêche ordinaire ; 5 francs pour un délit de pêche en temps de frai ; 20 francs pour un délit de pêche la nuit ; 25 francs pour un délit de pêche la nuit en temps de frai, pour empoisonnement de rivières, pêche à la dynamite ou autres matières explosibles. Elle est due par condamnation prononçant une amende distincte contre chacun des prévenus compris dans une même poursuite. (Note ministérielle du 21 octobre 1891.)

Toutefois, en thèse générale et comme règle pratique, la gratification à allouer aux agents verbalisateurs est celle qui correspond au délit retenu, soit par la transaction, soit par le jugement, et qui est prévue au tarif. (Circulaire du 14 janvier 1906.)

(Voir notre *Code de la Pêche fluviale*, par E. MARTIN, art. 456.)

TABACS

D. — *A qui sont attribués l'achat, la fabrication et la vente des tabacs?*

R. — Exclusivement à l'administration des contributions indirectes. (Art. 172 de la loi du 28 avril 1816.)

D. — *Les tabacs étrangers peuvent-ils entrer en France?*

R. — Non; les tabacs fabriqués à l'étranger, de quelque pays qu'ils proviennent, sont prohibés à l'entrée des frontières, à moins qu'ils ne soient achetés par l'Etat. (Même loi, article 173.)

Toutefois, les consommateurs ont le droit d'introduire une provision destinée à leur usage personnel, jusqu'à concurrence de 10 kilogrammes, en acquittant les droits de douane. (Décret du 20 janvier 1852, circulaire du 25 avril 1881.)

D. — *La culture du tabac en France est-elle libre?*

R. — Non; elle ne peut avoir lieu que dans les départements et chez les cultivateurs dûment autorisés. (Même loi, art. 180 à 217.)

D. — *Quelles sont les contraventions que la gendarmerie peut constater?*

R. — 1° Importation des tabacs fabriqués à l'étranger; il y a saisie des tabacs et des moyens de transport (Art. 173 de la même loi);

2° Circulation de tabacs en feuilles sans acquit-à-caution ou sans laissez-passer; il y a saisie et confiscation des tabacs et moyens de transport (Art. 215 et 216);

3° Circulation de tabacs fabriqués, soit en quantité de 1 à 10 kilogrammes sans marques et laissez-passer de la régie, soit en quantité au-dessus de 10 kilogrammes sans acquit-à-caution; il y a saisie et confiscation des tabacs et des moyens de transport (Art. 215 et 216);

4° Les tabacs dits *de cantine* ne peuvent circuler en quantités supérieures à un kilogramme sans être accompagnés d'un acquit-à-caution ou d'une facture délivrée par l'entreposeur (Loi du 23 avril 1840, art. 2);

5° Colportage de tabacs ou vente en fraude à domicile; confiscation des tabacs et des ustensiles de vente ou moyens de transport, et *arrestation* des contrevenants (Art. 222 à 225);

6° Altération des tabacs de la régie par un débitant ou entrepositaire. (Art. 227.)

D. — *Est-il nécessaire, pour opérer ces saisies et faire ces arrestations, que les gendarmes soient assistés des employés de la régie?*

R. — Non. Les prévenus sont conduits devant le directeur ou sous-directeur de l'administration des contributions indirectes de l'arrondissement dans lequel ils ont été arrêtés. (Art. 223, 224.)

D. — *Quels sont les contraventions que la gendarmerie peut seulement dénoncer?*

R. — 1° Plantation de tabac sans déclaration ou sans permission sur un terrain ouvert ou clos de murs.

Nul n'a le droit de cultiver le tabac, pas plus dans un parc ou un jardin que dans un terrain non clos, si minime que puisse être le nombre des plants (Art. 181 de la loi du 28 avril 1816, et loi du 23 avril 1836);

2° Plantation, par un cultivateur autorisé, d'une étendue de terre ou d'un nombre de pieds excédant de plus d'un cinquième la quantité autorisée;

3° Existence de tabacs en feuilles chez un cultivateur autorisé, après l'époque fixée pour la livraison;

4° Existence de tabacs en feuilles chez un cultivateur autorisé à planter pour l'exportation, après l'époque fixée pour cette exportation;

5° Existence de tabacs en feuilles chez un particulier qui n'est pas autorisé à planter.

Nota. — Les propriétaires de bestiaux, les pharmaciens et artistes vétérinaires peuvent avoir des tabacs en feuilles, mais ils ne peuvent les acheter que de la régie. (Art. 178 de la loi du 28 avril 1816.)

6° Fabrication de tabacs, hors des manufactures nationales, par quelque particulier que ce soit;

7° Dépôt de tabacs fabriqués autres que ceux des manufactures nationales; dépôt de ceux des manufactures nationales en quantité au-dessus de 10 kilogrammes, s'ils ne sont revêtus des marques de la régie;

8° Dépôt de tabacs de cantine dans les lieux où la vente n'est pas autorisée;

9° Mélange de matières de natures différentes dans les tabacs des manufactures nationales par les entreposeurs et débitants;

10° Dépôt de moulins, râpes, hache-tabacs, rouets et autres ustensiles de fabrication qui ne sont pas marqués du sceau de la régie.

D. — *Pourquoi dit-on que la gendarmerie peut seulement dénoncer les contraventions de cette catégorie ?*

R. — Parce que la loi en a réservé la constatation aux employés de la régie et aux officiers de police.

D. — *Quelle prime revient à la gendarmerie en cas d'arrestation d'un contrebandier ?*

R. — 15 fr. (Ordonnance du 31 décembre 1817.) Toutefois, cette prime n'est acquise que si le contrevenant a été constitué prisonnier ou que, amené devant le directeur des contributions, il a été relâché sous caution.

D. — *Quelle est la part des gendarmes dans les amendes et confiscations?*

R. — 1° Pour saisie par la gendarmerie seule : la moitié du produit des amendes et confiscations;

2° Pour dénonciation et saisie faites concurremment avec les employés ou préposés : une part de préposé par chaque militaire de la gendarmerie; le commandant du détachement a droit à une part et demie. (Art. 213 du règlement sur l'administration et la comptabilité.)

(Voir *Dictionnaire de la Gendarmerie*, page 170.)

CARTES A JOUER

—

D. — *La fabrication, la vente et le colportage des cartes à jouer sont-ils libres ?*

R. — Non; nul ne peut fabriquer des cartes à jouer ou en distribuer, vendre ou colporter sans y être autorisé par la régie. (Art. 166 de la loi du 28 avril 1816.)

D. — *Les propriétaires d'établissements publics peuvent-ils autoriser chez eux l'usage des cartes prohibées ?*

R. — Non; lors même qu'elles auraient été apportées par les joueurs. (Art. 167 de la même loi.)

D. — *Sur quel papier sont imprimées les cartes ?*

R. — Elles sont imprimées sur du papier filigrané spécial fourni par la régie et portant l'empreinte de ses moules; les cartes ainsi fabriquées sont dites « au portrait français ».

D. — *N'y a-t-il pas des exceptions ?*

R. — Si, les cartes appelées tarots, alluettes, catalanes, etc., employées dans certaines parties de la France, sont fabriquées sur papier libre; elles sont dites « au portrait étranger ».

D. — *Peut-on fabriquer des cartes avec des moules autres que ceux officiels ?*

R. — Oui; mais alors les dimensions, figures et dessins de ces cartes doivent être agréés par la régie. Les moules ou planches qui seront confectionnés devront, avant d'être gravés, être soumis à l'administration, qui se réserve de statuer. (Art. 1 et 2 du décret du 26 mars 1883 et circulaire n° 555 du directeur général en date du 4 avril 1889.)

D. — *Est-il permis de fabriquer des cartes avec des moules non autorisés ?*

R. — Non; il est interdit aux fabricants, aux imprimeurs et à tous autres de fabriquer des cartes avec des moules non autorisés. (Art. 2 du décret du 26 mars 1889.)

D. — *Les cartes fabriquées a l'étranger peuvent-elles entrer en France ?*

R. — L'importation des cartes à jouer est interdite d'une manière absolue. (Art. 5 du décret du 13 fructidor an XIII et circulaire n° 370 du directeur général en date du 26 mai 1883.)

D. — *A quelles marques reconnaît-on que les cartes sont de fabrication régulière et que par conséquent elles peuvent circuler à l'intérieur ?*

R. — Les figures des cartes de fabrication régulière, voire même des tarots, alluettes, catalanes, qui peuvent circuler à l'intérieur, portent la légende « France » avec le nom du fabricant. (Circulaire n° 555 du directeur général en date du 4 avril 1889.)

En outre, l'as de trèfle des jeux au portrait français intérieur doit être frappé d'un timbre humide spécial (effigie de la tête de la République, avec ces mots en exergue : *République française; décret du 12 avril* 1890); cette carte est placée la première du côté opposé à la bande du contrôle, une découpure pratiquée dans l'enveloppe permet de constater la présence du timbre sans rompre la bande. (Art. 1er du décret du 12 avril 1890.) Le même timbre est apposé pour chacun des jeux de cartes au portrait étranger destinés à l'intérieur sur une carte désignée par les contributions indirectes.

La bande qui entoure les cartes réunies en jeu est frappée d'un timbre sec et portant les mots : « Contributions indirectes ».

D. — *Les jeux de cartes destinés à l'exportation portent-ils les mêmes marques?*

R. — Non; les jeux tant au portrait français qu'au portrait étranger envoyés à l'exportation ne portent ni la légende « France » ni les timbres ci-dessus.

D. — *Quelles sont les contraventions à constater en matière de cartes à jouer?*

R. — 1° Vente par des personnes autres qu'un fabricant patenté ou un débitant commissionné muni d'une autorisation. (Décret du 9 février 1810, art. 9);

2° Fabrication, par un fabricant autorisé, de cartes à portrait français et d'as de trèfle avec d'autre papier que celui portant la marque de la régie, qui consiste actuellement en un C et un I entrelacés et entourés d'une couronne de chêne; fabrication dans les mêmes conditions des cartes de points sur un papier autre que le papier filigrane délivré par la régie (Ordonnance du 18 juin 1817);

3° Transport ou circulation de cartes prohibées, transport ou circulation de cartes légales non revêtues de la bande de contrôle de la régie;

Nota. — Les cartes dites « jouets d'enfants » peuvent être fabriquées sur papier libre, non cartonnées ni lissées, mais ne doivent avoir que 50 millimètres sur 36. (Décision du 9 décembre 1874.)

4° Dépôt de cartes prohibées chez un débitant commissionné (Loi du 28 avril 1816, art. 167);

5° Colportage, distribution ou vente de cartes à jouer sans autorisation de la régie (Même loi, art. 166),

6° Vente par un débitant commissionné de cartes en fraude dépourvues de bandes et ne portant pas la marque des moulages de la régie;

7° Recoupe de cartes ou vente de cartes recoupées ou réassorties, avec ou sans bande, par un fabricant ou débitant. Colportage desdites cartes (Décret du 16 juin 1808, art. 10);

8° Usage de cartes prohibées dans les maisons où le public est admis; usage de cartes dites jouets d'enfants. La circonstance que les cartes auraient été apportées par les joueurs ne peut excuser le chef de l'établissement (Loi du 28 avril 1816, art. 167);

9° Défaut, par les entrepreneurs et directeurs de cafés, clubs et maisons où l'on donne à jouer, de tenir un registre d'achat (Arrêté du 3 pluviôse an VI, art. 12);

10° Vente de cartes, sous bande ou sans bande, neuves ou ayant servi, par les personnes ci-dessus, leurs commis et leurs domestiques (Arrêté du 19 floréal an VI, art. 11);

11° Refus par les personnes dénommées au n° 9 ci-dessus et par les fabricants ou débitants autorisés de se soumettre aux visites des employés de la régie (Arrêté du 3 pluviôse an VI, art. 13);

12° Enfin, contravention de douanes, importation de cartes à jouer fabriquées à l'étranger (Décret du 13 fructidor an XIII, art. 5) ou réimportation de cartes françaises exportées sans droits perçus et réimportées sans bande de la régie constatant l'acquit du droit (Loi du 4 juin 1836, art. 3).

D. — *Quels sont les contrevenants que la gendarmerie peut arrêter ?*

R. — Contrevenants insolvables qui seront trouvés vendant en fraude des cartes à jouer à leur domicile, ou ceux qui en colporteront; en outre, les cartes saisies seront confisquées ainsi que les ustensiles servant à la vente, et en cas de colportage, les moyens de transports. (Loi du 28 avril 1816, art, 169, et 224 et art. 1er de l'ordonnance du 21 décembre 1817.)

D. — *La gendarmerie peut-elle, sans l'assistance des employés de la régie, verbaliser en matière de cartes à jouer ?*

R. — Oui. (Art. 223 de la loi du 28 avril 1816.)

Allumettes

D. — *A qui appartient le droit d'achat, de fabrication et de vente des allumettes chimiques ?*

R. — A l'Etat. (Loi du 2 août 1872, art. 1er.)

D. — *L'importation des allumettes chimiques de fabrication étrangère est-elle autorisée ?*

R. — Non. (Loi du 15 mars 1873, art. 3.)

D. — *La gendarmerie a-t-elle qualité pour constater des contraventions aux loi et monopole des allumettes ?*

R. — Oui. (Art. 3 de la loi du 28 janvier 1875.)

D. — *Quelles sont les contraventions à constater ?*

R. — Ce sont : 1° La détention par un particulier d'allumettes en fraude, c'est-à-dire ne portant pas sur les boîtes l'inscription : *Contributions indirectes. — Manufactures de l'Etat ;*

2° La détention d'allumettes en fraude par un débitant de boissons, cafetier, aubergiste, hôtelier ou commerçant mettant gratuitement des allumettes à la disposition de ses clients ;

3° Vente en fraude à domicile ou colportage en contravention à l'article 222 de la loi du 28 avril 1816 ;

4° Fabrication frauduleuse d'allumettes chimiques, détention d'ustensiles, instruments ou mécaniques affectés à la fabrication des allumettes et en même temps des matières nécessaires à la fabrication. (Art. 3 de la loi du 28 janvier 1875.)

5° Détention de pâtes phosphorées propres à la fabrication des allumettes chimiques.

D. — *Quel est l'élément essentiel constitutif du délit pour la confection des allumettes ?*

R. — C'est le phosphore ; à défaut de cette substance, les allumettes, quelles que soient d'ailleurs leurs formes et dimensions, sont de simples allumettes soufrées, dont la libre fabrication n'est pas interdite par la loi du 31 juillet 1875. (Cour de Chambéry, 3 juillet 1890.)

D. — *Quels sont les contrevenants que la gendarmerie doit arrêter ?*

R. — Ce sont ceux qui sont trouvés vendant des allumettes en fraude à domicile, et les colporteurs d'allumettes, qu'ils soient ou non surpris à les vendre. (Art. 222 de la loi du 28 avril 1816.)

D. — *Quelle est la prime accordée pour chaque individu arrêté ?*

R. — 10 francs. (Décret du 10 août 1875.) Cette prime est acquise intégralement aux saisissants. (Circulaire du directeur général en date du 10 février 1890.)

D. — Où sont conduits les individus arrêtés pour fraude en matière d'allumettes?

R. — Devant le directeur ou le sous-directeur des contributions indirectes le plus voisin. (Décret du 10 août 1875.)

D. — Quelle est la part des amendes ou transactions revenant aux capteurs?

R. — Moitié, après prélèvement, s'il y a lieu, de la part de l'indicateur. (Circulaire du directeur général en date du 18 février 1890.)

D. — Que deviennent le phosphore et les allumettes saisies?

R. — Les allumettes saisies, quelles qu'en soient la nature et la qualité, sont immédiatement détruites par les saisissants, sous réserve qu'un triple échantillon de chaque espèce, mis sous le cachet des parties, sera joint aux procès-verbaux. Cette destruction sera constatée au moyen d'un procès verbal administratif.

Le phosphore doit être dirigé par les soins de l'administration sur la manufacture la plus voisine. (Lettre du directeur général en date du 6 février 1890 et circulaire n° 581 du 18 février 1890.)

Nota. — La destruction des allumettes saisies devant être constatée au moyen d'un procès-verbal administratif, cette opération doit être faite de préférence en présence d'un représentant de l'administration.

D. — La valeur des allumettes saisies n'est-elle pas remboursée aux agents verbalisants?

R. — L'administration des contributions indirectes rembourse la valeur des allumettes saisies, qui sont payées aux saisissants aux prix indiqués ci-après : allumettes en bois, 0,10 cent. les 1.000; allumettes en cire, 0,30 cent. les 1.000; mais sous la déduction d'un tiers réservé aux indicateurs.

D. — Les gendarmes peuvent-ils faire à domicile la recherche des allumettes en fraude?

R. — Non, (Art. 124 du décret du 20 mai 1903.) En cas de soupçon de fraude, ils doivent prévenir les employés, qui se font assister de l'autorité pour procéder aux constatations nécessaires.

La gendarmerie ne pourrait donc profiter de sa présence fortuite dans une maison où elle a pénétré, sans mandat régulier et sans motifs légaux, pour rechercher les allumettes qui lui sembleraient être d'une autre fabrication que celle de l'Etat; mais quand elle est légalement dans une maison, elle peut saisir les allumettes de contrebande. (*Manuel des contributions indirectes.*)

D. — Les procès-verbaux en matière d'allumettes doivent-ils être enregistrés?

R. — Oui; le chef de brigade dépose, ou envoie ce procès-verbal par la poste, au receveur d'enregistrement du canton, et avise de ce dépôt ou de cet envoi le receveur des contributions indirectes dans la circonscription duquel la constatation a été faite. (Circulaire ministérielle du 20 janvier 1877.)

D. — Peut-on faire usage de toutes sortes d'allumettes dans les casernes?

R. — Non, l'usage des allumettes amorphes, c'est-à-dire qui ne s'allument que sur un frottoir spécial, est seul autorisé. (Art. 142 du Service intérieur.)

D. — Quel est le but de cette mesure?

R. — Les allumettes chimiques causent quelquefois des incendies ; par exemple, dans un magasin, un grenier, en marchant sur une allumette tombée sur le plancher ; ou, par l'imprudence des enfants qui en ont dérobé. Elles peuvent aussi causer l'empoisonnement des enfants.

D. — Comment peut-on se procurer des allumettes amorphes à bon marché ?

R. — En les demandant en paquets de 500. — Les débitants de tabac sont tenus d'en procurer dans ces conditions, à 40 centimes le paquet ; et les épiciers en tiennent également, quand ils sont sûrs d'en avoir l'écoulement. — Ces paquets contiennent un frottoir.

BOISSONS

D. — *La gendarmerie a-t-elle qualité pour constater les contraventions aux ois sur la circulation des boissons ?*

R. — Oui. (Loi du 28 février 1872, art. 5.)

D. — *Quels sont les liquides qui sont soumis aux formalités de la circulation ?*

R. — Ce sont : 1° Les vins, râpés et piquettes, les cidres, poirés, hydromels, vermouth, vins cuits, vins de liqueur ;

2° Les esprits, eaux-de-vie, kirschs, rhums, tafias, genièvres, liqueurs, absinthes, fruits à l'eau-de-vie, élixirs,

3° Les préparations à base alcoolique, telles que : parfums, eau de senteur, vernis, alcools dénaturés, chloroformes, adeïdes, etc. (Instruction du directeur général des contributions indirectes du 20 mars 1872.)

D. — *Quels sont les liquides exempts de toute formalité ?*

R. — Ce sont les vendanges, les bières, eaux-de-seltz, eaux gazeuses, sirops.

D. — *Quelle est la pièce nécessaire pour la circulation des boissons soumises à cette formalité ?*

R. Aucun enlèvement, aucun déplacement de ces boissons ne peut être effectué qu'en vertu d'une expédition délivrée par la régie des contributions indirectes pour régulariser le transport. (Même instruction.)

D. — *N'existe-t-il pas une exception ?*

R. — Les voyageurs ont droit au transport, sans déclaration, du vin nécessaire à leur consommation dans la limite de trois bouteilles au maximum. (Art. 18 de la loi du 28 avril 1816.)

D. — *Que fait connaître cette pièce appelée expédition ?*

R. — Cette pièce, qui, dans certains cas, prend le nom de congé, de passavant ou d'acquit-à-caution, fait connaître, quelle que soit sa dénomination :

1° Le nombre de fûts, caisses ou paniers,

2° Les quantités, espèces et qualités des liquides mis en circulation ;

3° Le lieu d'enlèvement et celui de destination ;

4° Les noms, professions et demeures des expéditeurs, ceux des voituriers et ceux des destinataires ;

5° Les modes de transport qui doivent être successivement employés ;

6° Les principaux lieux de passage qu'ont à traverser les chargements ;

7° Le délai dans lequel le transport doit être effectué du lieu de départ au lieu de destination. (Même instruction.)

D. — *Les porteurs, conducteurs ou voituriers conduisant des liquides soumis aux droits doivent-ils toujours être munis de l'expédition ?*

R. — Oui ; ils doivent toujours et partout pouvoir représenter une expédition en tous points applicable à leur chargement, et cette expédition, ils sont tenus, sous peine de contravention, de l'exhiber, sans délai, à toute sommation des préposés chargés de la surveillance du mouvement des boissons. (Même instruction.)

244

*D. — Quelles sont les principales contraventions que la gendarmerie peut cons
tater ?*

R. — 1° Les enlèvements et transports sans expédition ;
2° Les différences dans le nombre des fûts ou dans la nature des chargements ;
3° Les transports en vertu d'expéditions périmées ;
4° Les transports par d'autres voies que celles indiquées aux expéditions ;
5° Les enlèvements de lieux autres que ceux déclarés et les déchargements à une destination autre que celle indiquée. (Même instruction.)
6° Le refus de représenter les expéditions ou de laisser faire la **vérifica**tion des boissons transportées. (Loi du 28 avril 1816, art. 17.)

*D. — Comment sont établis les procès-verbaux de la gendarmerie lorsqu'elle
opère sans le concours de la régie ?*

R. — Dans la forme propre à son service, en précisant les faits constitutifs de la contravention, de manière à prévenir des contestations ultérieures de la part des prévenus. S'il s'agit d'expéditions irrégulières, il faut joindre ces expéditions au procès-verbal, après les avoir parafées *ne varietur*; pour la continuation du transport, ils feront délivrer dans tous les cas des acquitsà-caution par le buraliste de la localité. (Même instruction.)

D. — La gendarmerie doit-elle opérer la saisie des chargements en contravention ?

R. — En thèse générale, les verbalisants, après avoir déclaré la saisie des chargements, devront en laisser la libre disposition au contrevenant ; ils ne devraient en opérer la saisie réelle, c'est-à-dire retenir les chargements, que s'ils se trouvaient en présence de fraudeurs de profession, notoirement insolvables ; et alors ils devraient, autant que possible, s'adjoindre, pour la rédaction du procès-verbal, un agent de la régie. (Même instruction.)

*D. — Si des contestations s'élevaient de la part des voituriers sur la nature ou
l'espèce de boissons saisies, que devrait-on faire ?*

R. — On prélèverait des échantillons qui seraient mis à l'appui des procès-verbaux. Ces échantillons seraient placés sous le cachet des verbalisants, après sommation faite au prévenu d'y apposer le sien. (Même instruction.)

*D. — Lorsque la gendarmerie opère concurremment avec des agents de la
régie, par qui et comment sont établis les procès-verbaux ?*

R. — Les procès-verbaux sont établis par les agents de la régie dans la forme prescrite par le décret du 1ᵉʳ germinal an XIII. (Même instruction.)

D. — Quelle est la part des amendes et confiscations qui revient aux agents verbalisants ?

R. — Ces agents, à quelque service qu'ils appartiennent, ont droit à la moitié du produit des amendes et confiscations encourues et réalisées, sous déduction, le cas échéant, du tiers attribué aux indicateurs de la fraude. (Même instruction.)

*D. — La gendarmerie a-t-elle le droit de s'introduire chez les débitants pour
constater des contraventions en matière de débit de boissons ?*

R. — Non. (Cassation, 11 février 1820.)

POUDRES

D. — *Quels sont les droits de la gendarmerie en matière de poudres?*

R. — La gendarmerie a le droit de saisir les poudres à tirer colportées en fraude, et d'arrêter les colporteurs sans l'assistance des employés de la régie. (Art. 223 de la loi du 28 avril 1816; art. 1er de l'ordonnance du 17 novembre 1819.)

D. — *Quelle est la prime qui revient aux capteurs?*

R. — Cette prime est de 15 francs par individu arrêté, comme pour les tabacs, et la totalité du produit des saisies et amendes. (Art. 5 du décret du 16 mars 1813.)

D. — *Que fait-on des poudres saisies?*

R. — Elles sont déposées, dans les vingt-quatre heures, dans les magasins de l'administration des contributions indirectes. (Art. 3 de l'ordonnance du 17 novembre 1819.)

D. — *Quels sont les individus qui peuvent être arrêtés comme contrevenants en matière de poudres à feu?*

R. — 1° Ceux qui font fabriquer illicitement de la poudre ainsi que les ouvriers employés à sa fabrication;

2° Les gardes des arsenaux de terre et de mer, les militaires, ouvriers et employés qui vendent, donnent ou échangent de la poudre. (Art. 27 et 29 de la loi du 13 fructidor an v.)

D. — *Ou sont conduits les individus arrêtés dans ces deux cas?*

R. — Ils doivent être conduits devant le procureur de la République, et non devant le directeur des contributions indirectes, lors même qu'ils demanderaient à transiger. (*Dictionnaire de la gendarmerie.*)

D. — *N'y a-t-il pas d'autres contrevenants en matière de poudre que la gendarmerie doit aussi arrêter?*

R. — Oui, ce sont ceux qui sont trouvés vendant en fraude de la poudre à leur domicile, ou ceux qui en colportent, qu'ils soient surpris ou non à la vendre. (Art. 25 de la loi du 25 juin 1841, et art. 222 de la loi du 28 avril 1816.)

D. — *Quelles sont les différentes contraventions que la gendarmerie peut constater en matière de poudres?*

R. — Ce sont :

1° Fabrication, vente illicite ou colportage de poudres à feu (Loi du 25 juin 1841, art. 25);

2° Détention de poudres à feu en quantité supérieure à 2 kilogrammes chez un particulier non autorisé (Loi du 13 fructidor an v, art. 28);

3° Détention de poudres de guerre en quelque quantité que ce soit; détention de cartouches ou munitions de guerre (Même loi, art. 27);

4° Détention ou vente de poudres de contrebande par un débitant. (Loi du 25 juin 1841);

5° Importation de poudres (Loi du 13 fructidor an v, art. 21);

6° Détournement de poudres par les employés des arsenaux ou par les employés des poudreries (Même loi, art. 29);

7° Réintroduction de poudres exportées (Ordonnance du 19 juillet 1829, art. 10);

8° Fabrication de poudre dynamite ou d'explosifs à base de nitro-glycérine sans autorisation. (Art. 3 et 6 de la loi du 8 mars 1875.)

D. — *La loi sur les poudres s'applique-t-elle à d'autres substances que la poudre?*

R. — Oui, elle s'applique à toute combinaison contenant des éléments d'explosion par l'action du feu et l'expansion des gaz. (Arrêts des 22 décembre 1859 et 1ᵉʳ mai 1874.)

D. — *La dynamite ne peut-elle pas être fabriquée par des établissements particuliers?*

R. — Oui, par dérogation à la loi sur les poudres, la dynamite et les explosifs à base de nitro-glycérine peuvent être fabriqués par des établissements particuliers, moyennant une autorisation spéciale et le payement de l'impôt. (Loi du 8 mars 1875.)

D. — *A qui est confiée la vente des poudres de chasse?*

R. — A des débitants spécialement commissionnés par les préfets. (Décret du 25 mars 1852, art. 5, § 14.)

Ces débitants ne peuvent vendre que la poudre de chasse; cependant, dans les pays de mine, les préfets peuvent autoriser, par exception, quelques-uns d'entre eux à vendre de la poudre de mine. (Circulaires n° 27 du 29 mai 1819 et n° 39 du 17 mai 1852.)

AFFICHES

D. — *Combien y a-t-il de sortes d'affiches ?*

R. — Deux ; 1° Celles qui sont apposées par ordre de l'autorité ;
2° Celles qui sont placardées à la demande et dans l'intérêt des particuliers.

D. — *Quelles sont les distinctions caractéristiques de ces deux sortes d'affiches ?*

R. — Les affiches de l'autorité sont imprimées sur papier blanc et ne sont pas assujetties au timbre ; les affiches particulières ne peuvent être imprimées que sur du papier de couleur et doivent être timbrées. (Loi du 29 juillet 1881, art. 15.)
Les affiches manuscrites peuvent être faites sur papier blanc, mais toutes doivent être timbrées.

D. — *Quelles sont les indications que doivent porter les affiches imprimées et celles manuscrites ?*

R. — Les affiches imprimées doivent porter le nom et le domicile de l'imprimeur ; celles manuscrites celui de l'auteur. (Même loi, art. 2.)

D. — *L'affichage des affiches particulières peut-il se faire en tous lieux ?*

R. — Non ; les affiches particulières ne peuvent être placardées dans les emplacements exclusivement réservés à l'affichage des lois et autres actes de l'autorité publique. (Même loi, art. 15.)

D. — *Est-il permis d'enlever ou de déchirer les affiches de l'autorité ?*

R. — Non ; il est défendu d'enlever, de déchirer, de recouvrir ou d'altérer par un procédé quelconque, de manière à les travestir ou à les rendre illisibles, des affiches apposées par ordre de l'administration, dans les emplacements à ce réservés. (Même loi, art. 17.)

D. — *Est-il permis d'enlever ou de déchirer des affiches électorales ?*

R. — Non, la pénalité serait la même. (Même article.) Néanmoins, le propriétaire qui a enlevé et lacéré des affiches électorales placardées sans autorisation sur sa maison n'encourt aucune pénalité. (Cassation, 18 janvier 1890.)

D. — *Quelles sont les affiches qui doivent être timbrées ?*

R. — Toutes les affiches autres que celles émanant de l'autorité publique, quel que soit leur objet ou leur nature, doivent être sur papier timbré. (Loi du 9 vendémiaire an VI, lois des finances des 28 avril 1816, 25 mars 1817, 16 mai 1818.)

Nota. — Il n'y a que les affiches placardées sur sa propre maison pour une affaire personnelle qui sont dispensées du timbre. Un cabaretier qui a chez lui un placard non timbré annonçant un produit ou une marchandise quelconque est en contravention si ce placard donne l'adresse du producteur ou du marchand.
Un curé peut annoncer un prêche, une cérémonie religieuse, etc., par une affiche

non timbrée apposée sur la porte de l'église, seulement, et non dans la rue. (*Dictionnaire de la gendarmerie.*)

D. — *N'y a-t-il pas une exception à cette règle générale qui soumet au droit du timbre toutes les affiches particulières?*

R. — Si ; sont affranchies du timbre les affiches électorales. (Loi du 11 mai 1868) ; mais cette exception n'a lieu que pendant la période électorale. (Décision du ministre des finances du 5 novembre 1880.)

D. — *Les affiches soumises au droit du timbre peuvent-elles être imprimées sur papier non timbré?*

R. — Oui, pourvu que le timbre y soit apposé avant l'affichage. (Loi des finances de 1866, art. 4.)

Les papiers destinés à l'impression des affiches peuvent être timbrés au moyen de timbres mobiles. (Loi du 27 juillet 1870, art. 6.)

Il en est de même pour les affiches non imprimées. (Loi du 30 mars 1880, art. 1er.)

D. — *Quand et comment doit être posé le timbre mobile sur les affiches non imprimées?*

R. — Le timbre mobile sera collé avant l'affichage au recto de chaque affiche non imprimée. Il sera oblitéré, soit par l'inscription d'une ou plusieurs lignes du texte de l'affiche, soit par l'application en travers du timbre de la date de l'oblitération et de la signature de l'auteur de l'affiche, soit enfin par l'apposition en travers du timbre d'une griffe faisant connaître le nom et la résidence de l'auteur de l'affiche. (Loi du 30 mars 1880, art. 2.)

D. — *Les affiches non timbrées en contravention à la loi doivent-elles être jointes aux procès-verbaux qui constatent le délit?*

R. — Oui.

D. — *Lorsqu'il est impossible de produire ces affiches que doivent faire les gendarmes?*

R. — Si les affiches sont collées, et s'il est impossible de les détacher pour les joindre aux procès-verbaux, les gendarmes relatent les faits d'une manière précise pour éviter toute contestation sur l'exactitude de leurs actes. Ils doivent même en donner une copie, autant que possible, et inviter les contrevenants à la signer. S'ils s'y refusent, les gendarmes en feront attester l'exactitude par le maire ou le commissaire de police. (Solution du directeur général de l'enregistrement du 1er mars 1866.)

D. — *Les affiches peintes sont-elles soumises aussi au droit du timbre?*

R. — Oui. (Art. 1er du décret du 25 août 1852.)

D. — *A qui les procès-verbaux en matière d'affichage sont-ils adressés*

R. — Au receveur des domaines ; les procès-verbaux sont appuyés des pièces en contravention quand il y a lieu ; le receveur des domaines est chargé de faire timbrer et enregistrer ces procès-verbaux. (Instruction du directeur général de l'enregistrement et du timbre en date du 2 avril 1880.)

D. — *A quelle part des amendes ont droit les gendarmes qui verbalisent en matière d'affichage?*

R. — Il est accordé, à titre d'indemnité, aux gendarmes et autres agents qui ont constaté les contraventions aux lois concernant les affiches peintes ou non timbrées, un quart des amendes payées par les contrevenants (Décret du 25 août 1852 ; art. 11 du décret du 18 février 1891.)

D. — *Quel est le devoir des gendarmes qui découvrent des affiches et placards imprimés ou manuscrits contre les mœurs, la morale publique ou religieuse, ou contenant des injures contre le gouvernement, des provocations au meurtre, au pillage ou à la révolte?*

R. — Ils doivent les arracher et les faire parvenir de suite, avec un procès-verbal, au procureur de la République; ils y font mention de tous les renseignements qu'ils ont pu recueillir à ce sujet, et redoublent de surveillance et de zèle pour en découvrir les afficheurs et les auteurs. Les procès-verbaux sont enregistrés en débet, visés pour timbre et remis au procureur de la République. (Loi du 29 juillet 1881 ; *Dictionnaire de la gendarmerie.*)

TIMBRES DE QUITTANCES

D. — *Quelles sont les pièces soumises à un droit de timbre de 10 centimes ?*

R. — Ce sont les quittances ou acquits donnés au pied des factures et mémoires, les quittances pures et simples, reçus ou décharges de sommes, titres, valeurs ou objets, et généralement tous les titres de quelque nature qu'ils soient, signés ou non signés, qui emporteraient libération, reçu ou décharge. (Art. 18 de la loi du 23 août 1871.)

D. — *Quels sont les titres dispensés du droit de timbre de 10 centimes ?*

R. — Ce sont : 1° les acquits inscrits sur les chèques ainsi que sur les lettres de change, billets à ordre et autres effets de commerce assujettis au droit proportionnel ;

2° Les quittances de 10 fr. et au-dessous, quand il ne s'agit pas d'un acompte ou d'une quittance finale sur une plus forte somme (Art. 20 de la même loi) ;

3° Les quittances énumérées par les articles 16 et 20 de la loi du 13 brumaire an VII, à l'exception de celles relatives aux traitements des fonctionnaires, officiers, employés salariés par l'État, les départements, les communes et les établissements publics ;

4° Les quittances qui concernent les militaires et dont l'énumération est détaillés dans les notes du ministre de la guerre des 10 avril 1872 et 18 février 1873 et du garde des sceaux du 30 mai 1872. (États, feuilles de prêt, etc., concernant les sous-officiers et soldats.

5° Les mandats de secours quand ils concernent les indigents ;

6° Les mémoires de toute nature établis trimestriellement par les sous-officiers, brigadiers et gendarmes, conformément aux articles 217 et 221 du règlement sur l'administration et la comptabilité.

D. — *Comment s'applique l'amende prononcée en cas de contravention ?*

R. — L'amende sera due par chaque acte, écrit, quittance, reçu ou décharge pour lequel le droit de timbre n'aurait pas été acquitté. (Art. 23 de la même loi.)

D. — *A qui sont remis les procès-verbaux pour défaut de timbre ?*

R. — Ces procès-verbaux sont remis avec les pièces saisies aux receveurs de l'enregistrement, qui ont à faire les diligences et les poursuites nécessaires pour le recouvrement des droits, amendes et frais. (Circulaire du garde des sceaux du 30 mai 1872.)

D. — *Dans quelle mesure la gendarmerie doit-elle rechercher ces contraventions ?*

R. — Elle ne doit pas être employée d'une manière spéciale ni exclusive à la recherche des contraventions en matière de timbre ; elle devra profiter de ses tournées et de l'exécution des autres services journaliers pour aider les agents du ministère des finances dans la surveillance qu'ils ont à exercer sur cette matière. (Circulaire du ministre de la guerre du 20 avril 1872.)

D. — *Quelle est la part des amendes qui revient à la gendarmerie ?*

R. — Un quart des amendes recouvrées. (Loi du 23 août 1871, art. 23.)

POLICE DES CHEMINS DE FER

D. — *Comment sont considérés les chemins de fer ?*

R. — Comme faisant partie de la grande voirie. (Art. 1er de la loi du 15 juillet 1845.)

D. — *Par qui sont constatés les crimes, délits et contraventions prévus par les titres 1er et III de ladite loi ?*

R. — Par les officiers de police judiciaire, les ingénieurs, les autres agents agréés par l'administration dûment assermentés, et les militaires de la gendarmerie. (Art. 23.)

D. — *La gendarmerie peut-elle verbaliser pour constater des infractions de droit commun commises sur les chemins de fer et dans leurs dépendances ?*

R. — Oui, la gare est un lieu public, les chefs de brigade et gendarmes doivent dresser les procès-verbaux prescrits par le règlement sur l'organisation et le service de la gendarmerie et les lois spéciales (Douanes, Chasse, Grande Voirie, etc.).

D. — *Dans quel cas la gendarmerie doit-elle arrêter les individus coupables de certaines infractions à la loi du 15 juillet 1845 sur la police des chemins de fer ?*

R. — La gendarmerie arrête et conduit immédiatement devant l'officier de police judiciaire de l'arrondissement les individus surpris en flagrant délit dans les cas prévus par l'art. 195 du décret du 20 mai 1903 (détruisant ou déplaçant les rails, etc.)

D. — *Les militaires de la gendarmerie ont-ils le droit de s'introduire dans l'enceinte d'un chemin de fer, d'y circuler et d'y stationner ?*

R. — Oui. (Art. 319, même décret.) Mais il doivent s'abstenir de suivre les voies ferrées sans une nécessité absolue.

D. — *Quelle est la tenue que doit avoir un gendarme de planton à la gare ?*

R. — La tenue de sortie avec le revolver. (Service intérieur, art. 59.)

D. — *Quelle doit être l'attitude du gendarme de planton à la gare ?*

R. — A l'arrivée des trains et avant l'entrée en gare, le gendarme de planton doit, en principe, se porter sur le quai de débarquement. Il s'abstient de lier conversation, si ce n'est pour son propre service et pour répondre brièvement à des demandes de renseignements.

252

Si l'arrêt du train se prolonge, le gendarme de planton peut s'écarter du quai et visiter les salles, mais il ne doit s'asseoir, ni fumer, ni être accompagné.

D. — En quoi consiste le service du gendarme de planton à la gare?

R. — Il se conforme, pour ce service, aux prescriptions du décret sur l'organisation et le service de la gendarmerie, relatives à la recherche des individus signalés, des déserteurs, des insoumis et des militaires en absence illégale, s'assure parfois de la position régulière des militaires voyageant isolément, et s'adresse de préférence à ceux dont la conduite et la tenue laisseraient à désirer. Il prend note de leurs noms, prénoms et du numéro de leur régiment; puis il les signale par un rapport qui est transmis à l'autorité militaire dans le ressort de laquelle est stationné le corps auquel ce militaire appartient. (Art. 59 du service intérieur.)

D. — Quelles sont les précautions à prendre dans l'exécution de ce service?

R. — Il faut le faire avec tact et circonspection de manière à ne pas entraver le service des chemins de fer ou retarder le départ des voyageurs.

D. — Où doivent se tenir dans les gares de chemins de fer les gendarmes chargés d'une escorte ainsi que leurs prisonniers?

R. — Ils doivent éviter de stationner dans les salles d'attente, de rester dans les corridors ou vestibules ouverts au public, ou sur les trottoirs extérieurs des gares ou dans les cours; si leur train est en gare, ils doivent prendre possession immédiatement du compartiment qui leur est réservé et ne pas le quitter pendant les arrêts; dans le cas contraire, ils doivent demander aux chefs de gare un local quelconque leur permettant de s'isoler avec leurs prisonniers, afin d'éviter les évasions et de se mettre à l'abri du froid et des intempéries.

D. — Que doit-on faire des militaires voyageant isolément par chemin de fer qui se trouvent en dehors de la direction indiquée par leur feuille de route?

R. — 1° Si l'erreur a été commise par eux de bonne foi, ce que le commissaire administratif et le chef de gare apprécient, la compagnie les remet gratuitement à l'embranchement où l'erreur a été commise, et le commissaire constate l'incident par une annotation sur la feuille de route;

2° Si cette erreur est volontaire ou si le militaire déclare qu'il n'a pas l'argent nécessaire pour vivre et voyager jusqu'à destination, le commissaire le remet après examen entre les mains de la gendarmerie ou de l'autorité militaire locale;

3° Si le militaire a perdu sa feuille de route, le commissaire le remet, comme il a été dit plus haut, entre les mains de l'autorité militaire, ou bien lui délivre un sauf-conduit valable jusqu'à la résidence du sous-intendant militaire le plus voisin dans la direction que le militaire déclare avoir à suivre.

Dans une gare où il n'y a pas de commissaire de surveillance, le gendarme de planton s'inspire de ces dispositions, en se concertant avec le chef de gare.

D. — Quelles dispositions sont prises envers les militaires voyageant isolément qui se présentent dans un lieu de passage après avoir dissipé leur indemnité de route?

R. — Les militaires encore présents sous les drapeaux qui, voyageant isolément, auront dissipé l'argent qui leur aura été remis par l'Etat pour frais de route recevront, par les soins de l'intendance, l'indemnité kilométrique réglementaire pour la route restant à parcourir et l'indemnité journalière pour pourvoir à leur subsistance.

Les hommes quittant le service actif, pour un motif quelconque, qui auront dissipé l'argent à eux remis, à leur départ du corps, pour se rendre dans leurs foyers, devront continuer leur route à leurs frais personnels. S'ils sont dénués de ressources, ils tomberont sous l'application des règlements de police et des lois pénales ordinaires.

L'autorité militaire du lieu de départ pourra faire accompagner les isolés soit à la gare, soit à la voiture de départ et les munir, par les soins d'un gendarme ou d'un sous-officier du corps, d'un billet pour leur destination, payé sur l'argent de leurs frais de route. (Note ministérielle du 30 avril 1886.)

FABRICATION ET COMMERCE

DES ARMES ET MUNITIONS

(Loi du 14 août 1885)

D. — *La fabrication et le commerce des armes et des munitions sont-ils libres ?*

R. — La fabrication et le commerce des armes de toutes espèces, non réglementaires en France, y compris les armes d'affût (canons, mitrailleuses, etc.), et des munitions non chargées employées pour ces armes (douilles de cartouches, projectiles, fusées, etc.) sont entièrement libres. (Loi du 14 août 1885, art. 1er.)

La fabrication et le commerce des armes de toutes espèces des modèles réglementaires en France et des munitions non chargées pour ces armes sont libres aussi, mais sous la réserve de certaines conditions dictées par la loi. (Art. 2, 3 et 4.)

Nota. — La vente de cartouches chargées, qu'elle ait lieu avec ou sans les armes auxquelles elles s'appliquent, est prohibée par les articles 1 et 15 de la loi du 14 août 1885. (Cassation, 4 juillet 1891.)

D. — *Qu'entendez-vous par armes des modèles réglementaires ?*

R. — Ce sont celles qui sont en service dans les armées de terre et de mer. (Art. 2.)

D. — *La fabrication et le commerce des armes blanches et des revolvers sont-ils libres ?*

R. — Oui, la fabrication et le commerce des armes blanches et des revolvers de tous les modèles sont entièrement libres, sans aucune condition. (Art. 5.)

D. — *L'importation, l'exportation et le transit des armes et pièces d'armes sont-ils libres ?*

R. — Oui, l'importation, l'exportation et le transit des armes de toutes espèces, y compris les armes d'affût, et des munitions non chargées correspondantes sont libres, sous réserve de l'application des droits de douane. (Art. 7.)

D. — *N'y a-t-il pas des exceptions à cette règle de liberté d'importation et d'exportation des armes ?*

R. — Il n'est fait d'exception que pour l'importation et l'exportation des armes réglementaires en France et leurs munitions ; mais cette exception ne s'applique pas aux armes blanches et aux revolvers des modèles réglementaires en France. (Art. 7.)

D. — *Comment a lieu l'importation des armes des modèles réglementaires et des munitions correspondantes non chargées ?*

R. — Elle a lieu sur la déclaration du fabricant ou du commerçant à la préfecture de laquelle ressort la localité où ces objets doivent parvenir après importation ?

Le préfet délivre au déclarant un récépissé sur lequel sont inscrits le nombre, l'espèce et le poids des armes, pièces d'armes ou munitions non chargées qui font l'objet de l'importation. (Art. 8.)

D. — *Comment a lieu l'exportation des armes et munitions non chargées des modèles réglementaires ?*

R. — Elle a lieu également sur la déclaration qui en est faite, dans la même forme que pour l'importation, par le fabricant ou le commerçant à la préfecture de laquelle ressort le déclarant.

Un duplicata du récépissé délivré par la préfecture en échange de cette déclaration sert de permis d'exportation. (Art. 8.)

D. — *Dans quel cas l'exportation des armes, pièces d'armes et munitions de toutes espèces peut-elle être interdite ?*

R. — En cas de guerre nationale et continentale, un décret rendu sur la proposition du ministre de la guerre peut interdire l'exportation des armes, pièces d'armes et munitions de toutes espèces. (Art. 11.)

Note relative aux armes prohibées.

Les Cours de Paris (22 juin 1886) et de Grenoble (28 janvier 1886) estiment que les dispositions de la loi de 1834 relatives au port des armes sont demeurées en vigueur même depuis la loi de 1885, tandis que la Cour de Douai (29 mars 1886) adopte la doctrine contraire, la liberté de fabrication et de commerce des armes entraînant à ses yeux, par voie de conséquence, la liberté du port de ces mêmes armes.

Le *Journal du droit criminel*, dans son numéro de juin-juillet 1886, estime que le législateur de 1885 n'a abrogé que les dispositions qu'il a formellement visées, c'est-à-dire celles relatives à la fabrication, au commerce, à l'importation, l'exportation et au transit des armes, mais qu'il a laissé subsister toutes autres dispositions et spécialement celles relatives au port des armes prohibées et à la détention des armes de guerre.

En attendant qu'un texte précis et autorisé vienne trancher la question, nous pensons que la gendarmerie agira sagement en considérant comme armes dont le port est prohibé les armes ci-après : les stylets et tromblons (art. 314 du Code pénal); les poignards, couteaux en forme de poignards, soit de poche, soit de fusil, baïonnettes, épées en bâton, bâtons à ferrements autres que ceux qui sont ferrés par le bout, et autres armes offensives, cachées et secrètes (23 mars 1728); les pistolets de poche (ordonnance de 1837); les fusils et pistolets à vent (décret du 2 nivôse an XIV).

Le port de ces armes et la détention des armes de guerre par des particuliers devront donner lieu à des procès-verbaux; les tribunaux y donneront telle suite qu'ils jugeront convenable

LOI SUR LA RÉPRESSION DE L'IVRESSE

ET SUR LA POLICE DES DÉBITS DE BOISSONS

D. — *Quelle est la loi qui réprime l'ivresse ?*

R. — C'est la loi du 1er octobre 1917.

D. — *Quelles sont les contraventions ou délits que la gendarmerie doit constater en matière d'ivresse ?*

R. — La gendarmerie dresse procès-verbal contre :

1° Tous ceux qui sont trouvés en état d'ivresse manifeste dans les rues, chemins, places, cafés, cabarets ou autres lieux publics (Art. 1er) ;

2° Contre les cafetiers, cabaretiers ou autres débitants qui auront donné à boire à des gens manifestement ivres, ou qui les auront reçus dans leurs établissements, où auront servi des liqueurs alcooliques à des mineurs âgés de moins de dix-huit ans accomplis (Art. 4) ;

3° Contre quiconque aura fait boire jusqu'à l'ivresse un mineur âgé de moins de dix-huit ans accomplis (Art. 7) ;

4° Contre tout cabaretier ou débitant de boisson chez lesquels le texte de la loi ne sera pas affiché (Art. 16) ;

5° Contre tout individu qui aura détruit ou lacéré le texte de ladite loi. (Art. 16) ;

6° Contre les cafetiers, cabaretiers ou autres débitants qui auront servi des spiritueux ou liqueurs alcooliques à des mineurs âgés de moins de dix-huit ans accomplis, ou à un malade hospitalisé, sans avoir été induit en erreur sur l'âge du mineur ou l'état du malade (Art 4) ;

7° Contre les mêmes qui auraient vendu au détail et à crédit, soit au verre, soit en bouteille, des spiritueux à consommer sur place ou à emporter ; ou au comptant pour les emporter, lesdites boissons, à des mineurs âgés de moins de dix-huit ans (Art. 8) ;

8° Contre les mêmes qui auraient employé dans leur débit des femmes de moins de dix-huit ans n'appartenant pas à leur famille (Art. 9) ;

9° Contre les mêmes qui auraient favorisé la débauche en recevant habituellement des femmes de débauche ou des individus de mœurs spéciales (Art. 10).

D. — *A qui les procès-verbaux constatant des contraventions ou des délits en matière d'ivresse doivent-ils être adressés ?*

R. — Au procureur de la République de l'arrondissement où le fait a été constaté, et dans les trois jours au plus tard, y compris le jour de la constatation. (Art. 14.) Ils sont visés pour timbre et enregistrés en débet. (Art. 297 du décret.)

D. — Que doit-on faire des personnes trouvées manifestement ivres?

R. — Toute personne trouvée manifestement en état d'ivresse dans les rues, chemins, places, cabarets ou autres lieux publics pourra être, par mesure de police, conduite à ses frais au poste le plus voisin pour y être retenue jusqu'à ce qu'elle ait recouvré la raison (Art. 15.)

D. — Les personnes ivres trouvées sur la voie publique peuvent-elles être mises à la chambre de sûreté de la caserne de gendarmerie?

R. — Hors le cas de rébellion, c'est seulement lorsqu'il y a lieu à procès-verbal, et que l'identité d'un individu n'est pas établie, que le délinquant peut être déposé à la chambre de sûreté pour être conduit ensuite le plus tôt possible devant l'autorité compétente.

Si au contraire l'identité a été constatée ou s'il n'y a pas lieu à procès-verbal, la gendarmerie n'a pas à arrêter l'individu ni à le conduire à la chambre de sûreté.

Lors même qu'il conviendrait, dans l'intérêt de la sécurité de ce dernier, de ne pas le laisser en liberté, c'est à l'autorité locale qu'il appartiendrait de prendre les mesures nécessaires à cet effet. (Art. 15 et art. 308 du décret.)

D. — Qu'entend-on par ivresse manifeste?

R. — L'ivresse est manifeste quand elle est susceptible d'être constatée non seulement par la publicité du lieu où elle se produit, mais aussi par le caractère des actes qui la signale. (Cassation, 14 novembre 1874.)

D. — Est-il nécessaire que l'ivresse cause un scandale pour être réprimée?

R. — Non, il suffit qu'elle soit manifeste, c'est-à-dire évidente pour tous les yeux; mais il faut qu'elle se trahisse dans un lieu public, rue, chemin, place, café, cabaret, auberge, restaurant, brasserie, salle de spectacle. etc.

Ne saurait être considéré comme lieu public le cabinet du juge d'instruction (Cassation, 11 juin 1874.)

———

ESPIONNAGE

(Loi du 18 avril 1886.)

Surveillance de la gendarmerie à l'égard des espions

D. — La recherche et l'arrestation des espions font-elles partie au service de la gendarmerie?

R. — La recherche et l'arrestation des espions sont de l'essence même du service de la gendarmerie, qui, par sa dissémination sur tous les points du territoire, par la nature de ses attributions, par sa surveillance incessante à l'égard des étrangers, est appelée à rendre d'utiles services dans l'exécution d'une loi qui intéresse à un si haut point la défense nationale.

Des faits qui constituent le délit d'espionnage

D. — Quels sont les principaux faits qualifiés d'espionnage par la loi?

R. — Ces délits sont les suivants :

« 1° Toute personne qui, à l'aide d'un déguisement ou d'un faux nom, ou en dissimulant sa qualité, sa profession ou sa nationalité, s'introduit dans une place forte, un poste, un navire de l'Etat ou dans un établissement militaire ou maritime;

« 2° Toute personne qui, déguisée ou sous un faux nom, ou en dissimulant sa qualité, sa profession ou sa nationalité, lève des plans, reconnaît des voies de communication ou recueille des renseignements intéressant la défense du territoire ou la sûreté intérieure de l'Etat;

« 3° Toute personne qui, sans autorisation de l'autorité militaire ou maritime, exécute des levées ou opérations de topographie dans un rayon d'un myriamètre autour d'une place forte, d'un poste ou d'un établissement militaire ou maritime, à partir des ouvrages avancés;

« 4° Toute personne qui, pour reconnaître un ouvrage de défense, franchit les barrières, palissades ou clôtures établies sur le terrain militaire, ou qui escalade les revêtements et les talus des fortifications.

« La tentative est considérée comme le délit lui-même;

« 5° Est réputée complice, toute personne qui, connaissant les intentions des auteurs des délits ci-dessus énumérés, leur fournit logement, lieu de retraite ou de réunion ou qui recèle sciemment les objets et instruments ayant servi ou devant servir à commettre ces délits. »

D. — Qu'est-ce qu'un espion militaire?

R. — Un espion militaire est un individu, le plus souvent de nationalité étrangère, qui, soit directement, soit indirectement, et par les moyens les plus divers, cherche à se renseigner sur une ou sur des questions dont la connaissance peut être réputée préjudiciable à la défense du territoire et à la sûreté extérieure de l'Etat.

D. — Quels sont les principaux renseignements qu'un espion peut recueillir?

R. — Il n'est pas possible de détailler la nature des renseignements qu'un espion cherche à recueillir; ces renseignements sont de toute sorte; le plus insignifiant en apparence n'est peut-être pas toujours le moins important.

e sont.

° Renseignements militaires, savoir :

Force de nos effectifs en hommes, chevaux et matériel. — Etat de l'armement et des travaux de fortification d'une place forte. — Travaux exécutés, en cours d'exécution ou projetés. — Reconnaissance d'une place ou de ses abords. — Approvisionnement et matériel de réserve d'une place. — Expériences sur polygones, champs de tir ou tout autre terrain. — Commandes exécutées dans les manufactures de l'Etat ou dans tout autre établissement pour le compte de la guerre ou de la marine. — Ressources des différentes localités au point de vue des réquisitions et du cantonnement des troupes.

2° Renseignements relatifs à la mobilisation, savoir :

Dispositions prises en vue de la mobilisation. — Officiers et sous-officiers de réserve et de l'armée territoriale. — Destination finale d'un corps de troupe. — Voies ferrées à employer. — Dispositions prises sur les lignes ferrées et dans les gares. — Travaux à exécuter. — Opinion sur la capacité de résistance d'une place. — Comment on pense qu'elle sera attaquée. — Etat des esprits, spécialement dans l'armée. — Comment on envisage la possibilité de la guerre. — Les officiers sont-ils désireux de la faire.

3° Renseignements statistiques et topographiques, savoir ·

Reconnaissance des voies ferrées. — Points où la voie peut être facilement détruite. — Travaux d'art, viaducs, ponts, tunnels. — Placement des chambres de mines dans les tunnels et sous les ponts. — Matériel disponible. — Appareils télégraphiques, fils souterrains.

Prises d'eau. — Reconnaissance des ouvrages d'art et des routes importantes, spécialement en pays de montagne. — Richesse d'un pays, particulièrement en chevaux et mulets; ses ressources en approvisionnements de toute nature. — La situation de fortune des habitants les plus notables. — Impôts divers. — Tenue de colombiers clandestins. — Lâchers de pigeons non autorisés. — Correspondance secrète par signaux et, dans le voisinage de la frontière, par messagers.

Arrestation des espions

D. — *Quel caractère doit avoir le délit d'espionnage pour autoriser une arrestation ?*

R. — Les faits prévus par la loi ne sont répréhensibles que s'ils ont été accomplis dans une *intention frauduleuse.* Cette intention est justement présumée quand un individu, pour arriver à ses fins, dissimule son nom, sa profession et sa nationalité; mais ce serait une rigueur exagérée, par exemple, que d'interdire à toute personne de se renseigner sur l'état des approvisionnements en fourrages et grains, même à l'extrême frontière. On doit tolérer le fait d'exécuter des opérations topographiques et de prendre des vues topographiques dans le rayon des zones de servitude, s'il est accompli, *même sans autorisation*, mais pour des motifs reconnus légitimes, tels que les opérations d'arpentage, les levés de plans d'une propriété close.

Le fait de franchir des barrières, palissades ou autres clôtures sur le terrain militaire, ou d'escalader les revêtements des fortifications, n'est punissable que si l'intention délictueuse indiquée dans le texte de la loi par les mots « pour reconnaître un ouvrage de défense » est nettement établie

D. — Quels sont les principaux faits qui doivent être considérés délits d'espionnage caractérisé et donner lieu à arrestation ?

R. — Ce sont les suivants :

Individus surpris levant les plans des fortifications, photographiant un ouvrage, prenant des notes et croquis, étudiant un terrain avec la carte en main, levant des plans ou faisant la photographie dans la zone militaire d'une place, fort ou ouvrage, s'il est déguisé, s'il refuse de se faire connaître, s'il donne un faux nom, s'il est de nationalité étrangère, si son identité ne peut être établie, en un mot si les faits incriminés n'ont pas un motif légitime. — Individu surpris dans une batterie basse, qu'il soit ou non occupé à lever des plans, si ses agissements dénotent une intention frauduleuse. — Individu surpris dans le voisinage d'une place forte, d'un fort, ouvrage, etc., et trouvé porteur de papiers, cartes ou plans ne laissant aucun doute sur le but de sa mission. — Individu dénoncé par la clameur publique comme ayant été vu prenant des plans d'ouvrages militaires, ou ayant cherché à obtenir des renseignements sur nos approvisionnements, nos armements, etc., et si, poursuivi et atteint, ses réponses évasives ou contradictoires dans un premier interrogatoire révèlent une intention frauduleuse.

D. — Dans quel cas la gendarmerie doit-elle seulement faire des rapports ?

R. — Les présomptions qu'on pourrait croire les mieux fondées et les soupçons qui paraîtraient les plus certains ne suffisent pas toujours pour établir le délit d'espionnage ; il est nécessaire d'acquérir la *preuve matérielle et* avouable de l'acte criminel. Dans les autres cas, la gendarmerie se bornera à de simples rapports de renseignements ou d'informations.

Action de la gendarmerie sur les espions

D. — Combien y a-t-il de sortes d'espions ?

R. — Il y a deux sortes d'espions : *l'espion sédentaire et l'espion ambulant.*

D. — Qu'est-ce que l'espion sédentaire ?

R. — L'*espion sédentaire* est celui qui, ayant un domicile fixe, remplit son rôle sous le couvert d'un commerce, d'une industrie ou d'un emploi ; il est presque toujours de nationalité étrangère.

Les agents sédentaires séjournent plus particulièrement à Paris et en général dans toutes les villes ou localités qui ont une importance militaire quelconque.

D. — Comment arrive-t-on à découvrir les espions sédentaires ?

R. — Une longue observation peut seule arriver à les faire découvrir. On y parvient plus habituellement en relevant quelques particularités de leur existence : correspondance nombreuse et étrangère non justifiée par leur profession, précautions prises par eux pour couvrir certains agissements, dépenses non en rapport avec leur fortune, visites d'étrangers, relations avec des personnes déjà tenues en suspicion, intérêt qu'ils témoignent à des choses qui ne devraient pas les préoccuper ; enfin le hasard, une dénonciation peuvent donner l'éveil et mettre sur la piste d'indices sérieux.

D. — Dans quelle mesure l'action de la gendarmerie doit-elle s'exercer sur les espions sédentaires ?

R. — Le gendarme n'éveillera jamais l'attention, en surveillant particu-

lièrement un individu suspect d'espionnage; il saura prendre des renseignements habilement, sans paraître y attacher de l'importance, et à cet effet
s'adressera aux personnes dont le patriotisme est une garantie.

D. — *Qu'est-ce que l'espion ambulant ?*

R. — *L'espion ambulant* voyage généralement comme touriste, peintre,
artiste, colporteur de livres, d'articles de bureaux, vitrier, voyageur de commerce, etc.

Il est chargé ou d'un travail d'ensemble, qui est presque toujours une
reconnaissance tepographique ou statistique d'une certaine durée, ou de la
constatation rapide et immédiate d'un objectif déterminé.

D. — *Comment reconnaît-on et découvre-t-on un espion ambulant ?*

R. — *L'espion ambulant* est le plus facile à découvrir. S'il est habituellement chargé d'un objectif déterminé, sa présence dans le pays, les demandes fréquentes qu'il est obligé de faire portant presque toujours sur le même
sujet, son attitude équivoque, ses allées et venues attireront l'attention,
éveilleront les soupçons et aboutiront tout au moins à une dénonciation.
Mais, en toutes circonstances, la gendarmerie devra se tenir en garde contre
l'exagération des faits ou des apparences; si elle manquait de tact ou de
réserve, son service pourrait créer des embarras.

D. — *Comment sont signalés les faits, dires et agissements pouvant établir un
délit d'espionnage ?*

R. — Les faits, dires ou agissements de nature à établir la preuve d'un
délit d'espionnage seront signalés, au fur et à mesure, par des rapports confidentiels. Ces rapports peuvent se résumer ainsi :

« 7 mars. — M. X.. a suivi à distance les troupes de la garnison qui
« sont allées faire un exercice en terrain varié. Il paraît, en général, s'atta-
« cher plus qu'il ne convient à tout ce qui est du domaine militaire.

« 12 avril. — On rapporte que M. X... a tenu aujourd'hui la conversation
« suivante dans le café du *Lion d'Or*, où il se trouvait avec les nommés
« A... et B..., sujets étrangers employés dans l'usine de M. K..., de cette
« ville. » Relater les dires.

D. — *Quelles sont les mesures à prendre pour la répression de l'espionnag
ambulant ?*

R. — Dès qu'un individu suspect est signalé, il importe de ne pas le
perdre de vue, de suivre sa piste sur tous les points du territoire qu'il parcourt, de se tenir constamment au courant, par tous les moyens, de ses faits
et gestes, de s'attacher à lui, d'observer ses démarches, de s'informer de la
nature des renseignements qu'il sollicite, de l'entourer enfin d'une surveillance
étroite dont le résultat sera, ou la constatation de faits autorisant l'arrestation ou, s'il est impossible d'arriver à ce résultat, une gêne telle que l'individu
sera obligé de renoncer à sa mission.

D. — *Quelle est la conduite de la gendarmerie dès qu'un étranger suspect parcourt la contrée ?*

R. — Deux gendarmes, par exemple, apprennent qu'un étranger parcourt
la contrée; comme touriste ou dessinateur, mais qu'il inspecte plus particulièrement les ponts ou autres ouvrages d'art; ils se mettent à sa recherche;
ils le découvrent et le prient en *termes convenables* de justifier de son identité et d'exhiber ses papiers. Leurs investigations leur donnent la *certitude*

morale d'avoir devant eux un espion ; mais, à défaut de *preuves matérielles*, ils le laissent libre de continuer sa route. En même temps ils s'informent, dans la commune, de ses allées et venues, et se rendent à l'hôtel où il est descendu pour compléter leurs renseignements ; s'ils apprennent qu'il doit se mettre en route le lendemain pour une localité quelconque, ils télégraphient sur place, s'il est nécessaire, au chef de brigade de cette localité, et, de retour à leur résidence, ils établissent un rapport circonstancié destiné à leur commandant d'arrondissement.

Ce système de surveillance doit continuer jusqu'à ce que les preuves matérielles accumulées autorisent à ordonner l'arrestation.

La surveillance de la gendarmerie ne doit pas se laisser mettre en défaut ; elle s'assure, au besoin, le concours de la police dans les villes ; celui des maires, des gardes champêtres et des agents des douanes et des forêts dans les campagnes ; elle communique verbalement aux commissaires de police communaux et aux commissaires spéciaux de police sur les chemins de fer les informations qu'elle recueille sur les étrangers suspects qui lui ont été désignés comme paraissant pratiquer l'espionnage.

Des dépêches, rapports et procès-verbaux auxquels donne lieu la surveillance des individus suspects

D. — *Dans quelles circonstances doit-il être fait usage du télégraphe ?*

R. — Il ne devra être fait usage du télégraphe qu'en cas de nécessité et lorsque la surveillance de l'individu suspect d'espionnage ne pourra être autrement assurée

D. — *Quelle est l'autorité à laquelle le chef de brigade doit donner immédiatement avis des faits d'espionnage ?*

R. — Dans les départements frontières et du littoral, ainsi que dans ceux où il y a des camps retranchés, le chef de brigade avise immédiatement de tout fait d'espionnage le commissaire spécial de police chef de secteur ; et il répond à toute demande de renseignements sur cet objet, émanant du même fonctionnaire. (Art. 60 du décret du 20 mai 1903.)

D. — *Dans quel cas doit-on établir des rapports individuels ?*

R. — Des *rapports individuels* sont établis, lorsque, à défaut de preuves matérielles, on aura la certitude morale que des individus pratiquent l'espionnage militaire ou que des indices le font supposer. Ces rapports, quoique concis, doivent donner tous les renseignements qui permettent d'établir la suspicion ; ils sont enregistrés au registre n° 2 *bis* et établis en trois expéditions : la première est adressée au commandant d'arrondissement, la deuxième au préfet ou sous-préfet, la troisième au procureur de la République. Une copie est, de plus, adressée au commissaire spécial.

D. — *Que doit relater le procès-verbal d'arrestation ?*

R. — Le procès-verbal, établi seulement en cas d'arrestation, devra, indépendamment des faits qui ont motivé l'arrestation, relater les réponses faites à l'interrogatoire ; il est établi conformément au modèle annexé à l'extrait de l'instruction du 9 décembre 1886.

Le procès-verbal doit être clos par le signalement de l'individu et l'inventaire des objets, effets, papiers, argent trouvés en sa possession.

D. — En combien d'expéditions le procès-verbal est-il établi, et à qui sont-elles adressées.

R. — Il est établi en quatre expéditions :
La première accompagne devant le procureur de la République l'individu arrêté;
La seconde est destinée au préfet;
La troisième au ministre de la guerre;
La quatrième aux archives de la gendarmerie.
Avis en est donné au commissaire spécial.

D. — Quel est le moment le plus propice pour procéder à l'interrogatoire.

R. — Le moment de trouble causé par l'arrestation est le plus propice à l'interrogatoire; de plus, si plusieurs individus sont arrêtés en même temps, ils doivent être séparés et interrogés à part, afin qu'ils ne puissent concerter leurs réponses On obtient ainsi des contradictions révélatrices.

De la destination à donner aux individus arrêtés

D. — Devant qui doivent être conduits les individus arrêtés ?

R. — L'autorité militaire ne pouvant agir qu'en temps de guerre contre les personnes suspectes d'espionnage, c'est devant le procureur de la République que tout individu prévenu d'espionnage doit être conduit *immédiatement*. Ce magistrat décide s'il y a lieu de maintenir l'arrestation et de requérir une information.

D. — Quelle attention devront avoir les gendarmes lorsqu'ils mettront à exécution un ordre d'arrestation ou toute autre mesure de rigueur prise à l'égard d'un étranger ?

R. — Ils se conformeront aux ordres donnés par l'autorité compétente. Ils saisiront sur lui et à domicile les lettres et papiers pouvant établir ses relations d'espionnage, et ils ne devront pas oublier de prévenir par écrit le receveur des postes et télégraphes, pour que ses lettres et dépêches soient interceptées.

PIGEONS VOYAGEURS

(Décret du 15 septembre 1885. Loi du 22 juillet 1896.)

Décret du 29 Juillet 1896.

D. — *A quelle formalité est astreinte toute personne voulant ouvrir un colombier de pigeons voyageurs ?*

R. — Elle doit obtenir au préalable l'autorisation du préfet (Loi du 22 juillet 1896).

D. — *A quelle formalité, une personne qui reçoit des pigeons voyageurs à titre permanent ou transitoire est-elle astreinte ?*

R. — Elle doit, dans un délai de deux jours, en faire la déclaration et en indiquer la provenance (Même loi).

D. — *Quelle est la loi en vertu de laquelle s'exerce le droit de réquisition sur les pigeons voyageurs ?*

R. — La loi du 3 juillet 1877 (art. 5) donne le droit de réquisition sur les pigeons voyageurs.

D. — *Comment se fait le recensement des pigeons voyageurs ?*

R. — Tous les ans, à l'époque du recensement des chevaux, juments, mules et mulets, un recensement des pigeons voyageurs est effectué par les soins des maires, sur la déclaration obligatoire des propriétaires, et, au besoin, d'office.
Un certificat de cette déclaration est délivré à chaque éleveur ou société.

D. — *Les maires sont-ils informés de l'ouverture de nouveaux colombiers ?*

R. — Dans toutes les communes, les maires prennent leurs dispositions pour être, en tout temps, informés de l'ouverture des nouveaux colombiers affectés à l'élève des pigeons voyageurs. Les renseignements recueillis par leurs soins sur ces colombiers sont transmis immédiatement à l'autorité militaire par l'intermédiaire des préfets.

D. — *L'introduction en France des pigeons voyageurs est-elle libre ?*

R. — Elle n'est autorisée que pour les espèces originaires des pays qui usent à cet égard de réciprocité réelle et de fait avec le nôtre. Ils ne peuvent pénétrer que par certains points désignés. (Décret du 22 juillet 1896, art. 2).

D. — *Quelle surveillance doit exercer la gendarmerie à l'égard des pigeons voyageurs ?*

R. — La gendarmerie n'exerce qu'une simple action de contrôle en ce qui concerne le recensement des pigeons voyageurs ; mais elle doit profiter de ses tournées habituelles, des relations qu'elle peut avoir, pour se faire signaler les personnes qui auraient omis de faire à la mairie les déclarations prescrites par le décret du 15 septembre 1885.

D. — *Comment est-il rendu compte des infractions constatées ?*

R. — Lorsqu'une infraction a été reconnue, il est rendu compte par la voie hiérarchique, au moyen d'un rapport destiné au général en chef, contenant tous les renseignements nécessaires et indiquant notamment si le contrevenant est de nationalité étrangère, pour qu'il lui soit fait application rigoureuse des pénalités édictées par l'article 52 de la loi du 3 juillet 1877 sur les réquisitions.

D. — *Ne connaissez-vous pas un délit, constitué par une infraction en matière de pigeons voyageurs ?*

R. — L'article 5 de la loi du 22 juillet 1896 a prévu le cas où, seraient interdits par décret l'importation de pigeons étrangers et l'entrouvement de pigeons voyageurs à l'intérieur : alors les contrevenants sont passibles de 3 mois à 2 ans de prison

D. — *Pouvez-vous préciser d'autres infractions ?*

R. — Il y a encore des infractions prévues par le décret du 22 juillet 1896, telles que :

1° Lâchers de pigeons voyageurs dans un département frontière, une place forte ou un port militaire, ou dans leur périmètre de protection ;

2° Création, entretien de colombier de pigeons voyageurs par un étranger non autorisé à cet effet ;

3° Lâcher de pigeons voyageurs sans autorisation, ou non conforme aux clauses de l'autorisation accordée par l'autorité préfectorale.

D. — *Quelle est la destination à donner aux pigeons voyageurs égarés et capturés ?*

R. — Les pigeons capturés qui, par l'examen des inscriptions ou marques distinctives appliquées sur les ailes, sont reconnus comme appartenant à des sociétés ou amateurs français doivent être relâchés. Ceux dont l'attache étrangère pourrait être constatée et ceux dont l'origine resterait douteuse devront être mis à la disposition de l'autorité militaire locale (commandant d'armes) et, à défaut, au commandant de la gendarmerie, pour être envoyés au général commandant la subdivision, qui statuera sur la décision à prendre.

D. — *Les militaires de la gendarmerie déplacés pour ce service ont-ils droit à une indemnité ?*

R. — Les militaires de la gendarmerie qui se déplacent pour apporter au général commandant la subdivision des pigeons voyageurs capturés ont droit à l'indemnité de route.

POLICE DES LIEUX PUBLICS

—

D. — *Les débitants de boissons sont-ils tenus à une formalité préalable ?*

R. — Les débitants de boissons à consommer sur place font une déclaration écrite au maire, quinze jours au moins à l'avance. — La même déclaration est faite en cas de mutation de propriétaire, dans les quinze jours qui la suivent, et, en cas de translation du débit, huit jours avant.

D. — *Comment la gendarmerie peut-elle s'assurer de l'exécution de ces prescriptions ?*

R. — En requérant l'exhibition du récépissé sur timbre que le débitant doit retirer pour sa garantie et présenter à tous agents de l'autorité

D. — *Y a-t-il des personnes frappées d'incapacité ?*

R. — Oui : les mineurs non émancipés, les interdits, les condamnés pour crimes de droit commun ; à un mois de prison pour vol, recel, escroquerie, filouterie, abus de confiance, recel de malfaiteurs, outrage public à la pudeur, excitation de mineurs à la débauche, tenue de maison de jeu, vente de marchandises falsifiées et nuisibles à la santé, sont incapables perpétuellement ou à temps.

D. — *Qui est juge du cas d'incapacité ?*

R. — Le procureur de la République, à qui le maire adresse une copie de toute déclaration.

D. — *Quelles sont les infractions à la loi du 17 juillet 1880 incombant à la gendarmerie ?*

R. — L'absence de déclaration, dans les conditions et délais prescrits ; et, subséquemment, les cas d'incapacité, quand il y a lieu.

Emploi du débitant interdit dans l'établissement qu'il exploitait, ou dans un établissement tenu par son conjoint, même séparé.

D. — *Quelles sont les formalités à observer dans ces procès-verbaux ?*

R. — Ils sont visés pour timbre, enregistrés en débet et envoyés au procureur de la République.

D. — *En est-il de même pour les infractions aux règlements de police ?*

R. — Les procès-verbaux relatant des contraventions aux règlements faits par l'autorité administrative ou municipale sont visés et enregistrés de même, mais remis au ministère public près le tribunal de simple police.

D. — *Citez quelques-unes de ces infractions ?*

R. — Cafetier ou aubergiste ayant reçu, conservé, donné à boire après l'heure ; ayant négligé d'afficher un arrêté de police ; consommateurs entrés après l'heure, contrairement aux prescriptions de l'arrêté local ; cabaretier ayant donné à boire à des mineurs à l'encontre de l'arrêté municipal ; bal ouvert sans l'autorisation de l'autorité municipale

D. — Quelle est la précaution à observer dans les contraventions pour fermeture tardive?

R. — Afin d'éviter toute contestation sur l'heure et pour que ie service de la gendarmerie ne dégénère pas en tracasserie, il importe de ne constater **ces contraventions qu'une demi-heure après l'heure fixée par l'arrêté.**

D. — Quelle est l'autorité ayant qualité pour accorder des dispenses ou prorogations de fermeture?

R. — L'autorité préfectorale; le maire, quand un arrêté l'y autorise.

D. — Citez les lieux publics autres que les cafés ou débits?

R. — Les bals publics.
Le local occupé par un limonadier est lieu public dans toutes ses parties.
Les stations de chemins de fer, jusque dans les bureaux ouverts au public.

Etrangers résidant en France

D. — *A quelle formalité sont astreints les étrangers résidant en France?*

R. — Tout étranger non admis à domicile qui se propose de résider en France doit, dans les quinze jours de son arrivée, faire une déclaration au maire : cette déclaration est renouvelée dans la nouvelle commune à chaque changement de domicile.

D. — *A quelle juridiction sont déférées les infractions au décret du 2 octobre 1888?*

R. — A la simple police, indépendamment des mesures administratives qui peuvent intervenir (expulsion).

D. — *N'y a-t-il pas un autre moyen efficace de surveiller les étrangers?*

R. — Oui, on doit exiger des hôteliers et logeurs qu'ils fassent déclarer 'eur identité par les voyageurs, et les inscrivent au registre imposé. — Dans les localités dépourvues de commissaires de police, la gendarmerie y doit tenir rigoureusement la main.

D. — *Quelle est la garantie de la bonne exécution de cette partie du service de la gendarmerie, dans les communes dépourvues de commissaires de police?*

R. — Les visites d'auberges doivent être effectives et, par conséquent, constatées par le visa du registre de logeur, chaque fois qu'elles sont effectuées, conformément aux prescriptions du règlement sur le service de la gendarmerie (Art. 168 du décret du 20 mai 1903.)

D. — *Quelles sont les mesures spéciales aux départements frontières?*

R. — Il est interdit aux déserteurs étrangers d'y résider. — A cet effet, ils sont conduits au commandant de la brigade de gendarmerie la plus proche, qui dresse procès-verbal de leur déclaration d'identité ; établit leur signalement ; recueille la déclaration de la direction qu'ils veulent suivre et du lieu de résidence qu'ils ont choisi.

Ils sont conduits ensuite au maire, qui leur délivre un passe-port en leur enjoignant de quitter le département : la gendarmerie suit leurs mouvements. — Ceux qui veulent contracter un engagement dans la légion étrangère sont dirigés sur le bureau de recrutement.

En cours de route ils peuvent s'établir dans une résidence autre que celle qu'ils avaient choisie, à charge d'en donner aussitôt avis à l'autorité locale et à la gendarmerie.

D. — *Que fait-on des déserteurs étrangers qui restent à la frontière?*

R — Ils sont au besoin déférés à la justice comme vagabonds.

SERVICE DE GARDE

DES

VOIES DE COMMUNICATION

Loi du 2 juillet 1890. — Décret du 5 juillet et instruction du 12 juillet 1890.)

D. — *Comment est organisé le service de garde des voies de communication?*

R. — La garde des voies de communication est confiée à des postes fournis par un personnel spécial rattaché au dépôt du régiment territorial d'infanterie subdivisionnaire.

D. — *Comment la gendarmerie concourt-elle à ce service?*

R. — Elle reçoit des maires, pour les conduire devant l'autorité compétente, les individus arrêtés qui leur ont été remis par les chefs de poste.

Elle est particulièrement chargée de contrôler la présence des petits postes de quatre hommes et des sentinelles isolées détachées pour la garde des lignes télégraphiques ; elle rend compte directement au chef de groupe intéressé. Enfin, les officiers et les chefs de brigade de gendarmerie exercent une surveillance constante sur les étrangers et les gens suspects, les suivent au besoin dans leurs déplacements et les signalent, lorsqu'il y a lieu, aux sentinelles, aux rondes et aux chefs de poste.

Paquet individuel de pansement

(Port et emploi)

Modifié par la circulaire ministérielle du 5 février 1906.

D. — *Quel est le but du paquet de pansement?*

R. — Le paquet de pansement est destiné à protéger, en attendant le chirurgien, une blessure ou une plaie. Il peut être appliqué par le blessé lui-même ou une personne quelconque.

D. — *Quel en est le mode d'emploi?*

R. — Pour se servir du paquet, on rompt, comme il est dit sur l'étiquette, le fil noir, à l'endroit de la couture où le point est le plus allongé. La première enveloppe retirée, on déchire la seconde; puis on applique sur la plaie, d'abord l'étoupe entourée de sa gaze, ensuite la compresse, en ne serrant que médiocrement quand il n'y a pas hémorrhagie; assez fortement en cas d'hémorrhagie.

Dans cette dernière hypothèse, on relâche le pansement, en cas de gonflement de la main ou du pied.

D. — *Que fait-on quand il y a deux plaies?*

R. — On divise le pansement, en rompant le fil à l'endroit de la couture où le point est le plus allongé.

Dans ce cas, chaque portion d'étoupe n'est plus enveloppée, mais seulement couverte sur une de ses faces par la gaze, qui est appliquée sur la plaie pour empêcher l'adhérence de l'étoupe.

D. — *Doit-on laver la plaie?*

R. — Non. Le pansement est appliqué à sec. Toutefois, s'il y a des souillures de boue à essuyer, du gravier à écarter, on essuie la plaie à l'aide de la seconde enveloppe servant comme d'une sorte de gant; la partie intérieure de ladite enveloppe, que l'on a évité de toucher avec les doigts, et qui est stérilisée, étant celle que l'on doit approcher de la plaie.

D. — *Comment porte-t-on le paquet?*

R. — Le paquet de pansement se porte dans la poche intérieure gauche de la tunique, l'étiquette en dehors.

Cette poche ne doit recevoir aucun autre objet. Son bord libre est fermé par une couture à grands points, faite par chaque homme, aussitôt après la distribution des paquets.

Les paquets ne doivent être ouverts ou défaits sans absolue nécessité.

D. — *Comment la conservation des paquets est-elle assurée?*

R. — Les paquets en dépôt doivent être conservés dans un endroit sec, fermé, à l'abri de la lumière.

D. — *Quand sont-ils mis en service?*

R. — Les paquets sont distribués et portés par les hommes dans les services où l'on pourrait redouter des accidents, blessures, etc. Les services terminés, ils sont restitués aux chefs de brigade, qui les conservent avec soin.

ACCESSOIRES D'ENTRETIEN
des armes à feu portatives
(EXTRAIT DE L'INSTRUCTION DU 11 NOVEMBRE 1898)

D. — *Quels sont les objets employés en campagne et aux manœuvres pour l'entretien des armes?*

R. — Ce sont : le nécessaire d'armes, la ficelle de nettoyage individuelle, la boîte à graisse avec la brosse pour armes, et le tournevis mixte modèle 1898.

D. — *Quels sont les objets employés pour l'entretien des armes dans le service de garnison?*

R. — Ce sont : le nécessaire de chambrée modèle 1896, et le jeu d'accessoires pour revolver modèle 1892.

D. — *Détaillez les diverses parties du nécessaire d'armes?*

R. — Le nécessaire d'armes comprend : la boîte du nécessaire, son couvercle à huilier fermé par une vis-bouchon avec rondelle, une lame tournevis et une curette-spatule, réunis dans une trousse en drap. La curette métallique est utilisée à défaut de curettes en bois.

D. — *Quel est l'usage de la ficelle de nettoyage individuelle, et comment est-elle constituée?*

R. — La ficelle de nettoyage individuelle sert à manœuvrer les chiffons avec lesquels on nettoie et on graisse l'intérieur du canon. Elle est constituée par de la ficelle à l'envers, dite aussi ficelle de fouet, de $1^{mm},5$ environ de diamètre, et doit avoir, quand elle est neuve, 3 mètres de longueur. Cette longueur ne doit pas descendre au-dessous de 2 mètres pour le nettoyage des carabines.

D. — *Qu'est-ce que la boîte à graisse?*

R. — La boîte à graisse sert au transport et à la conservation de la graisse d'armes ; elle contient une brosse pour armes, que l'on emploie au graissage de toutes les parties extérieure des armes.

D. — *Quel est l'usage du tournevis mixte?*

R. — Le tournevis mixte peut être utilisé avec toutes les armes en service, y compris le revolver modèle 1892.

D. — *Quel est l'usage du nécessaire de la chambrée, et quelle est sa composition?*

R. — Le nécessaire de chambrée est exclusivement destiné à l'entretien des armes dans le service de garnison.

Le nécessaire de chambrée modèle 1896 comprend :

Une baguette de nettoyage, une baguette de graissage avec écouvillon, deux tournevis-chassoirs.

L'ensemble de ces objets constitue une unité collective, à raison d'une par brigade.

D. — Qu'est-ce que le jeu d'accessoires pour revolver modèle 1892 ?

R. — Le jeu d'accessoires pour revolver modèle 1892 comprend :

Une baguette pour revolver modèle 1892 et le tournevis mixte modèle 1898.

D. — La ficelle de nettoyage et le nécessaire d'armes ne sont-ils emportés qu'en campagne ?

R. — La ficelle de nettoyage et le nécessaire d'armes sont emportés toutes les fois que pour une cause quelconque une troupe doit rester, dans les mêmes conditions qu'en campagne, en dehors de son casernement pendant plus de quarante-huit heures.

D. — Quelles sont les prescriptions particulières aux nécessaires de chambrée ?

R. — Les objets qui composent les nécessaires de chambrée sont suspendus à proximité d'un ratelier d'armes ; les tournevis sont, à cet effet, munis de boucles en ficelle. Les baguettes de graissage ne doivent être séparées de leur écouvillon que pour les réparations et remplacements.

Les nécessaires de chambrée sont présentés par les chefs de brigade, en même temps que leur armement personnel, aux revues d'armes.

Ils ne sont jamais emportés hors de la garnison.

D. — Comment utilise-t-on le nécessaire de chambrée dans le démontage et le remontage, en garnison ?

R. — Pour dévisser et remonter les vis, on emploie le tournevis-chassoir. Le gendarme ne doit frapper aucune pièce de son arme avec un objet en fer, parce qu'il occasionnerait des mutilations ; cette recommandation s'adresse surtout au démontage de l'embouchoir et de la grenadière. Quand une de ces boucles ne peut être chassée ou remise en place à la main, il faut agir sur elle dans le sens convenable avec le manche du tournevis-chassoir, en appliquant l'une des encoches le long du canon.

D. — Comment pratique-t-on le nettoyage et graissage dans le service de garnison ?

R. — Il y a deux cas à distinguer : 1° après le tir ; 2° après les exercices.

1° APRÈS LE TIR

Pour nettoyer l'intérieur du canon, passer dans la fente de la baguette de nettoyage une bande de toile de 10 à 15 centimètres de longueur et d'une largeur telle que le chiffon monté force modérément dans le canon. Cette largeur est de 4 centimètres environ pour de la toile de chemise usée.

Retirer la culasse mobile de la boîte de culasse, introduire la tige par le bout entouré du chiffon ; saisir la poignée à pleine main, la tige passant entre l'index et le doigt du milieu ; imprimer à la baguette un mouvement de va et vient sur toute la longueur du canon. Avoir soin à chaque passe de faire sortir complètement le chiffon hors de l'âme, de façon à pouvoir le secouer et à éviter les rebroussements de la toile ainsi que les coincements qui peuvent en résulter.

L'intérieur du canon étant ainsi nettoyé, le graisser légèrement à l'aide de la baguette de graissage. A cet effet, imprégner légèrement de graisse la brosse de l'écouvillon, si elle ne l'est déjà. Engager l'écouvillon dans l'âme et faire une seule passe aller et retour.

2° Après les exercices

Ouvrir le tonnerre et retirer la culasse mobile en arrière jusqu'à l'arrêt du mouvement. Passer autant de fois qu'il paraît nécessaire la baguette de nettoyage dans le canon, comme il est fait après le tir, pour essuyer l'intérieur de l'âme, puis graisser avec l'écouvillon. Essuyer et graisser toutes les parties extérieures de l'arme y compris la culasse mobile que l'on déplace de façon à en atteindre toute la surface.

Si l'arme a été mouillée, enlever la culasse mobile et procéder, pour le nettoyage du canon, conformément aux indications données après le tir.

Exécuter, d'après les prescriptions des instructions sur les divers modèles d'armes, le nettoyage des autres pièces.

D. — *Peut-on se servir pour le nettoyage de la baguette de graissage ?*

R. — Il est absolument interdit d'employer au nettoyage, en lui adaptant un chiffon, ou de toute autre façon, la baguette de graissage séparée ou non de l'écouvillon.

D. — *Comment graisse-t-on l'intérieur de l'arme quand on ne dispose pas de baguette à écouvillon ?*

R. — On remplace le chiffon de nettoyage par un chiffon imbibé de graisse, et l'on graisse l'intérieur du canon et la chambre avec ce chiffon.

D. — *Quelles sont les prescriptions particulières au démontage du revolver ?*

R. — Les revolvers sont démontés à l'aide du tournevis mixte modèle 1898.

Le biseau large sert pour la vis de plaque-pontet, le petit biseau pour les autres vis du revolver. (Le biseau moyen au bout de la grande lame est destiné au démontage des vis des autres armes à feu.)

La vis de poussoir d'extracteur, la vis de pivot de plaque-pontet et la vis-arrêtoir de vis de plaque-pontet ne doivent jamais être démontées par les hommes, ni par les sous-officiers.

D. — *Quelles sont les prescriptions générales relatives à l'entretien des nécessaires de chambrée et accessoires pour revolver modèle 1892 ?*

R. — Les encoches des manches sont rafraîchies dès qu'elles sont trop déformées pour permettre le démontage facile des boucles. Les biseaux des lames tournevis doivent toujours être plans et non mutilés.

Les baguettes doivent être maintenues exemptes de bavures et redressées dès qu'elles viennent à se fausser. Les écouvillons qui ont besoin d'être changés sont enlevés et remplacés à l'atelier du chef armurier. Il est interdit de séparer les lames de tournevis-chassoirs des manches, et surtout de les retourner ; mais les hommes doivent consolider eux-mêmes avec du papier les viroles trop libres.

D. — *Comment entretient-on les écouvillons ?*

R. — Les écouvillons doivent être regarnis quand le diamètre de la brosse est devenu, sur la plus grande partie de la hauteur, inférieur à 10 millimètres.

Quand cette réduction de diamètre provient simplement de ce que les barbes sont agglutinées par la graisse et les crasses, les écouvillons doivent être lavés au carbonate de soude. Cette opération est faite dans les brigades ainsi qu'il suit

Faire bouillir de l'eau, y ajouter 25 à 30 grammes de carbonate de soude, y faire tremper les écouvillons un certain temps en les agitant et en changeant l'eau; rincer à l'eau chaude et faire sécher. Ce dégraissage peut être également fait à froid dans l'huile lampante de pétrole ou dans l'essence de pétrole.

D. — Quelles sont les graisses et huiles qui peuvent être employées à l'entretien des armes?

R. — Ce sont .

La graisse d'armes que préparent les armuriers; la graisse verte, qui n'est employée que pour le graissage des armes en magasin, à l'exclusion de celles entre les mains des hommes; l'huile d'olive épurée par un armurier; l'huile de pied de bœuf du commerce, que l'on emploie, à défaut de graisse d'armes, au graissage des parois du canon et surtout des filets de vis et du bois de la monture.

L'huile de pétrole raffinée, qui convient très bien au graissage des pièces du mécanisme, pour lubrifier les parties frottantes, pour le dérouillage des pièces en fer ou en acier.

Elle a toutefois l'inconvénient d'être enlevée complètement par la pluie, et ne peut par conséquent protéger l'arme contre la rouille pendant les marches en manœuvres.

ROLE DE LA GENDARMERIE
auprès des Commissions de classement des Chevaux, Juments, Mulets, Mules et voitures susceptibles d'être requis pour le service de l'armée. (*Instructions des 10 juin et 10 décembre* 1908.)

D. — *Est-il commandé un service à l'occasion du classement des chevaux?*

R. — Les chefs de brigade, qui ont reçu avis de l'itinéraire suivi par les commissions de classement dans la circonscription de leur brigade, commandent deux militaires de la brigade pour assister aux opérations et maintenir l'ordre sous l'autorité du président de la commission.

D. — *Quels sont les détails de ce service?*

R. — L'un de ces militaires tient la toise, qu'il remet au vétérinaire au moment de toiser chaque animal présenté.

Le président de la commission peut aussi se faire seconder par un de ces militaires en lui faisant appeler à haute voix les noms des propriétaires.

D. — *Que se passe-t-il lorsque les animaux de la commune où ils ont été recensés, au moment des opérations de classement, se trouvent dans une autre commune soumise elle-même au classement?*

R. — Le président de la commission de classement adresse un procès-verbal modèle n° 6 au commandant de la brigade de gendarmerie dans le ressort de laquelle est située la commune où se trouvent les animaux qui n'ont pas été présentés.

Si le classement n'a pas encore été fait dans la commune à laquelle appartiennent ces animaux, le commandant de la brigade fait remettre cette pièce au président de la commission le jour où elle opère dans la localité; la commission en tient compte dans son travail.

Dans le cas où le classement a déjà eu lieu dans la commune à laquelle appartiennent les animaux, et si un procès-verbal de non-comparution a été établi contre le propriétaire, le commandant de la brigade de gendarmerie adresse un procès-verbal modèle n° 10 au procureur de la République, afin que ce magistrat puisse arrêter les poursuites contre les propriétaires qui ont fait examiner leurs chevaux en dehors de leurs communes.

Les pièces n° 6 sont adressées par le même commandant de brigade au commandant du bureau de recrutement du ressort.

D. — *Comment procède-t-on quand la commune où se trouvent momentanément les animaux absents de celle où ils ont été recensés et où a eu lieu le classement n'est pas elle-même soumise au classement?*

R. — Les animaux qui se trouvent dans cette situation sont exemptés de la formalité du classement; mais les propriétaires doivent se procurer un certificat délivré par le maire de la circonscription où se trouvent leurs animaux, et attestant que ces animaux étaient bien présents dans cette commune le jour où a eu lieu le classement dans la commune de leur résidence habituelle.

Cette attestation est adressée par le propriétaire lui-même au commandant de la brigade de gendarmerie de laquelle dépend la commune où les animaux ont été recensés et où a eu lieu le classement.

Si un procès-verbal de non-comparutioa a été dressé, le commandant de la brigade adresse un procès-verbal modèle n° 10 au procureur de la République, afin que ce magistrat puisse arrêter les poursuites.

D. — *Quelles sont les mesures prises contre les propriétaires qui n'amènent pas leurs animaux ou qui ne les ont pas déclarés pour le recensement ?*

R. — Ces propriétaires étant passibles d'une amende de 25 francs à 1,000 francs (Loi du 3 juillet 1877), le président de la commission établit une déclaration modèle n° 8 et requiert la gendarmerie de dresser un procès-verbal collectif de non-comparution, qui est transmis le jour même au procureur de la République, chargé d'assurer l'application de la loi.

Les propriétaires non comparants qui justifient d'un cas d'exemption, et ceux pour lesquels il est prouvé que leurs animaux ont été vus par une commission opérant dans une autre commune, ou qu'ils ont été vendus ou cédés avant le jour fixé pour la présentation devant la commission, ne doivent pas être l'objet de poursuites.

A défaut de preuves suffisantes, la gendarmerie fait les recherches nécessaires, et, qu'une excuse ait été ou non énoncée, établit un procès-verbal individuel, qu'elle adresse, comme il est fait pour le procès-verbal collectif, à M. le procureur de la République.

D. — *Que fait-on quand un propriétaire n'a pas fait la déclaration à la mairie prescrite par l'article 36 de la loi du 3 juillet 1877 ?*

R. — Le président établit une pièce modèle n° 9, et requiert la gendarmerie de dresser contre tous les délinquants un procès-verbal individuel, et par chaque délit, qui est adressé au procureur de la République, et où sont indiqués les motifs d'excuse donnés par les intéressés.

D. — *Les présidents des commissions de réquisition n'ont-ils pas quelque chose à examiner dans les brigades de gendarmerie ?*

R. — Ils examinent le matériel déposé pour servir à la réquisition des chevaux.

D. — *Que se passe-t-il quand un cas de morve est relevé sur un animal présenté ?*

R. — Le président dresse un état modèle n° 12; l'exemplaire destiné à l'administration préfectorale est envoyé le jour même, sous bande, par le commandant de la brigade de gendarmerie dans le ressort de laquelle opère la commission. Les deux autres exemplaires, destinés au ministre de l'agriculture et au général commandant le corps d'armée, leur sont transmis directement le même jour.

HIPPOLOGIE

D. — *Qu'est ce que l'hippologie ?*

R. — L'*hippologie* est la partie des sciences naturelles qui traite du cheval.

D. — *Quelles sont les principales divisions du corps du cheval ?*

R. — Le corps du cheval se compose du squelette, des muscles, de l'appareil digestif, de l'appareil de la respiration, de l'appareil de la circulation du sang et de l'appareil de l'innervation.

D. — *Qu'est-ce que le squelette ?*

R. — Le *squelette* est l'assemblage de tous les os qui donnent la forme à l'animal, supportent son poids, contribuent à ses mouvements, forment sa charpente.

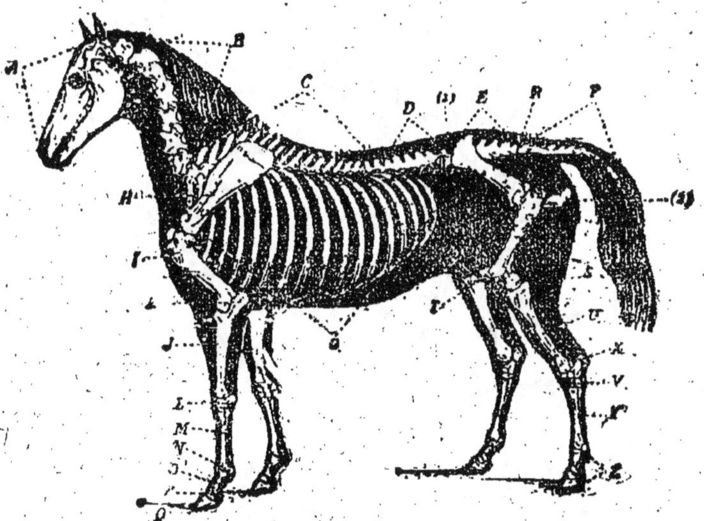

Le squelette.

A. Os de la tête.
B. Os du cou ou vertèbres cervicales, au nombre de sept.
C. Os du dos, ou vertèbres dorsales, au nombre de dix-huit.
D. Os du rein ou vertèbres lombaires, au nombre de six.
E. Os de la croupe ou sacrum.
F. Os de la queue ou coccygiens.
G. Côtes, au nombre de dix-huit.
H. Os de l'épaule ou scapulum.
I. Os du bras ou humérus.
J. Os de l'avant-bras ou radius.
K. Os du coude ou olécrane.
L. Os du genou ou os de carpe.
M. Os du canon antérieur ou métacarpe.
N. Grands sésamoïdes.
O. Os du paturon ou première phalange.
P. Os de la couronne ou deuxième phalange.

Q. Os du pied ou troisième phalange.
R. Os de la croupe ou coxal.
  (1) Portion de l'ilium formant la pointe de la hanche.
  (2) Ischium formant la pointe de la fesse.
S. Os de la cuisse ou fémur.
T. Os du grasset ou rotule.
U. Os de la jambe ou tibia.
V. Os du jarret ou métatarsien.
X. Os appelé calcanéum et formant la pointe du jarret.
Y. Os du canon postérieur ou métatarsien.
Z. Os du paturon, de la couronne et du pied, portant les mêmes noms que dans les membres antérieurs.

D. — *Qu'entend-on par muscles ?*

R. — Les *muscles* constituent ce que l'on appelle vulgairement la chair ; ils enveloppent les os, s'y attachent, sont rouges, généralement pourvus de tendons et se contractent sous l'influence de la volonté. Ils donnent au corps de l'animal sa forme extérieure, et forment comme des ressorts qui contribuent à la locomotion en agissant sur les os des membres.

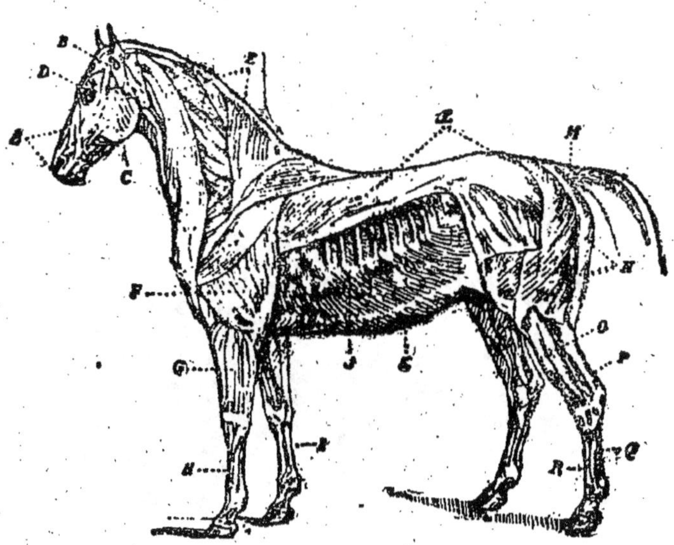

Muscles.

A. Muscles du nez et des lèvres.
B. Muscles de l'oreille.
C. Masséter (muscle rapprochant les mâchoires).
D. Muscles des paupières.
E. Muscles de l'encolure.
F. Muscles de l'épaule et du bras.
G. Muscles de l'avant-bras.
H. Tendons des muscles extenseurs du pied.
I. Tendons des muscles fléchisseurs du pied.
J. Muscles intercostaux.
K. Muscles de l'abdomen.
L. Muscles du dos, des reins et de la croupe.
M. Muscles de la queue.
N. Muscles de la cuisse et des fesses.
O. Muscles de la jambe.
P. Cordon tendineux du jarret.
Q. Tendons des membres fléchisseurs du pied.
R. Tendons des membres extenseurs du pied.

D. — *Qu'est ce que la digestion ?*

La *digestion* est la fonction par laquelle les aliments et les boissons, introduits dans le tube digestif, éprouvent des changements qui les rendent aptes à être absorbés et à se convertir en substance organique.

D. — *De quoi se compose l'appareil digestif ?*

L'*appareil digestif* se compose de la bouche, l'arrière-bouche, l'œsophage, l'estomac, l'intestin et l'anus.

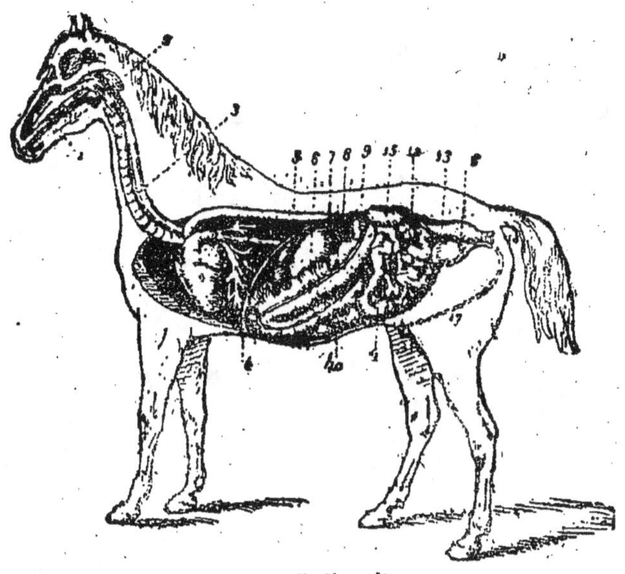

Appareil digestif.

1. Bouche.	**10.** Cœcrum.
2. Pharynx.	**11.** Intestin grêle.
3. Œsophage.	**12.** Côlon flottant.
4. Diaphragme.	**13.** Rectum.
5. Rate.	**14.** Anus.
6. Estomac (sac gauche).	**15.** Rein gauche et son uretère.
7. Duodénum.	**16.** Vessie.
8. Foie (extrémité supérieure).	**17.** Urèthre.
9. Gros côlon.	

D. — *Qu'est-ce que la respiration ?*

R. — La *respiration* est la fonction par laquelle le sang veineux se change en sang artériel par suite de l'absorption de l'oxygène de l'air et de l'élimination de l'acide carbonique fourni par la combustion des tissus.

D. — *Quels sont les organes de l'appareil de la respiration ?*

R. — L'*appareil respiratoire* se compose des fosses nasales, du larynx, de la trachée, des bronches et des poumons.

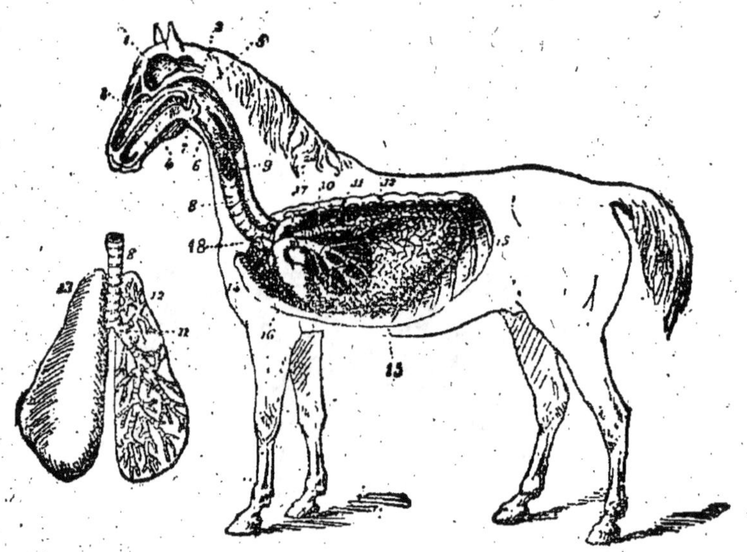

Appareil de la respiration.

1. Cavité crânienne.
2. Poche gutturale.
3. Cavité nasale.
4. Langue.
5. Cavité pharyngienne.
6. Cavité du larynx.
7. Epiglotte.
8. Trachée.
9. Œsophage.
10. Bronche gauche coupée.
11. Bronche droite se ramifiant.
12. Le poumon droit.
13. Poumon gauche vu en dessus.
14. Sternum.
15. Côtes. — Section des côtes gauches.
16. Cœur.
17. Aorte postérieure.
18. Aorte antérieure.

D. — *Qu'est-ce que la circulation du sang ?*

R. — La *circulation* est la fonction par laquelle le sang est transporté du cœur dans toutes les parties du corps et ramené ensuite à son point de départ.

D. — *Quelle est la composition de l'appareil de la circulation ?*

R. — *L'appareil de la circulation* se compose du cœur, des artères, des veines et des capillaires.

A. Schéma du cours du sang.
B. Appareil de la circulation.

Schéma du cours du sang.

1. Ventricule gauche du cœur.
2. Ventricule droit.
3. Oreillette gauche.
4. Oreillette droite.
5. Artère aorte portant le sang artériel dans toutes les parties du corps.
6. Veine cave ramenant le sang veineux dans l'oreillette droite.
7. Veine pulmonaire ramenant le sang artériel dans l'oreillette gauche.
8. Artère pulmonaire portant le sang veineux aux poumons.

Appareil de la circulation.

1. Cœur (ventricule droit).
2. Cœur (ventricule gauche).
3. Oreillette gauche.
4. Oreillette droite.
5. Aorte antérieure.
6. Aorte postérieure.
7. Artère carotide.
8. Veine jugulaire.
9. Artères et veines du membre antérieur.
10. Veine cave postérieure.
11. Artères et veines du membre postérieur.
12. Veine saphène.

D. — *Qu'entend-on par innervation ?*

R. — *L'innervation* est l'ensemble des fonctions des nerfs.

D. — *De quoi se compose le système nerveux ?*

R. — Le *système nerveux* se compose du cerveau, du cervelet, de la moelle épinière et des nerfs. Le cerveau reçoit les impressions ; il les transmet aux nerfs, qui les communiquent aux muscles, et ceux-ci aux membres c'est comme cela que le mouvement est formé.

Appareil de l'innervation.

1. Encéphale.	3. Tronc brachial.
2. Moelle épinière.	4. Tronc fémoral.

D. — *Comment divise-t-on le cheval extérieurement ?*

R — Le cheval est divisé extérieurement en trois parties · l'*avant-main*, le *corps* et l'*arrière-main*.

D. — *Quelles sont les parties formant ces trois divisions ?*

L'*avant-main* comprend la tête, l'encolure, le garrot, le poitrail, l'ars l'inter-ars et les membres antérieurs.

Le *corps* comprend le dos, le rein, les flancs, le passage des sangles, les côtes et le ventre.

Dans l'*arrière-main* on remarque la croupe, les hanches, les fesses, la queue et les membres postérieurs.

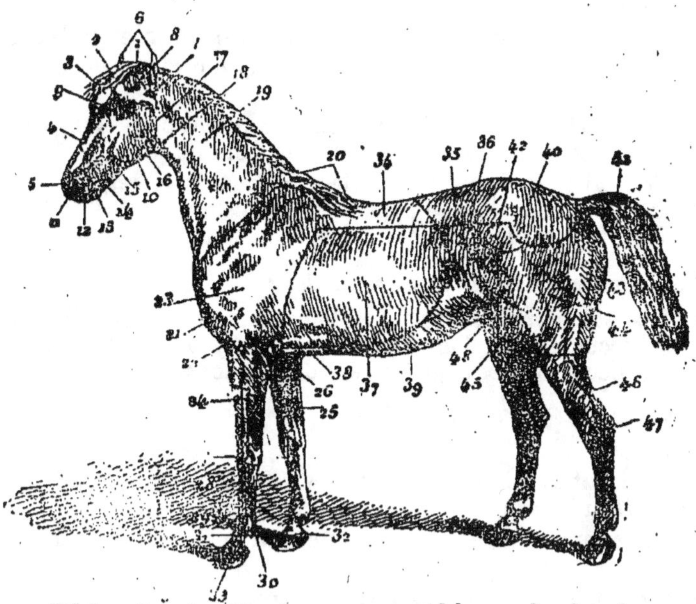

Désignation des diverses régions extérieures du cheval.

1. Nuque.	26. Coude (olécrane).
2. Toupet.	27. Genou (os carpiens).
3. Front (os frontal).	28. Canon (os métacarpien principal) et péronés.
4. Chanfrein (os sus-maxillaire).	29. Boulet.
5. Bout du nez.	30. Fanon.
6. Oreilles.	31. Paturon (première phalange).
7. Tempes.	32. Couronne (deuxième phalange).
8. Salières.	33. Ongle (troisième phalange).
9. Yeux.	34. Dos.
10. Joues.	35. Rein.
11. Naseaux.	36. Flanc.
12. Bouche.	37. Côtes.
13. Menton et sa houppe.	38. Passage des sangles.
14. Barbe.	39. Ventre.
15. Auge.	40. Croupe.
16. Ganaches.	41. Queue.
17. Parotides.	42. Hanches.
18. Gorge.	43. Fesses.
19. Encolure.	44. Cuisses.
20. Garrot.	45. Grasset.
21. Poitrail.	46. Jambe (os tibia).
22. Inter-ars.	47. Jarret (os métatarsiens).
23. Epaule (scapulum).	48. Fourreau
24. Avant-bras (radius et cubitus).	
25. Châtaigne.	

D. — *Qu'est-ce que les tares des chevaux ?*

R. — On appelle *tares* les tumeurs dures ou molles placées le long des os et au pourtour des articulations ; elles gênent plus ou moins les mouvements des membres.

D. — *Quelles sont les tares dures ?*

R. — Les *tares dures* sont :

Les *suros*, qui viennent de chaque côté du canon, mais le plus souvent en dedans ; ils sont simples, doubles ou chevillés ; ceux qui sont sur le passage des tendons font boiter.

Les *formes*, qui se remarquent sur les os du paturon et de la couronne.

La *courbe*, qui est située à la partie supérieure de la face interne du jarret, au-dessus de son pli.

La *jarde*, qui vient à la partie inférieure et postérieure de la face externe du jarret ; quand elle est petite elle prend le nom de jardon.

L'*éparvin*, qui se développe à la face interne du jarret, à l'opposé de la jarde. On donne à cette tare le nom d'éparvin calleux, et celui d'éparvin sec à un mouvement saccadé qui s'exprime par le terme de *harper*.

D. — *En quoi consistent les tares molles ?*

R. — Les *tares molles* sont des tumeurs formées par l'épanchement anormal et l'accumulation d'un liquide appelé *synovie*, qui sert à faciliter le jeu des articulations et le glissement des tendons.

D. — *Quelles sont les tares molles ?*

R. — Ce sont :

Le *vessigon*, dit *articulaire* lorsqu'il a son siège dans le pli du jarret, et *tendineux* lorsqu'il occupe le creux du jarret.

Il est *simple* lorsqu'il n'existe que d'un seul côté, et *chevillé* lorsqu'il se remarque des deux côtés.

Le *capelet*, qui apparaît à la pointe du jarret.

Les *mollettes*, qui sont dues à une hydropisie des gaines tendineuses ou articulaires, qui surviennent au tendon et au boulet.

D. — *Comment donne-t-on le signalement d'un cheval ?*

R. — Pour donner le signalement d'un cheval on suit l'ordre suivant : 1° le numéro matricule ; 2° le nom ; 3° le sexe ; 4° l'âge ; 5° la taille ; 6° la robe ; 7° les particularités ; 8° la provenance ; 9° le prix d'achat ; 10° l'arme.

D. — *Quels sont les indices au moyen desquels on détermine l'âge d'un cheval ?*

R. — On reconnaît l'âge du cheval suivant les indications données par la structure et la configuration des dents.

D. — *Combien y a-t-il de sortes de dents ?*

R. — Il y a trois sortes de dents : les *incisives*, les *crochets* et les *molaires*.

Les *incisives*, au nombre de six à chaque mâchoire, ont reçu des noms particuliers ; on appelle *pinces* les deux du milieu, *mitoyennes* celles qui touchent aux pinces, et *coins* les suivantes. Les *crochets* ne se remarquent que chez le cheval ; ils ont la forme d'une canine et sont au nombre de deux à chaque mâchoire, entre les incisives et les molaires. Les *molaires* sont au nombre de douze à chaque mâchoire, six de chaque côté.

 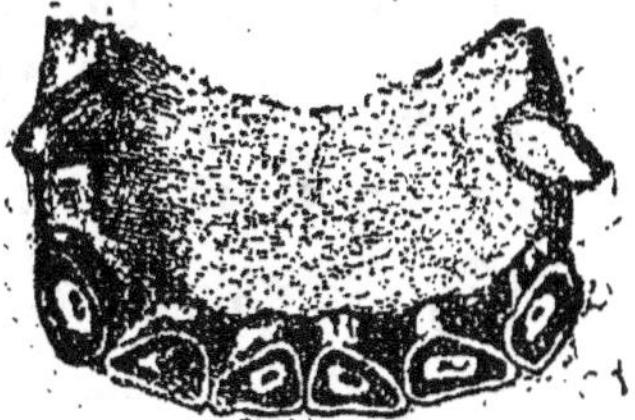

TABLEAU SYNOPTIQUE des caractères que présentent les dents aux differents âges.

PÉRIODES	AGES.	DENTS.	CARACTÈRES.
	A. — DENTS DE LAIT (blanches, petites *à collets*).		
	Sortie.		
	de 6 à 8 jours.	les pinces....	
	de 30 à 40 jours	les mitoyenn.	sortent.
	de 6 à 10 mois.	les coins.....	
1re..	*Rasement.*		
	à 10 mois....	les pinces....	
	à 1 an......	les mitoyenn.	sont rasés.
	à 15 ou 20 m.	les coins.....	
	B. — DENTS DE CHEVAL (plus grosses, jaunes et rayées).		
	Sortie.		
	à 2 a. 1/2, 3 a.	les pinces....	
	à 3 a. 1/2, 4 a.	les mitoyenn.	sortent.
	à 4 a. 1/2, 5 a.	les coins.....	
2e..	*Rasement.*		
	à 6 ans......	les pinces ...	
	à 7 ans......	les mitoyenn.	sont rasés.
	à 8 ans......	les coins.....	
	Changement de forme.		
	à 9 ans.....	les pinces....	s'arrondis-
	à 10 ans.....	les mitoyenn.	sent.
	à 11 ans.....	les coins.....	
3e..	de 12 à 13 a.	arrondissement de toutes les dents.	
		disparition de l'émail central.	
	à 14 ans.....	les pinces....	sont trian-
	à 15 ans.....	les mitoyenn.	gulaires.
	à 16 ans.....	les coins.....	

A partir de cet âge, les indications à retirer de l'examen des dents sont vagues et des plus incertaines.

D. — *Quand dit-on qu'une dent est rasée ?*

R. — On dit qu'une dent est *rasée* quand le bord postérieur est arrivé au niveau du premier et a également usé.

On dit qu'une dent *a usé* quand son bord antérieur le premier sorti et le plus élevé, a perdu par l'usure la couche d'émail qui le rendait tranchant

D. — *Comment distingue-t-on les dents de lait des dents d'adulte?*

R. — Les dents de lait sont plus petites et plus blanches.

D. — *Quelles sont les indications données par les dents d'adulte?*

R. — Les pinces paraissent à deux ans et demi, trois ans; les mitoyennes, de trois ans et demi à quatre ans; les coins, de quatre ans et demi à cinq ans.

A cinq ans, les deux bords des pinces sont usés et ceux des mitoyennes sont au niveau.

A six ans, les pinces inférieures sont rasées, les mitoyennes commencent, les coins sont d'aplomb.

A sept ans, les mitoyennes sont rasées, les coins ont usé au bord postérieur, il y a une échancrure aux coins supérieurs.

A huit ans, rasement de toute la mâchoire inférieure; les dents sont ovales, l'étoile dentaire paraît.

A neuf ans, les pinces inférieures s'arrondissent, l'ovale des mitoyennes et des coins se rétrécit.

A dix ans, les mitoyennes s'arrondissent, les coins sont ovales, l'émail central est diminué et rapproché du bord postérieur.

A onze ans, les coins s'arrondissent, l'émail central ne forme plus qu'un petit point très étroit.

D. — *Que veut dire le mot « robe »?*

R. — Le mot *robe* veut dire ensemble des poils et des crins dont l'extérieur du cheval est revêtu.

D. — *Combien y a-t-il de sortes de robes?*

R. — Il y a deux sortes de robes, qui sont : les *simples*, quand le poil est d'une seule couleur, et les *composées*, lorsqu'il y en a au moins deux.

D. — *En combien d'espèces divise-t-on les robes?*

R. — On en distingue douze espèces, groupées dans cinq divisions, qui sont :

CATÉGORIES	DIVISIONS	ESPÈCES
Simples......	1ʳᵉ. Une seule couleur........	Blanc. Café au lait. Alezan. Noir.
Composées...	2ᵉ. Deux couleurs séparées.....	Bai. Isabelle. Souris.
	3ᵉ. Deux couleurs mélangées ...	Gris. Aubère. Louvet.
	4ᵉ Trois couleurs..	Rouan.
	5ᵉ Deux robes.....	Pie.
2	5	12

D. — *N'y a-t-il pas encore des variétés parmi ces espèces ?*

R. — Oui ; ainsi le BLANC peut être :

> *Mat,* d'un blanc terne ;
> *Sale,* avec teinte jaunâtre ;
> *Argenté,* avec reflet d'argent ;
> *Porcelaine,* avec reflet bleuâtre ;
> *Rosé,* avec reflet de la peau.

Le CAFÉ AU LAIT est :

> *Clair,* si la nuance se rapproche du blanc sale ;
> *Foncé,* quand il est plus près de l'alezan.

L'ALEZAN, d'un blond jaunâtre plus ou moins foncé, jusqu'au brun, avec crins semblables ou presque blancs :

> *Clair,* se rapproche du café au lait ;
> *Foncé,* tire sur le brun ;
> *Doré,* a le reflet de l'or ;
> *Cuivré,* a le reflet du cuivre rouge ;
> *Brûlé,* a la couleur du café torréfié et toujours les crins un peu roux.

Le NOIR est :

> *Franc,* d'une belle couleur uniforme,
> *Mal teint,* avec reflet rougeâtre ;
> *Jais* ou *jayet,* avec reflet brillant.

Le BAI, de couleur jaune ou rouge, avec crins noirs, peut être.

> *Clair,* se rapprochant de l'isabelle, plus clair aux flancs ;

Foncé, d'une teinte un peu brunâtre;
Cerise, d'une couleur jaune acajou;
Châtain, couleur de la châtaigne;
Brun, presque noir.

L'ISABELLE, qui correspond au café au lait avec extrémités noires, peut être *clair* ou *foncé*.

Le SOURIS, de couleur cendrée comme une souris, peut être aussi *clair* ou *foncé*.

Le GRIS peut être :
Foncé, quand le noir domine ;
Pommelé, quand les taches blanches se dessinent;
Clair, quand le poil noir a fait sa chute;
Sale, quand la teinte est jaunâtre;
Etourneau, quand, sur un fond gris foncé, il y a des petits pinceaux de poils blancs;
Bleu, lorsque les poils noirs très nombreux reflètent une teinte bleuâtre;
de fer, couleur gris bleu, avec la tête noire.

L'AUBÈRE, couleur mélangée d'alezan et de blanc, est *clair* ou *foncé*.

Le LOUVET laisse voir deux couleurs dans le même poil : du noir et du jaune.

Le ROUAN se trouve constitué par le blanc, l'alezan et le noir. Il est :
Clair, si le blanc domine ;
Vineux, si c'est l'alezan;
Foncé, si c'est le noir.

Le PIE est formé de larges taches blanches et de larges taches de robes de toute autre couleur.

D. — *Quelles sont les autres particularités des robes ?*

R. — Il y a encore les expressions suivantes, qui veulent dire :
Rubican, poils blancs disséminés sur le corps;
Zain, absence de poils blancs sur les robes foncées;
Cap de maure, tête noire avec robe d'une autre couleur;
Truité, avec de petites taches rouges plus ou moins foncées sur les gris.

D. — *Comment nomme-t-on les taches blanches de la tête ?*

R. — On leur donne les désignations suivantes :
Quelques poils en tête, s'il n'y a qu'un petit nombre de poils;
En tête, si la tache est de moyenne grandeur;
Fortement en tête, si elle est très grande;
Pelote en tête, marque à contour arrondi;
Liste en tête, marque allongée.
On dit que le cheval *boit dans son blanc*, lorsque le bout du nez et les lèvres sont ladres.
Le *ladre* est une tache blanche de teinte rosée.

D. — *Et les taches blanches des extrémités des membres ?*

R. — Suivant leur étendue et leur forme on les nomme :
Balzane, lorsque la tache ne dépasse pas le boulet;

Principe de balzane, si la tache blanche est peu étendue en hauteur, mais entoure la couronne;

Trace de balzane, si le principe est incomplet;

Petite balzane, quand elle n'enveloppe pas le boulet;

Grande balzane, lorsqu'elle arrive au milieu du canon.

D. — *Que signifie le mot « aplombs » chez le cheval?*

R. — On entend par *aplombs* la direction que les membres présentent sous le tronc.

Les *aplombs* sont bons quand les membres tombent perpendiculairement au sol et se meuvent dans un champ parallèle à celui de l'axe du corps; ils sont mauvais quand les membres sont plus ou moins déviés de la verticale.

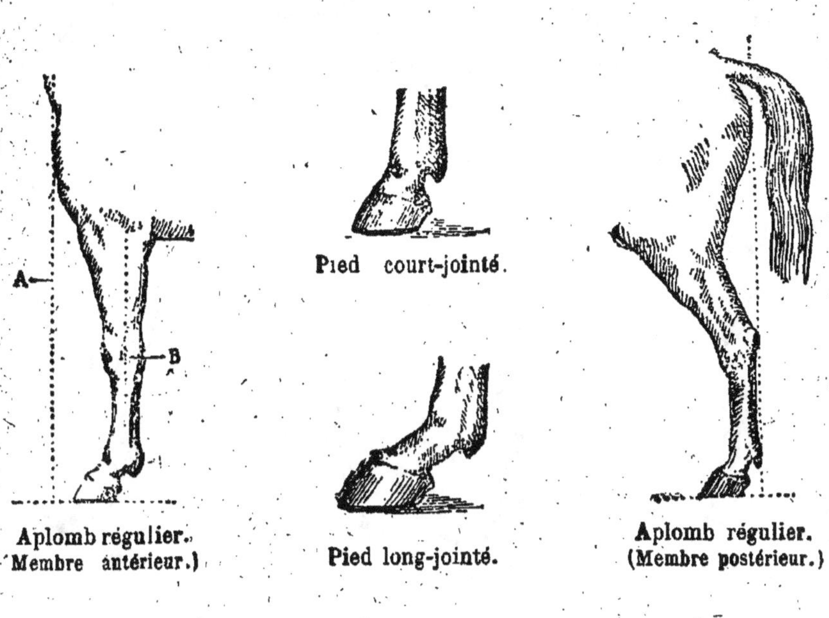

Aplomb régulier.
(Membre antérieur.)

Pied court-jointé.

Pied long-jointé.

Aplomb régulier.
(Membre postérieur.)

Campé du devant.

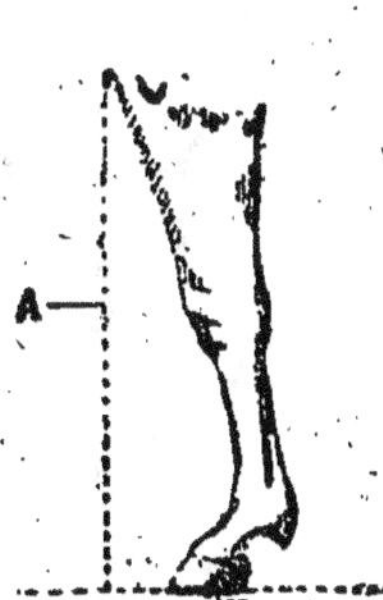

Sous lui du devant.

Brassicourt arqué.

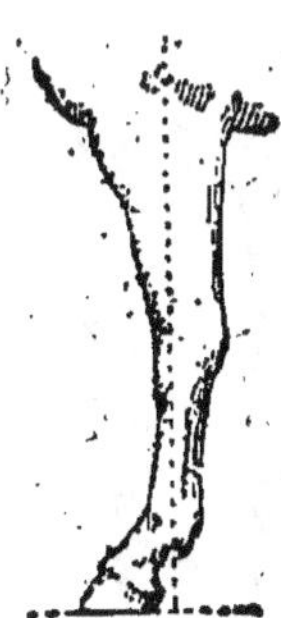

Genou creux.

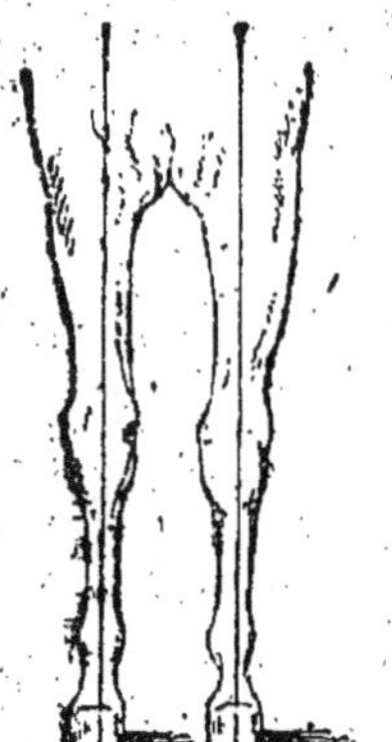

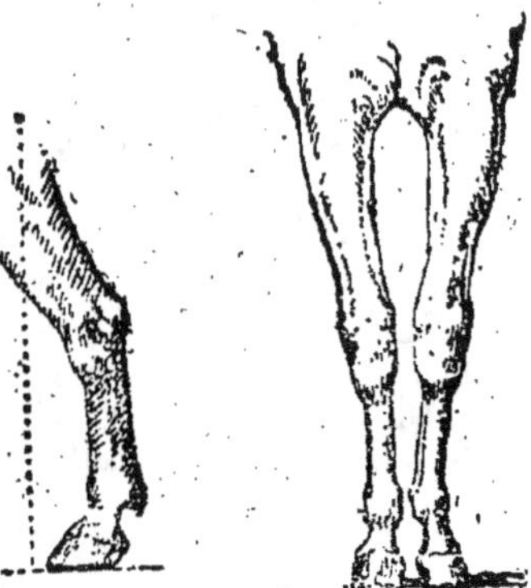

Aplomb régulier. Sous lui du derrière. Campé du derrière. Cagneux du devant
(Membres antérieurs.)

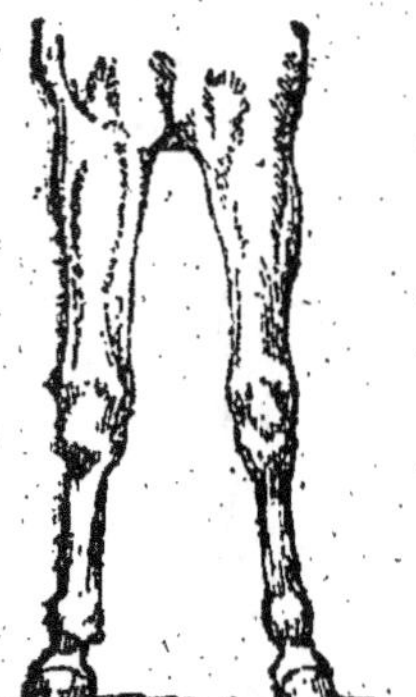

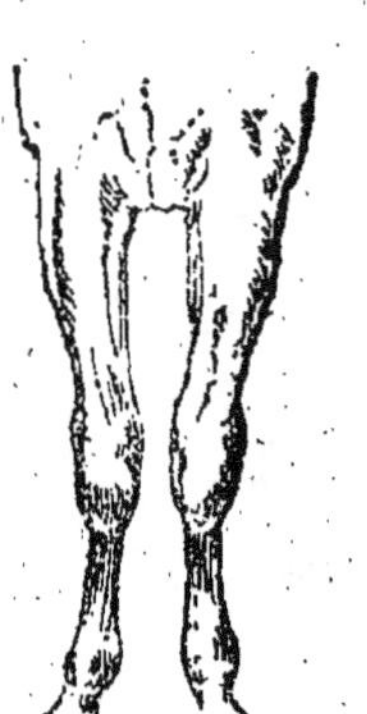

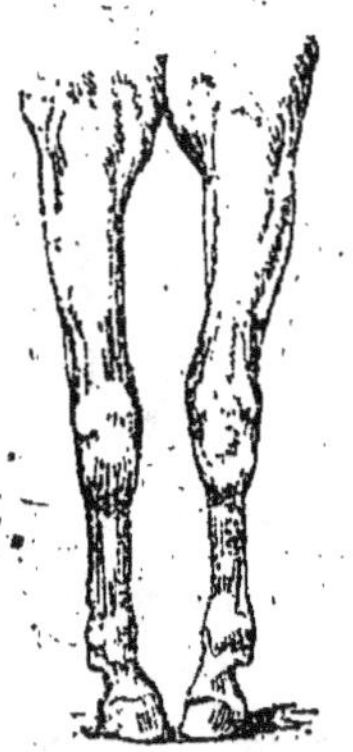

Panard du devant. Panard. Cagneux Genoux de bœuf.

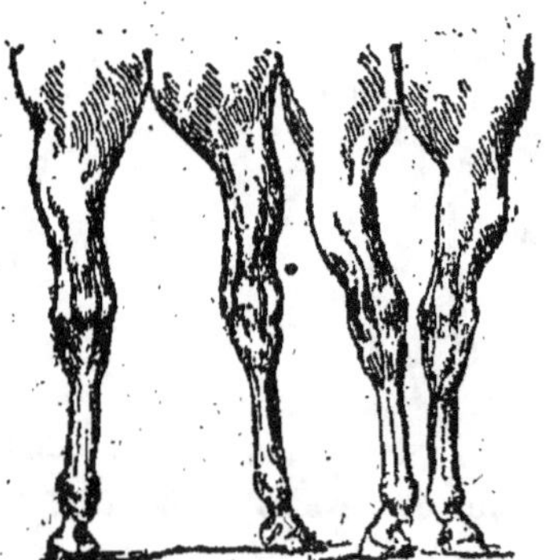

Genoux cambrés. Aplomb régulier. Trop ouvert. Serré du derrière
(Membres postérieurs.)

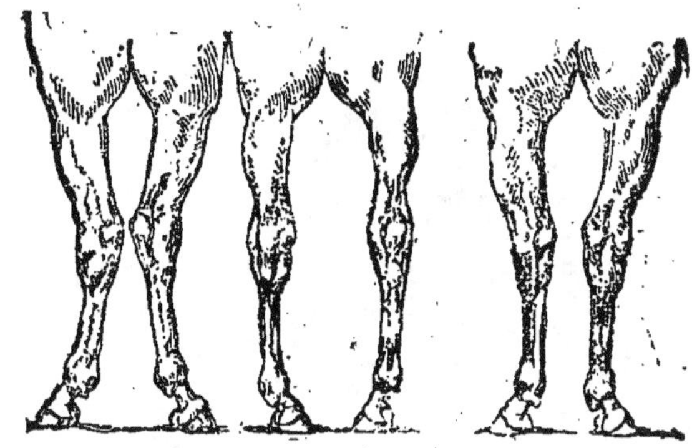

Clos ou crochu.   Cagneux.   Panard du derrière.

D. — *Que remarque-t-on dans le pied du cheval?*

R. — A l'intérieur du pied du cheval on remarque les os, qui sont .

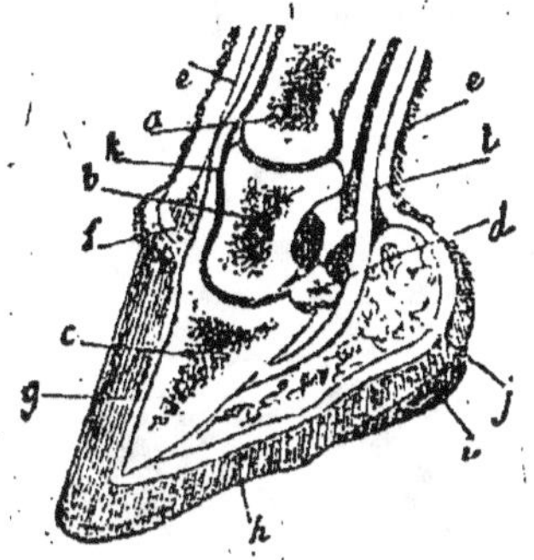

Coupe de l'extrémité
du membre.

a Os du paturon ou 1er
    phalangien.
b Os de la couronne ou
    2e phalangien.
c Os du pied ou 3e pha-
    langien.
d Os naviculaire.
e La peau de l'extrémité
    du membre.
f Le bourrelet.
g La muraille du sabot.
h La sole.
i La fourchette.
j Coussinet plantaire.
k Le tendon extenseur du
    pied.
l Le tendon fléchisseur du
    pied.

Et, à l'extérieur, le sabot :

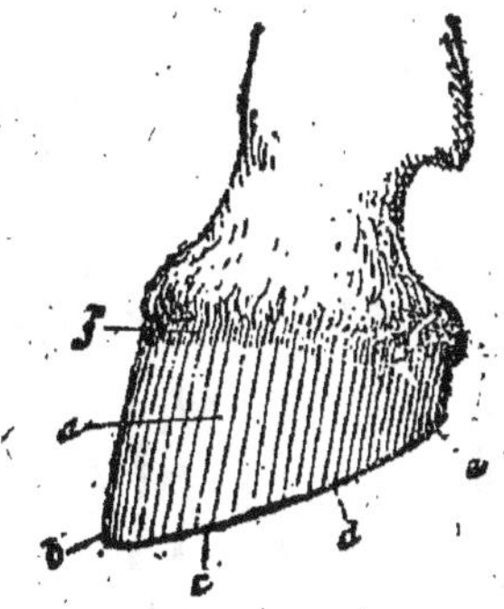

a Le sabot.   *b* La pince.   *c* Mamelles.   *d* Quartier.   *e* Talons.   *f* Périople.

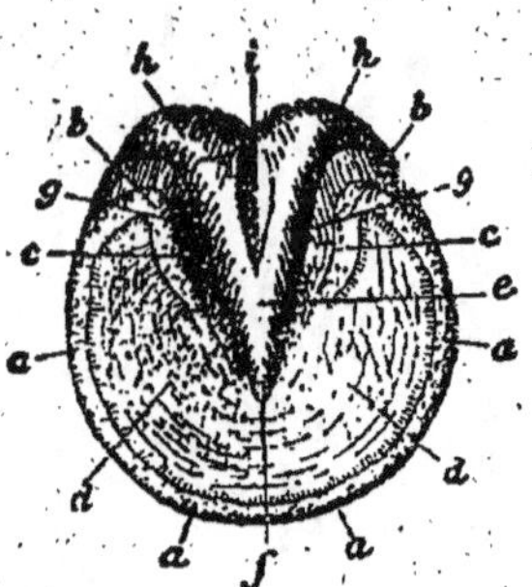

a Bord inférieur de a paroi. *b* Arcs-boutants. *c* Les barres. *d* La sole. *e* La fourchette.
f La pointe de la fourchette. *g* Les lacunes latérales de la fourchette. *h* Les glômes.
i Lacune médiane de la fourchette.

D. — *Comment divise-t-on le fer à cheval?*

R. — Le fer se divise en quatre régions : la pince, les mamelles, les quartiers et les éponges.

La *pince* est la partie du milieu et en avant du fer;
Les *mamelles* sont situées de chaque côté de la pince,
Les *quartiers* font suite aux mamelles;
Les *éponges* terminent le fer.

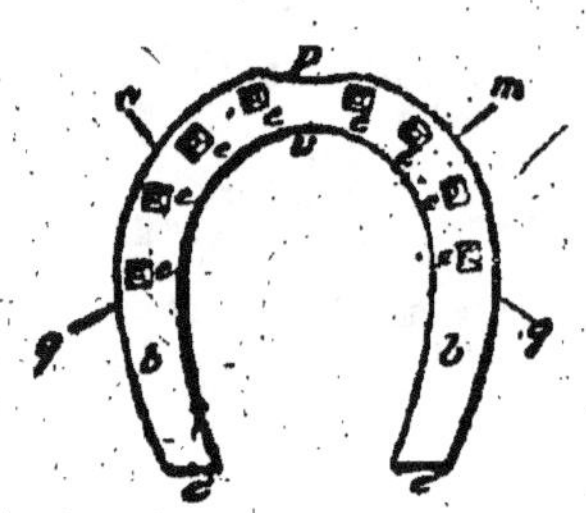 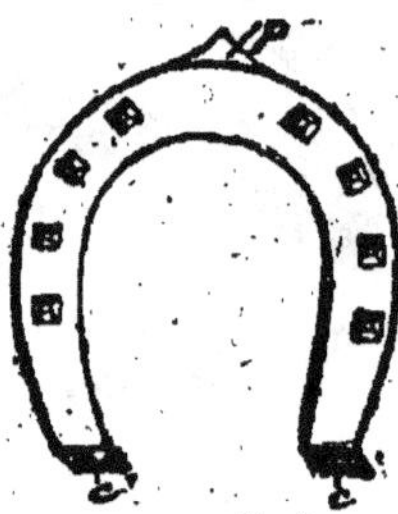

D. — *Quelle différence y a-t-il entre le fer de devant et le fer de derrière?*

R. — Le fer de *devant* est de forme arrondie, de largeur et d'épaisseur égales, tandis que le fer de *derrière* est ovalaire; son épaisseur diminue légèrement de la pince au talon; il en est de même de la largeur de ses branches.

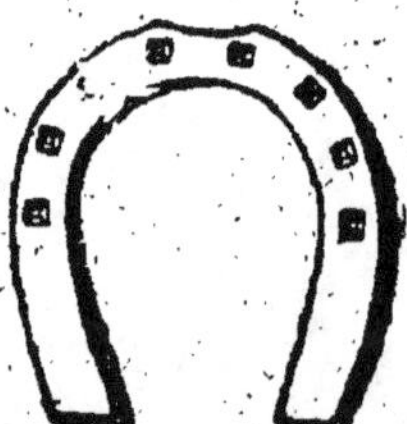

Fer de devant.

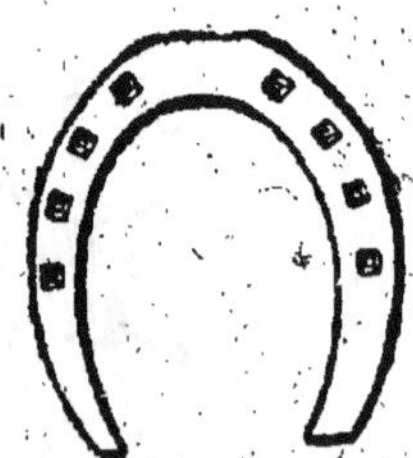

Fer de derrière.

D. — N'y a-t-il pas aussi des ferrures spéciales ?

R. — Oui, pour remédier aux défauts d'aplombs ou aux défectuosités du pied et dans le traitement des maladies on emploie des fers spéciaux dont les principaux sont les suivants :

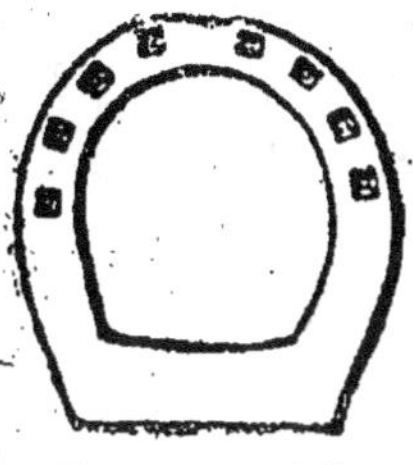

Fer à planche.

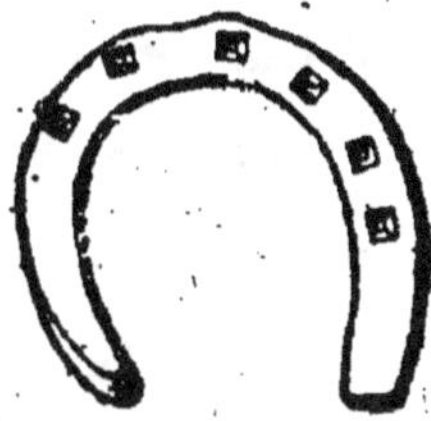

Fer à la turque.

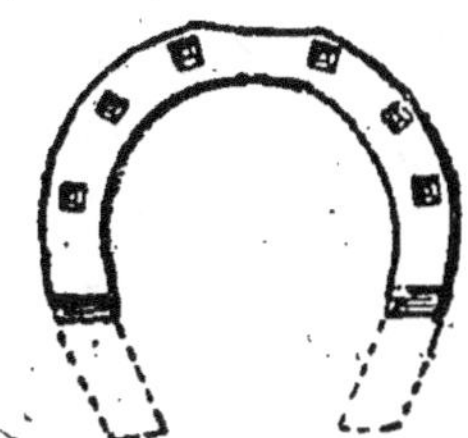

Fer à éponges tronquées.

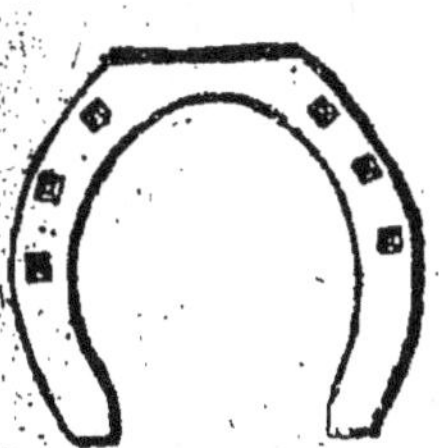

Fer à pince tronquée.

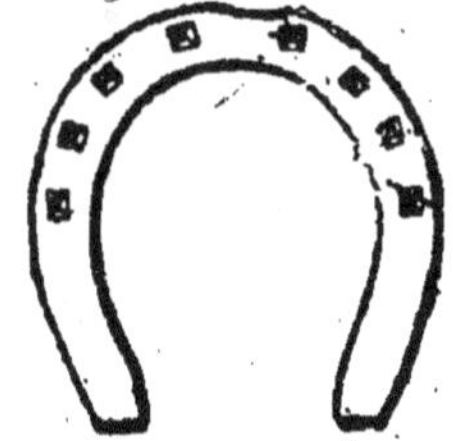

Fer à éponges épaisses.

Fer à caractère.

D. — Quelles sont les qualités qu'il faut rechercher dans un cheval ?

R. — Un cheval doit toujours réunir certaines conditions générales de bonne conformation : Il doit être bien proportionné. Il lui faut une poitrine large, des membres bien développés, un ventre en rapport avec le volume du corps, des pieds proportionnés à la taille et à la corpulence du sujet. Pour le cheval de selle, la taille doit être élancée, les membres assez longs, surtout la jambe et l'avant-bras. Le garrot doit être haut et bien sorti ; le rein court ; la tête petite, large à sa partie supérieure, étroite et courte à sa partie inférieure ; le crâne doit être bien développé ; l'œil grand, bien ouvert, à fleur de tête, doux, expressif et placé loin du sommet de la nuque ; le chanfrein droit, les oreilles courtes et bien espacées ; les naseaux bien ouverts ; les vaisseaux et les nerfs bien dessinés sous une peau fine.

L'encolure doit toujours être bien musclée, longue et large à son bord inférieur.

EXTRAITS du Service Intérieur en ce qui est relatif aux Chevaux et aux Ecuries (Titre IX et Annexe III), *faisant suite aux Notions d'Hippologie.*

TITRE IX

PRESCRIPTIONS RELATIVES AUX CHEVAUX ET ÉCURIES

CHEVAUX

D. — *Quelles sont les obligations du chef de brigade, quant à la surveillance des chevaux?*

R. — Le chef de brigade veille à ce que les gendarmes ne prêtent pas leurs chevaux ou ne les emploient pour tout autre usage que le service, qu'ils ne les surmènent et ne les maltraitent.

Il donne des ordres pour que les chevaux des indisponibles ou absents soient pansés, promenés et montés pour le service par tous les gendarmes de la brigade, à tour de rôle, à moins que l'un d'eux n'en soit exclusivement chargé.

Il désigne le cheval que montera pour le service un homme démonté ou dont la monture est inutilisable.

Ceux qui les montent sont responsables des accidents qui proviennent de défaut de soin ou de ménagement. Cette règle est applicable à tout militaire montant un cheval qui ne lui est pas affecté.

Les chevaux doivent sortir tous les jours; s'ils ne sortent pas pour le service externe, ils doivent faire une promenade d'au moins une heure et demie (les dimanches et jours fériés exceptés); les promenades doivent autant que possible être individuelles, les gendarmes suivant des itinéraires différents.

Dans le cas où un militaire de l'arme à cheval est absent pour une longue durée (à l'hôpital, en convalescence, à l'école des aspirants, etc.), le commandant de compagnie peut prescrire la mise en subsistance de sa monture, pendant la durée de son absence, dans une brigade où un militaire est démonté.

Ce dernier acquitte les frais de ferrure du cheval et perçoit le prix de vente du fumier. (Art. 185.)

D. — *Quelles sont les précautions à prendre en route?*

R. — Ne pas trop sangler les chevaux et les désangler lorsqu'on fait une halte.

En route et pendant les manœuvres, on laisse les chevaux prendre, tout bridés, quelques gorgées d'eau lorsque l'occasion s'en présente (jamais dans un abreuvoir public); mais, lorsque la température n'est pas élevée, cela n'est pas utile.

On ne doit jamais s'arrêter lorsque le cheval a bu, à moins qu'on puisse lui donner aussitôt à manger.

Emporter les crampons quand la gelée ou le verglas sont à craindre; entretenir toujours les mortaises d'attente avec soin, les garnir d'une matière facile à retirer au moment du besoin, sans détériorer le filetage. (Art. 186.)

D. — *Comment s'effectue le pansage des chevaux ?*

R. — Chaque cavalier effectue le pansage à l'heure fixée. Les gradés pansent eux-mêmes leur cheval.

Toutefois, le commandant d'arrondissement peut les autoriser à le faire panser par un gendarme de bonne volonté qui n'est exempt d'aucun service ni corvée.

A défaut de gendarme de bonne volonté, l'adjudant, l'aspirant et le maréchal des logis chef font panser leur cheval par corvée. (Art. 187.)

D. — *Comment est assuré le service vétérinaire ?*

R. — Les chevaux de l'arme reçoivent les soins d'un vétérinaire militaire désigné par la place, dans les garnisons de troupes à cheval.

Les chevaux des brigades qui ne reçoivent pas les soins gratuits d'un vétérinaire civil sont, si possible, conduits au vétérinaire du corps monté le plus voisin où ils peuvent, le cas échéant, être mis en subsistance.

Les médicaments sont fournis par le service auquel appartient le vétérinaire chargé des soins.

Le prix en est remboursé par les détenteurs des chevaux.

Le commandant de la brigade veille à ce que les chevaux malades soient visités en temps utile par le vétérinaire et s'assure que les prescriptions de ce dernier, portées sur les folios d'indisponibilité, sont exactement observées.

A moins d'urgence bien constatée, aucune opération grave n'est faite sans l'autorisation du chef de légion.

En cas de maladie contagieuse, rendre compte chaque jour de l'état des chevaux malades. (Art. 188.)

D. — *Comment est assurée la ferrure ?*

R. — Les officiers s'assurent que la ferrure, de dimensions toujours proportionnées à la nature du cheval, est convenablement entretenue et ajustée, et que les prescriptions relatives à l'application de la ferrure à glace sont observées.

En hiver, avant de fixer les fers, il faut s'assurer, en vissant les crampons à froid, que les mortaises ont été bien faites.

On fait renouveler, quand il y a lieu, la ferrure de réserve.

Un seul maréchal doit être chargé de la ferrure dans chaque résidence.

Chaque gendarme est tenu de conduire lui-même son cheval à la forge, d'assister au ferrage et de le ramener à la caserne.

Tous les gendarmes à cheval doivent être pourvus de calibres pour vérifier les dimensions des fers. Autant que possible, pour les nouveaux admis, ces calibres seront confectionnés pendant leur séjour au chef-lieu de compagnie.

296

Le chef de brigade mentionne sur un état affiché dans l'écurie les dates auxquelles les ferrures ont été renouvelées partiellement ou totalement. (Art. 189.)

D. — Comment se fait la réception de fourrages?

R. — Le chef de brigade est toujours présent à la réception des fourrages; il est responsable du nombre des rations versées en magasin.

Deux gendarmes au moins assistent à cette réception, et, conjointement avec lui, comptent les rations, vérifient le poids des denrées et en examinent la qualité.

Les livraisons sont toujours faites au pied du magasin de chaque brigade, une ou deux fois au plus par mois.

Si la capacité des locaux le permet, l'entrepreneur peut être autorisé à faire des livraisons pour une période plus longue et même pour un trimestre au maximum. De toute façon, les existants, aux époques des livraisons périodiques et lors de la remise du service, doivent toujours représenter les consommations de trente jours pour le foin, la paille et l'avoine. Les prescriptions contenues dans le présent alinéa ne s'appliquent pas aux brigades stationnées dans les villes de garnison.

Les denrées fourragères peuvent être livrées non rationnées, c'est-à-dire en bottes du poids admis par les usages locaux ou d'un poids uniforme quelconque, sans qu'il soit nécessaire de les manutentionner à un poids correspondant à la ration journalière; en aucun cas, les fourrages ne peuvent être livrés en vrac.

Les trois denrées peuvent ne pas être livrées simultanément, mais la fourniture doit toujours être complétée dans un délai de trois jours. La vérification du poids s'opère au moyen de balances à plateaux et à bras égaux et de poids satisfaisant aux prescriptions légales. L'emploi des bascules, romaines, bascules avec ou sans poids additionnels, peut être autorisé. (Art. 190.)

D. — A quelles règles se conforme-t-on pour les repas et l'abreuvage des chevaux?

R. — Le chef de brigade est tenu de peser lui-même l'avoine, il distribue également la paille et le foin; il exige que le foin soit bien secoué pour en faire tomber la poussière, que les tiges de paille soient croisées et que le fourrage soit jeté dans le râtelier aussitôt qu'il en a donné le signal.

Aucune partie de la ration ne peut être distraite de la consommation sous quelque prétexte que ce soit, mais le commandant d'arrondissement peut ordonner que la ration des chevaux trop gras ou malades soit immédiatement réduite au profit des chevaux pour lesquels la ration normale est notoirement insuffisante.

Le chef de brigade est, en principe, présent aux deux repas principaux des chevaux; il exige que chaque gendarme donne lui-même la ration à son cheval, sauf au premier repas du matin, pour lequel le gendarme peut se faire remplacer par un de ses camarades.

Les denrées fourragères qui ne doivent pas être consommées dans la journée ne peuvent séjourner à l'écurie.

En hiver, quand on fait boire exceptionnellement à l'écurie, les récipients (cuves ou baquets) sont remplis assez à temps pour que la boisson se mette à peu près à la température des écuries. (Art. 191.)

D. — *Comment les chevaux sont-ils proposés pour le vert ?*

R. — Le commandant d'arrondissement fait, en se conformant aux prescriptions ministérielles, des propositions pour les chevaux qui ont besoin du régime du vert; il les adresse, avec le certificat du vétérinaire, au commandant de compagnie pour être soumises à son approbation.

Le conseil d'administration est avisé.

Lorsque les chevaux prennent le vert en liberté, ils sont déferrés et parqués, pendant le jour, dans une prairie. (Art. 192.)

D. — *Qu'est-ce que les substitutions fourragères ?*

R. — Les demandes de substitutions fourragères sont soumises, de même, avec avis motivé du commandant d'arrondissement, au commandant de compagnie.

Le conseil d'administration est avisé des substitutions accordées et de leur durée.

En cas d'urgence, pour un jeune cheval, et sur l'avis du vétérinaire, le chef de brigade peut autoriser provisoirement la modification proposée. Il établit en même temps un état auquel est annexé un certificat du vétérinaire indiquant la nature de la maladie, sa durée probable et le régime diététique à observer. Cet état est adressé au conseil d'administration. Pendant toute la durée de ce régime, le cavalier nourrit son cheval à ses frais, si l'approvisionnement de la brigade ne présente pas les ressources nécessaires. Dans ce cas, il reçoit une indemnité spéciale dont le taux, variable, est fixé périodiquement par le Ministre. (Art. 193.)

D. — *Comment se comporte-t-on en cas de maladies contagieuses ?*

R. — En cas de maladie contagieuse, consulter toujours un vétérinaire, et suivre rigoureusement ses prescriptions.

Si le vétérinaire déclare, après examen, que l'animal doit être abattu, le commandant d'arrondissement adresse un rapport; le chef de légion prononce.

Lorsque les symptômes de morve ou de farcin que présentait un cheval ont disparu, cet animal doit encore subir trois semaines d'observations avant d'être remis en service; il a dû d'ailleurs être malléiné.

Par exception, il est procédé immédiatement, sans autorisation préalable, à l'abatage des chevaux atteints de fracture ou d'hydrophobie constatées par un certificat du vétérinaire.

Le tétanos se reconnaît aux symptômes suivant : raideur de l'encolure, des oreilles, de la queue, manque de souplesse du rein, difficulté de la marche; il faut immédiatement placer le cheval dans une écurie rendue obscure, donner des aliments liquides et appeler le vétérinaire. (Art. 194.)

D. — *Quelles sont les précautions prises en cas de désinfection des écuries ?*

R. — Les écuries où ont séjourné les chevaux atteints de maladies contagieuses sont désinfectées sans délais; la litière est incinérée. (Art. 195.)

D. — *Quels sont les soins particuliers aux jeunes chevaux ?*

R. — Le dressage étant toujours pénible, quelque bien mené qu'il soit pour les animaux qui se trouvent encore sous l'influence de l'acclimatemen ou des maladies de leur âge, ne doit commencer qu'à cinq ans révolus, c'est-à-dire à la sortie très avancée des coins de remplacement inférieurs, et lorsque l'embonpoint factice, contracté chez le marchand, aura disparu par l'usage d'une alimentation plus sèche, plus tonique, des promenades journalières, de bons soins de la main et d'une stabulation plus aérée.

Le foin et la paille peuvent être avantageusement mélangés pendant les premières semaines, afin d'habituer à cette dernière denrée certains chevaux élevés presque exclusivement au régime de l'herbe et du foin.

La gourme, maladie fréquente chez les jeunes chevaux, peut être simple ou compliquée.

Simple, elle se reconnaît à un jetage épais, abondant, jaunâtre, s'écoulant par les naseaux, à une toux grasse et quelquefois à la présence d'abcès volumineux placés autour de la gorge.

La gourme compliquée se présente avec des caractères plus accusés de tristesse, de toux et d'agitation du flanc.

La gourme pouvant se transmettre d'un cheval à l'autre, le malade est séparé des animaux bien portants, et sa place, restée vide, est désinfectée, grattée, lavée, avant d'être réoccupée.

Si l'affection paraît bénigne et suit son cours naturel, il n'est rien changé au régime ordinaire.

Si la toux se déclare, on supprime la totalité ou une partie du foin, qui est remplacée par une quantité équivalente de paille; une demi-ration d'avoine est conservée si l'animal témoigne de l'appétit; l'autre moitié est remplacée par des barbotages.

Les boissons doivent être données tièdes, blanchies à la farine d'orge et additionnées de 50 à 100 grammes de sulfate de soude; en outre, quelques lavements d'eau de son peuvent être administrés pour tenir le ventre libre.

Si des tumeurs apparaissent à la gorge, on entoure cette région d'une peau de mouton ou d'une matelassure destinée à maintenir la chaleur qui doit activer la maturité des abcès.

Les malades, si le temps le permet, doivent être promenés en main et au pas. (Art. 196.)

ECURIES

D. — *Comment sont tenues les écuries?*

R. — Les écuries doivent être constamment propres et pourvues des ustensiles nécessaires, en se limitant strictement aux besoins réels qui existent ou se produisent dans chaque brigade.

La partie inférieure des stalles doit être garnie de paillassons destinés à prévenir les tares des membres postérieures; ces paillassons peuvent être fixes ou mobiles. (Art. 197.)

D. — *Comment sont assurés l'acquisition et l'entretien des ustensiles d'écuries?*

R. — Tous les ustensiles d'écurie ou autres objets mobiliers nécessaires aux brigades à cheval sont achetés, entretenus et remplacés en commun.

L'inventaire en est affiché dans un lieu apparent de l'écurie.

En cas de départ, nul n'a le droit de réclamer une partie des ustensiles payés en commun, ni de prétendre à un remboursement.

Les instruments de pesage sont contrôlés chaque année par le vérificateur des poids et mesures. Le commandant d'arrondissement propose pour être remplacées, au compte de la masse d'entretien et de remonte, les romaines à boules hors d'usage, et prescrit l'achat sur le produit de la vente des fumiers, des balances et poids signalés comme devant être remplacés. (Art. 198.)

D. — Comment vend-on le fumier, et quel emploi fait-on du produit de cette vente ?

R. — Le fumier n'est pas une propriété individuelle; il appartient en commun à la brigade ; il est vendu de l'assentiment de la majorité des présents ; en cas de partage des voix, celle du chef de brigade est prépondérante.

Les sommes provenant de cette vente sont employées à payer les objets achetés en commun. Ce qui reste est partagé, chaque trimestre, entre tous, au prorata du nombre des journées de présence des chevaux.

L'adjudicataire est tenu d'enlever le fumier au moins une fois par mois. (Art. 199.)

D. — L'admission des chevaux étrangers dans les écuries est-elle tolérée ?

R. — Les chevaux de troupe qui tombent malades en route doivent être reçus, s'il y a de la place et si la nature de la maladie le permet.

Les chevaux des officiers n'appartenant pas à la gendarmerie peuvent être admis, exceptionnellement et à titre temporaire, dans les écuries, s'il y a de la place, et s'ils ne sont atteints d'aucune maladie contagieuse.

L'autorisation est donnée par le chef de légion. (Art. 200.)

FORMALITÉS DIVERSES

D. — Comment rend-on compte des blessures de chevaux dans le service ?

R. — Lorsqu'un cheval est blessé dans un service commandé, le commandant d'arrondissement fait dresser un procès-verbal auquel il joint un certificat du vétérinaire qui a été appelé à constater la gravité de la blessure.

Ces deux pièces sont adressées, au président du conseil d'administration, avec avis des chefs hiérarchiques. (Art. 201.)

D. — Quelles sont les dispositions relatives à la tonte des chevaux ?

R. — A l'approche des froids, le commandant d'arrondissement propose pour la tonte, sur la demande des détenteurs, formulée aux objets divers du rapport journalier de la brigade, les chevaux pour lesquels cette opération est motivée et sans danger.

Le commandant de compagnie prononce.

En principe, les jeunes chevaux ne doivent pas être tondus à moins qu'ils soient atteints d'une maladie de peau. (Art. 202.)

D. — Comment la réforme des chevaux est-elle proposée, et qu'en résulte-t-il ?

R. — Lorsqu'il y a lieu de prononcer la réforme d'un cheval, le commandant d'arrondissement adresse un état de proposition, en y mentionnant tous les renseignements nécessaires pour être transmis avec le certificat vétérinaire, au chef de légion qui prononce la réforme, s'il y a lieu.

Les chevaux dangereux par leur rétivité ou leur méchanceté doivent être réformés quel que soit leur âge, sans attendre qu'ils soient inutilisables.

Au moment de la vente, il est donné connaissance aux acheteurs du motif particulier de leur réforme, et le cheval sera marqué, quel que soit son âge, au fer rouge, de lettre D (dangereux), sur le côté gauche de l'encolure, au-dessous de la crinière.

Ceux âgés de moins de neuf ans, réformés pour quelque cause que ce soit, sont, avant la vente, marqués au fer rouge par les soins du maréchal ferrant chargé de la ferrure, de la lettre R, suivie du chiffre 9 (R/9, signifiant réformé avant 9 ans), sur les deux côtés de l'encolure, de manière qu'ils ne soient pas rachetés ultérieurement.

Les lettres D et R et le chiffre 9 ont chacun 0m05 de hauteur et 0m04 de largeur.

Les chevaux réformés ne peuvent être mis en vente qu'autant que leur état sanitaire a été constaté par un vétérinaire militaire, à défaut, par un vétérinaire civil, qui établit, pour être remis au représentant des domaines ou au commissaire-priseur, selon le cas, des certificats constatant que les animaux réformés sont indemnes de toute maladie contagieuse. Ces certificats sont individuels.

Si un cheval réformé se trouve dans l'impossibilité d'être conduit au chef-lieu d'arrondissement pour y être vendu, la vente peut avoir lieu à la résidence même. (Art. 203.)

D. — *Que résulte-t-il de l'abatage d'un cheval?*

R. — En cas de mort ou d'abatage d'un cheval, le commandant d'arrondissement fait procéder à la vente de la dépouille. Toutefois, les chevaux qui étaient atteints de maladies contagieuses doivent être enfouis avec leur cuir. (Art. 204.)

D. — *L'échange des chevaux peut-il se faire?*

R. — L'échange des chevaux entre militaires de la gendarmerie est prononcé par le chef de légion, sur la demande écrite des intéressés, revêtue de l'avis de leurs chefs hiérarchiques.

D. — *Comment obvie-t-on, dans certains cas, au défaut de vétérinaire?*

R. — Certaines contrées sont dépourvues de vétérinaires ou ceux-ci étant trop éloignés, leurs déplacements seraient trop onéreux. Dans ce cas, toutes les fois que l'intervention du vétérinaire est prévue au présent règlement pour certificat, procès-verbal, avis, etc., le commandant d'arrondissement établit un rapport détaillé sur la maladie, la blessure, l'infirmité, les soins donnés, les chances plus ou moins grandes de guérison, d'après son appréciation, et il fait une proposition.

Ce rapport est présenté, pour avis, au vétérinaire de la résidence de l'autorité qui doit se prononcer; celle-ci prend ensuite une décision (vert, substitutions, abatage, procès-verbal de blessure, réforme). (Art. 206.)

ANNEXE III DU SERVICE INTÉRIEUR

HYGIÈNE DES CHEVAUX

D. — Comment assure-t-on le relèvement de la litière ?

R. — Le crottin est enlevé à mesure qu'il tombe et porté au dehors. On entretient la litière de façon à ne jamais laisser sous les chevaux une couche épaisse de fumier

Il convient de ne pas faire subir à la litière des manipulations incessantes, et de ne pas la mettre en tas dans l'allée centrale de chaque travée d'écurie pour la remettre en place ultérieurement; on se contente de la relever chaque fois qu'il est nécessaire d'enlever la couche de fumier qui s'est formée au contact du sol. Pendant cette opération, les chevaux sont maintenus hors des écuries, le sol est nettoyé à fond et, si la saison le permet, lavé à grande eau.

D. — Comment assure-t-on l'aération des écuries ?

R. — L'air des écuries doit être constamment renouvelé en toute saison, la nuit aussi bien que le jour. Chaque commandant d'unité donne des ordres à ce sujet en tenant compte de la disposition intérieure des locaux, de leur orientation, etc. On n'oubliera pas que l'air confiné et vicié est beaucoup plus nuisible à la santé des chevaux que l'excès d'aération.

En hiver, si la rigueur de la température l'exige, les portes et les fenêtres pourront être fermées, mais ces dernières toujours incomplètement. En aucun cas, les lanterneaux ne seront bouchés.

Il est nécessaire de veiller à ce que les chevaux, en rentrant du travail, ne soient pas exposés aux courants d'air.

Toutes les fois que l'état de l'atmosphère le permet, les chevaux sont attachés dehors le plus longtemps possible.

La surveillance des gradés et des gardes d'écurie et l'emploi de l'entrave double de jarrets pour chevaux frappeurs, préviendront les coups de pied, dont la crainte fait trop souvent condamner la mesure hygiénique excellente dont il s'agit.

Pendant le séjour des chevaux en dehors des écuries, les portes et fenêtres de ces dernières sont complètement ouvertes.

D. — Qu'observe-t-on sur les râteliers et mangeoires ?

R. — Le mobilier intérieur des écuries doit toujours être en bon état. Il faut avoir la précaution de vider les mangeoires et les râteliers avant d'y placer la nourriture des chevaux et de veiller à ce que les mangeoires et les murs de face ne présentent aucune excavation difficile à nettoyer et pouvant servir d'abri aux rongeurs.

D. — Quelle attention faut-il avoir concernant les bat-flancs ?

R. — La chaîne de suspension doit avoir une longueur telle que le milieu du bat-flanc soit au niveau de la pointe du jarret du cheval. Si le bas-flanc est fixé haut, les embarrures sont moins fréquentes, mais les conséquences en sont plus graves, et les parties inférieures des membres ne sont pas suffisamment protégées contre les coups de pied. Si le bat-flanc est fixé bas, les embarrures sont moins graves, mais beaucoup plus fréquentes.

Les moyens d'attache de fortune, cordes, fils de fer, etc., sont rigoureusement proscrits.

Les bat-flancs en mauvais état pouvant être une cause d'accidents graves, le commandement doit veiller à leur parfait entretien.

D. — Quels soins de propreté les coffres à avoine comportent-ils ?

R. — Les coffres à avoine doivent être entièrement vidés et nettoyés au moins une fois par mois.

D. — Quel est l'objet de la surveillance des écuries ?

R. — Les écuries doivent être l'objet d'une surveillance active le jour et la nuit. Ce service a principalement pour but de diminuer le nombre des accidents dont les chevaux peuvent être victimes et d'empêcher l'aggravation de certaines indispositions qui exigent des soins immédiats.

Les gendarmes de service aux écuries veillent à la propreté et à l'ordre des écuries ; ils séparent les chevaux qui se battent, secourent ceux qui s'embarrent ou se prennent dans leur chaîne, rattachent ceux qui se sont détachés, raccrochent les bat-flancs, etc., et se conforment aux consignes qui leur sont données.

D. — Quels sont les soins journaliers à donner aux chevaux avant le travail ?

R. — Avant de seller, brosser rapidement le cheval avec la brosse en chiendent pour enlever la poussière et le crottin, nettoyer les sabots, curer les pieds et vérifier l'état de la ferrure et passer la brosse humide sur les crins.

D. — Et à la rentrée ?

R. — Il faut éviter, autant que possible, de ramener les chevaux en sueur au quartier.

En rentrant du travail, attacher le cheval hors des écuries toutes les fois que la température le permet, le débrider et le desseller, puis afin de sécher rapidement le poil, prendre un bouchon de paille dans chaque main et frictionner vivement l'encolure, la poitrine, le ventre et les flancs ; passer ensuite deux ou trois fois, dans le sens du poil, l'éponge légèrement imbibée d'eau très propre sur la partie du corps correspondant à la selle, de façon à enlever la sueur et les sécrétions de la peau, changer l'eau à chaque fois, et essuyer avec l'éponge, après en avoir complètement exprimé l'eau.

Procéder alors au massage de l'emplacement de la selle : tapoter légèrement le dos avec les mains bien à plat, en changeant de place à chaque tapotement, puis masser avec la paume de la main, en la glissant toujours d'avant en arrière dans le sens du poil.

Plus la peau est fine, plus la sensibilité du cheval est grande, plus il faut tapoter et masser légèrement.

Le massage a pour but de rétablir la circulation et doit, pour être efficace, durer cinq à dix minutes. On achève ainsi de sécher le dos.

Brosser ensuite, avec la brosse en chiendent, les cuisses et les membres en allant de haut en bas; passer l'éponge mouillée sur les yeux, les naseaux, le fourreau et l'anus; laver les paturons et les sécher soigneusement avec l'éponge ou avec l'époussette formant tampon (il faut éviter, dans cette opération, d'imprimer à l'époussette un mouvement de va-et-vient qui pourrait irriter la peau et occasionner des crevasses); curer les pieds. Si la queue est crottée, frotter les crins les uns contre les autres, tremper le fouet dans l'eau et l'égoutter. Enfin rentrer le cheval à l'écurie et le couvrir, si c'est nécessaire, en raison de la température.

Si le cheval transpire à nouveau quand il est à l'écurie, le cavalier le bouchonne une deuxième fois jusqu'à ce qu'il soit sec.

D. — *Comment le pansage est-il exécuté ?*

R. — Le pansage a pour but de faciliter les sécrétions de la peau en la débarrassant des corps étrangers qui la souillent.

Le pansage a lieu au moins une fois par jour, autant que possible après le travail, et hors des écuries toutes les fois que la température le permet.

Il doit être exécuté avec la plus grande activité. Les différentes opérations du pansage sont indiquées ci-après :

Tout d'abord, curer les pieds.

Si le cheval a le poil un peu fort et la peau épaisse, se servir de l'étrille; la passer légèrement à rebrousse poil sur toutes les parties charnues, à droite et à gauche, en commençant par la croupe. Toutes les parties osseuses, comme la face interne et les extrémités des membres, la tête, l'épine dorsale, le garrot, la pointe des hanches, sont très sensibles et ne doivent jamais être touchées par l'étrille.

Si le cheval a le poil fin ou s'il est tondu, l'étrille est inutile : l'emploi de la brosse en chiendent suffit pour faire tomber la boue et la crasse.

Lorsque le cheval a été étrillé ou bouchonné, le pansage est continué au moyen de la brosse à cheval. Prendre l'étrille de la main gauche, les dents en dessus, et la brosse à cheval de la main droite; brosser la tête, puis l'encolure et tout le côté droit; exécuter la même opération du côté gauche en commençant par la tête, en ayant soin, après chaque coup de brosse, donné d'abord à rebrousse poil, puis dans le sens du poil, de passer la brosse sur l'étrille pour enlever la crasse. Quand l'étrille en est chargée, la frapper légèrement sur le sol, en arrière du cheval.

Panser les membres de même, en commençant toujours par la partie supérieure.

Passer l'époussette, sur toutes les parties du corps pour lisser et lustrer le poil.

Brosser le toupet et la crinière, que l'on ramène par mèches successivement sur le côté droit, puis sur le côté gauche; nettoyer la queue en la séparant par mèches et en brosser le tronçon pour éviter les démangeaisons qu'y produirait la crasse.

Passer la brosse en chiendent légèrement trempée dans l'eau sur tous les crins, puis l'éponge mouillée sur les yeux, les naseaux, le fourreau et l'anus; laver les paturons et les sécher soigneusement à l'époussette.

Le lavage à grande eau est très exceptionnellement pratiqué, et seulement à la belle saison, lorsque la température le permet; le cheval est toujours parfaitement séché après le lavage et avant d'être rentré à l'écurie.

Les membres du cheval doivent être l'objet d'une attention constante. Si, en passant la main sur les canons et les boulets, le cavalier sent la chaleur, ou s'il existe un peu d'engorgement ou de douleur, il en rend compte immédiatement. Tout commencement de tare doit être signalé au vétérinaire.

Il est nécessaire de laver fréquemment les membres du cheval au moyen d'une éponge trempée dans l'eau propre, surtout quand ils sont couverts de poussière ou de boue. Après le lavage, les membres sont bouchonnés et séchés.

Les paturons doivent être parfaitement séchés; on n'y laisse séjourner ni boue, ni sable, ni poussière, et le cavalier signale la plus légère excoriation qu'il y remarque.

Une douche légère et de courte durée (dix minutes environ par cheval) est salutaire, en général, aux membres fatigués des chevaux. On ne doit pas cependant abuser de ce moyen, surtout pendant l'hiver, pour éviter l'apparition de crevasses des paturons, qui en sont très fréquemment la conséquence.

Les pieds du cheval sont nettoyés et curés avant et après le travail, ainsi qu'à chaque pansage. Le cavalier s'assure que les fers ne sont ni cassés, ni ébranlés, ni usés, qu'il ne manque pas de clous, qu'il n'y a pas de corps étrangers dans le pied, que les rivets ne dépassent pas la paroi.

Tout cheval dont les sabots sont en mauvais état, les fourchettes échauffées, etc., est signalé immédiatement.

D. — Comment assure-t-on l'entretien des crins de la crinière et de la queue?

R. — Les crins de la queue et de la crinière sont nécessaires au cheval pour se défendre contre les mouches.

La crinière peut être coupée ras sur la partie de la nuque qui correspond au passage de la têtière; elle ne doit jamais être taillée ras sur le bord supérieur de l'encolure.

Les crinières épaisses peuvent être émondées.

La queue, sauf dans les régiments montés en chevaux barbes, est coupée de manière que, tendue verticalement, elle arrive à quatre travers de doigts au-dessus de la pointe du jarret.

On ne coupe les crins de paturons qu'aux chevaux communs et quand l'ordre en est donné.

Il est interdit de couper ou de brûler les crins qui recouvrent la couronne du pied et les longs poils qui se trouvent autour des yeux, des naseaux, des lèvres et dans l'intérieur des oreilles. Les premiers, en effet, servent à protéger la couronne contre les atteintes et les diverses blessures; les seconds, tout en étant des organes de tact, servent également à protéger les cavités qu'ils entourent contre la pénétration d'insectes ou de corps étrangers.

On peut, à l'aide d'un brûloir spécial, brûler les longs poils qui se trouvent dans l'auge, à la partie inférieure de l'encolure, du poitrail, sous le ventre, à la face interne des avant-bras, des jambes et des cuisses, et aux extrémités des membres de certains chevaux, de façon à leur donner un aspect moins commun.

On peut également employer à cet effet un long bottillon de paille non serrée qu'on allume et dont on passe rapidement la flamme sur les régions indiquées. Le bottillon doit être tenu à une distance suffisante de la peau pour ne pas occasionner de brûlures.

Au moyen de la brosse en chiendent, on fait, au fur et à mesure, tomber les poils brûlés. Cette opération, assez délicate, est toujours confiée à un gradé.

D. — *Quelles sont les conditions attachées au renouvellement de la ferrure?*

R. — En dehors des cas accidentels (cheval déferré, fer cassé, etc.), le renouvellement de la ferrure doit être attentivement surveillé; en principe, les chevaux de l'armée sont ferrés tous les trente jours; dans aucun cas, on ne doit dépasser quarante jours de ferrure sous peine de voir se produire des déformations du sabot, modifiant les aplombs et provoquant la fatigue du membre correspondant.

On reconnaît qu'un cheval a besoin d'être ferré aux signes suivants : la corne ayant poussé constamment et le fer n'ayant pas changé de dimensions, celui-ci paraît plus étroit et plus court que le pied; il semble avoir glissé en avant; la corne déborde le fer et forme des éclats; les rivets manquent de solidité. Si on lève le pied, on voit le fer éloigné de la sole, les éponges du fer ne recouvrent plus les talons et s'incrustent dans la sole.

D. — *Comment est pratiquée la tonte, et à quel moment?*

R. — La tonte est une mesure exceptionnelle. Pour la pratiquer, il est indiqué d'attendre que les chevaux aient complètement pris leur poil d'hiver. On ne tond ni l'emplacement de la selle, ni les membres.

Après la tonte, les chevaux sont couverts et placés dans une partie de l'écurie à l'abri des courants d'air.

D. — *Quelles précautions accompagnent les bains?*

R. — Les bains que l'on peut faire prendre aux chevaux à la belle saison ne doivent être ni trop prolongés, ni trop fréquents, pour ne pas compromettre la solidité de la ferrure; les clous sont, en effet, souvent ébranlés par les alternatives de sécheresse et d'humidité de la corne.

D. — *Qu'observe-t-on à la chute du poil?*

R. — Dès l'apparition des premières chaleurs, les chevaux perdent leur poil d'hiver, cette mue s'accompagne quelquefois, surtout chez les jeunes chevaux, d'une sorte de nonchalance générale de l'animal, qui devient mou au travail, se fatigue vite et est exposé à se couronner. Pendant cette période, qui peut durer une quinzaine de jours, il est prudent de surveiller et de ménager, dans la mesure du possible, les chevaux qui paraissent le plus éprouvés.

D. — *Quelle est la nature de la ration?*

R. — Les denrées qui composent la ration habituelle du cheval sont : l'avoine, le foin, la paille, et, exceptionnellement, l'orge.

Si ces denrées font défaut ou si la santé des chevaux l'exigent, des substitutions peuvent être faites, dans des conditions déterminées par les règlements ministériels.

Les denrées de substitution le plus habituellement employées sont : la luzerne, le sainfoin, la farine d'orge, le son, le vert, les carottes.

Le remplacement des grains par du fourrage n'est admis en temps de paix que dans le cas d'absolue nécessité.

D. — *Quels sont les caractères distinctifs des denrées fourragères?*

R. — La qualité des aliments absorbés par le cheval a une influence directe sur sa santé et l'ingestion de denrées avariées ou simplement défectueuses peut favoriser l'éclosion des maladies typhoïdes; la connaissance des caractères distinctifs des principales denrées fourragères présente donc un intérêt particulier.

Foin. — Le foin de bonne qualité, le seul que l'on doive accepter pour la nourriture des chevaux, a une couleur verte, franche et un peu foncée, une odeur légèrement aromatique; ses tiges sont fines et souples; s'il est cassant et se brise à la moindre manutention, c'est qu'il est trop mûr et trop ancien de conservation; il doit être parfaitement sec, exempt de poussières et d'herbes non nutritives, comme les joncs et les roseaux.

Plus un foin est fin, court et aromatique, meilleure est sa composition.

Plus un foin est plat, long, grossier, pailleux et sans arôme, moins bonne est sa composition.

Un vieux foin est moins nutritif qu'un foin nouveau ou de conservation récente.

On doit rejeter les foins grossiers dont les tiges sont ligneuses, coriaces, ceux qui ont une couleur terne ou noirâtre (rouillés), les foins secs, cassants, décolorés (trop mûrs). les foins pâles, décolorés, sans arôme (lavés), les foins moisis, vasés.

Paille. — La paille de froment est seule admise pour la nourriture des chevaux.

La paille de bonne qualité est de couleur jaune doré, plus ou moins foncé; elle n'a pas d'odeur et presque pas de saveur; les tiges qui la forment, plus ou moins grosses, doivent être pleines, garnies de leurs feuilles, moelleuses, sèches, non cassantes et non poussiéreuses.

A la paille peuvent se trouver mélangées des plantes étrangères qui, lorsqu'elles sont bonnes elles-mêmes, lui donnent une valeur nutritive plus grande et font dire que la paille est fourragère; si les plantes étrangères sont, au contraire, de mauvaise qualité, la paille doit être rejetée.

On doit rejeter également les pailles qui ont été mouillées et qui ont un aspect grisâtre (pailles grises), les pailles rouillées ou charbonnées atteintes par une maladie spéciale (rouille, charbon) et qui peuvent être mauvaises pour la santé des chevaux; les pailles trop vieilles qui sont vermoulues, cassantes, poussiéreuses; les pailles odorantes, malpropres, moisies.

On peut accepter comme paille de litière les pailles d'avoine, d'orge ou de seigle; mais on doit refuser, même pour cet usage, les pailles qui présentent des altérations susceptibles de nuire à la santé des chevaux.

Avoine. — L'avoine est l'aliment de résistance dans la ration du cheval.

L'avoine de bonne qualité est bien sèche et coule entre les doigts; son écorce est mince, brillante et lustrée, sans rides; son amande est serrée, blanche; quand on l'écrase dans la bouche, une saveur agréable et farineuse; versée d'une certaine hauteur sur un corps dur, elle rend un bruit sec; son odeur est presque insensible.

L'avoine doit renfermer le moins possible de graines étrangères, être propre et non poussiéreuse.

On doit rejeter les avoines pailleuses ou trop poussiéreuses, humides, malodorantes. moisies, germées, rouillées et charbonnées.

Orge. — L'orge de bonne qualité est bien sèche. coulante à la main, d'une belle couleur franche, exempte de mauvaise odeur ou d'altération quelconque.
Les conditions à remplir par les avoines sont applicables à l'orge.

Son. — Le son doit être frais, sans odeur et d'une saveur douce ; c'est un aliment dénué de valeur alimentaire ; on le rend meilleur en le mélangeant à la farine d'orge, à des gruaux on à des rémoulures,

Farine d'orge. — La farine d'orge doit provenir d'une orge de bonne qualité, elle doit être récemment moulue, avec une coloration blanche légèrement jaunâtre et être exempte de toute altération.

D. — *Comment sont réglés les repas des chevaux ?*

R. — En principe, les chevaux font, par jour, deux repas principaux et sensiblement équivalents : le premier, le matin, avant ou après le travail, selon la saison ou les circonstances ; le deuxième le soir. L'avoine est donnée à ces deux repas et toujours après l'abreuvage. Les repas principaux doivent être donnés deux heures au moins avant le travail.
Afin que les chevaux ne sortent pas à jeun, lorsque le travail a lieu le matin, on distribue en temps voulu. avant le départ, un quart de ration de foin. Il en est de même lorsque le premier repas des chevaux a lieu à une heure tardive de la matinée.
Les chevaux délicats, ceux qui mangent peu et boivent lentement, sont groupés à part et sont l'objet de soins particuliers pour leur régime alimentaire (repas moins copieux et plus fréquents, seau rempli d'eau mis en permanence à leur disposition, etc.). On les signale à l'attention du service vétérinaire.
Les rations des chevaux absents de l'écurie au moment des repas sont mises de côté et leur sont données après leur rentrée. Le commandement a le devoir d'y veiller.

D. — *Quelles sont les conditions de l'abreuvage ?*

R. — Les chevaux boivent au moins deux fois par jour en toute saison.
On ne doit jamais laisser les chevaux boire d'un seul trait, mais toujours leur couper l'eau.
En été, les auges seront remplies une heure au moins avant l'abreuvage.
Pendant la période des grandes chaleurs, une cause de surmenage vient s'ajouter aux fatigues du travail : la soif.
On y remédie par des abreuvages aussi fréquents que possible.
A la résidence, les chevaux sont abreuvés non seulement avant les deux repas principaux, mais aussi chaque fois qu'ils sortent de l'écurie, pour le pansage ou le travail, et en rentrant du travail.
En route, en manœuvre ou en campagne, ils sont abreuvés chaque fois qu'on en a l'occasion, et *cette occasion devra surtout être recherchée*, lorsque la chaleur et la poussière sont particulièrement pénibles à supporter.

D. — *Quand fait-on usage de mashs. et comment les prépare-t-on ?*

Les mashs sont donnés aux chevaux fatigués, en mauvais état d'entretien, à appétit capricieux, échauffés par l'avoine, ou atteints d'inflammation chronique de l'intestin.
Les mashs se préparent généralement de la façon suivante : le foin et la paille hachés, l'avoine, le sel marin, et, s'il y a lieu, la graine de lin étant

disposés par couches dans un seau, on les arrose avec environ deux litres d'eau bouillante. Le son et la farine d'orge sont alors déposés à la surface du mélange pour en éviter l'évaporation. Une couverture recouvrant le récipient est maintenue jusqu'à refroidissement de la préparation Celle-ci est enfin soigneusement brassée avant distribution.

La difficulté de se procurer l'eau chaude peut obliger à préparer le mash à froid. Il faut, dans ce cas, faire dissoudre d'abord le sel marin dans l'eau, puis brasser immédiatement toutes les substances composantes et les laisser macérer pendant six heures environ. Le mash préparé à froid ne comporte pas de graine de lin.

Un mash doit toujours être distribué dans les vingt-quatre heures qui suivent sa préparation.

D. — *Comment le vert est-il donné ?*

R. — Le vert est un régime alimentaire auquel on soumet temporairement, au printemps, certains chevaux, dans le but de rétablir leur état général ou leur santé.

Le vert peut être donné à la prairie ou sous forme de vert complet à l'écurie ; ce régime a, dans ce cas, un but exclusivement thérapeutique, et n'est appliqué qu'aux chevaux dont l'état de santé en réclame l'usage.

Les fourrages verts peuvent être le sainfoin, la luberne, le trèfle, ou tous autres produits de prairies naturelles ou artificielles, selon les ressources du pays.

Toute livraison ayant subi un commencement de dessiccation ou ne remplissant pas les conditions de qualité requises est refusée.

L'herbe doit être coupée seulement quelques heures avant la distribution ; dès l'arrivée au quartier, le matin, elle est mélangée à du foin sec, et conservée, à l'abri du soleil, dans un endroit propre et bien aéré ; le vert, ainsi mélangé, est distribué dans la journée et ne doit jamais, à cause des dangers de fermentation, être conservé pendant plus le vingt-quatre heures.

En raison des déjections abondantes qu'il occasionne chez les chevaux, les écuries sont bien aérées et tenues avec une rigoureuse propreté.

D. — *Comment entendez-vous le règlement du travail ?*

R. — Lorsque le travail est modéré et en rapport avec les forces du cheval, il concourt à l'entretenir en santé et à accroître sa vigueur. Quand, au contraire, il est trop considérable, et dépasse la limite de résistance de l'organisme, il devient la source de nombreuses maladies et accidents.

Le travail a donc une importance de premier ordre, puisque, suivant la manière dont on le dirige, il est salutaire ou pernicieux.

Un repos prolongé, en laissant les muscles dans l'inaction, diminue leur puissance de contraction, nuit à l'exercice normal des autres fonctions, l'animal engraisse et devient mou au travail.

Un travail régulier, au contraire, active toutes les fonctions, entretient les forces, et prépare le cheval à supporter les fatigues de l'existence militaire.

Un cheval est en condition lorsque ses organes ont atteint leur développement rationnel et que, grâce à un travail progressif, des soins judicieux, et une gymnastique appropriée, il a acquis l'endurance, la rusticité et l'adresse indispensables au cheval de guerre.

On reconnaît qu'un cheval est en condition lorsqu'il a les mouvements aisés, les muscles fermes, qu'il est peu chargé de graisse et qu'il a du poil brillant.

L'excès de travail aboutit au surmenage et a pour conséquence l'épuisement des organes, l'altération de leurs fonctions et l'usure prématurée des membres; le cheval s'amaigrit et s'use rapidement.

Le cheval est forcé lorsque la somme de travail qui lui a été accidentellement demandée a dépassé la force de résistance de l'organisme. Cet état, qui est toujours très grave, se traduit par un essoufflement exagéré, des battements tumultueux du cœur, parfois perceptibles à distance, et souvent aussi par des saignements de nez. Le cheval peut survivre à cet accident, mais il est rare qu'il s'en remette complètement.

Comme conséquence, on peut poser les règles suivantes :

Un travail journalier est nécessaire à la santé des chevaux ;

Le repos et le séjour trop prolongé dans les écuries sont préjudiciables à leur santé et à leur vigueur ;

Il est nécessaire, par un travail graduellement augmenté, de remettre « en condition » tout cheval dont le travail a été interrompu pendant un certain temps.

L'excès de travail ruine promptement les chevaux et les expose à de très graves maladies.

. . . .

D. — Les jeunes chevaux ne sont-ils pas soumis à une hygiène spéciale ?

R. — Les jeunes chevaux, transportés dans un milieu et dans un climat auxquels ils ne sont pas habitués, passent par une phase critique qu'on appelle « acclimatement », et qui les prédispose à contracter des maladies assez nombreuses.

. . . .

Le pansage joue un rôle des plus importants pour le maintien de la santé du jeune cheval ; il est, en conséquence, essentiel d'en obtenir par tous les moyens possibles la parfaite exécution. Il est nécessaire de régler avec soin les heures de repas des jeunes chevaux, de surveiller leur appétit et d'examiner fréquemment leur dentition, de veiller à ce qu'ils reçoivent l'intégralité de leur ration, de prescrire les substitutions convenables d'après la saison, de déterminer la composition des mashs et d'en régler la distribution, enfin, de veiller à ce que les chevaux aient une bonne litière qui, seule, peut assurer le repos indispensable à leur santé.

La mue (mars-avril) et le régime du vert (mai-juin), auquel il y a lieu de soumettre largement les jeunes chevaux, sont, pour eux, des causes de dépression. La diminution du travail devient à ce moment une règle absolue, ainsi que la suralimentation destinée à combattre cette dépression physique, dont les effets se font souvent ressentir pendant un temps assez long.

Lorqsue la température est basse, les jeunes chevaux sout couverts.

En résumé, pendant toute la période du dressage, les jeunes chevaux sont l'objet de la part du commandement d'une surveillance constante au point de vue de l'alimentation, du logement, du travail, du développement des tares et des maladies.

D. — *Quels sont les soins à donner aux chevaux en route, en manœuvre ou en campagne.*

R. — Il n'est pas toujours possible de se conformer, pendant les routes, les manœuvres et en campagne, aux prescriptions concernant l'hygiène des chevaux en vigueur dans les garnisons; on doit cependant s'efforcer de les observer autant que les circonstances le permettent, car l'état des chevaux, et par conséquent, le service qu'on peut exiger d'eux, dépend en partie des soins qui leur sont donnés.

Les règles concernant la tenue des locaux, l'alimentation, l'abreuvage, les soins à donner avant et après le travail, le pansage, etc., seront appliquées dans la mesure du possible.

En campagne, tout commandant de troupe, tout cavalier ou conducteur isolé devra mettre à profit, dès qu'elles se présenteront, les circonstances qui lui paraîtront favorables pour alimenter et abreuver les chevaux.

L'examen journalier et minutieux des différentes parties du corps du cheval, la surveillance des membres et de la ferrure prennent une importance particulière, puisque, plus encore qu'en garnison, il y a intérêt à soigner, dès le début des maladies ou blessures qui viendraient à se produire.

Il convient de faire une remarque particulière relative aux soins à donner au dos.

Lorsqu'à l'arrivée au cantonnement ou au bivouac, il n'est pas possible d'observer les prescriptions concernant les soins à donner au dos du cheval après l'avoir dessellé (voir chapitre II), il y a souvent intérêt à opérer de la façon suivante :

Après avoir débridé et attaché le cheval, on maintient la selle en place; mais, afin de réduire au minimum la compression sur le dos, on a soin de décharger le cheval, en enlevant les parties pesantes du paquetage et de dessangler.

En agissant ainsi, on évite de provoquer le refroidissement brusque du dos. En outre, les vaisseaux sanguins comprimés par la selle reprennent peu à peu leur volume normal et la circulation se rétablit lentement.

On peut, de la sorte, prévenir souvent le développement de tumeurs susceptibles de devenir dans la suite la cause de blessures plus sérieuses.

Il demeure d'ailleurs entendu que la selle est enlevée aussitôt après l'arrivée, si le cavalier est en mesure de donner immédiatement au dos du cheval les soins prescrits. Dans aucun cas, la selle n'est maintenue plus de trois quarts d'heure en place.

D. — *Quels sont les premiers soins à donner aux chevaux malades?*

R. — Les gradés ou hommes de troupe chargés de la surveillance des chevaux doivent connaître les signes auxquels on reconnaît qu'un cheval est malade, afin de pouvoir, en l'absence d'un vétérinaire, ou lorsqu'ils sont isolés, faire donner les premiers soins indispensables.

On reconnaît qu'un cheval est malade :

Quand il ne mange pas ou qu'il mange moins qu'à l'ordinaire;

Quand il est triste, qu'il porte la tête basse ou se tient éloigné de la mangeoire, à bout de longe;

Quand il tousse ou qu'il a la respiration accélérée;

Quand il s'agite, se tourmente, ou, enfin, qu'il y a dans sa manière d'être quelque chose d'anormal.

Dès qu'un cheval présente un ou plusieurs de ces signes de maladie, il faut : le sortir du rang, l'isoler, l'abriter le mieux possible, le tenir chaudement en le couvrant si la température l'exige, lui supprimer l'avoine et le foin et ne lui donner à manger que de la paille et du barbotage.

D. — *Que faites-vous en cas de toux ?*

R. — Quand un cheval tousse, tout en conservant son appétit et sa gaieté, il faut le tenir chaudement en hiver, ne le sortir que couvert et par le beau temps.

D. — *Et en cas d'inflammation de la gorge ?*

R. — Si le cheval est triste, a de la peine à manger, s'il a la bouche baveuse et rejette des parcelles d'aliments par les naseaux, c'est le signe d'une inflammation de la gorge, qui peut devenir grave. On doit alors couvrir le cheval, lui envelopper la gorge avec une peau de mouton ou un morceau de couverture, afin de maintenir la chaleur dans cette région, et ne lui donner que de l'eau blanchie avec de la farine d'orge.

D. — *Comment se comporter quand il y a des coliques ?*

R. — Lorsque le cheval s'agite, se couche, se roule sur le sol, se relève pour se recoucher tout de suite, regarde son flanc, se plaint et se campe pour uriner, c'est l'indice qu'il est atteint de coliques ; il faut le faire bouchonner vigoureusement, le bien couvrir et le conduire au pas, lui donner quelques lavements tièdes si c'est possible, et le laisser à la diète complète. Il y a toujours danger à faire prendre de force des breuvages à un cheval atteint de coliques, en raison de la surcharge que le breuvage occasionne dans l'estomac et de la difficulté de l'opération pour les personnes inexpérimentées.

Soignées convenablement dès le début, les coliques sont le plus souvent guérissables, aussi doit-on se hâter de prévenir le vétérinaire.

La plupart du temps, les maladies de l'appareil digestif désignées sous le nom de coliques sont imputables à une hygiène irrégulière de l'alimentation ou du travail et à des infractions aux prescriptions réglementaires : écarts de régimes divers, repas trop réduits ou trop copieux, mal répartis ou pris trop vite par des animaux affamés ou gloutons, consommation accidentelle de denrées fourragères passées ou altérées (particulièrement luzerne ou sainfoin), abreuvage insuffisant ou excessif, ingestion d'eau froide par des animaux à jeun ou en sueur, refroidissements cutanés subits, travail trop rapproché des repas, fatigue, surmenage.

Si quelques-unes de ces causes sont liées aux nécessités du service et aux exigences de la vie militaire, il est incontestable que la plupart d'entre elles peuvent être évitées, atténuées ou combattues par la stricte application des mesures d'hygiène réglementaire.

D. — *Comment remédier à la fourbure ?*

R. — Lorsque, après une grande fatigue ou un très long repos, un cheval a de la difficulté pour marcher, s'il a les pieds chauds, les membres postérieurs engagés sous le corps, les antérieurs portés en avant, il est « fourbu ». Les mesures à prendre sont les suivantes :

Soulager les pieds en faisant desserrer les fers et en les maintenant seulement par quelques clous ; entourer les pieds au moyen de chiffons qu'on entretient humides en les arrosant fréquemment ; si la température est favorable, mettre le cheval à l'eau pendant plusieurs heures jusqu'au dessus des boulets.

D. — *Quels sont les soins à donner aux chevaux blessés par le harnachement ?*

R. — Les blessures causées par le harnachement peuvent être de plusieurs sortes :

Si, après avoir enlevé la selle, on observe, sur les parties où elle a porté, une grosseur plus ou moins volumineuse, communément appelée « gonfle », il faut immédiatement essayer de la faire disparaître par le massage ; pour cela, le cavalier enduit légèrement la paume de sa main d'un corps gras, huile, graisse, ou, à défaut, de savon, et frotte longtemps, dans le sens du poil, en appuyant avec la paume de la main ; si la grosseur ne disparaît pas complètement, il faut appliquer dessus une éponge constamment imbibée d'eau légèrement salée ou vinaigrée que l'on maintient avec un surfaix un peu serré ; pour éviter les blessures que celui-ci pourrait amener sur la ligne saillante du dos, on interpose un botillon de chaque côté. A défaut d'éponge, on peut se servir d'une motte de gazon fixée dans les mêmes conditions, la partie herbeuse de la motte étant mise en contact avec la peau.

Il sera toujours prudent de ne pas monter le cheval avant la disparition complète de la grosseur.

Lorsque la blessure s'accompagne d'une plaie superficielle, elle doit être soigneusement nettoyée avec de l'eau ordinaire, ou mieux légèrement vinaigrée ou salée, afin d'éviter la formation de croûtes épaisses ; il est bon, dans ce cas, de fixer à la couverture un carré de toile cirée, débordant largement la plaie et enduite légèrement d'un corps gras, huile, graisse ou vaseline.

Les blessures produites par la sangle sont traitées de la même façon.

Les cors ou mortifications de la peau qui se forment sur le dos ou sur les côtes sont respectés aussi longtemps qu'ils permettent l'utilisation du cheval, c'est-à-dire tant qu'ils ne sont pas accompagnés d'une grosse tuméfaction toujours extrêmement sensible et indice de la formation d'un abcès ; en route ou en manœuvres, on doit toucher le moins possible aux cors et se borner à un simple nettoyage journalier.

Les blessures qui se forment sur la nuque, sur le garrot et sur le rein doivent être attentivement surveillées et soignées en raison des complications fréquentes et parfois graves qui peuvent survenir.

Les blessures du harnachement doivent être soignées dès le début d'une façon rationnelle pour éviter leur aggravation ; aussi doit-on présenter, chaque fois que cela est possible, les chevaux blessés à la visite du vétérinaire, dès l'apparition des blessures.

D. — *Quels sont les soins convenant aux blessures et accidents divers ?*

R. — Les coups de pied, atteintes, chutes sur les genoux, couronnements, embarrures, prises de longe sont des accidents fréquents ; les plaies qui en résultent doivent être nettoyées journellement par des lotions d'eau vinaigrée ou salée. Lorsque la plaie donne lieu à une hémorragie (écoulement abondant du sang), on l'entoure, si possible, au moyen d'un mouchoir, d'une cravate ou d'un linge propres que l'on serre assez fort. Si la plaie ne peut pas être entourée, on la recouvre de la même façon et on comprime le pansement avec la main jusqu'à ce que le sang ne s'écoule plus.

Quand un cheval boite, on examine tout d'abord le pied et on s'assure qu'il n'y a pas de cailloux, graviers, etc., enfoncés entre le fer et la corne, ni de clou ayant pénétré dans la sole ou dans la fourchette. Le corps étranger est retiré immédiatement s'il y a lieu, et, lorsque le pied est sensible, on fait prendre des bains de pied au cheval.

Si le pied n'est pas sensible, il faut examiner le membre, le palper dans toute son étendue pour déterminer la région douloureuse ; il convient surtout d'explorer avec soin les articulations et la région tendineuse du canon, en en comparant la sensibilité et le volume des mêmes parties du membre opposé ; s'il y a de l'engorgement ou de la chaleur, on fait prendre des bains au membre malade, dans un seau de bois ou mieux dans un cours d'eau.

Dans le pli du paturon existent parfois des crevasses ; elles sont le résultat soit du manque de soins, soit d'une prise de longe, soit du séjour dans un terrain boueux. Il faut couper les poils autour de la plaie, la nettoyer et appliquer en petite quantité de la glycérine ou de la vaseline boriquée. Si le cheval peut être laissé au repos, on place dans le pli du paturon un tampon de coton imbibé d'eau blanche très légère, d'alcool ou d'eau-de-vie ordinaire, maintenu en place par un pansement à demeure.

Jusqu'à guérison complète, on évite de faire passer les chevaux dans l'eau et dans la boue.

D. — Que savez-vous sur les dimensions des fers réglementaires ?

R. — Les fers réglementaires sont, suivant leurs dimensions, classés par pointure ; celles-ci sont établies d'après le périmètre du fer mesuré sur la rive externe et comme si les éponges étaient carrées.

Cette mensuration se fait au moyen d'un ruban métrique, de préférence en métal.

Les numéros de pointures, au nombre de onze pour le cheval, sont ceux correspondant aux dimensions du périmètre exprimé en centimètres.

Les pointures sont mentionnées ainsi qu'il suit sur le livret individuel, dans le signalement du cheval, après l'énoncé de la taille, ainsi que sur les cahiers de ferrures et d'indisponibilité :

P. 30, 30 ou P. 30, 31.

Cette notation, donnée pour exemple, signifie que le périmètre des fers antérieurs est le même ou inférieur à celui des postérieurs.

D. — Qu'est-ce que les ferrures d'approvisionnement ?

R. — La ferrure d'approvisionnement, à raison d'une par cheval (4 fers, 2 A., 2 P., 40 clous, 32 crampons), est complètement terminée, munie des mortaises pour crampons à glace, ajustée aux pieds du cheval pour lequel elle est destinée, matriculée, enduite de pétrole et conservée par l'homme avec les crampons et les clous du numéro correspondant.

D. — Quels sont les soins à prendre à l'occasion du renouvellement de la ferrure ?

R. — En hiver, le cheval doit être muni d'une couverture pendant les opérations du ferrage ; en été, il est préférable de le faire ferrer le matin ou le soir pour éviter les mouches.

Tout cheval peureux ou connu pour tirer au renard doit être tenu à la main.

Pour les chevaux difficiles, il ne faut pas employer la force ; la patience et les caresses finissent toujours par vaincre leur résistance.

La ferrure terminée, on doit faire trotter le cheval sur le pavé autant que possible ; quand le cheval boite après la ferrure, il faut immédiatement en faire rechercher la cause par le maréchal.

Il ne faut jamais procéder au renouvellement de la ferrure d'un cheval atteint d'une boiterie récente dont la cause n'est pas certaine.

D. — *Que savez-vous sur l'hygiène du sabot ?*

R. — La ferrure est de la première importance dans l'hygiène du sabot ; pratiquée d'une manière rationnelle et renouvelée en temps opportun, elle conserve au sabot ses propriétés naturelles de force et d'élasticité ; dans le cas contraire, elle est le point de départ de nombreuses maladies du pied et des membres.

Le sabot doit être paré d'aplomb; la sole et la fourchette respectées, ainsi que le vernis de la paroi et les poils de sa couronne.

Les soins hygiéniques mis en usage pour entretenir le sabot dans sa forme et conserver à la corne ses qualités sont les suivantes :

1° *Lavage du sabot*. — Le lavage des sabots est une bonne pratique, mais il doit se faire à l'éponge et jamais avec la brosse, pour éviter la destruction du vernis naturel de la paroi.

La sole et surtout la fourchette ne sont lavées qu'après un curettage complet des lacunes.

2° *Graissage du sabot*. — Le graissage du sabot est une bonne mesure hygiénique, quand elle est pratiquée convenablement, sans abus, et au moyen de bon onguent de pied.

On ne graisse le sabot qu'à partir du bord inférieur du bourrelet et d'une façon légère. Cette opération ne doit se faire qu'après chaque ferrure, chaque bain de pieds et pour les revues.

L'onguent de pied un peu liquide est d'un emploi plus facile et plus économique ; il s'étend mieux à la brosse et encroûte moins la surface du sabot ; le meilleur se compose d'un mélange, à parties égales et à chaud, de graisse de cheval et de goudron de bois.

3° *Donner de l'humidité aux sabots*. — *a)* Bains de pieds : les bains de pied se font prendre à l'écurie, dans un seau ou un baquet dont le fond a été renforcé, ou bien à la rivière ; ils doivent avoir une durée d'une heure et ne pas être trop fréquents pour éviter de compromettre la solidité de la ferrure. On peut, à la rigueur, pour remplacer le bain, employer l'emmaillotement humide du sabot à l'aide de morceaux de vieilles couvertures

L'eau tiède a une action plus active que l'eau froide ; on doit l'employer de préférence pour les pieds chauds ou douloureux.

Il est indispensable que chaque bain soit suivi du graissage des sabots pour emprisonner l'eau dont ils sont imprégnés et empêcher la dessication de la corne.

b) Cataplasmes : les cataplasmes sont employés pour les pieds souffrants et sensibles ; ou les confectionne avec de la farine de lin ou, plus économiquement, avec des feuilles de mauves bouillies. Les cataplasmes doivent être arrosés deux fois par jour et changés, s'il est nécessaire, toutes les quarante-huit heures.

Les sabots sont ensuite curettés, lavés et graissés.

c) Séjour à la prairie : le séjour à la prairie suffisamment meuble et humide produit les meilleurs effets sur les sabots, pariculièrement lorsqu'ils sont déformés ou malades.

Les prairies dont le sol est sec et dur sont très préjudiciables.

Il est indiqué, lorsqu'on met un cheval à la prairie, de le déferrer ; les sabots sont parés superficiellement et râpés à leur bord plantaire pour qu'ils ne se détériorent pas.

D. — *Quelles sont les maladies du pied ?*

R. — Atteinte encornée. — L'atteinte encornée est une blessure que le cheval se fait en frappant le talon du pied antérieur avec la pince du fer de derrière.

La corne est plus ou moins décollée de la chair, qui est mise à nu sur une étendue variable.

Traitement. — Couper les poils du bourrelet ; enlever la corne décollée ; laver la plaie avec de l'eau fraîche ou salée pour faire disparaître la terre ou le sable, puis goudronner.

Bleime. — La bleime est une meurtrissure du talon qui se déclare particulièrement aux talons internes des pieds antérieurs.

Elle se reconnaît à une sensibilité manifeste, quand on frappe la paroi dans la région du talon avec un marteau, ou qu'on exerce sur les talons une pression au moyen de tricoises.

Suivant la gravité de la contusion, la bleime est *sèche, humide, suppurée.*

La bleime est *sèche* quand la corne est colorée en jaune et pointillée de sang. N'est pas grave et ne fait pas boiter le cheval.

La bleime est *humide* quand la corne est ramollie et légèrement décollée. Elle fait boiter et se guérit rapidement.

La bleime est *suppurée* quand le décollement est produit par du pus. Elle s'accompagne toujours d'une boiterie très accusée ; sa guérison est plus longue.

Traitement. — Quand le cheval boite d'une bleime humide, il est bon, après avoir aminci la région, de donner des bains chauds suivis du graissage des pieds ou d'appliquer des cataplasmes.

On utilise, quand la boiterie a disparu, un fer à traverse, en ayant soin de goudronner la corne amincie.

Le traitement de la bleime suppurée nécessite l'intervention du vétérinaire.

Clou de rue — Le clou de rue est une blessure du dessous du pied produite par des corps pointus qui traversent la corne de la sole ou de la fourchette et attaquent plus ou moins gravement les parties vives du pied.

Cet accident a souvent des conséquences très graves ; il nécessite les soins d'un vétérinaire quand il s'accompagne de boiterie.

Traitement. — Retirer le corps qui a produit la blessure ; faire prendre des bains d'eau courante.

Fourbure. — La fourbure est une congestion de la chair du pied en pince et en mamelles ; elle attaque surtout les pieds antérieurs, parfois les quatre pieds.

Cette maladie a pour causes ordinaires :

Une nourriture trop forte ;

Un long repos à l'écurie ;

Des marches forcées sur un sol dur par un temps chaud.

Elle a pour caractères principaux : une forte fièvre, les sabots chauds, l'attitude du camper, la marche douloureuse.

Cette maladie est grave et nécessite l'intervention immédiate du vétérinaire. En attendant son arrivée, mettre le cheval à l'eau jusqu'au boulet ou, à défaut, envelopper les pieds de cataplasmes de terre glaise délayée dans l'eau vinaigrée.

Supprimer l'avoine et donner au cheval un régime rafraîchissant.

Foulure de la sole. — La sole foulée est le résultat d'une contusion de la sole dans la région des quartiers ou de la pince ; elle ne diffère de la bleime que par sa situation.

La foulure de la sole est souvent produite par une pierre engagée entre le fer et la sole ou à la suite du déferrement d'un pied à sole faible ou trop parée : elle est également la conséquence d'une marche aux allures vives ou prolongées sur un terrain caillouteux.

Elle fait boiter, mais elle est rarement grave.

Traitement. — Amincissement de la région foulée ; bains ou cataplasmes suivis du graissage des pieds.

Utiliser un fer à plaques avec étoupe goudronnée sur les régions contusionnées.

Fourchette échauffée et pourrie. — La fourchette échauffée est décollée de la chair du pied, particulièrement au fond des lacunes ; la lacune médiane est surtout le siège d'un suintement purulent, noirâtre, d'odeur forte.

La fourchette pourrie est décollée dans une grande étendue ; elle s'en va en lambeaux, suinte abondamment, répand une mauvaise odeur et s'atrophie très rapidement.

Traitement. — Ouvrir le plus largement possible les lacunes ; enlever la corne décollée, laver à grande eau les plaies mises à nu et les sécher avec de la suie délayée dans du vinaigre. Quand la fourchette est guérie, la goudronner dans toutes les parties et surtout dans le fond de ses lacunes, que le maréchal doit s'efforcer de tenir toujours largement ouvertes.

Seime. — La seime est une fente de la paroi qui part du bourrelet et suit la direction des fibres de la corne. Elle a son siège en pince et plus fréquemment en quartiers ; elle se déclare surtout en été sur les pieds faibles, encastelés, à corne sèche et cassante.

La seime fait boiter les chevaux quand elle est assez profonde pour aller jusqu'au vif et pincer les tissus dans la marche.

Traitement. — Si la seime ne fait pas boiter, donner des bains et goudronner la région malade.

Employer un fer à deux pinçons en mamelles pour la seime en pince et un fer à planche ou mieux à traverse pour la seime quarte.

Quand la seime provoque de l'hémorragie ou du pus et qu'elle se manifeste par une boiterie, il est indispensable de faire appel à un vétérinaire.

BIENSÉANCE ET SAVOIR-VIVRE

D. — *Qu'entend-on par politesse ?*

R. — La politesse est la pratique de tous les égards, soit en actions, soit en paroles, que les hommes doivent à leurs semblables dans la société.

D. — *Quel est le but de la politesse ?*

R. — La politesse fait paraître l'homme, extérieurement, tel qu'il devrait être intérieurement.

D. — *En quoi la politesse est-elle surtout nécessaire aux militaires de la gendarmerie ?*

R. — Les militaires de la gendarmerie étant, dans de nombreuses occasions, en contact avec des gens bien élevés, il est indispensable qu'ils connaissent et pratiquent les premiers éléments de la politesse : cela les mettra d'abord à l'abri du ridicule, et leur rendra plus agréables et plus faciles leurs relations avec tout le monde.

D. — *Quel avantage les chefs de brigade ou gendarmes retireront-ils de la pratique d'une politesse parfaite ?*

R. — En donnant l'exemple d'une politesse parfaite et la preuve de leur savoir-vivre les chefs de brigade ou gendarmes ne pourront que rehausser leur prestige aux yeux de tous, et contribueront à conserver à la gendarmerie le titre d'arme d'élite.

D. — *Les militaires de la gendarmerie doivent-ils être polis avec les gens bien élevés seulement, ou avec tout le monde ?*

R. — Ils ont le devoir de ne jamais s'écarter des règles de la politesse envers qui que ce soit, même envers ceux qui ne sont pas polis à leur égard. Une observation présentée froidement et sur un ton calme en impose toujours plus que des menaces ou des paroles grossières.

D. — *Que doivent faire les militaires de la gendarmerie lorsqu'on leur adresse des injures ou des menaces ?*

R. — Un militaire de la gendarmerie représente la loi, et, par conséquent, ne doit jamais s'emporter. Son devoir est d'arrêter quiconque l'injurie ou le menace (*Dictionnaire de la Gendarmerie*). Tout en faisant preuve, en effet, au besoin, de longanimité, il se gardera de tomber dans la faiblesse. Il faut, avant tout respecter et faire respecter la dignité de l'uniforme. Si l'arrestation ne s'impose pas absolument, on dressera procès-verbal tout au moins.

D. — *Qu'entend-on par déférence ?*

R. — On entend par déférence une condescendance mêlée d'égards : on a de la déférence pour l'âge, pour le mérite, pour le grade, pour la position sociale d'une personne.

D. — *Pour qui a-t-on de la déférence dans quelque position que l'on se trouve ?*

R. — Un homme bien élevé a toujours de la déférence pour les vieillards et pour les femmes.

D. — *A qui les militaires de la gendarmerie doivent-ils de la déférence ?*

R. — Ils doivent de la déférence à leurs supérieurs hiérarchiques, aux officiers, aux fonctionnaires civils, aux magistrats, en un mot aux personnes qui occupent un certain rang.

D. — *Comment témoigne-t-on de la déférence à quelqu'un ?*

R. — En saluant le premier, en observant une attitude respectueuse, en cédant la place d'honneur, et en montrant de la prévenance.

D. *Quels sont les devoirs de politesse envers les femmes?*

R. — La politesse exige que l'homme, quelle que soit sa position, salue le premier une femme, lors même qu'elle serait la femme d'un de ses subordonnés ; qu'il lui cède le pas, dans un passage étroit, qu'il lui laisse le trottoir, etc.; le tout sans affectation, simplement, adroitement.

D. — *La déférence implique-t-elle toujours l'obéissance ?*

R. — Non, la même nuance existe entre *obéissance* et *déférence* qu'entre *ordre* et *réquisition*. Ainsi on a de la déférence pour un magistrat, par exemple, sans pour cela lui devoir obéissance, puisque son action ne peut s'exercer que par des réquisitions s'appuyant sur une loi.

D. — *A qui les militaires de la gendarmerie doivent-ils obéissance absolue ?*

R — Ils ne doivent obéissance absolue qu'à leurs chefs hiérarchiques, c'est-à-dire à ceux qui ont le droit de leur adresser des ordres.

D. — *Quelle ligne de conduite devraient-ils observer si des ordres leur parvenaient par une voie irrégulière ?*

R. — Dans le cas où des ordres leur seraient adressés par d'autres que par leurs chefs directs, surtout si ces ordres concernaient une mission étrangère à leurs attributions, ils éviteraient tout conflit, toute discussion, et se borneraient à dire qu'ils sont obligés d'en référer à leur chef.

D. — *Quand un militaire de la gendarmerie se présente chez un fonctionnaire de l'ordre civil ou judiciaire, ou chez un particulier, doit-il rester couvert ?*

R. — Non, dans ce cas il doit se découvrir, comme il ferait d'ailleurs chez un officier.

D. — *Quel est le meilleur moyen d'obtenir et de conserver la correction dans le salut?*

R. — Le chef de brigade doit l'exiger de ses hommes, ponctuel, irréprochable : dans la caserne, la première fois qu'ils le rencontrent de la journée; au dehors, chaque fois qu'ils le croisent; à chaque inspection avant de partir en service ou à la rentrée ; quand ils entrent au bureau ou chez lui. Hors des villes de garnison, il n'a pas d'autre moyen de les entretenir dans la pratique des marques extérieures de respect, à laquelle toutes les théories ne suppléeront jamais.

La correction du salut militaire est le critérium de la discipline d'une troupe.

D. — Quels sont les devoirs d'un gendarme qui accompagne un officier comme ordonnance ?

R. — Un gendarme qui accompagne un officier comme ordonnance doit toujours se tenir à quinze ou vingt pas derrière lui. Si l'officier s'arrête et met pied à terre, le gendarme doit s'empresser d'arriver à sa hauteur et descend aussitôt pour tenir son cheval.

Il n'a pas de salut à faire à qui que ce soit.

D. — Si l'officier le fait marcher à côté de lui, quelle réserve doit-il observer ?

Dans ce cas, le gendarme doit toujours se mettre à la gauche de l'officier, la place d'honneur étant à droite. Il ne doit pas engager la conversation et attendre qu'on l'interroge pour parler.

D. — Que doit-il faire en traversant les villes ou villages importants et en arrivant à destination ?

R. — En traversant les villes ou villages importants et en arrivant à destination, le gendarme doit avoir assez de tact pour reprendre lui-même sa place en arrière, sans mettre l'officier dans l'obligation de le lui dire.

D. — En route, où se trouve la place d'honneur ?

R. — La place d'honneur est à droite. On doit toujours céder ce côté à toute personne à qui l'on veut témoigner du respect ou de la déférence. Toutefois, lorsqu'on marche sur un trottoir, la place d'honneur est du côté des maisons.

Quand deux gendarmes sont en tournée, le plus jeune doit toujours se placer à la gauche du plus ancien : à cheval cependant ils doivent assez souvent abandonner le botte à botte pour se mettre en file ou de chaque côté de la route, afin d'obtenir de leurs montures l'indépendance ; car il y a en cela un motif justifiant l'exception, sur l'ordre du plus ancien.

D. — Lorsqu'un officier arrive dans une caserne, quels devoirs ont à remplir les militaires de la brigade ?

R. — Lorsqu'un officier qui a autorité sur la brigade arrive dans une caserne le premier militaire de la brigade qui l'aperçoit doit immédiatement en prévenir le chef de brigade. Si l'officier est en voiture ou à cheval, cet homme va de suite, et dans la tenue où il se trouve, offrir ses services à l'officier. Le chef de brigade prévient ou fait prévenir aussitôt ses hommes, qui prennent d'eux-mêmes la petite tenue, rapidement, et attendent les ordres de l'officier.

Le chef de brigade, aussitôt prêt, va se présenter à l'officier.

D. — Que doivent faire les femmes et les enfants lorsqu'un officier visite les logements ?

R. — Les femmes et les enfants qui s'y trouvent doivent se lever lorsque l'officier entre. Pour les revues, tout le monde sera dans une tenue propre.

Les gendarmes recommanderont à leurs femmes de se borner à répondre si l'officier les interroge.

D. — Comment les femmes et les enfants doivent-ils répondre à un officier qui leur adresse la parole ?

R. — Ils doivent se servir de l'appellation : « Oui, monsieur le général, » ou « monsieur le lieutenant », et ne pas dire : « Oui, monsieur un tel. »

D. — Quels sont les devoirs des chefs de brigade ou gendarmes lorsqu'un officier visite un point de rencontre de jour ou de nuit ?

R. — Les chefs de brigade et gendarmes qui se trouvent au point de rencontre doivent d'eux-mêmes, et sans en attendre l'ordre, se placer sur un rang devant la maison ou à l'endroit qui sert de point de rencontre. Les hommes à pied sont à la droite et l'arme au pied (s'ils ont la carabine), les hommes à cheval à la position du cavalier à cheval. Le plus élevé en grade ou le plus ancien commande l'alignement.

Il n'est pas fait de commandements aux visites des rencont es de nuit, ce service devant s'accomplir en silence.

D. — Quels sont les devoirs de politesse des gendarmes à l'égard de leurs chefs de brigade ?

R. — Dans toutes les circonstances, les gendarmes doivent être respectueux et prévenants à l'égard de leur chef de brigade. Ce dernier ayant toutes les charges, toutes les responsabilités du service, ils doivent mettre tous leurs efforts à lui faciliter sa lourde tâche, lui témoigner du dévouement.

D. — Quels sont les devoirs de politesse des gendarmes entre eux ?

R. — Les gendarmes doivent constamment rester polis les uns envers les autres et se rendre mutuellement les petits services que comporte une bonne camaraderie. *Les femmes entre elles et les enfants doivent agir de même.*

D. — Quelle est la nécessité de ces égards entre les habitants d'une même caserne ?

R. — Cet échange de bons procédés, qui n'est autre chose que la politesse, est le seul moyen de rendre agréable la vie en commun ; sans quoi, une caserne devient un enfer.

D. — Comment les chefs de brigade et gendarmes arriveront-ils facilement à cette bonne entente ?

R. — Cette bonne entente sera obtenue et conservée :

1° En se montrant polis et complaisants les uns envers les autres ;

2° En évitant entre les ménages une intimité trop grande qui finit toujours par dégénérer en coterie et amener la discorde ;

3° En fermant l'oreille d'une façon absolue aux cancans que les femmes sont trop souvent disposées à faire naître et à répandre ;

4° En évitant de critiquer les supérieurs par derrière ;

5° En veillant scrupuleusement à ce que *les femmes ne s'occupent en rien du service, ni de près, ni de loin.*

D. — Quelles obligations les militaires de la gendarmerie ont-ils envers eux-mêmes ?

R. — Les chefs de brigade ou gendarmes ne doivent pas perdre de vue que leurs moindres paroles, leurs moindres actes, leur tenue, leurs relations, en un mot tous leurs faits et gestes, sont écoutés, observés et commentés par tous les habitants de leur circonscription, et qu'ils ne peuvent prétendre à la considération publique qu'autant qu'ils sont absolument irréprochables, eux et leurs familles.

D. — Comment arriveront-ils à obtenir ce degré de considération ?

R. — Pour arriver à ce résultat, tout chef de brigade ou gendarme doit :

1° Si, dans ses services extérieurs, il se trouve dans l'obligation de se réconforter, ce qui ne doit arriver que bien rarement, avoir assez de tact pour se faire servir à part, et non dans la salle ouverte au public ;

2° Ne jamais rien accepter principalement des cafetiers et cabaretiers dans l'exécution de son service ; son indépendance est à ce prix, et il importe qu'il la conserve envers tout le monde. Loin de lui en vouloir, plus on le trouvera digne de ce côté, plus on l'estimera.

3° Ne jamais sortir de la caserne sans être habillé, boutonné, astiqué, ciré.

D. — Que doit faire tout subordonné qui rencontre ou aborde un de ses supérieurs ?

R. — Après l'avoir salué et avoir pris l'attitude réglementaire, il ne doit jamais lui demander le premier des nouvelles de sa santé et encore moins lui offrir la main. C'est au supérieur à prendre l'initiative s'il le juge à propos.

D. — Que doit-t-il faire si le supérieur lui tend la main et lui demande des nouvelles de sa santé ?

R. — Si le supérieur lui tend la main, il donne la sienne ; mais, s'il lui demande des nouvelles de sa santé, il doit se borner à répondre et à remercier sans faire la même question à son supérieur.

D. — Doit-on agir de même avec d'autres personnes ?

R. — Oui, l'on doit agir de même à l'égard de toute personne qui occupe une position sociale plus élevée.
C'est là une preuve de tact et de savoir vivre.

D. — Quelle réserve les chefs de brigade et gendarmes doivent-ils observer à l'égard des gens mal considérés ou déclassés ?

R. — Les chefs de brigade et gendarmes devront éviter avec le plus grand soin tout rapport personnel avec les gens mal considérés ou déclassés. Ils se montreront très réservés à leur égard dans les relations de service qu'ils seront forcés d'avoir avec eux.

D. — Quels sont les devoirs des militaires de la gendarmerie dans l'intérieur de leurs ménages, comme chefs de famille ?

R. — Ils doivent se conduire en bons époux et en bons pères de famille, éviter les jurements, les blasphèmes, les médisances, et bannir toute expression grossière de leurs conversations.

D. — Quels avantages retireront-ils de l'observation de ces principes ?

R. — Ils arriveront à vivre heureux dans leurs ménages, à bien élever leurs enfants et à leur assurer un avenir par la suite.

D. — Quelle est l'importance de la bonne conduite des parents sur l'avenir des enfants ?

R. — Il est d'une grande importance de veiller sur les défauts des enfants et de prêcher d'exemple à leur égard dès la première jeunesse ; car l'expérience nous instruit de l'impossibilité où l'on se trouve plus tard de revenir sur une mauvaise éducation.

D. — *Quelles sont les règles que toute personne bien élevée doit observer et faire observer par les siens à l'occasion des repas ?*

R. — 1° Avant de se mettre à table avoir les mains très propres ou se les laver (habituer de bonne heure les enfants à cette pratique) ;

2° Si l'on est chez les autres, rester debout et attendre que le maître de la maison désigne à chaque personne la place qu'elle doit occuper ;

3° Une fois assis, surveiller sa tenue à table. Ne s'asseoir ni trop loin ni trop près de son couvert ; ne se tenir ni renversé nonchalamment sur le dos de sa chaise ni courbé, ne pas s'accouder sur la table : on ne doit y appuyer que le poignet, sans ouvrir les coudes, de manière à **ne pas gêner** ses voisins.

D. — *Comment déplie-t-on sa serviette ?*

R. — On la déplie sans ouvrir les bras et on l'étend sur soi de sorte qu'elle couvre le devant du corps jusque sur les genoux. On peut la **fixer** dans une boutonnière de sa tunique.

D. — *Comment se sert-on de la cuillère, de la fourchette et du couteau ?*

R. — C'est de la main droite que l'on se sert de la cuillère, de la fourchette et du couteau, à moins qu'on n'ait des viandes à découper : en ce cas, on tient la fourchette de la main gauche et le couteau de la main droite. Il est inconvenant de tenir la fourchette, la cuillère ou le couteau élevé dans la main, de gesticuler avec et de porter le couteau à la bouche.

D. — *Que doit-on observer au commencement du repas ?*

R. — Après avoir déplié et placé sa serviette, il faut attendre que l'on vous serve et ne pas importuner ses voisins par des questions indiscrètes. Attendre aussi que les occasions se présentent d'elles-mêmes pour engager la conversation, et ne pas le faire à haute voix.

D. — *Comment mange-t-on ?*

R. — En mangeant la soupe éviter de humer le bouillon avec bruit, et, pour cela, ne pas trop remplir sa cuillère. Si la soupe est trop chaude, ne pas souffler dessus bruyamment, attendre un peu qu'elle se refroidisse.

D. — *Doit-on s'occuper du service de table ?*

R. — Dans les repas pris tous les jours en famille, habituer les enfants à se lever de table pour servir les parents ou se servir eux-mêmes, s'il n'y a pas de domestique pour le faire. Chez les autres, laisser aux personnes qui vous ont invité le soin du service de table : il n'est pas convenable alors de se lever de table pour faire le service soi-même.

D. — *Comment prend-on du sel ou du poivre ?*

R. — Ne jamais prendre du sel ou du poivre avec les doigts, mais se servir de la pointe d'un couteau ou de la petite cuillère destinée à cet usage.

D. — *Comment se sert-on d'un verre pour boire ?*

R. — Prendre le verre dans une seule main et ne pas boire quand la bouche est pleine.

Il serait inconvenant dans une maison particulière d'essuyer son verre, sa cuillère, etc. : ce serait accuser indirectement la maîtresse de maison de malpropreté. Cette liberté n'est permise que dans les auberges ou les hôtels.

D. — Si dans le cours du repas on sert d'un mets qui vous soit inconnu, que doit-on faire?

R. — Si dans le cours du repas on sert d'un mets qui vous soit inconnu et qu'on ne sache comment manger, ne pas manifester d'embarras : attendre que les autres convives entament ce mets, et s'appliquer à faire comme eux, sans embarras.

C'est là une règle de conduite à suivre lorsqu'on a peur de commettre une gaucherie.

D. — Que doit-on s'appliquer à faire pendant le repas?

R. — Manger modérément, c'est-à-dire sans avidité ni gourmandise, mais se garder aussi de tomber dans l'excès opposé en ne pas mangeant du tout. On ne doit pas redemander d'un plat à son goût; il faut attendre qu'on vous en offre. Mais on peut se verser à boire de la boisson ordinaire quand on en a à sa portée, tout en ne buvant que modérément.

D. — Comment doit-on agir à l'égard de ses voisins?

R. — On doit avoir soin, à table, de ne pas gêner ses voisins. Il faut, au contraire, être complaisant, leur offrir avec prévenance ce dont ils peuvent avoir besoin et que l'on a près de soi, comme du sel, du pain, du poivre, du vin, de l'eau, etc., etc.

D. — Peut-on parler pendant le repas?

R. — Oui; mais il faut éviter de trop parler, soit de la bonne chère que l'on fait, soit de toute autre matière déplacée; d'y rire avec excès; de quitter la table avant que le maître de la maison ne se lève; d'y être taciturne et trop occupé de ce que l'on fait; de se moucher ou de tousser bruyamment.

D. — S'il arrive que quelque affaire pressante oblige de se retirer au milieu du repas, que doit-on faire?

R. — Dans ce cas, il faut se retirer sans bruit, de manière à ne pas attirer l'attention des convives. On réserve à un autre moment le soin d'expliquer ce départ au maître de la maison.

D. — Comment doit-on quitter la table?

R. — Au moment où le maître de la maison se lève de table, tous les convives en font autant. A une table étrangère on ne plie pas sa serviette en se levant de table · on la laisse sur le siège que l'on quitte ou sur la table.

D. — Se sépare-t-on immédiatement après le repas de la personne chez laquelle on a été invité?

R. — Non; il est de la bienséance de rester une heure après le dîner chez la personne qui vous a reçu. Si quelque affaire particulière obligeait un des convives à se retirer aussitôt après le dîner, il devrait le faire discrètement, sans bruit, en se réservant de remercier le maître de la maison dans un autre moment.

D. — Comment remercie-t-on le maître de la maison où l'on a été invité?

R. — Dans la huitaine du repas, on lui fait une visite de remerciement ou plutôt de digestion. Quiconque a du savoir-vivre ne manque jamais à ce devoir.

324

D. — *Quand on reçoit une invitation par lettre avec la formule* : R.S.V.P (*réponse s'il vous plaît*), *comment doit-on répondre?*

R. — La réponse doit se faire par écrit et de la manière suivante, *sans appellation* et *sans signature*, avec la date en bas et à gauche :

« M. X... remercie Monsieur et Madame Z... de leur gracieuse invitation à dîner pour... (la date).

« Il aura l'honneur de s'y rendre. »

Ou :

« Il aura le regret de ne pouvoir s'y rendre pour... (indiquer succinctement un motif *poli* qui peut très bien ne pas être le vrai motif)

« A ....., le ..... 190... »

D. — *Comment se font les visites?*

R. — Pour une visite, il est nécessaire que l'on soit mis le plus proprement possible ; les chefs de brigade et gendarmes seront en tenue du jour, gantés soigneusement.

D. — *Quel est le but des visites ?*

R. — Les visites ont pour but de rapprocher les hommes et d'entretenir entre eux des rapports intimes ou de déférence. De là, deux sortes de visites : les visites de cérémonie et les visites intimes

D. — *Qui doit-on visiter?*

R. — En général on doit visiter ses supérieurs pour leur témoigner la confiance et le respect auxquels ils ont droit. On visite ses amis et les personnes avec lesquelles on est appelé à avoir des rapports.

Les supérieurs visitent quelquefois leurs inférieurs pour leur donner une marque d'estime et de sympathie.

D. — *Quelles sont les heures de la journée admises pour une visite?*

R. — On doit éviter de faire des visites dans la matinée et aux heures des repas de peur d'être indiscret.

Il est convenable de se présenter entre deux heures et six heures de l'après-midi quand il n'y a pas une heure déterminée par la personne chez laquelle on va.

D. — *Comment convient-il d'entrer chez la personne que l'on visite?*

R. — Il faut sonner ou frapper doucement, assez seulement pour être entendu. Si, après qu'on a sonné ou frappé, une ou deux fois, personne ne vient ouvrir, on glisse sa carte cornée dans la boîte aux lettres ou sous la porte, ou on la remet au concierge, puis on se retire. Si le maître de la maison est marié on laisse deux cartes, quand on a des relations de famille.

Si un domestique vient ouvrir on lui demande, non si son maître est là, mais si son maître reçoit, et dans ce cas on le prie d'annoncer Monsieur un tel (en donnant son nom)

D. — *Si l'on est reçu familièrement dans une maison peut-on y entrer sans prévenir ?*

R. — Quelque familier que l'on soit dans une maison, on ne doit jamais y entrer sans avertir de quelque manière que ce soit, quand bien même on trouverait la porte ouverte. Dans ce dernier cas, il faut frapper légèrement et attendre qu'on reçoive du dedans l'invitation d'entrer.

D. — Quelle tenue doit-on observer dans le cours d'une visite ?

R. — Dans une visite on ne doit s'asseoir qu'après y avoir été invité et après le maître ou la maîtresse de la maison. Il faut saluer d'abord la maîtresse et ensuite le maître de la maison, puis les personnes de la compagnie.

D. — Doit-on dans une visite tendre la main le premier ?

R. — A moins d'être tout à fait dans l'intimité des personnes on doit éviter de tendre la main ; il faut laisser le maître de la maison prendre l'avance. Suivre cette règle en toute circonstance semblable.

D. — Si la personne à qui l'on rend visite est occupée auprès d'autres personnes, que doit-on faire ?

R. — Il ne faut pas l'interrompre, mais attendre qu'elle soit libre.

D. — Doit-on quitter sa coiffure, son épée ou son sabre ?

R. — On doit conserver sa coiffure à la main, avec le plus d'aisance possible et ne s'en débarrasser qu'autant qu'on en est prié.

On ne quitte son sabre qu'autant que l'on doit rester longtemps dans une maison, pour un dîner ou une réunion.

D. — Quelle est la durée d'une visite ?

R — En général il faut qu'une visite, surtout une visite de cérémonie, soit de courte durée. Un quart d'heure peut suffire le plus souvent, et l'on ne doit jamais dépasser 25 à 30 minutes.

D. — Si la personne que l'on visite se lève que doit-on faire ?

R. — Si la personne que l'on visite se lève, à moins que ce ne soit pour reconduire un visiteur entré précédemment, l'usage exige qu'on salue et qu'on se retire.

D. — A quoi doit-on surtout s'appliquer pendant une visite ?

R. — Dans une visite, deux choses sont surtout nécessaires. c'est de savoir se taire et de savoir écouter. Il faut avoir soin de parler peu et bas. Ne parler qu'autant que la politesse l'exige et ne parler que fort peu de soi.

D. — En parlant de la femme de quelqu'un peut-on dire : « sa dame, son épouse » ?

R. — Non, ce sont là des termes à éviter. On dira : « Comment se porte votre femme » (ou mieux encore) : « Comment se porte Madame (une telle) », en ajoutant le nom.

On ne dira pas non plus : « la dame de Monsieur un tel », mais il faudra dire : « Madame une telle ».

D. — Comment prend-on congé des personnes que l'on visite ?

R. — Si l'on se trouve dans une compagnie nombreuse il faut se retirer doucement sans que l'on s'aperçoive de la sortie, et cela pour éviter de causer de l'embarras. Dans le cas contraire, on se lève, on salue la maîtresse et le maître de la maison, ainsi que les personnes présentes, et l'on se retire simplement.

D. — Quand la personne que vous visitez veut vous reconduire, que faites-vous ?

R. — Quand la personne que nous visitons, quoique d'une position plus élevée que la nôtre, veut nous conduire jusqu'à la porte de l'appartement nous ne devons pas refuser cet honneur, mais il faut lui témoigner notre reconnaissance par les marques du respect le plus profond et se retourner de son côté pour la saluer une dernière fois avant de la quitter.

D. — *Quand on a reçu la visite de quelque personne, faut-il la lui rendre ?*

R. — Oui, il faut la lui rendre dans le plus bref délai, c'est-à-dire dans la huitaine. Si c'est un supérieur ou un personnage officiel il faut la lui rendre dans les vingt-quatre heures.

Ne pas rendre une visite serait manquer de politesse ou de reconnaissance

D. — *Qu'entend-on par correspondance épistolaire ?*

R. — On entend par correspondance épistolaire les lettres que l'on écrit ou que l'on reçoit.

D. — *Quelles conditions doit remplir une lettre écrite à un supérieur hiérarchique ?*

R. — Elle doit être du format et du modèle réglementaires et commencer par la formule : « Je vous rends compte... ». On n'emploie les expressions *informer, faire connaître*, etc., qu'à grade égal ou avec les autorités civiles.

La feuille simple est autorisée quand on n'a à écrire que d'un seul côté.

Ces lettres doivent se terminer sans aucune formule de politesse, par la signature. On emploie dans le corps de la lettre des termes respectueux envers le supérieur, différents envers les autorités civiles.

D. — *Emploie-t-on le même modèle pour les lettres adressées par les chefs de brigade et gendarmes aux autorités civiles, etc.?*

R. — Oui, la suppression des formules de salutation a été étendue à la correspondance avec toutes les autorités quelles qu'elles soient.

D. — *A grade égal, quelle appellation emploie-t-on ?*

R. — A grade égal, on emploie la formule : « Mon cher camarade. »

D. — *Ne peut-on dire aussi : « Mon cher collègue » ?*

R. — Cette expression n'est d'usage courant dans l'armée.

Les sous-officiers et gendarmes doivent toujours avoir à cœur de conserver intact ce cachet militaire rappelant à tous qu'ils sont partie intégrante de l'armée.

D. — *Comment doit être le style d'une lettre, d'un rapport?*

R. — Une lettre, étant une conversation écrite, doit être simple comme une conversation. Il est nécessaire d'éviter les redites et toute phrase d'une construction pénible et embrouillée.

D. — *Les ratures, surcharges, grattages sont-ils permis dans une lettre à un supérieur ?*

R. — Non. On doit éviter, dans toute lettre qu'on adresse à un supérieu , les ratures, surchages, grattages, renvois et tout ce qui ne sentirait pas as ez le respect qu'on lui doit.

D. — *Les chefs de brigade et gendarmes feraient-ils acte de politess en adressant leur carte de visite à leurs officiers à l'occasion du jour de l'an?*

R. — Non, il y aurait là un manque complet de tact. Les cartes de visite ne s'échangent qu'entre personnes d'un même rang social, et un homme de troupe ne doit jamais envoyer sa carte à un officier.

D. — Que doit faire un chef de brigade ou gendarme s'il veut exprimer à un supérieur des sentiments de reconnaissance ou de respect?

R. — Dans ce cas, il doit lui écrire, et en agir de même envers tout personnage haut placé à qui il aurait des obligations.

D. — Quelles sont les formes de politesse à observer dans les lettres, en dehors du service?

R. — Lorsqu'on écrit à une personne de connaissance on peut écrire : « Cher monsieur » ou « Chère madame », « Chère mademoiselle ».

Pour ces mêmes personnes, on peut terminer sa lettre ainsi : « Veuillez recevoir l'expression de mes sentiments les meilleurs », « de mes affectueux sentiments », « de toute ma sympathie », etc., etc., selon le degré, la durée, l'attrait des rapports établis. Plus familièrement, on finira : « Au revoir, cher monsieur ou chère madame, croyez à mon vif attachement ».

On termine encore par « Votre », « Tout à vous », etc.

Un homme ne manque pas à sa dignité lorsqu'il introduit un mot de respect en écrivant à une femme, fût-il de beaucoup son aîné : « Mes sentiment respectueux », « Mon attachement respectueux », « Ma respectueuse sympathie », « Mon respectueux dévouement » — pour une personne avec laquelle il a des relations mondaines.

A une étrangère, il dira : « Veuillez, madame, recevoir l'expression de tout mon respect ».

D· — Quelles sont les formules à employer avec un personnage?

R. — On commence : « Monsieur le Sénateur », « Mon Général », « Monsieur le Président ».

A la fin : « Je suis avec le plus profond respect, « Monsieur le Sénateur », « Monsieur le Président », « Mon Général », « Votre très respectueux serviteur ».

Ou bien encore :

« Veuillez agréer, Monsieur le Député, l'assurance de ma respectueuse considération. (Extrait de la baronne Staffe.)

D. Quelles sont les formules à employer avec les fournisseurs?

R. — On termine en écrivant :

« Agréez, Monsieur, mes civilités », *ou* « mes salutations ».

D. — Dans le cas où l'on voudrait entretenir les chefs de brigade ou gendarmes d'affaires touchant à la politique, que devraient-ils répondre?

R. — Suivant le cas, ils n'auraient qu'à répondre adroitement ou positivement que n'étant pas électeurs, ils doivent rester complètement étrangers aux luttes des partis et que leur rôle consiste à prêter aide et protection à tous les honnêtes gens, sans distinction d'opinion. Cette réserve est à observer surtout quand on critique les actes du gouvernement; les gendarmes ne devant jamais laisser suspecter leur dévouement à nos institutions républicaines.

D. — Les chefs de brigade ou gendarmes peuvent-ils afficher dans leurs logements des portraits, emblèmes ou gravures ayant un caractère politique?

R. — Non, il leur est interdit, en principe, d'afficher dans leurs logements aucun portrait, gravure ou emblème ayant un caractère politique, à l'exception, toutefois, d'un ancien Président de la République et de certains hommes d'État illustres, comme Gambetta, Jules Ferry, dont la signification est en harmonie avec nos institutions démocratiques, et dont le nom est porté par des navires de guerre, des lycées et autres institutions nationales. Il faut s'abstenir, surtout, d'afficher les portraits d'hommes politiques dont le rôle n'est pas encore terminé.

D. — Les chefs de brigade ou gendarmes peuvent-ils se faire recommander par des personnes étrangères à l'arme?

R. — Les chefs de brigade ou gendarmes doivent bien se persuader qu'en se faisant recommander par des personnes étrangères, c'est un outrage indirect qu'ils font à leurs supérieurs. En effet, de deux choses l'une : ou ils n'ont pas droit à la récompense qu'ils sollicitent, et alors ils croient leurs chefs capables de commettre une injustice à leur profit; ou, s'ils y ont droit, ils n'ont pas confiance dans l'équité de leurs supérieurs, puisqu'ils croient nécessaire de se faire appuyer auprès d'eux.

D. — Que doit faire tout chef de brigade ou gendarme qui se rend au chef-lieu d'arrondissement ou de compagnie?

R. Tout chef de brigade ou gendarme qui se rend au chef-lieu d'arrondissement pour le service ou pour affaire personnelle doit se présenter devant l'officier et le chef des brigades. En outre, ceux qui viennent au chef-lieu de la compagnie doivent se présenter au bureau du commandant de la compagnie et du trésorier.

CONSEILS AUX CHEFS DE BRIGADE

D. — Que doit faire tout chef de brigade dès son arrivée à son poste ?

R. — Dès son arrivée à son poste, tout chef de brigade doit faire une visite de politesse aux autorités et aux fonctionnaires ci-après :

Au maire de sa résidence,
A l'adjoint ou aux adjoints,
Au juge de paix et à son greffier,
Au receveur d'enregistrement,
Au receveur des postes,
Aux chefs du services des contributions directes et indirectes.
Au conducteur des ponts et chaussés et à l'agent voyer,
Au commissaire de police,
Au chef de gare.
Et en un mot à tous les chefs de service qui résident dans sa circonscription.

D. — Ne doit-il pas voir également les maires et adjoints des autres communes de sa circonscription ?

R. — Tout chef de brigade quelconque doit profiter de toutes les occasions qui se présentent pour faire connaissance avec les maires et les adjoints de sa circonscription. Dans tous les cas, il doit les voir tous dans le premier mois de son entrée en fonctions.

D. — Le chef de brigade n'a-t-il pas d'autres visites à faire dans sa circonscription ?

R. — Quand il n'y a pas d'officier de gendarmerie dans sa résidence, il doit de même présenter ses devoirs aux généraux, aux sénateurs, aux députés, aux conseillers généraux et d'arrondissement et aux autres fonctionnaires publics qui habitent les communes dont il a la surveillance.

D. — Doit-il renouveler fréquemment ces visites ?

R. — Non, une fois cette première démarche faite, il n'est tenu de recommencer qu'à l'époque du 1ᵉʳ janvier, mais dans sa résidence seulement.

D. — De quels principes le chef de brigade doit-il s'inspirer pour entretenir de bons rapports dans sa circonscription ?

R. — Pour entretenir de bons rapports avec les différents chefs de service, le commandant de brigade se montrera toujours à leur égard très poli, complaisant, conciliant, tant que ses devoirs ne s'y opposent pas : c'est la seule manière de pouvoir espérer la réciprocité, et par conséquent de faciliter les affaires.

D. — En cas de difficultés qu'il n'aurait pu éviter, que devra faire le chef de brigade ?

R. — Si, malgré ses bons procédés, il rencontre des personnes exigeantes, difficiles, ou disposées à empiéter sur son autorité ou sur ses attributions, il devra éviter tout conflit et se gardera bien surtout d'engager aucune polémique avec qui que ce soit : son devoir, dans ce cas, est de dire qu'il est obligé d'en référer à ses chefs, et il doit rendre compte immédiatement à son commandant d'arrondissement, qui lui donnera des instructions pour mettre sa responsabilité à couvert.

D. — *Quelle attitude doit prendre, dès le début, un chef de brigade envers ses gendarmes ?*

R. — C'est surtout envers ses gendarmes que le chef de poste doit, dès le début, prendre une attitude convenable : pour cela, il ne saurait trop relire les articles du service intérieur qui définissent si bien la manière dont il doit se comporter à l'égard de ses subordonnés.

D. — *En prenant le commandement de la brigade que doit-il faire comprendre à ses subordonnés ?*

R. — Dès le premier jour, il faut que les gendarmes sentent qu'ils viennent de recevoir un chef et non un camarade. Toutefois, la dignité du grade ne doit pas aller jusqu'à la hauteur ou au dédain : on peut conserver sa distance tout en montrant à ses inférieurs estime et bienveillance.

D. — *Comment un chef de brigade doit-il faire accepter son autorité ?*

R. — Un chef de brigade ne doit pas perdre de vue que la force que lui donnent ses galons ne saurait suffire pour faire accepter son autorité, si elle n'était appuyée de son ascendant moral.

D. — *Que signifie l'expression : « ascendant moral ? »*

R. — Ascendant moral signifie supériorité en toutes choses par l'étude, la régularité, la bonté, l'attachement au devoir, une conduite exemplaire ; le chef de brigade ne saurait donc trop s'attacher à donner le bon exemple en tout et partout. On se soumet facilement à celui que l'on reconnaît supérieur à soi à tous les degrés ; mais on supporte avec peine l'autorité de celui qu'on croit incapable ou indigne de vous commander.

D. — *Que devra observer le chef de brigade pour conserver son indépendance et ne pas faire naître de jalousies ?*

R. — Pour conserver son indépendance et ne pas faire naître de jalousies, le chef de brigade ne doit avoir d'intimité avec aucun de ses hommes et ne jamais rien en accepter.

D. — *Doit-il traiter ses subordonnés de la même manière ?*

R. — Il doit les traiter tous de la même manière, c'est-à-dire avec fermeté, mais aussi avec bienveillance, en tenant compte de leur caractère, de leurs aptitudes, de leur intelligence.

Tel gendarme intelligent, mais d'un caractère indolent, doit être stimulé, tandis que tel autre gendarme, peu instruit ou peu intelligent, mais travailleur et zélé, doit être encouragé. Il est même bon parfois d'exagérer à ses propres yeux les progrès qu'il a faits, afin de l'engager à continuer.

D. — *Comment doit-il diriger le service ?*

R. — Il doit faire exécuter le service sérieusement, consciencieusement, *sans passion, ni taquineries inutiles.* Exiger que ses hommes fassent toujours marcher l'intérêt général avant l'intérêt particulier, ne souffrir ni indolence ni excès de zèle ; en un mot, il doit diriger son personnel de façon qu'il mérite l'estime des honnêtes gens et qu'il en impose aux autres.

D. — *Peut-il accorder certaines tolérances dans le service?*

R. — Non.

Toute condescendance, toute faiblesse coupable qui pourrait compromettre la responsabilité du chef de brigade serait une arme qu'il donnerait contre lui, arme dont ses subordonnés ne manqueraient pas de se servir un jour ou l'autre, lorsqu'il ne voudrait plus leur céder, ou que l'éveil aurait été donné aux chefs supérieurs.

D. — *Dans l'intérêt commun, que doit-il demander à chacun?*

R. — Dans son propre intérêt, comme dans celui de la brigade et du service, il doit donc demander à chacun ce que raisonnablement il peut et doit produire. C'est le seul moyen de vivre en repos et de conjurer les à-coups qui sont inévitables lorsqu'on s'écarte de la ligne du devoir.

D. — *Comment doit-on encourager ses subordonnés à bien servir?*

R. — Après avoir fait remplir à chacun sa tâche, le chef de brigade doit se montrer soucieux des intérêts de tous, tâcher de leur faire obtenir le plus de récompenses possible, s'efforcer de leur rendre le service facile et agréable quand rien ne s'y oppose, en un mot, leur prouver par sa sollicitude que leur chef est en même temps pour eux un ami.

D. — *Quelle est la surveillance qu'il doit exercer sur ses hommes en dehors du service?*

R. — En dehors du service, le chef de brigade ne doit pas perdre ses hommes de vue. Il doit se préoccuper de leurs relations, de leurs habitudes, de leurs goûts. S'il s'aperçoit qu'ils reçoivent des gens mal considérés ou compromettants, il doit donner des avertissements, puis se conformer au **Service** intérieur. Il agit de même pour les vices et les simples défauts qu'il remarque chez ses subordonnés.

D. — *Doit-il s'assurer si les militaires sous ses ordres contractent des dettes?*

R. — Sa vigilance doit être en éveil sur les dépenses de chaque ménage. Sans s'immiscer dans les détails intérieurs, il doit faire en sorte de savoir lorsqu'un gendarme ou sa femme se livre à des dépenses exagérées, prévenir les dettes, les arrêter à temps.

D. — *S'il soupçonne qu'un gendarme sous ses ordres a contracté des dettes, comment peut-il s'en assurer?*

R. — Il doit de suite voir les fournisseurs, leur défendre de faire crédit au delà du mois courant, exiger chaque mois, de chacun d'eux, des reçus avec la mention . « pour solde de tout compte », et ne pas oublier que sa responsabilité est *engagée* lorsqu'il n'a pas su voir le mal et le signaler.

D. — *A l'égard de qui, principalement, un chef de brigade doit-il exercer une surveillance plus spéciale sous le rapport des dettes?*

R. — C'est surtout à l'égard des gendarmes réputés mauvais ou douteux et des nouveaux admis que cette surveillance doit être exercée.

D. — *Que doit-il exiger pour éviter à ces hommes des occasions de dépenses?*

R. — Pour éviter des occasions de dépenses, il doit défendre aux gendarmes célibataires ou veufs de vivre en dehors de la caserne. Il leur défendra aussi de prendre leurs repas chez d'autres gendarmes mariés. S'ils sont plusieurs dans une même caserne, ils pourront vivre ensemble, ou séparément, avec la faculté de faire apporter leurs aliments du dehors, par un homme, ou une femme d'un certain âge.

D. — *Le chef de brigade doit-il s'occuper de la conduite des femmes et des enfants dans la caserne?*

R. — Le chef de brigade ne saurait rester indifférent à la manière d'être des femmes et des enfants de la caserne.

D. — *S'il remarque quelque chose de répréhensible dans leur manière d'être, que doit-il faire?*

R. — S'il remarque quelque chose de répréhensible dans leur manière d'être, il ne doit jamais rien dire ni aux femmes ni aux enfants, mais s'adresser au chef de famille en lui donnant les conseils nécessaires. Si celui-ci ne les suit pas, il rend compte au commandant d'arrondissement, après avoir infligé la punition méritée.

D. — *Quelle surveillance le chef de brigade doit-il exercer pour maintenir la concorde dans une caserne?*

R. — Pour maintenir la concorde dans une caserne, le chef de brigade doit éviter à tout prix les commérages; pour cela il en interdira l'entrée aux bavards et aux indiscrets; à charge de rendre compte de la mesure prise.

D. — *Quelle surveillance doit-il exercer à ce propos sur les femmes?*

R. — Il veillera à ce que sa femme ait peu de rapports avec les autres femmes de la caserne, et surtout à ce qu'elle ne croie pas que le grade de son mari lui donne une supériorité, et encore moins une autorité quelconque, sur les hommes, les femmes et les enfants de la caserne.

Il provoquera sans pitié, et sans tarder un seul instant, des mesures de rigueur contre celles qui troubleraient la tranquillité intérieure. Dans ce dernier cas, une répression prompte et énergique est le seul remède efficace.

D. — *Quelle surveillance doit-il exercer sur les enfants de la caserne?*

R. — Les enfants doivent être tenus proprement et suivre les écoles à l'âge scolaire. Il rend compte des observations qu'il serait obligé de faire à ce propos.

D. — *Les fautes graves devront-elles être toujours réprimées chez les gendarmes?*

R. — Les gendarmes étant des hommes faits, ne peuvent pécher par ignorance : il n'y a donc aucune raison de se montrer indulgent envers eux lorsqu'ils commettent des fautes graves. Tout acte de clémence dans ce cas serait interprété comme de la faiblesse et aurait pour résultat certain d'amener de nouvelles rechutes dans l'espoir d'une nouvelle impunité. Un devoir prime toutefois celui-là; c'est le devoir d'éducation : instruire, éclairer, d'abord. On prévient les fautes en soignant l'éducation; cela n'altère en rien le devoir de les réprimer lorsqu'elles se commettent quand même.

D. — *Les fautes individuelles portent-elles atteinte à la considération du corps tout entier ?*

R. — Les fautes individuelles, dans la gendarmerie, portent atteinte à la considération du corps tout entier ; par conséquent, un chef de poste n'a pas le droit d'étouffer une affaire dont tout le monde supporte plus ou moins la responsabilité. Tout écart sérieux doit donc être immédiatement et vertement réprimé, quelles qu'en puissent être les conséquences pour le coupable.

D. — *Quelle est, en résumé, la ligne de conduite du chef de brigade envers son personnel ?*

R. — En résumé, le chef de brigade doit se montrer, envers son personnel, sévère, juste, bon.

Personnellement, s'il veut acquérir et conserver le prestige qui lui est nécessaire pour bien remplir ses délicates fonctions, il doit s'observer encore plus que ses hommes et faire constamment preuve d'une grande dignité, de beaucoup de tact, d'une grande fermeté et de modération cependant.

D. — *Comment doit se traiter la correspondance du chef de brigade avec ses officiers ?*

R. — La correspondance du chef de brigade avec ses officiers doit se faire par lettres et non par notes.

D. — *Où inscrit-on les simples renseignements ?*

R. — Les simples renseignements s'inscrivent aux objets divers du rapport journalier ; mais alors le plus brièvement possible et sans faire usage d'aucune formule inutile.

Exemple : Le brigadier ira en témoignage à....., le....., pour (telle affaire).

Ou : Le brigadier a accordé la permission de la journée au gendarme X..., pour aller à...

Le gendarme X... n'a pas bien su sa leçon ....

D. — *En principe, avec qui le chef de brigade peut-il correspondre directement ?*

R. — En principe, le chef de brigade ne peut correspondre directement qu'avec son commandant d'arrondissement et avec les autorités de son canton.

D. — *Que doit faire le chef de brigade si des chefs militaires lui écrivent directement ?*

R. — Si des chefs *militaires* lui écrivent directement, il peut leur répondre de même en envoyant suivant le cas la demande avec le double de la réponse, et par le même courrier, à son commandant d'arrondissement ; ou en rendant compte aux objets divers. Dans d'autres cas l'enregistrement de sa réponse le couvrira suffisamment.

D. — *Que doit faire le chef de brigade si des autorités civiles lui écrivent directement ?*

R. — A moins d'urgence absolue et bien démontrée, dont il devra rendre compte sans délai à son commandant d'arrondissement, le commandant de brigade ne peut correspondre directement avec les autorités civiles *autres* *que celles de son canton*, lors même qu'il en recevrait une demande directe.

Dans ce dernier cas, si ce qu'on lui demande est de sa compétence, il opère comme si son commandant d'arrondissement lui avait transmis la demande, et adresse celle-ci, avec la réponse, à cet officier, qui fait parvenir cette dernière à qui de droit.

D. — *Si l'objet de la demande paraissait au chef de brigade en dehors de ses attributions, que devrait-il faire ?*

R. — Si, par extraordinaire, l'objet de la demande lui paraissait en dehors de ses attributions, il devrait en référer à son commandant d'arrondissement avant de rien faire.

Table alphabétique

Iʳᵉ PARTIE

RÈGLEMENTS ESSENTIELS

	Pages
Décret du 20 mai 1903	9
Table des matières du décret	61
Service intérieur	65
Table des matières du Service intérieur	113
Service en campagne	171
Table des matières du Service en campagne	171
Service de place	175

2ᵉ PARTIE

LOIS ET RÈGLEMENTS ACCESSOIRES, OBJETS DIVERS

	Pages
Accessoires d'entretien des armes à feu portatives	271
Affiches	247
Allumettes	240
Armes et munitions en service	183
Armes (Fabrication, commerce des)	254
Automobiles	216
Bienséance et savoir-vivre	317
Boissons	243
Cartes à jouer	237
Chasse	222
Commissions de classement des chevaux (Rôle de la gendarmerie auprès des)	275
Conseils aux chefs de brigade	329
Espionnage	258
Étrangers	268
Extraits du Service intérieur relatifs aux chevaux et écuries	294
Hippologie	277
Ivresse	256
Lieux publics	266
Paquet individuel de pansement	270
Pêche	228
Pigeons voyageurs	264
Police des chemins de fer	251
Poudres	245
Roulage	209
Service de garde des voies de communication	269
Tabacs	235
Timbres de quittances	250
Vélocipèdes	219

Paris. — Imp. Léautey, rue Saint-Guillaume, 24   S 1ᵉʳ